HISTOIRE
182

Paris
26.

MINISTÈRE DE L'INSTRUCTION PUBLIQUE
DES BEAUX-ARTS ET DES CULTES

CATALOGUE

DE

LA BIBLIOTHÈQUE

DE LA COMMISSION

DES MONUMENTS HISTORIQUES

DRESSÉ

PAR A. PERRAULT-DABOT

ARCHIVISTE DE LA COMMISSION

PARIS

IMPRIMERIE NATIONALE

M DCCC XCV

CATALOGUE

DE

LA BIBLIOTHÈQUE

DE LA COMMISSION

DES MONUMENTS HISTORIQUES

La bibliothèque de la Commission des monuments historiques est ouverte tous les jours, de midi à cinq heures, excepté les jours fériés.

Les personnes étrangères au service des monuments historiques devront, pour être admises, s'adresser au secrétariat de la Commission, rue de Valois, n° 3 (Palais-Royal).

Les ouvrages communiqués devront être consultés sur place.

MINISTÈRE DE L'INSTRUCTION PUBLIQUE
DES BEAUX-ARTS ET DES CULTES

CATALOGUE

DE

LA BIBLIOTHÈQUE

DE LA COMMISSION

DES MONUMENTS HISTORIQUES

DRESSÉ

PAR A. PERRAULT-DABOT

ARCHIVISTE DE LA COMMISSION

PARIS

IMPRIMERIE NATIONALE

M DCCC XCV

CATALOGUE

DE

LA BIBLIOTHÈQUE

DE LA COMMISSION

DES MONUMENTS HISTORIQUES.

A

1. — Abbaye (L') de Chelles (ordre de Saint-Benoît), 1657-1790, résumés chronologiques, s. n. Meaux et Paris, 1889, 2 vol. in-8°.

2. — Abbaye (L') de Flaran, en Armagnac, description et histoire, avec 7 planches, par Pierre BENOUVILLE et Philippe LAUZUN. Auch, 1890, in-8°.

3. — Abbaye (L') de la Bénisson-Dieu, diocèse de Lyon (Loire), fondée par saint Bernard en 1138, restaurée et transformée par Mme de Nerestang en 1612; récit, description, gravures et plan, par l'abbé J.-B. Lyon, 1880, in-8°.

4. — Abbaye de Maubuisson (Seine-et-Oise), études archéologiques, par HÉRARD. Paris, 1851, in-8°.

5. — Abbaye (L') de Maubuisson (Notre-Dame-la-Royale), histoire et cartulaire publiés d'après des documents entièrement inédits, par A. DUTILLEUX et G. DEPRIN. Pontoise, 1880-1884, 4 parties in-4°.

6. — Abbaye de Montmajour, vues, chapiteaux, détails. Album de 27 aquarelles, par H. RÉVOIL; 1846, avec table (sans texte).

7. — Abbaye (L') de Pontigny (Yonne), par le baron CHAILLOU DES BARRES. Paris, 1844, in-8°, fig.

Extrait de l'Annuaire de l'Yonne de 1844.

8. — **Abbaye de Port-Royal-des-Champs**, recherches archéologiques sur les abbayes de l'ancien diocèse de Paris, par Hérard. Paris, 1881, in-8°.

9. — **Abbaye (L') de Saint-Vaast** (Nord), monographie historique, archéologique et littéraire de ce monastère, par Adolphe de Cardevacque et Auguste Terninck. Arras, 1865-1868, 3 vol. in-4°, fig.

10. — **Abbaye de Valmagne** (Hérault), album de photographies, par Rouet-Lacabane (sans texte).

11. — **Abbaye (L') du mont Saint-Éloi** (Pas-de-Calais), 1068-1792, par Adolphe de Cardevacque. Arras, 1859, in-4°, fig.

12. — **Abbaye (L') et l'église de Saint-Savin**, par l'abbé Lebrun. Poitiers, 1888, in-12.

13. — **Abbaye (L') et les trappistes de Fontgombaud** (Indre), par C. de Chergé. Poitiers, 1850, in-8°, fig.

14. — **Abbaye royale de Saint-Pierre de Chaumes-en-Brie**, ancien diocèse de Sens, doyenné de Melun, ordre de Saint-Benoît de l'ancienne observance, du XII° au XVIII° siècle, par Alfred Cramail. Paris, 1876, in-4°, fig.

15. — **Abbayes de l'évêché de Bayeux**, par Paul de Farcy. Ouvrage orné de planches dessinées par l'auteur. Fascicules I et III. Laval, 1886-1887, in-4°.

16. — **Abbés (Les) de Clairmarais**, par Henri de Laplane. Saint-Omer, 1868, 2 vol. in-8°, fig.

17. — **Abbés (Les) de Saint-Bertin** (Saint-Omer, Pas-de-Calais), d'après les anciens monuments de ce monastère, par Henri de Laplane. Saint-Omer, 1854-1855, 2 vol. in-8°, fig.

18. — **Abécédaire ou Rudiment d'archéologie.** — Ère gallo-romaine, avec un aperçu sur les temps préhistoriques. — Architecture religieuse. — Architectures civile et militaire, par A. de Caumont. Caen, 1869-1870, 3 vol. in-8°, fig.

19. — **Abecedario de P. J. Mariette et autres notes inédites de cet amateur sur les arts et sur les artistes**, ouvrage publié d'après

les manuscrits autographes conservés au cabinet des estampes de la Bibliothèque impériale et annoté par Ph. DE CHENNEVIÈRES et A. DE MONTAIGLON. Paris, 1851-1860, 6 vol. in-8°.

Ouvrage faisant partie des *Archives de l'Art français*.

20. — **Abrégé chronologique de l'histoire d'Arles**, etc., par DE NOBLE LA LAUZIÈRE. Arles, 1808, in-4°, fig.

21. — **Académie (L') de France à Rome**, correspondance inédite de ses directeurs, précédée d'une étude historique par LECOY DE LA MARCHE. Paris, 1874, in-8°.

22. — **Achèvement de Saint-Ouen de Rouen**, par H. G. Rouen, 1844, in-8°.

23. — **Acropole (L') d'Athènes**, les Propylées, le Parthénon, l'Erechtheum, photogravures, par Eug. PIOT. Paris, 1853, in-folio (sans texte).

24. — **Acropole (L') de Suze**, d'après des fouilles exécutées en 1884, 1885 et 1886 sous les auspices du musée du Louvre, par Marcel DIEULAFOY. — Première partie : histoire et géographie, Paris, 1890, in-4°, fig. et cartes.

25. — **Actes d'état civil d'artistes français** : peintres, graveurs, architectes, etc., publiés par H. HERLUISON. Orléans, 1873, in-8°.

Extraits des registres de l'Hôtel de ville de Paris, détruits dans l'incendie du 24 mai 1871.

26. — **Adolphe Lance**, sa vie, ses œuvres, son tombeau, par Ch. LUCAS. Paris, 1875, in-8°, fig.

27. — **Ain.** Paris, in-8°, avec carte coloriée et gravures.

28. — **Aisne.** Paris, in-8°, avec carte coloriée et gravures.

Les deux ouvrages ci-dessus font partie de la collection des *Géographies départementales* d'Adolphe JOANNE.

29. — **Alberti Rubeni, Petri Pauli f., de re vestiaria veterum, præcipue de lato clavo, libri duo, et alia ejusdem opuscula posthuma.** Antverpiæ, 1665, in-4°, fig.

30. — **Album archéologique de la Société des antiquaires de Picardie.**

Voir : *Société des antiquaires de Picardie*.

31. — **Album de Bar-sur-Aube**, dessiné par L. Muller. Petit in-folio oblong.

32. — **Album de la Gazette des Beaux-Arts**, 50 gravures d'après les maîtres anciens et modernes, 2ᵉ série. Paris, 1870, in-folio.

33. — **Album de la Grande-Sauve**, dessiné et gravé à l'eau-forte par Léo Drouyn. Bordeaux, 1851, in-folio.

34. — **Album de l'exposition rétrospective d'Orléans** (1876), 20 planches par Mieusement et un texte descriptif par J. Danton. Blois, 1876, in-folio.

35. — **Album de l'exposition rétrospective de Tours** (1890), publié sous les auspices de la Société archéologique de Touraine, par Léon Palustre. Tours, 1891, in-folio, avec planches héliogravées.

36. — **Album de Reims**, s. n., s. d. Reims, in-4° oblong, figures et plans (sans texte).

37. — **Album des boiseries sculptées du chœur de Notre-Dame de Paris**, connues sous le nom de *Vœu de Louis XIII*; précis historique par l'abbé J.-B.-E. Pascal. Paris, 1855, in-folio, fig.

38. — **Album des monuments et de l'art ancien du Midi de la France**, publié par la Société archéologique du Midi de la France. Toulouse, 1893, in-4°, fig. et planches hors texte.

39. — **Album des souvenirs de voyage. Orient. Vues des monuments les plus célèbres de Jérusalem et du Caire**, dessinées sur nature et gravées à l'eau-forte par Gabriel Toudouze; une livraison de 3 planches. Paris, 1853, gr. in-folio (sans texte).

Inachevé.

40. — **Album des tapisseries de l'église de la Chaise-Dieu** (Haute-Loire), par Hippolyte Malègue. Paris, 1873, in-8°, planches.

41. — **Album de Villard de Honnecourt**, architecte du xiiiᵉ siècle, publié en *fac-simile*, annoté, précédé de considérations sur la renaissance de l'art français au xixᵉ siècle et suivi d'un glossaire par J.-B.-A. Lassus, architecte de Notre-Dame de Paris, de la Sainte-Chapelle, etc.; ouvrage mis au jour après la mort de M. Lassus et conformément à ses manuscrits par Alfred Darcel. Paris, 1858, in-4°, fig.

42. — **Album du Dauphiné** ou Recueil de dessins représentant les sites les plus pittoresques; les villes, bourgs et principaux villages; les églises, châteaux et ruines les plus remarquables du Dauphiné, avec les portraits des personnages les plus illustres de cette ancienne province, ouvrage accompagné d'un texte historique et descriptif, par Cassien et Debelle, dessinateurs, et une société de gens de lettres. Grenoble, 1835-1837, 2 vol. grand in-4°.

43. — **Album historique du département du Lot**, avec les vues des principaux monuments et sites de cette partie du Quercy, texte par J.-B. Gluck, dessins par Eug. Gluck, gravure sur bois par Rambert. Paris, 1852, in-4°.

44. — **Album historique et pittoresque de la Creuse**, ouvrage rédigé par une société d'hommes de lettres et d'archéologues, illustré de dessins et vignettes, publié par P. Langlade. Aubusson, 1847, in-4°.

45. — **Album pittoresque de l'arrondissement de Châtillon-sur-Seine**, ouvrage artistique et historique, par E. Nesle. Dijon, 1853, in-folio, avec planches lithographiées.

46. — **Album pittoresque et monumental du département de l'Aube**, dessiné d'après nature et lithographié à deux teintes et en couleur par Ch. Fichot; accompagné de notes historiques, archéologiques et descriptives par Amédée Aufauvre. Troyes, 1852, in-folio.

47. — **Album tumulaire**, recueil de monuments funèbres projetés ou exécutés dans les cimetières de Paris, par Quaglia. Paris, s. d., in-folio oblong (sans texte).

48. — **Album vendéen**, dessins par T. Drake, lithographiés par Daniaud. Angers, 1854-1860, in-folio (sans texte).
    Incomplet.

49. — **Alexandre Lenoir**, son journal et le musée des monuments français, par Louis Courajod. Paris, 1878-1887, 3 vol. in-8°, fig.

50. — **Algérie.** Paris, in-8°, avec carte coloriée et gravures.
    Collection des *Géographies départementales* d'Adolphe Joanne.

51. — **Algérie historique, pittoresque et monumentale**, recueil de vues, monuments, cérémonies, costumes, armes et portraits, dessinés d'après nature, avec un texte descriptif des localités, mœurs, usages, jeux et divertissements des habitants de l'Algérie, par Berbrugger. Paris, 1843, 3 vol. in-folio.

52. — **Allier.** Paris, in-8°, avec carte coloriée et gravures.
Collection des *Géographies départementales* d'Adolphe Joanne.

53. — **Allier (L') pittoresque**, histoire, géographie, statistique et biographie du département de l'Allier, par T. de Jolimont. Moulins, 1852, in-8°, fig.

54. — **Allocutions prononcées dans diverses solennités intéressant la Direction des Beaux-Arts** (1874-1878), par Ph. de Chennevières. Bellême, 1878, in-8°.

55. — **Almanach du voyageur à Paris**, contenant une description intéressante de tous les monuments, chefs-d'œuvre des arts et objets de curiosité que renferme cette capitale, par M. T***. Paris et Versailles, 1783, in-12.

56. — **Almanach pittoresque, historique et alphabétique des riches monuments que renferme la ville de Paris**, contenant une description de ce qu'il y a de plus curieux relatif à l'architecture, la peinture, la sculpture et la gravure, par Hébert. Paris, 1779-1780, 2 vol. in-12.

57. — **Alpes-Maritimes.** Paris, in-8°, avec carte coloriée et gravures.
Collection des *Géographies départementales* d'Adolphe Joanne.

58. — **Alsace (L') en 1789**, tableaux des divisions territoriales et des différentes seigneuries de l'Alsace existant à l'époque de l'incorporation de cette province à la France, publiés par Frédéric-Charles Heitz. Strasbourg, 1860, in-4°.

59. — **Amateurs (Les) d'autrefois**, par L. Clément de Ris, 8 portraits gravés à l'eau-forte. Paris, 1877, in-8°.

60. — **Ami (L') des monuments**, revue illustrée (organe du Comité des monuments français, etc.) fondée et dirigée par Ch. Normand, de l'origine (1887) à 1894. Paris, 8 vol. grand in-8°, fig.
Publication périodique.

61. — **Amphithéâtre (L') romain où les arènes de Poitiers**, par Bourgnon de Layre, avec des plans et une explication architectonique dressés par Lamotte. Poitiers, 1843, in-8° et in-4°.

62. — **Analectes historiques** ou Documents inédits pour l'histoire des faits, des mœurs et de la littérature, recueillis et annotés par le docteur Le Glay. Paris, 1838, in-8°.

63. — **Analyse architecturale de l'abbaye de Saint-Étienne de Caen**, par G. Bouet. Caen, 1868, in-8°, fig.

64. — **Analyse de la beauté**, destinée à fixer les idées vagues qu'on a du goût, traduite de l'anglais (de Guillaume Hogarth) par Jansen, précédée de la vie de ce peintre, etc., avec 2 grandes planches. Paris, 1805, 2 vol. in-8°.

65. — **Analyse de 80 mémoires sur l'encouragement royal à l'agriculture, aux manufactures et au commerce**, etc. Mont-de-Marsan, 1841, in-8°.

66. — **Anatomie (L') artistique**, par Mathias Duval. Paris, in-4° anglais, fig.

Ouvrage faisant partie de la *Bibliothèque de l'Enseignement des Beaux-Arts*.

67. — **Ancien Bourbonnais (L')**, histoire, monuments, mœurs, statistique, par Achille Allier, gravé et lithographié, sous la direction de Aimé Chenavard, d'après les dessins et documents de Dufour, par une société d'artistes. Moulins, 1833-1837, 2 vol. in-folio et atlas, 1838, grand in-folio.

68. — **Ancien (L') hôtel d'un lieutenant du prévôt de Troyes**, par Albert Babeau. Troyes, 1885, in-8°.

69. — **Ancienne (L') abbaye de Gellone ou Saint-Guillem-du-Désert**, en Bas-Languedoc (Hérault), par R. Thomassy. S. l., s. d., in-8°.

70. — **Ancienne (L') Auvergne et le Velay**, histoire, archéologie, mœurs, topographie.

1° *L'Auvergne*, par Ad. Michel et une société d'artistes. Moulins, 1843-1847, 3 vol. in-folio.

2° *Le Velay*, par Francisque Mandet et une société d'artistes. Moulins, 1846, in-folio.

Atlas commun. Moulins, s. d., in-folio.

71. — **Ancienne (L') cathédrale de Rennes**, son état au milieu du xviiie siècle, d'après des documents inédits, par Léon Palustre. Paris, 1884, in-8°, fig.

72. — **Ancienne peinture murale représentant les Arts libéraux**, à l'Université de l'église-cathédrale du Puy et école capitulaire, rapport lu à la Société académique du Puy, par Aymard. Le Puy, 1850, in-8°.

Extrait des *Annales de la Société académique du Puy*, tome XV.

73. — **Anciennes (Les) bibliothèques de Paris**, églises, monastères, collèges, etc., par A. Franklin. Paris, 1867-1873, 3 vol. in-4°, fig.

<small>Ouvrage faisant partie de l'*Histoire générale de Paris*.</small>

73 a. — **Anciennes (Les) cloches de Quiry**, par Plancouard. Versailles, 1894, in-8°.

74. — **Anciennes (Les) cloches de la paroisse de Montmédy**, par Léon Germain. Montmédy, 1889, in-8°.

75. — **Anciennes (Les) cloches lorraines**, par Léon Germain. Nancy, 1885, in-8°.

76. — **Anciennes (Les) tapisseries historiées** ou Collection des monuments les plus remarquables de ce genre qui nous soient restés du moyen âge, à partir du xie siècle au xvie inclusivement; texte par Achille Jubinal, gravures par les meilleurs artistes, d'après les dessins de Victor Sansonetti. Paris, 1838, in-folio oblong.

77. — **Anciennes (Les) tourelles des maisons de Troyes**, par Albert Babeau. Troyes, 1881, in-8°, fig.

78. — **Ancien Paris**, 300 eaux-fortes par Martial-Potémont. Paris, 1843-1866, 3 vol. in-folio, avec tables (sans texte).

79. — **Ancien (L') Provins** (Seine-et-Marne), antiquités et origine de la haute ville de Provins, l'époque de sa fondation, le nom de ses fondateurs, etc., par Opoix. Provins, 1818, in-12.

80. — **Anciens carrelages de l'église de Brou**, à Bourg-en-Bresse, derniers vestiges recueillis et reproduits d'après des calques pris sur les originaux, par C. Savy. Lyon, 1867, in-4°, atlas in-folio.

81. — **Anciens évêchés de Bretagne, histoire et monuments.** — Diocèse de Saint-Brieuc, par J. Geslin de Bourgogne et A. de Barthélemy. Paris et Saint-Brieuc, 1855-1864, 4 vol. grand in-8° et atlas in-folio.

82. — **Anciens fondeurs de cloches de diverses provinces**, par Jos. Berthelé. Paris, 1892, in-8°, fig.

83. — **Ancient and modern furniture and woodwork in the South Kensington museum** (Meubles anciens et modernes et ouvrages en bois au musée de South Kensington), described with an introduction by John Hungerford Pollen. London, 1874, grand in-8°, fig.

84. — **Ancient (The) architecture of England** (L'ancienne architecture de l'Angleterre), including the orders during the bristish, roman, saxon and norman eras; and under the reigns of Henri III and Edward III, illustrated by 109 engravings, by John CARTER, F. A. S.; a new and improved edition, with noter and copious indexes by J. BRITTON esq., F. S. A., etc. London, 1845, in-folio.

85. — **Ancien (L') trésor de la cathédrale d'Angers**, par L. DE FARCY. Arras, 1882, in-8°.

86. — **Angers et ses environs**, album de gravures à l'eau-forte, par Tancrède ABRAHAM; texte, par le comte de FALLOUX (de l'Académie française), R. P. Dom PIOLIN de Solesme, Jules ANDRÉ, Ernest BELLANGER, P. BELLEUVRE, Alfred et Louis BONNEAU, Guy DE CHARNACÉ, D'ÉPINAY, GODARD-FAULTRIER, André JOUBERT, H. JOUIN, E. LACHÈSE, LEMARCHAND, V. PAVIE, Eug. POITOU. Château-Gontier, 1876, petit in-folio.

87. — **Angers pittoresque**, par TARDIF-DESVAUX; texte par E. L. Angers, 1843, in-4°, fig.

88. — **Anjou (L') et ses monuments**, par V. GODARD-FAULTRIER et P. HAWKE. Angers, 1839-1840, 2 vol. grand in-8°, fig. et album in-folio.

89. — **Annales archéologiques**, fondées par DIDRON aîné, continuées par Édouard DIDRON. Paris, 1844-1870, 28 vol. in-4°, y compris 1 vol. de tables, fig.

90. — **Annales de la monarchie françoise**, depuis son établissemement jusqu'à présent, où l'on trouve : L'origine de cette puissante monarchie au delà du Rhin, son établissement dans les Gaules, etc.; — La vie et les actions les plus remarquables des rois, princes, généraux, etc.; — La succession généalogique des maisons royales de France, etc.; — Les médailles authentiques, etc.; depuis Pharamond jusqu'à la majorité de Louis XV, par DE LIMIERS. Amsterdam, 1724, 3 vol. in-folio, fig.

91. — **Annales de la Société centrale des architectes** (1874-1875). Paris, 1875-1881, 2 vol. grand in-8°, fig.

92. — **Annales de Six-Fours en Provence** (Var), depuis sa fondation par les Phocéens jusqu'à nos jours, avec documents antiques, par le comte G. D'AUDIFFRET. Toulon, 1866, in-8°, fig.

93. — **Annales du diocèse de Soissons**, par l'abbé PÉCHEUR, curé de Fontenoy. Soissons, 1863-1875, 3 vol. in-8°.

94. — **Annales (Les) générales de la ville de Paris**, représentant tout ce que l'histoire a peu remarquer de ce qui s'est passé de plus mémorable en icelle, depuis sa première fondation iusques à présent, le tout par l'ordre des années et des règnes de nos roys de France, par Claude MALINGRE, historiographe du Roy. Paris, 1640, in-folio.

95. — **Annuaire de l'archéologue français**, publié sous les auspices de la Société française d'archéologie, par Anthyme SAINT-PAUL. Paris, 1877-1879, 3 vol. in-12, fig.

96. — **Annuaire de la Société centrale des architectes.** Paris, 1872-1876, in-8°.

Voir : *Bulletin mensuel de la Société impériale et centrale.*

97. — **Annuaire de législation étrangère**, publié par la Société de législation comparée, contenant le texte des principales lois votées dans les pays étrangers en 1883, 13° année. Paris, 1884, in-8°.

98. — **Annuaire de l'Instruction publique**, rédigé et publié par DELALAIN. Paris, 1890-1895, 6 vol. in-8°.

Publication périodique.

99. — **Annuaire du bâtiment**, des travaux publics et des arts industriels, par SAGERET. Paris, 1868, 1869, 1894, 3 vol. in-8°.

Publication périodique.

100. — **Annuaire général du département du Puy-de-Dôme**, administratif, judiciaire, commercial, industriel. Clermont-Ferrand, 1872, in-12.

101. — **Annuaire historique du département de l'Yonne**, recueil de documents authentiques, destinés à former la statistique départementale; de l'origine (1837) à 1894. Auxerre, 57 volumes grand in-8°, fig., avec 1 vol. de tables (1837-1860).

102. — **Anthropologie (L')**, par le Dr Paul TOPINARD, avec préface du professeur Paul BROCA. 52 figures intercalées dans le texte. Paris, 1879, in-12.

103. — **Antiche (Le) Lucerne sepolcrali figurate** (Lampes sépulcrales antiques), raccolte dalle cave sotterranee, et Grotte di Roma, nelle quali si contengono molte erudite memorie, desegnate, ed intagliate nelle loro forme da Pietro SANTI BARTOLI, etc., divise in tre parti con l'osservagioni di Gio-Pietro BELLORI. Rome, 1729. in-4°, fig.

104. — **Antique (L') et royale cité de Moret-sur-Loing** (Seine-et-Marne), par l'abbé A. Pougeois. Moret, 1889, in-8°, fig.

105. — **Antiquité (De l') de l'homme dans les Alpes-Maritimes**, par Émile Rivière, avec planches en chromolithographie par J. Pilloy, et gravures sur bois par Gusman. Paris, 1887, in-4°.

106. — **Antiquités anglo-normandes de Ducarel**, traduites de l'anglais, par A.-L. Léchaudé d'Anisy. Caen, 1823, in-8°, fig.

107. — **Antiquités celtiques et antédiluviennes**, mémoire sur l'industrie primitive et les arts à leur origine, par Boucher de Perthes, avec 26 planches représentant 500 fig. Paris, 1857, 2 vol. in-8°.

107 a. — **Antiquités celtiques et gallo-romaines du département de la Moselle**, par Georges Boulangé. Metz, 1853, in-8°, fig.

Extrait de l'*Austrasie*, revue de Metz et de Lorraine (relié dans le même volume que le n° 2406).

108. — **Antiquités (Les) d'Arles**, traitées en manière d'entretien et d'itinéraires; où sont décrites plusieurs nouvelles découvertes qui n'ont pas encore vu le jour, par J. Seguin, D. E. D. réimpression, d'après celle de Claude Mesnier, à Arles, 1687. Avignon et Montpellier, 1877, in-4°, fig.

109. — **Antiquités de la France. Monuments de Nîmes**, par C. Clérisseau, architecte, avec texte historique et descriptif, par F.-G. Legrand, architecte. Paris, an XII (1804), 2 vol. in-folio.

110. — **Antiquités de l'Alsace**, ou châteaux, églises et autres monuments des départements du Haut et du Bas-Rhin.

1re Section. — Département du Haut-Rhin, par de Golbery.

2° Section. — Département du Bas-Rhin, par J.-C. Schweighaenser.

Mulhouse et Paris, 1828, 2 vol. in-folio, fig.

111. — **Antiquités de Noyon** (Oise), ou étude historique et géographique, archéologique et philologique des documents que fournit cette ville à l'histoire des cités gallo-romaines et féodales de France, par C.-A. Moët de la Forte-Maison. Rennes, 1845, in-12, fig.

112. — **Antiquités de Sanxay** (Vienne), avec deux gravures de Garnier, d'après les croquis de Raoul Gaignard, représentant les ruines, par Ferdinand Delaunay. Niort et Paris, in-12.

113. — **Antiquités de Vésone**, cité gauloise remplacée par la ville actuelle de Périgueux, ou descriptions des monuments religieux, civils et militaires de cette antique cité et de son territoire, précédée d'un essai sur les Gaulois, par le comte Wlgrin de Taillefer. Périgueux, 1821-1826, 2 vol. in-4°, fig.

114. — **Antiquités de Vichy-les-Bains** (Allier), par Beaulieu. Paris, 1846, in-8°, 2° édition, fig.

115. — **Antiquités du grand cimetière d'Orléans**, par Jollois. Paris, 1831, in-folio, avec planches.

116. — **Antiquités et monuments du département de l'Aisne**, par Edouard Fleury, accompagnés de gravures par Edouard Fleury, d'après les dessins de Ed. Fleury, Am. Piette, Pilloy, A. Barbey, A. Varin, Midoux, Papillon, P. Laurent, etc. Paris, 1877-1879, 3 vol. grand in-4°.

117. — **Antiquités gallo-romaines de la ville du Puy**, par Aymard. Le Puy, 1856, in-8°.

118. — **Antiquités gallo-romaines des Éburoviques**, publiées d'après les recherches et les fouilles dirigées par Th. Bonnin. Paris, 1860, in-4°, fig.

119. — **Antiquités gauloises et gallo-romaines de l'arrondissement de Mantes** (Seine-et-Oise), par Armand Cassan. Mantes, 1835, in-8°, fig.

120. — **Antiquités nationales ou recueil de monuments**, pour servir à l'histoire générale et particulière de l'Empire français, tels que tombeaux, inscriptions, statues, vitraux, fresques, etc., tirés des abbayes, monastères, châteaux et autres lieux devenus domaines nationaux, par Aubin-Louis Millin, présenté à l'Assemblée nationale, et accueilli favorablement par elle, le 9 décembre 1790. Paris, 1790, 5 vol. in-4°, fig.

121. — **Antiquités religieuses du diocèse de Soissons et de Laon**, ouvrage contenant beaucoup de renseignements sur l'histoire générale de l'Église en France, par J.-F.-M. Lequeux. Paris, 1859, in-12, fig.

122. — **Antiquitez de la ville de Paris (Les)**, contenans la recherche nouvelle des fondations et establissemens des églises, chapelles, mo-

nastères, hospitaux, hostels, maisons remarquables, fontaines, regards, quais, ponts et autres ouvrages curieux, etc., enrichies de plusieurs belles figures ou gravures, par Claude MALINGRE, historiographe du Roy. Paris, 1640, in-folio.

123. — **Antiquitez (Les) et choses plus remarquables de Paris**, recueillies par Pierre BONFONS, augmentées par frère Jacques DU BREUL. Paris, 1608, petit in-8°.

124. — **Antiquitez (Les) et recherches des villes, chasteaux et places plus remarquables de toute la France**, selon l'ordre et ressort des parlemens, par André DU CHESNE, historiographe de France, revenues par François DU CHESNE, son fils, advocat au Parlement, etc. Paris, 1647, petit in-8°.

125. — **Aperçu historique sur les Pyrénées**, par Louis GERDEBAT. Paris, 1867, in-12.

126. — **Appartements (Les) privés de S. M. l'Impératrice au palais des Tuileries**, décorés par LEFUEL, publiés par E. ROUYER. Paris, 1867, in-plano, fig.

127. — **Appel aux amis des sciences naturelles pour le tracé d'une carte géologique du terrain et des blocs erratiques des environs de Lyon, du nord du Dauphiné, de la Dombes et du midi du Bugey**, etc., par A. FALSAN et E. CHANTRE. Paris et Lyon, 1868, in-8°.

128. — **Appendice aux époques antédiluvienne et celtique du Poitou. Nouvelles découvertes d'ateliers de l'âge de pierre en Poitou**, par Amédée BROUILLET, avec 12 planches in-4° reproduisant de grandeur naturelle 74 objets de types variés. Poitiers, 1864, in-8°.

129. — **Appendice aux études archéologiques sur les anciens plans de Paris, et aux dissertations sur les enceintes de Paris**, par Alf. BONNARDOT. Paris, 1877, in-4°, fig.

130. — **Arabesques (Les petites)**, par Jacques ANDROUET DU CERCEAU, héliogravures par E. BALDUS. Paris, s. d., petit in-4° (sans texte).

131. — **Arabesques (trente-cinq grandes)**, par Jacques ANDROUET DU CERCEAU, héliogravures, par E. BALDUS. Paris, s. d., in-folio (sans texte).

132. — **Arc de triomphe de l'Étoile**, album de 10 planches gravées au trait, par Normand fils (avec des explications, par Isidore Guyet, attaché au bureau de M. Denon). Paris, 1810-1811, in-4° oblong.

133. — **Arc de triomphe de l'Étoile**, publié par J.-D. Thierry. Paris, 1845, in-folio, fig.

134. — **Arc de triomphe des Tuileries**, érigé en 1806 d'après les dessins et sous la direction de C. Percier et P.-F.-L. Fontaine, architectes, dessiné, gravé et publié par Normand fils, avec un texte explicatif par Brès. Paris, s. d., in-folio.

135. — **Archéologie celtique et gauloise**, mémoires et documents relatifs aux premiers temps de notre histoire nationale, par Alexandre Bertrand. Paris, 1876, in-8°, fig.

Voir : *Nos origines.*

136. — **Archéologie celto-romaine de l'arrondissement de Châtillon-sur-Seine** (Côte-d'Or), suivie d'un glossaire celtique et de la traduction des noms des principales nations anciennes de l'Europe, par J.-B. Leclerc et J. Gaveau. Paris, 1843, in-4°, fig.

136 a. — **Archéologie (L') chrétienne**, par André Pératé. Paris, in-4° anglais, fig.

Ouvrage faisant partie de la *Bibliothèque de l'Enseignement des Beaux-Arts.* Voir le n° 202.

137. — **Archéologie de la Meuse**, description des voies anciennes et des monuments aux époques celtique et gallo-romaine, par Félix Liénard. Tomes I et III, *Parties nord et sud du département.* Verdun, 1881, in-folio, avec atlas de même format.

137 a. — **Archéologie des monuments religieux de l'ancien Beauvoisis** pendant la métamorphose romane, composée : 1° d'un texte précédé d'une introduction historique; 2° d'une carte archéologique et de 129 planches comprenant 1200 sujets, par le docteur Eug.-J. Woillez. Paris, 1839-1849, grand in-4°.

138. — **Archéologie (L') devant l'État-major et devant la Justice**, plaidoirie de Albert Gréhen pour Peigné-Delacourt contre M. le Ministre de la guerre. Guise, 1877, in-8°.

139. — **Archéologie (L') égyptienne**, par Maspéro. Paris, in-4° anglais, fig.

140. — **Archéologie (L') étrusque et romaine**, par Martha. Paris, in-4° anglais, fig.

141. — **Archéologie (L') grecque**, par Max Collignon. Paris, in-4° anglais, fig.

142. — **Archéologie (L') orientale**, par E. Babelon. Paris, in-4° anglais, fig.

> Les quatre ouvrages ci-dessus font partie de la *Bibliothèque de l'Enseignement des Beaux-Arts.*

143. — **Architecte (L') Julien Mauclerc** (1513-1577), par René Vallette. Fontenay-le-Comte, 1891, in-8°.

144. — **Architectes (Les) du palais des Papes à Avignon**, par L. Duhamel. Avignon, 1882, in-8°.

145. — **Architectes (Les grands) français de la Renaissance**, P. Lescot, Ph. Delorme, J. Goujon, J. Bullant, les du Cerceau, les Milezeau, les Chambiges, d'après de nombreux documents inédits des bibliothèques et des archives, par Adolphe Berty. Paris, 1860, in-8°.

146. — **Architectural antiquities of Normandy** (Antiquités architecturales de la Normandie), by J. S. Cotman, accompanied by historical and descriptive notices by D. Turner, Esq. F. R. and A. S. — London, 1822, 2 vol. in-folio, fig.

147. — **Architecture (L')**, journal hebdomadaire de la Société centrale des architectes français, de 1891 à 1894. Paris, 4 vol. in-4°, fig.

> Publication périodique.

148. — **Architecture (L') au moyen âge dans le département de la Gironde**, par Léo Drouyn, texte par L. de Lamothe. Bordeaux, 1846, in-folio, fig.

149. — **Architecture (L') au Salon.** — Art antique. — Moyen âge. — Renaissance. — Projets, compositions, concours; revue annuelle des œuvres exposées dans la section d'architecture, par A. Fabre et L. de Wesly. Année 1872, in-folio, fig.

150. — **Architecture (L') au Salon de 1875**, par Ed. Didron.

> Extrait du *Monde*, juin 1875.

151. — **Architecture civile et domestique au moyen âge et à la Renaissance**, dessinée et écrite par Aymar Verdier, architecte, et par le docteur F. Cattois. Paris, 1855-1857, 2 vol. in-4°.

152. — **Architecture (L') de la Renaissance**, par Palustre. Paris, in-4° anglais, fig.
   Ouvrage faisant partie de la *Bibliothèque de l'Enseignement des Beaux-Arts.*

153. — **Architecture (L') du Ve au XVIIe siècle et les arts qui en dépendent** : la sculpture, la peinture murale, la peinture sur verre, la mosaïque, la ferronnerie, etc., publiés d'après les travaux inédits des principaux architectes français et étrangers, par Jules Gailhabaud. Paris, 1858, 4 vol. in-4° et atlas in-folio.

154. — **Architecture (L') du moyen âge jugée par les écrivains des deux derniers siècles**, par l'abbé J. Corblet. Paris, 1859, in-8°.

155. — **Architecture (L') en Italie, du Ve au XIe siècle**, recherches historiques et critiques, par Raphaël Cattaneo, traduction par Le Monnier. Venise, 1891, in-4°, fig.

156. — **Architecture et archéologie.** — **De la reconstruction des contre-forts de la cathédrale d'Évreux**, rapport présenté au Congrès des architectes français de 1875, par Charles Lucas. Paris, 1877, grand in-8°, fig.

157. — **Architecture et décoration turques au XVe siècle**, par Léon Parvillée, avec une préface de E. Viollet-le-Duc. Paris, 1874, in-folio, fig. coloriées.

158. — **Architecture (L') et la peinture en Europe, depuis le IVe siècle jusqu'à la fin du XVIe**, par Alfred Michiels. Paris, 1873, in-8°.

159. — **Architecture (L') française**, conférence de Viollet-le-Duc. Paris, 1877, in-32.

160. — **Architecture française ou Recueil des plans, élévations, coupes et profils des églises, maisons royales, palais, hôtels et édifices les plus considérables de Paris, ainsi que des châteaux et maisons de plaisance situés aux environs de cette ville ou en d'autres endroits de la

France, bâtis par les plus célèbres architectes et mesurés exactement sur les lieux, etc., par Jacques-François Blondel, professeur d'architecture. Paris, 1752, 4 vol. in-folio enrichis de 599 planches en taille-douce.

161. — **Architecture funéraire contemporaine; spécimens de tombeaux**, chapelles funéraires, mausolées, sarcophages, stèles, pierres tombales, croix, etc., par César Daly. Paris, 1871, in-folio.

162. — **Architecture gallo-romaine et architecture du moyen âge**, par Mérimée, A. Lenoir, A. Leprévost et Lenormant.

Voir : *Instructions du Comité historique des arts et monuments.*

163. — **Architecture (L') gothique**, par Corroyer. Paris, in-4° anglais, fig.

164. — **Architecture (L') grecque**, par Laloux. Paris, in-4° anglais, fig.

Les deux ouvrages ci-dessus font partie de la *Bibliothèque de l'Enseignement des Beaux-Arts.*

165. — **Architecture (L') militaire au Mont Saint-Michel**, par Édouard Corroyer. Paris, 1881, in-8°.

166. — **Architecture militaire au moyen âge**, par Mérimée et A. Lenoir.

Voir : *Instructions du Comité.*

167. — **Architecture moderne de la Sicile** ou Recueil des plus beaux monuments religieux et des édifices publics et particuliers les plus remarquables de la Sicile, mesurés et dessinés par J.-J. Hittorf et L. Zanth. Paris, 1835, in-folio.

168. — **Architecture (L') moderne en Angleterre**, par Paul Sedille, avec de nombreux dessins dans le texte. Paris, 1890, in-8°.

169. — **Architecture (L') moderne en France**, maisons les plus remarquables des principales villes des départements, plans, coupes, élévations, détails de construction, par F. Barqui; 120 planches accompagnées d'un texte descriptif. Paris et Liège, 1869, in-folio.

170. — **Architecture monastique**, par A. Lenoir. Paris, 1852-1856, 3 parties en 2 vol. in-4°, fig.

Ouvrage faisant partie de la *Collection de documents inédits sur l'Histoire de France*, publiée par les soins du Ministre de l'instruction publique.

171. — **Architecture (L') normande aux XIe et XIIe siècles, en Normandie et en Angleterre**, par V. Ruprich-Robert. Paris; s. d., in-folio.

172. — **Architecture (L') religieuse dans l'ancien diocèse de Soissons, au XIe et au XIIe siècle**, par Eugène Lefèvre-Pontalis, 1re partie. Paris, 1894, in-4° avec planches gravées.

173. — **Architecture (L') romane**, par Corroyer. Paris, in-4° anglais, fig.

    Ouvrage faisant partie de la *Bibliothèque de l'Enseignement des Beaux-Arts*.

174. — **Architecture (L') romane dans l'ancien diocèse de Mâcon**, par Jean Virey. Paris, 1892, in-8°, avec cartes et gravures.

175. — **Architecture romane du Midi de la France**, dessinée, mesurée et décrite par Henry Révoil. Paris, 1873, 3 vol. in-folio.

176. — **Archives administratives et législatives de la ville de Reims**, collection de pièces inédites pouvant servir à l'histoire des institutions dans la cité, par Pierre Varin. Paris, 1839-1853, 10 vol. in-4°.

    Ouvrage faisant partie de la *Collection de documents inédits sur l'Histoire de France*, publiée par les soins du Ministre de l'instruction publique.

177. — **Archives dauphinoises.**

    Voir : *Histoire de la réunion du Dauphiné à la France.*

178. — **Archives de la Commission des monuments historiques** publiées par ordre de S. E. Achille Fould, ministre d'État. Paris, 1855-1872, 4 vol. grand in-folio, planches.

178 a. — **Archives de la Commission scientifique du Mexique**, publiées sous les auspices du Ministère de l'instruction publique. Paris, 1864-1869, 3 vol. in-8°, fig.

179. — **Archives de l'art français**, recueil de documents inédits relatifs à l'histoire des arts en France, publié sous la direction de Ph. de Chennevières. Paris, 1851-1860, 6 vol. in-8°.

180. — **Archives (Nouvelles) de l'art français**, recueil de documents inédits publiés par la Société de l'histoire de l'art français. Paris, 1872-1889, 15 vol. in-8°.

181. — **Archives des arts, sciences et lettres**, documents inédits, publiés et annotés, par Alexis PINCHART. Gand, 1850-1881, 3 vol. in-8°.

182. — **Archives des missions scientifiques et littéraires**, choix de rapports et instructions, publié sous les auspices du Ministère de l'instruction publique. Paris, 2° série, 1864-1871, 5 vol. in-8°, fig. (incomplets); 3° série, 1874-1890, 22 vol. in-8°, fig., dont 1 vol. de tables.

Voir : *Nouvelles archives des missions scientifiques et littéraires*, 1891-1894. 6 vol. in-8°, fig.

Publication périodique.

183. — **Ardèche.** Paris, in-8°, avec carte coloriée et gravures.

184. — **Ardennes.** Paris, in-8°, avec carte coloriée et gravures.

Les deux ouvrages ci-dessus font partie de la collection des *Géographies départementales* d'Adolphe JOANNE.

185. — **Ardennes (Les) illustrées (France et Belgique)**, par Élizé DE MONTAGNAC. Paris, 1868-1873, 4 vol. in-folio, fig.

186. — **Arènes (Les) de Lutèce**, conférence de RUPRICH-ROBERT à la session de 1873 du Congrès des artistes français. Paris, 1875, grand in-8°, fig.

187. — **Ariège.** Paris, in-8°, avec carte coloriée et gravures.

Ouvrage faisant partie de la collection des *Géographies départementales* d'Adolphe JOANNE.

188. — **Arles antique**, études sur l'ancienne topographie de la ville d'Arles, par Auguste VÉRAN. Tours, s. d., in-8°, fig.

189. — **Armes (Les)**, par MAINDRON. Paris, in-4° anglais, fig.

Ouvrage faisant partie de la *Bibliothèque de l'Enseignement des Beaux-Arts*.

190. — **Armoiries (Les) de la ville de Paris**, sceaux, emblèmes, couleurs, devises, livrées et cérémonies publiques; ouvrage commencé par feu le comte A. DE COËTLOGON, refondu et complété par L.-M. TISSERAND et le Service historique de la ville de Paris. Paris, 1874, 1875, 2 vol. in-8°, fig.

Ouvrage faisant partie de l'*Histoire générale de Paris*.

191. — **Armoiries de la ville de Poitiers**, par de Chergé. Poitiers, s. d., in-12, fig.

192. — **Armorial général**, précédé d'un dictionnaire des termes du blason, par J.-B. Richstap. Gouda, 1884, 2 vol. in-4°.

193. — **Armorial national de France**, recueil complet des armes des villes et provinces du territoire français, réuni pour la première fois, dessiné et gravé par H. Traversier, avec des notices descriptives et historiques par Léon Vaïsse. Paris, 1842, grand in-4°, fig. coloriées.

194. — **Arras**, histoire de l'architecture et des beaux-arts dans cette ville, depuis les temps les plus reculés jusqu'à la fin du xviiie siècle, par A. Terninck. Arras, 1879, in-4°, fig.

195. — **Arrondissement (L') de Montélimar**, géographie, histoire, statistique, par A. Lacroix, tome IV. Valence, 1874, in-8°.

196. — **Art (L')**, revue hebdomadaire illustrée. Paris, 1875-1879 et 1884-1886, 25 vol. in-folio, fig.
Publication périodique.

197. — **Art (L') arabe**, par Al. Gayet. Paris, in-4° anglais, fig.
Ouvrage faisant partie de la *Bibliothèque de l'Enseignement des Beaux-Arts.*

198. — **Art (L') architectural en France depuis François Ier jusqu'à Louis XIV**, motifs de décoration intérieure et extérieure dessinés d'après des modèles exécutés et inédits des principales époques de la Renaissance, par E. Rouyer, architecte, texte par Alfred Darcel. Paris, 1863-1866, 2 vol. grand in-4°.

199. — **Art (L') byzantin**, par Bayet. Paris, in-4° anglais, fig.
Ouvrage faisant partie de la *Bibliothèque de l'Enseignement des Beaux-Arts.*

200. — **Art (De l') celtique à l'époque mérovingienne**, à l'occasion des agrafes mérovingiennes du musée archéologique du Mans, par Eug. Hucher. Mamers et Le Mans, 1881, in-8°, fig.
Extrait de la *Revue historique et archéologique du Maine*, t. VIII.

201. — **Art (L') chinois**, par Paléologue. Paris, in-4° anglais, fig.

202. — **Art (L') chrétien**, par Pératé. Paris, in-4° anglais, fig.
Voir : *Archéologie chrétienne*, n° 136 a.
Les deux ouvrages ci-dessus font partie de la *Bibliothèque de l'Enseignement des Beaux-Arts.*

203. — **Art (De l') chrétien**, par A.-F. Rio. Paris, 1861-1867, 4 vol. in-8°.

204. — **Art (L') chrétien au moyen âge dans le midi de la France**, peintures murales à fresques relevées par Engalière. Toulouse, s. d., in-folio, fig.

205. — **Art (L') dans la parure et dans le vêtement**, par Charles Blanc. Paris, 1875, in-8°, fig.

206. — **Art (L') dans ses diverses branches**, ou l'architecture, la sculpture, la peinture, la fonte, la ferronnerie, etc., chez tous les peuples et à toutes les époques jusqu'en 1789, par Jules Gailhabaud. Paris, 1872, in-4°, fig.

207. — **Art (L') de bâtir chez les Romains**, par A. Choisy. Paris, 1873, in-folio, avec atlas in-folio.

208. — **Art (L') décoratif**, modèles de décoration et d'ornementation de tous les styles et de toutes les époques, choisis dans les œuvres des plus célèbres artistes, publiés par Godefroid Umé. Liège, Paris, Berlin, s. d., in-folio.

209. — **Art (L') de faire un vitrail**, par L. Ottin, ouvrage accompagné de 66 dessins ou modèles et d'une planche en couleurs. Paris, s. d., in-8°.

210. — **Art (L') de la verrerie**, par Gerspach. Paris, in-4° anglais, fig.
Ouvrage faisant partie de la *Bibliothèque de l'Enseignement des Beaux-Arts*.

211. — **Art (L') de l'émaillerie chez les Éduens avant l'ère chrétienne**, par Bulliot et L. de Fontenay. Paris, 1875, in-8°, fig. coloriées.

212. — **Art de (L') terre chez les Poitevins**, suivi d'une étude sur l'ancienneté de la fabrication du verre en Poitou, par Benjamin Fillon. Niort et Paris, 1864, in-4°, fig.

213. — **Art (L') de vérifier les dates**, par un religieux bénédictin de Saint-Maur. Paris, 1784, 3 vol. in-folio.

214. — **Art (L') de vérifier les dates**, depuis 1770 jusqu'à nos jours, rédigé par une société de savants et d'hommes de lettres, formant la continuation de l'ouvrage publié sous ce nom. Paris, 1821, 4 vol. in-folio.

215. — **Art (L') en Alsace-Lorraine**, par René Ménard. Paris, 1876, in-4°, fig.

216. — **Art (L') en Bourgogne**, ouvrage illustré de planches hors texte et d'une carte, par A. Perrault-Dabot. Paris, 1894, grand in-8°.

217. — **Art (L') en Saintonge et en Aunis**, ouvrage publié sous les auspices de Monseigneur l'Évêque de la Rochelle et de Saintes, par l'abbé L. Julien-Laferrière. Tome 1 : *Arrondissement de Saintes*. Toulouse, 1879, 1 vol. grand in-4°, planches.

En cours de publication.

218. — **Art (De l') et des artistes de mon temps. Salon de 1875**, par Th. Véron. Poitiers et Paris, 1875, petit in-8°.

219. — **Art (L') et la province**, le Comité des sociétés des Beaux-Arts, les sessions annuelles des délégués des départements, suivis des rapports généraux lus à l'issue de ces sessions, par Henry Jouin. Première série. Rapports de 1877 à 1885. Paris, 1893, in-8°.

220. — **Art (L') et l'archéologie**, par Ernest Vinet. Paris, 1874, in-8°.

221. — **Art (L') et les artistes modernes en France et en Angleterre**, par Ernest Chesneau. Paris, 1864, in-12.

222. — **Art (L') et l'industrie**, par J.-A.-G. Davioud. Mémoire couronné par l'académie des Beaux-Arts. Paris, 1874, petit in-4°.

223. — **Art (L') étrusque**, illustré de 4 planches en couleurs et de 400 gravures dans le texte, d'après les originaux ou d'après les documents les plus authentiques, par Jules Martha. Paris, 1889, in-4°.

224. — **Art (L') et ses procédés depuis l'antiquité. La sculpture égyptienne**, par Émile Soldi. Édition illustrée de gravures dans le texte. Paris, 1876, grand in-8°.

225. — **Art (L') flamand dans l'est et le midi de la France**, rapport au gouvernement français, par Alfred Michiels. Complément de l'*Histoire de la peinture flamande*. Paris, 1877, in-8°, fig.

226. — **Art (L') gaulois, ou les Gaulois d'après leurs médailles**, par Eugène Hucher. Paris et le Mans, 1868, in-4°, fig.

227. — **Art (L') gothique**, l'architecture, la peinture, la sculpture, le décor, par Louis Gonse. Paris, 1890, grand in-4°, fig.

228. — **Art (L') héraldique**, par Gourdon de Genouillac. Paris, in-4° anglais, fig.

229. — **Art (L') indo-chinois**, par Albert de Pouvourville (Matgioi). Paris, in-4° anglais, fig.

> Les deux ouvrages ci-dessus font partie de la *Bibliothèque de l'Enseignement des Beaux-Arts*.

230. — **Artistaire (L')**, livre des principales initiations aux beaux-arts : la peinture, la sculpture, la poésie, la musique, la mimique, la gymnastique, par Paillot de Montabert. Paris, 1855, in-8°.

231. — **Artiste (L')**, journal des beaux-arts et des belles-lettres; rédacteur en chef, Arsène Houssaye. Paris, 1848-1874, 50 vol. in-8°, fig.

> (Manquent les volumes des années 1862 à 1866.) Publication périodique.

232. — **Artistes anciens et modernes**, par Charles Clément. Paris, 1876, in-12.

233. — **Artistes (Les) cambrésiens du IXe au XIXe siècle et l'école de dessin de Cambrai**, avec 10 planches lithographiées, dont 2 en couleurs et 2 photographies, par A. Durieux. Cambrai, 1874, in-8°.

234. — **Artistes (Les) de l'Alsace pendant le moyen âge**, par Charles Gérard. Colmar et Paris, 1872-1873, 2 vol. in-8°.

235. — **Artistes (Les) de mon temps**, par Charles Blanc. Paris, 1876, in-8°, fig.

236. — **Artistes (Les) du duc d'Épernon**, documents sur l'*Histoire des arts en Guienne*, par Ch. Braquehaye. Bordeaux, 1888, in-8°, fig.

237. — **Artistes (Les) du Mans jusqu'à la Renaissance**, par Henri Chardon. Paris, Le Mans, 1878, in-8°.

> Extrait des *Comptes rendus de la Société française d'archéologie*.

238. — **Artistes (Les) du nord de la France et du midi de la Belgique, aux XIVe, XVe et XVIe siècles**, par Al. de la Fons, baron de Mélicocq. Béthune, 1848, in-8°.

239. — **Artistes (Les) en Béarn avant le XVIIIe siècle**, notes et documents recueillis par Paul Raymond. Pau, 1874, in-8°.

240. — **Artistes (Les) français à l'étranger**, par L. Dussieux. Paris et Lyon, 1876, in-8°.

241. — **Artistes (Les) grenoblois**, notes et documents inédits, par Edmond Maignien. Grenoble, 1887, in-8°.

242. — **Artiste (Un) stéphanois au XVIIe siècle, Simon Claude-Désiré et la chaire de Notre-Dame à Saint-Étienne**, par J.-B. Galley. Saint-Étienne, 1892, in-8°, fig.

243. — **Artistes (Les) tourangeaux**, notes et documents inédits, par le docteur E. Giraudet. Tours, 1885, in-8°.

244. — **Artisti belgi ed olandesi a Roma, nei secoli XVIe, XVIIe**, (Les artistes belges et hollandais à Rome, aux xvie et xviie siècles), notizie e documenti raccolti negli archivi romani; dal Cav. A. Bertolotti. Firenze, 1880, in-12.

245. — **Art (L') japonais**, par Louis Gonse. Paris, in-4° anglais, fig.

Ouvrage faisant partie de la *Bibliothèque de l'Enseignement des Beaux-Arts.*

246. — **Art (L') Khmer**, étude historique sur les monuments de l'ancien Cambodge, et un aperçu général sur l'architecture Khmer et une liste complète des monuments explorés, suivi d'un catalogue raisonné du musée Khmer de Compiègne, orné de gravures et d'une carte, par le comte de Croizier. Paris, 1875, in-8°.

247. — **Art (L') national**, étude sur l'histoire de l'art en France, par Henri du Cleuziou.

Tome I : *Les origines, la Gaule, les Romains.* Ce volume contient 10 chromolithographies, 10 planches tirées à part, et 430 gravures intercalées dans le texte, exécutées d'après les dessins de l'auteur. Paris, 1882, in-4°.

Tome II : *Les Francs, les Byzantins, l'Art ogival.* Ce volume contient 10 chromolithographies, 10 planches tirées à part et 494 gravures intercalées dans le texte. Paris, 1883, in-4°.

248. — **Art (L') pour tous**, encyclopédie de l'art industriel et décoratif, par Émile Reiber et Cl. Sauvageot. Paris, 1861-1874, 13 vol. in-folio, fig.

249. — **Art (L') religieux contemporain**, étude critique par l'abbé A. Hurel. Paris, 1868, in-8°.

250. — Art (L') roman à Charlieu et en Brionnais, ouvrage publié sous les auspices de *la Diana*, société historique et archéologique du Forez, par F. Thiollier. Montbrison, 1892, in-4°, fig.

251. — Art (L') russe, ses origines, ses éléments constitutifs, son apogée, son avenir, par E. Viollet-le-Duc. Paris, 1877, in-8°, fig. coloriées.

252. — Arts (Les) à la cour des papes pendant le XVe et le XVIe siècle, recueil de documents inédits tirés des archives et des bibliothèques romaines, par Eugène Müntz. Paris, 1878-1882, 3 vol. in-8°.

253. — Arts (Les) au moyen âge, en ce qui concerne principalement le palais romain de Paris, l'hôtel de Cluny et les objets d'art classés dans cet hôtel, par A. du Sommerard. Paris, 1838-1846, 5 vol. in-8°.

254. — Arts (Les) au moyen âge et à l'époque de la Renaissance, par Paul Lacroix (bibliophile Jacob), ouvrage illustré de 19 planches chromolithographiques exécutées par Kellerhoven, et de 400 gravures sur bois. Paris, 1873, in-4°.

255. — Arts (Les) décoratifs à toutes les époques, par Édouard Lièvre. Paris, 1870, 2 vol. in-folio, fig. coloriées.

256. — Arts (Les) en Touraine. Clos-Lucé, séjour et mort de Léonard de Vinci, par L.-A. Bosseboeuf. Tours, 1893, in-8°, fig.

257. — Arts (Les) et les artistes de l'ancienne capitale de la Champagne (1250-1680), par Alexandre Assier. Paris, 1876, 2 vol. in-12.

258. — Assainissement de la ville de Toulouse, observations sur ses égouts anciens et modernes, par Esquié. Toulouse, s. d., in-8°, fig.

Extrait des *Mémoires de l'Académie impériale des sciences, inscriptions et belles-lettres de Toulouse*.

259. — Association française pour l'avancement des sciences. Compte rendu de la 10e session, Alger (1881). Paris, 1882, in-8°, planches.

259 a. — Athenæum français, journal universel de la littérature, de la science et des beaux-arts; fondé et dirigé par Ed. Delessert, Firmin Didot, etc. (2e, 3e et 4e année). Paris, 1853-1855, 3 vol. grand in-4°.

260. — **Atlas (L') curieux ou le monde représenté dans des cartes générales et particulières**, etc., par DE FER. Paris, 1705, in-folio oblong.

261. — **Atlas (Petit) de géographie ancienne et moderne** contenant 40 cartes, par E. CORTAMBERT. Nouvelle édition entièrement refondue avec la collaboration d'une société de géographes et de professeurs. Paris, 1885, in-4°.

  Voir : *Petit atlas de géographie.*

262. — **Atlas de la ville de Paris**, composé de 8 planches du traité de police de Nicolas DELAMARE, de l'an 56 avant J.-C. jusqu'en 1715, 20 planches représentant Paris à vol d'oiseau sous Louis XV; un plan d'assemblage levé et dessiné par Louis BRETEZ, publié par BONNET, photographié par DIONIS. Paris, 1873, in-folio oblong.

263. — **Atlas général de la ville, des faubourgs et des monuments de Paris**, par Th. JACOUBET, architecte, gravé par V. BONNET. Paris, 1836, grand in-folio.

264. — **Atlas historique, généalogique, chronologique et géographique**, par A. LE SAGE. Paris, s. d., in-folio.

265. — **Atlas municipal des vingt arrondissements de la ville de Paris**, dressé, etc., par les soins de L. FAUVE. Paris, 1893, in-folio.

266. — **Atlas pour servir au voyage dans les départements du midi de la France**, par MILLIN. Paris, 1807, in-4°, 51 planches, dont 1 coloriée.

  Voir : *Voyage dans les départements du midi de la France.*

267. — **Atlas (Grand) universel**, 51 cartes gravées sur acier et imprimées en couleur, dressées d'après les explorations les plus récentes et les documents les plus authentiques par William HUGHES, membre de la Société royale géographique de Londres; 2ᵉ édition entièrement revue et corrigée, précédée d'une préface par E. CORTAMBERT, avec un index général contenant tous les noms portés dans l'atlas. Paris, 1875, in-folio.

  Voir : *Grand atlas.*

268. — **A travers les arts**, causeries et mélanges, par Charles GARNIER. Paris, 1869, in-18.

269. — **Aube.** Paris, in-8°, avec carte coloriée et gravures.

270. — **Aude.** Paris, in-8°, avec carte coloriée et gravures.

Les deux ouvrages ci-dessus font partie de la collection des *géographies départementales* d'Adolphe Joanne.

271. — **Autour des Borgia,** les monuments, les portraits, etc. Études d'histoire et d'art, avec 18 planches en couleur, en noir et sur cuivre, et 156 illustrations d'après les monuments contemporains, par Charles Yriarte. Paris, 1891, in-4°.

272. — **Autun archéologique,** par les secrétaires de la Société Éduenne et de la Commission des antiquités d'Autun. Autun, 1848, in-8°, fig.

273. — **Autun et ses monuments,** par Harold de Fontenay, avec un précis historique par Anatole de Charmasse. Autun, 1889, in-8°, fig.

274. — **Auvergne (L') antique.** — Littérature gallo-romaine. — Le temple du Puy-de-Dôme. — Sidoine Apollinaire. — Grégoire de Tours, par Hanriot. Clermont-Ferrand, 1875, in-12.

275. — **Auvergne (L') au moyen âge. Les monastères,** par E. Thibaud, planches et table. Paris, s. d., petit in-folio.

Le texte manque.

276. — **Avallon et l'Avallonnais,** par Ernest Petit. Auxerre, 1890, in-4°, fig.

277. — **Aveyron.** Paris, in-8°, avec carte coloriée et gravures.

Collection des *géographies départementales* d'Adolphe Joanne.

278. — **Avignon, le Comtat et la principauté d'Orange,** histoire, légendes, archéologie, biographie, excursions, etc., par Louis de Laincel. Paris, 1872, in-12.

279. — **Avranchin monumental et historique,** par Édouard Le Héricher. Avranches, 1845-1865, in-8°.

B

280. — **Baie (La) du mont Saint-Michel et ses approches,** création historique de la baie établie par l'archéologie, la géographie,

— 28 —

l'histoire, la géologie, ainsi que par les voies romaines et les îles de la Manche, avec 46 cartes explicatives, par le vicomte DE POTICHE. Paris et Avranches, 1891, in-8°.

281. — **Bas-Berry (Le)**, revue mensuelle, illustrée, d'histoire, d'archéologie, de statistique, de littérature et des beaux-arts. Châteauroux, 1875-1878, 4 vol. in-8°, fig.

282. — **Basilica (La) di San Marco in Venezia** (La basilique de Saint-Marc, à Venise), esposta nei suoi musaici storici, ornamenti, sculpiti e vedute architettoniche, designati dal vero e publicati da Giovanni e Luigia KRENTZ; incisi da diversi artisti in pietra, in rame ed in acciajo. Venezia, 1843, grand in-folio (sans texte).

283. — **Basiliques (Les) chrétiennes de Rome**, relevées et dessinées par GUTENSOHN et KNAPP; texte explicatif et descriptif, par Chr.-C.-J. BUNSEN, avec 50 planches; 1re édition française, traduite et revue par Daniel RAMÉE, architecte. Paris, Londres et Francfort-sur-Mein, 1872, in-folio.

284. — **Basiliques (Les) de saint Martin, à Tours**, fouilles exécutées à l'occasion de la découverte de son tombeau, par Stanislas RATEL. Bruxelles, 1886; supplément. Tours et Paris, 1890, 2 vol. in-8°, fig.

285. — **Basses-Alpes**. Paris, in-8°, avec carte coloriée et gravures.

286. — **Basses-Pyrénées**. Paris, in-8°, avec carte coloriée et gravures.

Les deux ouvrages ci-dessus font partie de la collection des *géographies départementales* d'Adolphe JOANNE.

287. — **Bassin (Le) parisien aux âges antéhistoriques**, par E. BELGRAND. Paris, 1869, 3 vol. in-4° dont 2 de planches.

Ouvrage faisant partie de l'*Histoire générale de Paris*. Voir : *Seine (La)*, etc.

288. — **Bastille (La)**. — Histoire et description des bâtiments. — Administration. — Régime de la prison. — Événements historiques, par Fernand BOURNON. Paris, 1893, in-4°, fig.

Ouvrage faisant partie de l'*Histoire générale de Paris*.

289. — **Bayeux (The) Tapestry** (La tapisserie de Bayeux), reproduced in autotype plates, with historic notes, by Franck REDE FOWKE. London, 1875, in-4°.

290. — **Béarn (Le)**, histoire et promenades archéologiques, par Ch.-C. Le Cœur, 70 planches lithographiées, d'après les dessins de l'auteur. Pau, 1877, in-8°.

291. — **Beauté (La) des femmes dans la littérature et dans l'art du XIIᵉ au XVIᵉ siècle**, analyse du livre de A. Niphus, *Du beau et de l'amour*, par J. Houdoy. Paris et Lille, 1876, in-8°.

292. — **Beaux-Arts (Des) dans la politique**, par Georges Dufour, avec une préface par Arsène Houssaye. Paris, 1876, in-12.

293. — **Beaux-Arts (Des) en Europe** (1855), par Théophile Gautier. Paris, 1855, 2 vol. grand in-18.

294. — **Beffroi (Le), art héraldique, archéologie.** Bruges, 1862-1869, 4 vol. in-4°.

295. — **Belgique et Hollande y compris le Luxembourg**, manuel du voyageur, par K. Boedeker, 13ᵉ édition, avec 12 cartes, 19 plans de villes et plusieurs plans de musées. Leipzig et Paris, 1888, petit in-8°.

296. — **Benvenuto Cellini**, orfèvre, médailleur, sculpteur. Recherches sur sa vie, sur son œuvre et sur les pièces qui lui sont attribuées, par Eugène Plon, eaux-fortes de Paul Le Rat. Paris, 1883, grand in-4°.

297. — **Bernard Palissy**, étude sur sa vie et ses travaux, par Louis Audiat. Paris, 1868, in-12.

298. — **Besançon et la vallée du Doubs**, 25 eaux-fortes, par T. Abraham et G. Coindre. Texte par M.-X. Marmier, de l'Académie française, Francis Wey, E. Grenier, l'abbé Besson, le vicomte Chifflet, A. Castan, et autres littérateurs francs-comtois. Besançon, 1874, petit in-folio.

299. — **Bestiaire (Le) divin**, de Guillaume, duc de Normandie, trouvère du XIIIᵉ siècle, publié, etc., par C. Hippeau. Caen, 1852, in-8°.

300. — **Bibliographie de l'histoire de France**, catalogue méthodique et chronologique des sources et des ouvrages relatifs à l'histoire de France, depuis les origines jusqu'en 1789, par Monod. Paris, 1888, in-8°.

301. — **Bibliographie des sociétés savantes de France**, par Eugène Lefèvre-Pontalis. Paris, 1887, in-4°.

302. — **Bibliographie générale des Gaules**, répertoire systématique et alphabétique des ouvrages, mémoires et notices concernant l'histoire, la topographie, la religion, les antiquités et le langage de la Gaule, jusqu'à la fin du v° siècle, suivi d'une table alphabétique des matières. 1re période : publications faites depuis l'origine de l'imprimerie jusqu'en 1870 inclusivement, par Ch.-E. Ruelle. Paris, 1886, in-8° de 1731 pages.

Ouvrage en cours de publication.

303. — **Bibliographie générale des livres imprimés**, par Fernand de Mély et Edmond Bishop. Tome Ier : *France et Angleterre*. Paris, 1892-1894, 2 vol. in-8°.

304. — **Bibliographie générale des travaux historiques et archéologiques publiés par les sociétés savantes de la France**, dressée sous les auspices du Ministère de l'Instruction publique par Robert de Lasteyrie et Eugène Lefèvre-Pontalis. Paris, tome Ier, 1888; tome II (livraisons 1 à 3), 1890-1892, in-4°.

305. — **Bibliographie géographique et historique de la Picardie**, ou catalogue raisonné des ouvrages tant imprimés que manuscrits, titres, pièces et documents de toute nature relatifs à la géographie et à l'histoire de cette province, par A. Dramard. Paris, 1881, in-8°.

306. — **Bibliographie historique et topographique de la France**, ou catalogue de tous les ouvrages imprimés en français depuis le xv° siècle jusqu'au mois d'avril 1845, etc. etc., par Girault de Saint-Fargeau. Paris, 1845, in-8°.

307. — **Bibliographie méthodique et raisonnée des Beaux-Arts**, esthétique et histoire de l'art, archéologie, architecture, sculpture, peinture, gravure, arts industriels, etc. etc., accompagnée de tables alphabétiques et analytiques, par Ernest Vinet. Paris, 1874, in-8° (première livraison).

308. — **Bibliotheca Borvoniensis**, ou essais de bibliographie et d'histoire contenant les reproductions de plaquettes rares et curieuses et le catalogue raisonné des ouvrages et mémoires relatifs à l'histoire de Bourbonne et de ses thermes, par le docteur E. Bougard. Chaumont et Paris, 1865, in-8°, fig.

308 a. — **Bibliothèque archéologique ou Collection de documents français et étrangers dont la connaissance est indispensable aux personnes qui s'occupent d'archéologie**, publiée par J. Gail-

HABAUD. IIe partie : cahiers d'instructions sur l'architecture, la sculpture, les meubles, les armes, les ustensiles et la musique de l'antiquité et du moyen âge. Paris, 1845-1846, in-4°, fig.

309. — **Bibliothèque de l'architecte**, série des études d'architecture contemporaine. *Architecture funéraire contemporaine*, spécimens de tombeaux, chapelles funéraires, mausolées, sarcophages, stèles, pierres tombales, croix, etc., choisis principalement dans les cimetières de Paris, par César DALY. Paris, 1871, in-folio, avec planches gravées.

310. — **Bibliothèque de l'École des Chartes**, revue d'érudition consacrée spécialement à l'étude du moyen âge, de l'origine (1839) à 1894. Paris, 55 vol. grand in-8°, fig.; de plus 1 vol. de tables.

Publication périodique.

310 a. — **Bibliothèque de l'enseignement des Beaux-Arts**, publiée sous le patronage de l'Administration des Beaux-Arts. 48 vol. publiés.

Voir les n°s 66, 136 a, 139 à 142, 152, 163, 164, 173, 189, 197, 199, 201, 202, 210, 228, 229, 245, 324, 599, 624, 1079, 1153, 1156, 1528, 1535, 1587, 1661, 1678, 1785, 1822, 1823, 1824, 2181, 2182, 2184 à 2187, 2243, 2257, 2270, 2558, 2563, 2640, 2661, 2807 a.

311. — **Bibliothèque historique de la France**, contenant le catalogue des ouvrages imprimés et manuscrits qui traitent de l'histoire de ce royaume, par Jacques LELONG; revue, corrigée et augmentée par FEVRET DE FONTETTE. Paris, 1768, 5 vol. in-folio.

312. — **Bijoux, orfèvrerie, armes, bronzes**, choisis dans les collections célèbres, par Édouard LIÈVRE. Ire partie. Paris, s. d., in-folio, planches.

313. — **Biographie des personnages remarquables de Troyes** et du département de l'Aube, par E. SOCARD. Troyes, 1882, in-8°.

314. — **Biographies d'architectes**, par Léon CHARVET.

Voir : Les DE ROYERS, Étienne MARTELLANGE, Jehan PERRÉAL, René DARDEL, Sébastien SERLIO.

315. — **Biographie universelle ancienne et moderne**, ou histoire par ordre alphabétique de la vie publique et privée de tous les hommes qui se sont fait remarquer par leurs écrits, leurs actions, leurs talents,

leurs vertus ou leurs crimes, rédigée par une société de gens de lettres et de savants. Paris, Michaud, 1811-1828, 52 vol. in-8°.

Voir : *Nouvelle biographie.*

316. — **Biserica episcopala a monastirei Curtea de Arges** (L'église du monastère épiscopal de Kurtea d'Argis, en Valachie), restaurata in dilele M. S. Regelin Carol I, sfintita din non in dina de octomurie 1886, par Gr.-G. Tocilescu. Bucarest, s. d., in-folio, fig.

Voir n° 876.

317. — **Blasons, armoiries et légendes**, in-folio (sans texte).

Chalcographie du Louvre.

318. — **Blois et ses environs**, guide artistique et historique dans le Blésois et le nord de la Touraine, par L. de la Saussaye, illustré de 45 vignettes. Blois et Paris, 1873, in-12.

319. — **Bordeaux vers 1450**, description topographique par Léo Drouyn. Bordeaux, 1874, in-4°, fig.

320. — **Bouches-du-Rhône**. Paris, in-8°, avec carte coloriée et gravures.

Ouvrage faisant partie de la Collection des *Géographies départementales* d'Adolphe Joanne.

321. — **Bourdin père et fils**, sculpteurs orléanais, à propos du tombeau de saint Valérien, près de Sens, par Eugène Vaudin. Paris, 1883, in-8°, fig.

322. — **Bras (Le) d'or de saint Nicolas**, notice historique sur les reliques du patron de la Lorraine et leurs reliquaires successifs, par Émile Badel. Nancy, 1894, in-8°, fig.

323. — **Broderie (La) du XIe siècle jusqu'à nos jours**, d'après des spécimens authentiques et les anciens inventaires, par Louis de Farcy. Angers, 1890, in-folio, fig.

324. — **Broderies et dentelles**, par Lefébure. Paris, in-4° anglais, fig.

Ouvrage faisant partie de la *Bibliothèque de l'Enseignement des Beaux-Arts.*

325. — **Bronzes (Les) de la Renaissance**, les plaquettes, catalogue raisonné, précédé d'une introduction, par Émile Molinier. Paris, 1886, 2 vol. in-8°, fig.

326. — **Bulletin archéologique du Comité des arts et monuments**, de l'origine (1837) à 1848. Paris, 4 vol. grand in-8°.

Voir : *Revue des Sociétés savantes.*

327. — **Bulletin archéologique du Comité des travaux historiques**, publié par le Ministère de l'Instruction publique et des Beaux-Arts; de l'origine (1883) à 1894. Paris, 12 vol. grand in-8°, fig.

Publication périodique. Voir : *Revue des Sociétés savantes.*

328. — **Bulletin de la Commission d'archéologie du diocèse de Beauvais.** Extraits. Beauvais, s. d., in-8°, fig.

328 a. — **Bulletin de la Commission historique du département du Nord**, tome XI à XIV (1871-1879) et XVII (1886). Lille, 5 vol. in-8°.

329. — **Bulletin de la Société académique de Brest**, 2° série, tome V, 1877-1878; tome VII, 1880-1881. Brest, 2 vol. in-8°.

Publication périodique.

330. — **Bulletin de la Société académique de Laon**, de l'origine (1852) à 1891. Laon, 28 vol, in-8°, fig.

Publication périodique.

331. — **Bulletin de la Société agricole, scientifique et littéraire des Pyrénées-Orientales**, de l'origine (1834) à 1893. Perpignan, 34 vol. in-8°, fig.

Publication périodique.

332. — **Bulletin de la Société archéologique de Tarn-et-Garonne**, de l'origine (1869-1870) à 1892. Montauban, 20 vol. grand in-8°, fig.

Publication périodique.

333. — **Bulletin de la Société archéologique de Vervins.**

Voir : *Thiérache (La).*

334. — **Bulletin de la Société archéologique et historique de la Charente**, de l'origine (1845) à 1891. Angoulême, 35 vol. in-8° et grand in-8°, fig., avec un atlas in-4°.

Publication périodique.

335. — Bulletin de la Société archéologique et historique de l'Orléanais.

Voir : *Société archéologique et historique de l'Orléanais.*

336. — Bulletin de la Société archéologique, historique et scientifique de Soissons, de l'origine (1847) à 1892. Soissons, 42 vol. in-8°, fig., plus 1 vol. de tables.

Publication périodique.

337. — Bulletin de la Société archéologique, scientifique et littéraire de Béziers, de l'origine (1836) à 1894. Béziers, 23 vol. grand in-8°, fig.

Publication périodique.

338. — Bulletin de la Société d'anthropologie de Paris, 2ᵉ série, 1866 à 1894. Paris, 30 vol. in-8°, fig.

Publication périodique.

339. — Bulletin de la Société de l'histoire de l'art français. Paris, 1875-1878, 4 vol. in-8°.

340. — Bulletin de la Société de l'histoire de Paris et de l'Ile-de-France.

Voir : *Société de l'histoire de Paris,* etc.

341. — Bulletin de la Société départementale d'archéologie et de statistique de la Drôme, de l'origine (1866) à 1893. Valence, 27 vol. in-8°, fig.

Publication périodique.

342. — Bulletin de la Société des amis des monuments parisiens.

Voir : *Société des amis,* etc.

343. — Bulletin de la Société des antiquaires de l'Ouest.

Voir : *Société des antiquaires de l'Ouest.*

344. — Bulletin de la Société des antiquaires de Normandie.

Voir : *Société des antiquaires de Normandie.*

345. — Bulletin de la Société des antiquaires de Picardie.

Voir : *Société des antiquaires de Picardie.*

346. — **Bulletin de la Société historique et archéologique du Périgord**, de l'origine (1874) à 1891. Périgueux, 18 vol. grand in-8°. fig.

Publication périodique.

347. — **Bulletin de la Société nationale des antiquaires de France.**

Voir : *Société nationale des antiquaires de France.*

348. — **Bulletin de la Société polymathique du Morbihan**, 1860-1893. Vannes, 33 vol. grand in-8°, fig.

Publication périodique.

349. — **Bulletin de la Société pour la conservation des monuments historiques d'Alsace**, de l'origine (1856) à 1871, 1re et 2e séries. Strasbourg, 12 vol. in-8°, fig.

Publication périodique.

350. — **Bulletin de la Société scientifique, historique et archéologique de la Corrèze**, de l'origine (1878) à 1893. Brives, 15 vol. grand in-8°, fig.

Publication périodique.

351. — **Bulletin de l'Union centrale**, revue mensuelle des Beaux-Arts appliqués à l'industrie, Paris, 1874-1877, 3 vol. in-8°.

352. — **Bulletin des Musées**, revue mensuelle, publiée sous le patronage de la Direction des Beaux-Arts et de la Direction des Musées nationaux, par Ed. Garnier et Léonce Bénédite, de 1890 à 1893. Paris, 4 vol. grand in-8°.

Publication périodique.

353. — **Bulletin du Comité de la langue, de l'histoire et des arts**, de l'origine (1852) à 1857, 4 vol. grand in-8°, fig.

Voir : *Revue des Sociétés savantes.*

354. — **Bulletin du Comité des monuments écrits**, de l'origine (1849) à 1852. Paris, 4 vol. grand in-8°, fig.

Voir : *Revue des Sociétés savantes.*

355. — **Bulletin du Comité historique des arts et monuments**, de l'origine (1849) à 1851. Paris, 4 vol. grand in-8°, fig.

Voir : *Revue des Sociétés savantes.*

356. — **Bulletin épigraphique de la Gaule**, publié avec le concours des principaux savants, dirigé par Florian Vallentin. Vienne et Paris, 1881-1883, 3 vol. in-8°, fig.

357. — **Bulletin épigraphique** faisant suite au *Bulletin épigraphique* fondé par feu Florian Vallentin, dirigé par Robert Mowat; de l'origine (1881) à 1886. Vienne et Paris, 6 vol. in-8°, fig.

358. — **Bulletin historique, archéologique et artistique de Vaucluse et des départements limitrophes**, de l'origine (1881) à 1884. Avignon, 4 vol. in-8°, fig.

Voir : *Mémoires de l'Académie de Vaucluse.*

359. — **Bulletin historique et philologique du Comité des travaux historiques et scientifiques**, publié par le Ministère de l'Instruction publique et des Beaux-Arts, de l'origine (1882) à 1894. Paris, 13 vol. grand in-8°, fig.

Publication périodique. Voir : *Revue des Sociétés savantes.*

360. — **Bulletin mensuel de la Société centrale des architectes.** Paris, 1868-1874, 7 vol. in-8°.

Voir : *Annuaire de la Société centrale.*

361. — **Bulletin monumental.**

Voir : *Société française d'archéologie.*

362. — **Bulletin trimestriel des antiquités africaines**, publié par la Société de géographie et d'archéologie de la province d'Oran, sous la direction de J. Poinssot et L. Demaeght. Paris et Oran, 1882-1883. in-8° (incomplet).

C

363. — **Cabinet (Le) de l'amateur**, par Eugène Piot. Paris, 1863, in-4°.

364. — **Cabinet (Le) de l'amateur et de l'antiquaire**, revue des tableaux et estampes anciennes, des objets d'art, d'antiquité et de curiosités. Paris, 1842-1846, 4 vol. in-8°.

365. — **Cabinet (Le) de M. Thiers**, par Charles Blanc. Paris, 1871, in-8°, fig.

366. — **Cabinet (Le) des manuscrits de la Bibliothèque impériale**, étude sur la formation de ce dépôt, comprenant une histoire de la calligraphie, de la miniature, de la reliure et du commerce des livres à Paris avant l'invention de l'imprimerie, par Léopold Delisle. Paris, 1868-1881, 3 vol. in-4° et 1 vol. de planches.

Ouvrage faisant partie de l'*Histoire générale de Paris*.

367. — **Caen démoli**, recueil de notices sur des monuments détruits ou défigurés et sur l'ancien port de Caen, avec 5 gravures, d'après des aquarelles de A. Lasne, et des dessins inédits de Le Nourichel et Ch. Pichon, par Gaston Lavalley. Caen, 1878, in-8°.

368. — **Caire (Le) et la Haute-Égypte**, dessins de A. Darjou, texte par Florian Pharaon. Paris, 1872, in-folio.

369. — **Calques des vitraux peints de la cathédrale du Mans**, ouvrage renfermant : 1° les calques ou les réductions des verrières les plus remarquables sous le rapport de l'art et de l'histoire; 2° l'inventaire descriptif de tous les vitraux de cette cathédrale, des vitraux des xii°, xiii° et xv° siècles, par Eugène Hucher. Paris et Le Mans, 1865, grand in-folio.

370. — **Calvados.** Paris, in-8°, avec carte coloriée et gravures.

Ouvrage faisant partie de la Collection des *Géographies départementales* d'Adolphe Joanne.

371. — **Calvados (Le) pittoresque et monumental**, dessins d'après nature par Félix Thorigny, publié sous la direction de G. Mancel. Caen, 1848, in-folio (inachevé).

372. — **Camp (Le) du Peurichard** (Charente-Inférieure), époque néolithique, par le baron Eschassériaux. Saintes, 1883, in-8° pl.

373. — **Cantal.** Paris, in-8°, avec carte coloriée et gravures.

Ouvrage faisant partie de la Collection des *Géographies départementales* d'Adolphe Joanne.

374. — **Caproni (Caprony, Capprony, Caperony), fabricants de papier à la Serraz** (Bourget-du-Lac), et à Divourne, aux xvii° et xviii° siècles. Leurs marques et filigranes, par A. Perria. Chambéry, 1892, in 8°, avec planches.

— 38 —

375. — **Captivité du roi François Ier**, par Aimé Champollion-Figeac, Paris, 1847, in-4°.

Ouvrage faisant partie de la *Collection de documents inédits sur l'histoire de France*, publiés par les soins du Ministre de l'Instruction publique et des Beaux-Arts.

376. — **Caractéristiques des Saints dans l'art populaire**, énumérées et appliquées par le P. Ch. Cahier. Paris, 1867, 2 vol. in-4°, fig.

377. — **Carrelages émaillés du moyen âge et de la Renaissance**, précédés de l'histoire des anciens pavages. — Mosaïques. — Labyrinthes. — Dalles incrustées, par Émile Amé. Paris, 1859, grand in-4°, fig. coloriées.

378. — **Carte de France**, au $\frac{1}{80000}$ en noir.

379. — **Carte de France**, au $\frac{1}{200000}$ en couleur.

380. — **Carte de France**, au $\frac{1}{320000}$, en noir.

Les trois cartes ci-dessus sont publiées par le Ministère de la Guerre.

381. — **Carte de France**, au $\frac{1}{200000}$ en couleur.

Publiée par le Ministère des Travaux publics.

382. — **Carte de France**, au $\frac{1}{100000}$ en couleur.

Publiée par le Ministère de l'Intérieur.

383. — **Carte de France**, comprenant toutes les mairies, divisée en départements, arrondissements et cantons, dressée par Louis Capitaine, associé et premier ingénieur de la *Carte générale de France* par Cassini, revue et augmentée par Belleyme, ingénieur-géographe; acquise par le dépôt de la Guerre en 1815, perfectionnée et agrandie jusqu'au delà du Rhin et des Alpes, de 1816 à 1821, 24 feuilles.

384. — **Carte de France**, publiée sous la direction de l'Académie des sciences, par J.-D. Cassini de Thury, Camus et Montigny, sur une échelle d'une ligne pour 100 toises. Paris, 1744-1887, 183 feuilles, y compris les deux tableaux d'assemblage et la carte des triangles.

385. — **Carte des environs de Versailles**, dite des *chasses du Roi*, par Bouclet, Doudan et Tardieu l'aîné. S. d., grand in-folio oblong.

386. — **Carte hydrographique du département de la Seine**, etc..., dressée et gravée sous la direction de l'Ingénieur en chef des ponts et chaussées du département. Paris, 1852.

387. — **Carte particulière des environs de Paris,** par MM. de l'Académie royale des sciences, en l'année 1674, gravée par F. DE LA POINTE, en l'an 1678. 9 planches in-folio.

Chalcographie du Louvre.

388. — **Carte topographique, minéralogique et statistique de la France,** réduite à celle de Cassini à l'échelle de 388,800 (1 ligne pour 450 toises), rectifiée d'après les nouvelles observations astronomiques, les levés du cadastre, les travaux des ponts et chaussées, des mines, du dépôt de la guerre, etc., dressée et dessinée par Alexis DONNET. Paris, 1855, in-folio.

389. — **Cartulaire de l'abbaye de Beaulieu en Limousin,** publié par Maximin DELOCHE. Paris, 1859, in-4°.

* Ouvrage faisant partie de la *Colléction de documents inédits sur l'histoire de France*, publiés par les soins du Ministre de l'Instruction publique.

390. — **Cartulaire de l'abbaye de Notre-Dame de la Roche,** de l'ordre de Saint-Augustin, au diocèse de Paris, d'après le manuscrit original de la Bibliothèque impériale; enrichi de notes, d'index et d'un dictionnaire géographique, etc., par Auguste MOUTIÉ, sous les auspices et aux dépens de H. D'ALBERT, duc DE LUYNES, planches dessinées par NICOLLE. Paris, 1862, in-folio.

391. — **Cartulaire de l'abbaye de Redon en Bretagne,** par Aurélien DE COURSON. Paris, 1863, in-4°.

Cet ouvrage et les suivants, jusqu'au n° 395 inclusivement, font partie de la *Collection de documents inédits sur l'histoire de France*, publiés par les soins du Ministre de l'Instruction publique.

392. — **Cartulaire de l'abbaye de Saint-Bertin,** publié par GUÉRARD. Paris, 1850, in-4°. — Appendice publié par François MORAND. Paris, 1857, in-4°.

393. — **Cartulaire de l'abbaye de Saint-Père de Chartres,** publié par GUÉRARD. Paris, 1840, 2 vol. in-4°.

394. — **Cartulaire de l'abbaye de Saint-Victor de Marseille,** publié par GUÉRARD. Paris, 1857, 2 vol. in-4°.

395. — **Cartulaire de l'abbaye de Savigny,** suivi d'un petit cartulaire de l'abbaye d'Ainay, publiés par Aug. BERNARD. Paris, 1853, 2 vol. in-4°.

396. — **Cartulaire de l'église d'Autun**, publié par A. de Charmasse. Paris et Autun, 1865, in-4°, fig.

> Publication de la *Société Éduenne*.

397. — **Cartulaire de l'église Notre-Dame de Paris**, publié par Guérard. Paris, 1850, 4 vol. in-4°.

> Ouvrage faisant partie de la *Collection de documents inédits sur l'histoire de France*, publiés par les soins du Ministre de l'Instruction publique.

398. — **Cartulaire de l'université d'Avignon** (1303-1791), publié avec une introduction et des notes, par le docteur Victorin Laval. Première partie. Avignon, 1884, in-8°.

399. — **Cartulaire (Le) du prieuré de Notre-Dame de Longpont** (Seine-et-Oise), de l'ordre de Cluny, au diocèse de Paris, xie-xiie siècle, publié pour la première fois avec une introduction et des notes, s. n. Lyon, 1879, in-8°, fig.

400. — **Cartulaire et archives des communes de l'ancien diocèse et de l'arrondissement de Carcassonne**, Villes, villages, églises, abbayes, prieurés, châteaux, seigneuries, fiefs, généalogies, blasons, métairies, lieux bâtis, quartiers ruraux, notes statistiques, par Mahul. Paris, 1857-1867, 5 vol. grand in-8°, fig.

401. — **Cartulaire général de Paris** ou recueil de documents relatifs à l'histoire et à la topographie de Paris, formé et publié par Robert de Lasteyrie. Tome Ier, 528-1180. Paris, 1887, in-4°.

> Ouvrage faisant partie de l'*Histoire générale de Paris*.

402. — **Cartulaires de l'église cathédrale de Grenoble** *dits* Cartulaires de Saint-Hugues, publiés par Jules Marion. Paris, 1869, in-4°.

> Ouvrage faisant partie de la *Collection de documents inédits sur l'histoire de France*, publiés par les soins du Ministre de l'instruction publique.

403. — **Caryatides (The) from the "Stanza dell' Eliodoro" in the Vatican** (Les cariatides de la chambre de l'Héliodore, au Vatican), designed by Raffaelle d'Urbino, engraved and edited by Lewis Gruner. London, 1852, in-folio.

404. — **Catacombes (Les) de Paris**, histoire des carrières souterraines de Paris; personnes égarées, accidents, etc.; anciens et nouveaux règlements relatifs aux carrières, travaux de consolidation sous les voies

publiques et sous les propriétés privées; renseignements pratiques. Guide du visiteur de l'Ossuaire, avec six gravures et deux plans, par Émile Gérards. Paris, 1892, in-12.

405. — **Catacombes (Les) de Rome**, histoire de l'art et des croyances religieuses pendant les premiers siècles du christianisme, par Théophile Roller. Paris, s. d. (1894), 2 vol. in-folio, avec planches héliogravées.

405.*a*. — **Catalog der original-Gypsabgüsse ausgewählter Sculpturen des Mittelalters** (Catalogue des moulages d'un choix de sculptures du moyen âge), s. n. Nuremberg, s. d., in-8°.

405 *b*. — **Catalogo delle sculture del medio evo** che si trovano formate in gesso dal formatore Oronzio Lelli (Catalogue de sculptures du moyen âge moulées par Oronzio Lelli). Florence, 1886, in-8°.

406. — **Catalogue de la bibliothèque de la Société d'anthropologie de Paris**, à la date du 31 décembre 1890. — 1re partie : catalogue alphabétique; — 2e partie : catalogue par ordre de matières. Paris, 1891, 2 vol. in-8°.

407. — **Catalogue de la salle historique de la galerie égyptienne**, par Paul Pierret. Paris, 1873, in-12.

Ouvrage faisant partie de la collection des *Catalogues du Louvre*.

408. — **Catalogue de l'exposition d'objets d'art religieux** ouverte à Lille en 1871, rédigé par le chanoine Van Drival, 2e édition. Lille, 1874, in-8°.

409. — **Catalogue de livres et d'estampes relatifs à l'histoire de la ville de Paris et de ses environs**, provenant de la bibliothèque de feu Hippolyte Destailleur. Paris, 1894, in-8°.

410. — **Catalogue des antiquités et des objets d'art du musée de Toulouse**. Toulouse, 1865, in-8°.

411. — **Catalogue descriptif des monuments mégalithiques du Gard**, lu à l'Académie de Nîmes dans sa séance du 30 décembre 1893, par A. Lombard-Dumas. Nîmes, 1894, in-8°, fig.

412. — **Catalogue des légendes des monnaies mérovingiennes**, par ordre alphabétique des noms de lieux, par Guillemot fils aîné. La Rochelle, 1845, in-8°.

413. — **Catalogue des manuscrits égyptiens**, écrits sur papyrus, toile, tablettes et ostraca, en caractères hiéroglyphiques, hiératiques, démotiques, grecs, coptes, arabes et latins, qui sont conservés au Musée égyptien du Louvre, par feu Théodule Devería. Paris, 1872, in-12.

Ouvrage faisant partie de la collection des *Catalogues du Louvre.*

414. — **Catalogue des monuments historiques du Morbihan**, jugés dignes d'être décrits et conservés, rédigé par les soins de la Société archéologique. Vannes, 1856, in-8°.

415. — **Catalogue des moulages de l'École nationale et spéciale des Beaux-Arts.** Paris, 1881, in-8°.

416. — **Catalogue des moulages de sculptures** appartenant aux divers centres et aux diverses époques d'art, exposés dans les galeries du Trocadéro (Musée de sculpture comparée), suivi du Catalogue des dessins de Viollet-le-Duc conservés dans la bibliothèque. Paris, 1890, in-8°.

417. — **Catalogue des moulages en vente au palais du Trocadéro** (Musée de sculpture comparée). Paris, 1886, in-8°, suivi d'un supplément de 4 pages in-8°.

418. — **Catalogue des objets d'art composant la collection du Musée de Marseille**, précédé d'un essai historique sur le Musée, par Bouillon-Landais. Marseille, 1877, in-8°.

419. — **Catalogue des objets d'art et de curiosité exposés au Musée rétrospectif ouvert au palais de l'Industrie, en 1865.** Paris, 1866, in-4°.

Publication de l'*Union centrale des beaux-arts appliqués à l'industrie.*

420. — **Catalogue des objets d'art et de curiosité, tableaux, dessins, tapisseries, etc.**, exposés dans les salles et salons du palais archiépiscopal, le 24 avril 1876. Ville de Reims : Exposition rétrospective. Reims, 1876, in-8°.

Voir : *Exposition rétrospective de Reims.*

421. — **Catalogue des objets échappés au vandalisme dans le Finistère**, dressé en l'an III par Cambry, nouvelle édition publiée par Trévidy. Rennes, 1889, in-8°.

422. — **Catalogue des photographies des objets qui ont figuré à la 4ᵉ exposition rétrospective** (Musée du Costume). Paris, s. d., in-18.

Publication de l'*Union centrale des beaux-arts.*

423. — **Catalogue des planches gravées composant le fonds de la chalcographie et dont les épreuves se vendent au Musée du Louvre.** Paris, 1881, in-8°, suivi d'un supplément de 8 pages in-8°, 1891.

Ouvrage faisant partie de la collection des *Catalogues du Louvre.*

424. — **Catalogue des plâtres qui se trouvent au bureau de vente des moulages, au palais du Louvre.** Paris, 1864, in-18.

425. — **Catalogue des reliques et joyaux de Notre-Dame de Chartres**, publié et annoté par Lucien Merlet. Chartres, 1885, in-18, fig.

426. — **Catalogue des tableaux, bas-reliefs et statues exposés dans les galeries du Musée des tableaux de Lille**, rédigé par Ed. Reynart. Édition illustrée de 21 planches obtenues par le procédé de la photoglyptie. Lille et Paris, 1872, in-8°.

427. — **Catalogue du Musée archéologique de Constantine.** S. l., s. d. (1878), in-8°.

Extrait du *Bulletin de la Société archéologique de Constantine.*

428. — **Catalogue du Musée archéologique du département de la Dordogne, à Périgueux**, par le Dr E. Galy. Périgueux, 1862, in-8°.

429. — **Catalogue du Musée archéologique du Mans**, par E. Hercher. Le Mans, Paris, 1869, in-8°.

430. — **Catalogue du Musée bénédictin de Fécamp**, collection formée par A. Legrand aîné, directeur général. Fécamp, 1875, in-8°.

431. — **Catalogue du Musée de la ville de Philippeville et des antiquités existant au théâtre romain**, par Louis Bertrand. Philippeville, 1890-1891, in-16.

432. — **Catalogue du Musée de Narbonne et notes historiques sur cette ville**, par Tournal. Narbonne et Paris, 1864, in-8°.

433. — **Catalogue du Musée de Nîmes; notice historique sur la Maison-Carrée**, par Auguste Pelet. Nîmes, 1863, in-8°.

434. — **Catalogue du Musée départemental d'antiquités de Rouen**, s. n. Rouen, 1838, in-12.

435. — **Catalogue du Musée départemental d'archéologie de Nantes et de la Loire-Inférieure**, par J. Parenteau. Nantes, 1869, in-8°.

436. — Catalogue du Musée gallo-romain de Sens, par Julliot. Sens, 1869-1870, in-4°, fig.

437. — Catalogue du Musée de Troyes.
Archéologie monumentale. Troyes, 1890, in-8°;
Carrelages vernissés, incrustés historiés et faïences. Troyes, 1892, in-8°.

438. — Catalogue du Musée historique de la ville d'Orléans, par Desnoyers. Orléans, 1884, in-8°.

439. — Catalogue du Musée historique de Mulhouse, s. n., avec note par Engel Dollfus. Mulhouse, 1874, in-8°.

440. — Catalogue du Musée historique de Toulouse, s. n. Toulouse, 1874, in-8°.

441. — Catalogue du Musée lapidaire de Bourges, publié par la Société des antiquaires du Centre. Bourges, 1873, in-8°.

442. — Catalogue du Musée lapidaire de la porte du Croux à Nevers, s. n. Nevers, 1873, in-8°.

443. Catalogue et description des objets d'art de l'antiquité, du moyen âge et de la renaissance exposés au Musée des Thermes et de l'Hôtel de Cluny, par E. du Sommerard. Paris, 1879, in-8°.

444. — Catalogue général des cartulaires des archives départementales, publié par la Commission des archives départementales et communales. Paris, 1848, in-4°.

445. — Catalogue général des manuscrits des bibliothèques publiques de France. Départements, tome VIII; Grenoble, Paris, 1889, in-8°.
Ouvrage publié par le Ministère de l'instruction publique.

446. — Catalogue général et raisonné des camées et des pierres gravées de la Bibliothèque impériale, suivi de la description des autres monuments exposés dans le cabinet des médailles et antiques, par Chabouillet. Paris, 1856, in-8°.

447. — Catalogue historique et descriptif du Musée de Dijon. Peintures, sculptures, dessins, antiquités, s. n. Dijon, 1869, in-12.

448. — **Catalogue méthodique de la bibliothèque de l'École nationale des Beaux-Arts**, par Ernest Vinet. Paris, 1873, in-8°.

449. — **Catalogue (universal) of books on art** (Catalogue universel de livres d'art), compiled for the use of the national art library and the schools of art in the United Kingdom, published for the Committee of council on education South-Kensington. London, 1870, 2 vol. in-8°.
Voir : *Universal catalogue.*

450. — **Catalogue of the collection of glass formed by Felix Slade** (Catalogue de la collection de verreries formée par Félix Slade), with notes on the history of glass making by Alexander Nesbitt, and an appendix containing a description of other works of art presented or bequeathed by m^r Slade to the nation. Londres, 1871, in-4°, avec planches dans le texte et gravures en couleurs hors texte.

451. — **Catalogue of the first special Exhibition of national portraits ending with the reign of king James II** (Catalogue de la première Exposition spéciale de portraits nationaux de la fin du règne de Jacques II), on loan to the South Kensington museum. London, 1866, grand in-8°.

451 a. — **Catalogue of the second special Exhibition of national portraits, commencing with the reign of William and Mary, and ending with the year MDCCC** (Catalogue de la deuxième exposition spéciale de portraits nationaux, depuis Guillaume et Marie jusqu'à l'année 1800), on loan to the South Kensington museum. London, 1867, grand in-8°.

452. — **Catalogue of the special Exhibition of portraits miniatures on loan at the South Kensington museum** (Catalogue de l'Exposition spéciale de portraits en miniature, prêtés au musée de South Kensington). London, 1865, grand in-8°.

452 a. — **Catalogue of the third and concluding Exhibition of national portraits commencing with the fortieth year of the reign of George the Third, and ending with the year MDCCCLXVII** (Catalogue de la troisième et dernière Exposition de portraits nationaux, de la 40° année du règne de Georges III à l'année 1867), on loan to the South Kensington museum. London, 1868, grand in-8°.

453. — **Catalogue of the three Exhibitions of national portraits, commencing with the year 1154 and ending with the year 1867** (Catalogue des trois expositions de portraits nationaux, de 1154

à 1867), on loan to the South Kensington museum. London, 1866-1868, 3 vol. grand in-8°.

454. — **Catalogue raisonné de l'Œuvre, peint, dessiné et gravé d'Antoine Watteau**, par Edmond de Goncourt. Paris, 1875, in-8°.

455. — **Catalogue raisonné des moulages du Musée de sculpture comparée, au Palais du Trocadéro**, publié sous les auspices de la Commission des monuments historiques, par Louis Courajod et P.-Frantz Marcou, xive et xve siècles. Paris, 1892, fig.

456. — **Catalogue raisonné des objets contenus dans le Musée d'archéologie de Marseille**, avec 1 plan et 2 gravures, par E.-J. Penon. Marseille, s. d., in-8°.

457. — **Catalogue raisonné des objets d'art et d'archéologie du Musée de Perpignan**, par Crouchandeu. Perpignan, 1885, in-8°.

458. — **Catalogue raisonné de toutes les estampes qui forment l'Œuvre d'Israël Sylvestre**, précédé d'une notice sur sa vie, par L.-E. Faucheux. Paris, 1857, in-8°. fig.

459. — **Catalogue raisonné du Musée d'archéologie et de céramique et du Musée lapidaire de la ville de Rennes**, 2e édition revue et augmentée, par Auguste André. Rennes, 1876, grand in-8°.

460. — **Catalogues des expositions de la Société des artistes français (Salon des Champs-Élysées) et de la Société nationale des Beaux-Arts (Salon du Champ-de-Mars)**, de l'origine à nos jours. Paris, in-12.

Voir : *Livrets des expositions* et les n°s 1044 et 2606 a.

461. — **Cathédrale (La) d'Angers, de 1533 à 1543**, par V. Godard-Faultrier. Angers, 1865, in-8°.

Extrait du *Répertoire archéologique de l'Anjou*.

462. — **Cathédrale de Bayeux**, reprise en sous-œuvre de la tour centrale, par H. de Dion et L. Lasvignes, sous la direction de E. Flachat. Paris, 1861, in-4°.

463. — **Cathédrale (La) de Bourges**, description historique et archéologique avec plan, notes et pièces justificatives, par A. de Girardot et Hipp. Durand. Moulins, 1849, in-12.

Ouvrage extrait de la *Monographie générale de la cathédrale de Bourges*, par les mêmes auteurs.

464. — **Cathédrale de Chartres**, ses historiens modernes, sa restauration, par Didron. Paris, 1838, in-12.

465. — **Cathédrale (La) de Chartres**, ses vitraux, ses statues, par D. de B. Chartres, 1838, in-12.

466. — **Cathédrale (La) de Cologne**, étude archéologique, par Félix de Verneilh. Paris, 1848, in-4°, fig.

Extrait des *Annales archéologiques*.

467. — **Cathédrale de Limoges**, histoire et description, par l'abbé Arbellot. Paris et Limoges, 1852, in-8°.

468. — **Cathédrale (La) de Moulins**, ancienne collégiale, par L. Desrosiers. Moulins, s. d., in-4°, fig.

469. — **Cathédrale (La) de Reims**, par Alphonse Gosset. Paris et Reims, 1894, grand in-4°, avec planches gravées.

470. — **Cathédrale de Séez** (Orne), par Ruprich-Robert. Paris, 1885, in-8°.

471. — **Cathédrale (La) de Sens**, la plus ancienne de toutes les grandes églises ogivales; description, restauration et histoire, par Eugène Vaudin. Auxerre, 1881, in-4°, fig.

472. — **Cathédrale (La) de Valence et ses portes antiques**, par Ch. Didelot. Valence, s. d., 1887, in-8°.

473. — **Cathédrale (La) Notre-Dame de Laon**, historique et description, par l'abbé Aug. Bouxin. Ouvrage orné de 5 phototypies par Maurice Dollé et de nombreuses gravures. Laon, 1890, in-8°.

474. — **Cathédrale (La) Sainte-Cécile d'Albi**, ses richesses artistiques, planches photographiques de L. Aillaud; notice historique par Jules Rolland; étude archéologique et descriptive des planches par le baron de Rivières. Toulouse, 1882, in-folio.

475. — **Cathédrales françaises**, dessinées par Chapuy : Albi, Amiens, Arles, Autun, Auxerre, Chartres, Dijon, Orléans, Paris, Reims, Senlis, Sens, Strasbourg. Paris, 1826-1831, in-4°.

476. — **Celtes (Les) dans les vallées du Pô et du Danube**, par Alexandre Bertrand et Salomon Reinach. Paris, 1894, in-8°, fig.

Voir : *Nos origines*.

477. — **Céramique (La) chinoise**, porcelaine orientale : Date de sa découverte. — Explication des sujets du décor. — Les usages divers. — Classification, par Ernest Grandidier; héliogravures par Dujardin, reproduisant 180 pièces de la collection de l'auteur. Paris, 1894, in-4°.

478. — **Cérémonial du joyeux avènement des évêques de Troyes**, par l'abbé Lalore. Troyes, 1877, in-8°.

479. — **César (Jules), ses itinéraires en Belgique, d'après les chemins anciens et les monuments**, par Peigné Delacourt. Péronne, s. d., in-8°, fig.

480. — **Chalcographie du Louvre.** 2,200 planches réunies en 23 vol.
Voir n°ˢ 521, 529, 577, 583, 1082, 1752, 2210, 2238, 2527, 2528, 2562, 2587, 2701, 2856, 2864.

481. — **Chalon-sur-Saône pittoresque et démoli**, environs et légendes, à l'eau-forte et à la plume, par Jules Chevrier, Paris, 1883, in-4°, fig.

482. — **Chapelle (La) Saint-Jacques d'Orléans**, 16 planches lithographiées, par E. Swagers. Les planches sont précédées d'une table et suivies d'une notice historique par le comte de Pibrac, s. n., s. d. 1883, in-4°.

483. — **Charente.** Paris, in-8°, avec carte coloriée et gravures.

484. — **Charente-Inférieure.** Paris, in-8°, avec carte coloriée et gravures.

Les deux ouvrages ci-dessus font partie de la collection des *Géographies départementales* d'Adolphe Joanne.

485. — **Charlieu et le vandalisme**, par Ed.-J. Saint-Étienne, 1885, in-8°.

486. — **Château (Le) de Beaumesnil (Eure), histoire et description**, par l'abbé Bouillet. Caen, 1890, in-8°, fig.

487. — **Château de Blois**, décorations murales peintes, tentures, fresques, plafonds, carrelages, d'après la restauration de F. Duban. Paris, s. d., album de planches coloriées, in-folio, avec table (sans texte).

488. — **Château (Le) de Blois** (extérieur et intérieur), ensembles et détails, sculpture ornementale, décorations peintes, cheminées, tentures, plafonds, carrelages; texte historique et descriptif par E. Le Nail; photographies par Mieusement. Paris, 1875, in-folio.

489. — **Château (Le) de Bonaguil, en Agenais**, description et histoire, par Philippe Lauzun, 2ᵉ édition, entièrement refondue et augmentée. Paris et Agen, 1884, in-8°, fig.

490. — **Château (Le) de Bourbon-l'Archambault**, par Gelis Didot et Grassoreille. Paris, 1887, in-4°, avec gravures et planches.

491. — **Château de Bricquebec** (Manche), description par Ch. du Moncel. S. l., s. d., in-4°, fig.

492. — **Château de Castelnau-Bretennous** (commune de Prudhomat), par F.-A. Calvet. Cahors, 1845, in-8°.

493. — **Château (Le) de Chalucet** (Haute-Vienne), notice historique et descriptive avec un plan, par Louis Guibert. Limoges, 1871, in-12.

494. — **Château (Le) de Chambord**, documents inédits sur la date de sa construction et le nom de ses premiers architectes, par L. Jarry. Orléans, 1818, in-8°.

495. — **Château de Châteaudun**, dessins de Devrez, reproduits en photographies. S. l., 1878, in-folio (sans texte).

496. — **Château (Le) de Châtillon-d'Azergues**, sa chapelle et ses seigneurs, par A. Vachez. Lyon, 1883, in-8°, fig.

497. — **Château (Le) d'Echènay** (Haute-Marne), par le marquis de Pimodan, avec une vue du château. Langres et Paris, 1882, in-8°.

498. — **Château (Le) de Chenonceaux**, ouvrage pittoresque, architectural et romantique, dessiné et lithographié par E. Massé, architecte, avec texte par A. Chabouillet. Tours, s. d., in-folio.

499. — **Château (Le) de Clagny et Madame de Montespan**, d'après les documents originaux. *Histoire d'un quartier de Versailles*, par Pierre Bonnassieux. Paris, 1881, in-8°, fig.

500. — **Château (Le) de Corlay** (Côtes-du-Nord), par Anatole de Barthélemy. Paris, 1865, in-8°, fig.

500 a. — **Château (Le) de Coucy** (Aisne), par Cyrille Bultueel, avec 6 illustrations phototypiques d'Augustin Boutique. Douai, 1894, in-8°.

501. — **Château (Le) d'Écouen**, photographies par Pamiers (sans texte).

502. — **Château (Le) de Falaise** (Calvados), rapport à Son Excellence M. le maréchal Vaillant, Ministre de la maison de l'Empereur et des Beaux-Arts, par Ruprich-Robert, 1864, in-8°, fig.

503. — **Château (Le) de Hohkœnigsbourg**, s. n. Paris et Strasbourg, 1856, in-8°.
   Extrait du *Bulletin de la Société pour la conservation des monuments historiques d'Alsace.*

504. — **Château (Le) de la Bastie d'Urfé et ses seigneurs**, texte par le comte G. de Soultrait, planches gravées sous la direction de Félix Thiollier, d'après ses dessins ou photographies. Ouvrage publié sous les auspices de la Société de la Diana. S. l., 1886, in-folio.

505. — **Château de la Motte-au-Bois** (Nord), par Louis de Baecker. Douai, 1843, in-4°, fig.

506. — **Château de Lucheu** (Somme), par H. Dusevel. Amiens, s. d., in-4°, fig.

507. — **Château (Le) de Marchais** (1540-1869), par Henri Métivier. La Flèche, 1869, in-12.

508. — **Château de Marly-le-Roi**, construit en 1676, détruit en 1798, dessiné et gravé d'après les documents puisés à la Bibliothèque impériale et aux Archives, avec texte, par Aug.-Alex. Guillaumot. Paris, 1865, in-folio, fig. et album de planches gravées.

509. — **Château (Le) de Montal** (Haut-Quercy), 1484-1534, album de 15 photographies (sans texte).

509 a. — **Château (Le) de Najac en Rouergue**, étude d'architecture militaire au XIIIe siècle, par H. Nodet. Caen, 1887, in-8°, fig.

510. — **Château (Le) de Pau, histoire et description**, texte et dessins par A. Lafollye. Paris, 1882, in-folio.

511. — **Château (Le) de Pau**, souvenirs historiques, son histoire et sa description, par G. Bascle de Lagrèze. Paris, 1855, in-8°.

512. — **Château (Le) de Pierrefonds**, après la restauration de Viollet-le-Duc, photographié par Mieusement. Paris, 1875, in-folio.

512 a. — **Château (Le) de Pierrefonds** (Oise), par Cyrille Bultheel, avec 12 illustrations phototypiques de Augustin Boutique. Douai, 1894, in-8°.

513. — **Château (Le) de Puy-de-Val**, description et histoire, par René Fage. Tulle, 1883, in-8°, fig.

514. — **Château (Le) de Riveau ou la citadelle d'Autun au XVe siècle**, par Étienne Picard. Autun, 1879, in-8°, fig.

515. — **Château de Ruel et ses jardins**, sous le cardinal de Richelieu et sous la duchesse d'Aiguillon, par Alfred Cramail. Fontainebleau, 1888, in-4°, fig.

516. — **Château (Le) de Saint-Privat-du-Gard** (Gard), fragment d'histoire locale, par G. Charvet. Uzès, 1867, in-8°.

517. — **Château (Le) de Talant**, monographie par Joseph Garnier. S. d.

Extrait des *Mémoires de la Commission des antiquités de la Côte-d'Or*.

518. — **Château (Le) d'Eu illustré**, depuis son origine jusqu'au voyage de S. M. Victoria, reine d'Angleterre, par Joseph Skelton, avec un texte par Vatout. Paris, 1844, in-folio.

519. — **Château (Le) de Vaux-le-Vicomte**, dessiné et gravé par Rodolphe Pfnor, accompagné d'un texte historique et descriptif par Anatole France. Paris, 1888, in-folio.

520. — **Château (Le) de Versailles**, histoire et description, par L. Dussieux. Versailles, 1881, 2 vol. in-8°, fig.

521. — **Château (Le) de Versailles**, plans, profils, coupes, élévations. Vues générales : parc, labyrinthe, bassins. Décoration intérieure : grand escalier, galerie. Jardins : statues, groupes, vases. 4 vol. grand in-folio (sans texte).

Chalcographie du Louvre.

522. — **Château d'Hautefort** (Périgord), par Victor Petit. S. l., s. d., in-4° oblong, fig.

523. — **Château (Le) et le prieuré du Bourget** (Savoie), étude historique par Eugène Burnier. Chambéry, 1866, in-8°.

524. — **Château-Gontier et ses environs**, album de 30 eaux-fortes par Tancrède Abraham. Texte par le comte de Falloux, etc. Château-Gontier, 1872, petit in-folio.

— 52 —

525. — **Châteaux (Les) d'Ancy-le-Franc, de Saint-Fargeau, de Chastellux et de Tanlay**, par le baron Chaillou des Barres; dessins par Victor Petit. Paris, 1845, in-4°.

526. — **Châteaux (Les) de la Gironde**, mœurs féodales, détails biographiques, traditions, légendes, notices archéologiques, épisodes de l'histoire de Bordeaux au moyen âge et dans les derniers siècles, état actuel des domaines, par Henry Ribadieu. Paris, 1856, in-8°.

527. — **Châteaux de Nacqueville et d'Amfreville** (Manche), par Ch. du Moncel. S. l., s. d., in-4°.

528. — **Châteaux (Les) du Blaisois**, par A. Storelli, avec plusieurs eaux-fortes sur Japon. Paris, 1884, in-folio.

529. — **Châteaux et maisons royales de France.** 2 vol. in-folio (sans texte).

Chalcographie du Louvre.

530. — **Châteaux (Les) historiques de la France**, par Gustave Eyriès et P. Perret, accompagnés d'eaux-fortes tirées à part et dans le texte et gravées sous la direction de Eugène Sadoux. Paris et Poitiers, 1877-1883, 3 vol. in-4°.

531. — **Chefs-d'œuvre de l'art antique** : architecture, peinture, statues, bas-reliefs, bronzes, mosaïques, vases, médailles, camées, bijoux, meubles, etc., tirés principalement du Musée royal de Naples, dessinés et gravés par les principaux artistes italiens; texte par Robiou et François Lenormant. Paris, 1867, 7 vol. in-4°, fig.

532. — **Chefs-d'œuvre des arts industriels** : céramique, verrerie et vitraux, émaux, métaux, orfèvrerie et bijouterie, tapisserie, 200 gravures sur bois, par Philippe Burty. Paris, s. d., in-8°.

533. — **Cheminées (20) et grandes arabesques (35)**, par Jacques Androuet du Cerceau, héliogravures, par E. Baldus. Paris, s. d., in-folio (sans texte).

Voir : *Œuvres de Jacques Androuet.*

534. — **Cher.** Paris, in-8°, avec carte coloriée et gravures.

Ouvrage faisant partie de la collection des *Géographies départementales* d'Adolphe Joanne.

535. — **Chevreuse** (Seine-et-Oise), recherches historiques, archéologiques et généalogiques, par Auguste Moutié. Rambouillet, 1874-1876, 2 vol. in-8°.

536. — **Chine (La)**, mœurs, usages, coutumes, arts et métiers, passés civils et militaires, cérémonies religieuses, monuments et paysages, d'après les originaux du père Castiglione, du peintre chinois Pu-Qua, de W. Alexandre, Chambers, Dadley, etc., par Deveria, Régnier, Schaal, Schmit, Vidal et autres artistes connus, avec des notices explicatives et une introduction présentant l'état actuel de l'Empire chinois, sa statistique, son gouvernement, ses institutions, les cultes qu'il admet ou tolère, les grands changements politiques qu'il a subis jusqu'à ce jour, par D. baron de Malpière. Paris, 1825-1827, 2 vol. in-4°.

537. — **Chœur (Le) de l'église de Saint-Maximin** (Var), sculptures sur bois du xvii° siècle; dessins par feu Ph. Rostan, texte par L. Rostan. Paris, 1885, in-4° avec planches.

538. — **Choix de dessins de Raphaël** qui font partie de la collection Wicar, à Lille, reproduits en fac-similé par Wacquez et Leroy, gravés par les soins de M. d'Albert, duc de Luynes. Paris, 1858, in-folio.

539. — **Choix d'édifices publics projetés et construits en France depuis le commencement du XIXe siècle**, publié, avec l'autorisation du Ministre de l'intérieur, par Gourlier, Biet, Grillon et feu Tardieu. Paris, 1825-1850, 3 vol. grand in-folio, avec planches gravées.

540. — **Choix de peintures de Pompéi**, lithographiées en couleur par Roux et publiées avec l'explication archéologique de chaque peinture, par Raoul-Rochette. Paris, 1867, in-folio.

540 a. — **Chorographia sacra Brabantiæ** (Antonii Sanderi), sive celebrium aliquot in ea provincia abbatiarum, cœnobiorum, monasteriorum, ecclesiarum piarumque fundationum descriptio, imaginibus æneis illustrata. La Haye, 1726, 3 vol. in-folio, fig.

541. — **Chronijcke ende Historien van Zeelandt** (Chronique et histoire de Zélande), beschreven door wijlen Heer Jan Reygersbergh, van Cortgene. Middelburch, 1634, petit in-4°, fig.

542. — **Chronique de Guines et d'Ardre** (Pas-de-Calais), par Lambert, curé d'Ardre (908-1203), revue sur huit manuscrits, avec notes,

cartes géographiques, glossaires et tables, par le marquis DE GODEFROY MENILGLAISE. Paris, 1855, in-8°.

543. — **Chronique (La) de Mantes** ou histoire de Mantes depuis le IXe siècle jusqu'à la Révolution, par Alp. DURAND et E. GRAVE. Mantes, 1883, in-8°, avec fig. et planches hors texte.

544. — **Chronique (La) des arts et de la curiosité**, supplément à la *Gazette des Beaux-Arts*. Paris, 1876-1880 et 1890-1895, 10 vol. grand in-8°.

Publication périodique.

545. — **Chronique des ducs de Normandie**, par BENOIT, trouvère anglo-normand du XIIe siècle, publiée pour la première fois, d'après un manuscrit du Musée britannique, par Francisque MICHEL. Paris, 1836-1844, 3 vol. in-4°.

Ouvrage faisant partie de la *Collection de documents inédits sur l'Histoire de France*, publiés par les soins du Ministre de l'instruction publique.

546. — **Chronique d'une ancienne ville royale : Dourdan, capitale du Hurepoix** (Seine-et-Oise), par Joseph GUYOT. Paris, 1869, in-8°, fig.

547. — **Chronique du religieux de Saint-Denys**, contenant le règne de Charles VI, de 1380 à 1422, publiée en latin pour la première fois et traduite par L. BELLAGUET, précédée d'une introduction par DE BARANTE. Paris, 1839-1852, 6 vol. in-4°.

Ouvrage faisant partie de la *Collection de documents inédits sur l'Histoire de France*, publiés par les soins du Ministre de l'instruction publique.

548. — **Chroniques de la Chapelle-la-Reine** (Seine-et-Marne), par Émile B. DE LA CHAVIGNERIE. Fontainebleau, 1851, in-8°.

549. — **Chroniques des églises d'Anjou**, recueillies et publiées par la *Société de l'Histoire de France*, par Paul MARCHEGAY et Émile MABILLE. Paris, 1869, in-8°.

550. — **Chroniques et légendes des rues de Paris**, par Édouard FOURNIER. Paris, 1864, in-12.

551. — **Cicérone (Le) arlésien**, abrégé historique des monuments antiques, gothiques et modernes de la ville d'Arles, par L. JACQUEMIN, H. CLAIR et J.-F.-A. PERROT. Arles, 1857, in-8°.

Extrait du *Guide des voyageurs*.

552. — **Cicérone (Le)**, guide de l'art antique et de l'art moderne en Italie, par BURCKHARDT. Traduit par Aug. GÉRARD. 1re partie : *Art ancien;* 2e partie : *Art moderne.* Paris, 1892, 1 vol. in-12.

553. — **Circulaires, instructions et autres actes relatifs aux affaires ecclésiastiques**, depuis le mois de septembre 1824, et aux affaires des cultes non catholiques, depuis le mois d'août 1830 jusqu'au 1er juillet 1840, et depuis le 1er juillet 1840 jusqu'au 1er juillet 1858. Paris, 1841 et 1858, 2 vol. in-8°; 4e vol. (du 1er janvier 1878 au 31 décembre 1887). Paris, 1888, in-8° (3e vol. non paru).

554. — **Cité de Carcassonne** (Aude), par VIOLLET-LE-DUC. Paris, in-8°, fig.

555. — **Classification des églises du diocèse de Clermont** (Puy-de-Dôme). Clermont, s. d., in-18.

556. — **Clermont de l'Oise, son hôtel de ville**, par l'abbé BOUFFLET. Beauvais, 1887, in-8°.

Extrait de l'*Annuaire de l'Oise*, 1887.

557. — **Cloche (La) de Sarbazan** (Landes), 1573, par Léon GERMAIN. Nancy, 1892, in-8°.

558. — **Clochers du Bas-Poitou (A travers les)**, par Jos. BERTHELÉ. Paris, Niort, 1889, in-8°.

559. — **Clochers, sonnerie, horloge et porche de la cathédrale d'Angers**, recueil de notes et documents archéologiques, par C. DE FARCY. Angers, 1872, in-8°, fig.

560. — **Cloches (Les) du pays de Bray**, avec leurs dates, leurs noms, leurs inscriptions, leurs armoiries, leurs fondeurs, etc., le tout classé topographiquement et chronologiquement, par Dieudonné DERGNY. Paris et Rouen, 1863; in-8°, avec planches d'armoiries en couleurs.

561. — **Clôtures des chapelles de la cathédrale d'Évreux.** Évreux, 1890, in-4°, reproductions photographiques (sans texte).

562. — **Cluny au XIe siècle, son influence religieuse, intellectuelle et politique**, par l'abbé Fr. CUCHERAT. Lyon et Paris, 1851, in-8°.

563. — **Code général des lois françaises**, continué et mis au courant chaque année, par un supplément paraissant après la promulgation

des lois votées dans la semaine législative, etc., par E. Durand et E. Paultre. Paris, 1865, 2 vol. grand in-8°.

564. — **Code Napoléon**, conforme à l'édition originale; nouvelle édition imprimée à mi-marge, augmentée de la concordance des articles des codes entre eux et de deux tables dont une analytique et raisonnée des matières. Paris, s. d., in-4°.

565. — **Collection Basilewski**, catalogue raisonné, précédé d'un essai sur les arts industriels du 1ᵉʳ au xvıᵉ siècle, par A. Darcel et A. Basilewski. Paris, 1874, in-4° et album, fig. coloriées.

566. — **Collection de dalles tumulaires de la Normandie**, reproduites par la photographie, d'après les estampages exécutés par Le Métayer-Masselin. Paris et Caen, 1861, in-4°.

567. — **Collection de documents inédits relatifs à la ville de Troyes** et à la Champagne méridionale, publiés par la Société académique de l'Aube. Inventaires des principales églises de Troyes. Troyes, 1893, 2 vol. in-8°.

568. — **Collection de documents inédits sur l'histoire de France et ouvrages annexes**, publiés par les soins du Ministre de l'instruction publique.

Voir nᵒˢ : 170, 178, 182, 304, 326, 327, 353 à 355, 359, 375, 389, 391 à 395, 397, 402, 445, 545, 547, 588, 601, 603, 618, 802, 849, 1028, 1409, 1435, 1444, 1445, 1458, 1460, 1464, 1489, 1520, 1521, 1531, 1577, 1597, 1605, 1625, 1682, 1703, 1829, 2040, 2170, 2273, 2290, 2315, 2337, 2425, 2430, 2450, 2501, 2633.

569. — **Collection de figurines en argile**, œuvre première de l'art gaulois, avec les noms des céramistes qui les ont exécutées, recueillies, dessinées et décrites par Edmond Tudot. Paris, 1860, in-4°.

570. — **Collection de géographies des départements français**, par Adolphe Joanne. Paris, 88 vol. in-8°, avec cartes coloriées et gravures.

Voir aux noms de chaque département.

571. — **Collection de plombs historiés trouvés dans la Seine** et recueillis par Arthur Forgeais. 1° Méreaux des corporations de métiers; 2° enseignes de pèlerinages: 3° variétés numismatiques; 4° imagerie religieuse; 5° numismatique populaire. Paris, 1862-1866, 5 vol. in-8°, fig.

Voir : *Numismatique des corporations parisiennes.*

572. — **Collection de poèmes français du XIIe et du XIIIe siècle**, par C. Hippeau. — *Glossaire*. Paris, 1866-1873, 2 vol. in-8°.

573. — **Collection de tableaux de l'histoire de Sainte-Marthe par Vien**, dessinés au trait par Phillimond Senequier. Tarascon, 1840, in-4°.

574. — **Collection Eugène Piot**, antiquités, catalogue orné de 19 photographies et de 43 vignettes, avec préface de Froehner. Paris, 1890, in-4°.

575. — **Collection historique** des ordres de chevalerie civils et militaires, etc., par A.-M. Perrot. Paris, 1820, in-4°, fig. coloriées.

576. — **Collections célèbres d'œuvres d'art**, dessinées et gravées d'après les originaux par Édouard Lièvre. Paris, 1866, 2 vol. in-folio.

577. — **Collections de planches de la chalcographie du Louvre**, sujets divers (en portefeuille).

578. — **Collections (Les) des Médicis au XVe siècle**. — Le musée, la bibliothèque, le mobilier, par Eugène Müntz. Paris, 1888, in-4°.

Appendice aux *Précurseurs de la Renaissance*.

579. — **Collections du musée Allaoui**, publiées sous la direction de R. de la Blanchère, 1re série. Paris, 1890-1893, in-4°, fig.

580. — **Collection Spitzer**, catalogue. Paris, 1893, 2 vol. de texte in-folio, 1 vol. de planches.

581. — **Collégiale (La) de Saint-Martin de Tours**, par Nobilleau. Tours, 1869, in-8°, fig.

582. — **Collégiale de Saint-Quentin** (Aisne), renseignements pour servir à l'histoire de cette église, par Pierre Bénard. Paris, 1867, in-8°, fig.

583. — **Colonne de la Grande Armée érigée en 1810 sur la place Vendôme**, par Baltard. Paris, 1810, in-folio (sans texte).

Chalcographie du Louvre.

584. — **Colonne (La) Trajane**, décrite par W. Feoehner, texte accompagné d'une carte de l'ancienne Dacie et illustré par Jules Duvaux. Paris, 1865, in-8°.

Ouvrage faisant partie de la collection des *Catalogues du Louvre*.

585. — **Comédiens (Les) du Roi de la troupe française**, pendant les deux derniers siècles; documents inédits recueillis aux Archives nationales, par Émile CAMPARDON. Paris, 1879, in-8°.

586. — **Comité de conservation des monuments de l'art arabe.** — Procès-verbaux des séances. — Rapports de la Commission. Le Caire, exercices 1883, 1884, 1885, 1886, 1887, 1889, 1890, 1892, 1893; 9 vol. in-8°, fig.

    Publication périodique.

587. — **Comité des travaux historiques et des sociétés savantes.** Liste des membres titulaires, honoraires, etc.; liste des sociétés savantes des départements. Paris, 1873-1877, 3 vol. in-8°.

588. — **Comité (Le) des travaux historiques et scientifiques**, histoire et documents. Paris, 1886, 3 vol. in-4°.

    Ouvrage faisant partie de la *Collection de documents inédits sur l'Histoire de France* publiés par les soins du Ministre de l'instruction publique.

589. — **Commanderie (La) de Saint-Jean-du-vieil-Aitre** (à Nancy), par Henri LEPAGE. Nancy, 1865, in-8°, fig.

    Extrait du journal de la *Société d'archéologie lorraine*.

590. — **Commission archéologique du département de Maine-et-Loire. Répertoire archéologique de l'Anjou.** Angers, 1865, in-8°.

591. — **Commission de la porte de Paris** (à Lille). — *Rapport* de la Société des architectes du département du Nord. Lille, 1872, in-8°.

592. — **Commission des monuments et documents historiques de la Gironde.** — Rapport présenté à M. le baron Sers, préfet de la Gironde, le 21 août 1841, s. n. Bordeaux, 1841, in-8°.

593. — **Commission des monuments historiques du département de la Gironde**, revision du tableau général de classement. Bordeaux. 1842, in-8°.

594. — **Commission (La) des monuments mégalithiques** sous la présidence de Henri MARTIN. — Ses travaux par Ph. SALMON. Paris, 1884, in-8°.

    Extrait de la revue : *Matériaux pour l'histoire primitive et naturelle de l'homme*.

595. — **Commune (La) de Nevers**, origine de ses franchises, suivie d'un guide archéologique dans Nevers et ses environs; texte et dessins par Massillon Rouvet. Nevers, 1881, in-12.

596. — **Communes (Les) de la Meurthe**, journal historique des villes, bourgs, villages, hameaux et censes de ce département, par Henri Lepage. Nancy, 1853, 2 vol. in-8°.

597. — **Compiègne et ses environs** (Oise), par Léon Ewig, illustré de 12 vues d'après nature et enrichi d'une carte. Paris et Compiègne, 1836, in-8°.

598. — **Compiègne historique et monumental** (Oise), par Lambert le Ballyhier. Compiègne, 1832, in-8°, fig.

599. — **Composition (La) décorative**, par Henry Mayeux. Paris, in-4° anglais, fig.

Ouvrage faisant partie de la *Bibliothèque de l'Enseignement des Beaux-Arts*.

600. — **Compositions et dessins de Viollet-le-Duc**, publiés sous le patronage du Comité de l'OEuvre du Maître. Paris, 1884, recueil de 100 planches en héliogravure, avec préface et table, in-folio.

601. — **Comptes de dépenses de la construction du château de Gaillon**, publiés d'après les registres manuscrits des trésoriers du cardinal d'Amboise, par A. Deville. Paris, 1860, in-4°, atlas in-folio.

Ouvrage faisant partie de la *Collection de documents inédits sur l'Histoire de France* publiés par les soins du Ministre de l'instruction publique.

602. — **Comptes de la fabrique de l'église Sainte-Madeleine de Troyes**, suivis de l'*Histoire de la construction du jubé*, par Alex. Assier. Troyes, 1854, in-8°.

603. — **Comptes des bâtiments du roi** sous le règne de Louis XIV, publiés par Jules Guiffrey (1664-1687). Paris, 1881-1891, 3 vol. in-4°.

Ouvrage faisant partie de la *Collection de documents inédits sur l'Histoire de France* publiés par les soins du Ministre de l'instruction publique.

604. — **Comptes (Les) des bâtiments du roi** (1528-1571), suivis de documents inédits sur les châteaux royaux et les beaux-arts au

xvi⁰ siècle, recueillis et mis en ordre par le marquis Léon DE LABORDE. Paris, tome I⁰ʳ, 1877 ; tome II, 1880, in-8°.

En cours de publication : *Société de l'histoire de l'art français.*

605. — **Comptes rendus et mémoires du Comité archéologique de Senlis**, de l'origine (1862-1863) à 1892. Senlis, 27 vol. in-8°, fig.

Publication périodique.

606. — **Concours pour les plans de la reconstruction du Capitole à Toulouse.** Toulouse, s. d.. in-4°.

607. — **Conférence sur le concours de l'Exposition de 1900**, faite le 12 janvier 1895 au siège social de l'Union syndicale des architectes français, par Paul GOUT. Paris, in-8°, fig.

Extrait du *Bulletin de la Société*, 3ᵉ vol., n° 1.

608. — **Congrès archéologiques de France.**

Voir : *Société française d'archéologie.*

609. — **Conservation (La) des antiquités et des monuments nationaux en Danemark**, par J.-J.-A. WORSAAE. Copenhague, 1878, in-8°.

610. — **Conservation (La) et la restauration des monuments historiques**, par Paul GOUT. Paris, 1881, in-4°.

Extrait de la *Gazette des Beaux-Arts.*

611. — **Considérations et recherches sur les monuments anciens et modernes du territoire de Brou**, commune de Bourg (Ain), par Th. RIBOUD. Bourg, s. d., in-8°, fig.

612. — **Considérations historiques et artistiques sur les deux tours ou portes de ville de Castelsarrasin**, dont la démolition est projetée (Tarn-et-Garonne), par le baron CHAUDRUC DE CRAZANNES. Castelsarrasin, s. d., in-8°.

613. — **Considérations sur la construction des théâtres**, à propos de la reconstruction du théâtre des Arts, à Rouen, par Louis SAUVAGEOT, architecte de la ville de Rouen. Paris, s. d., in-8°, fig.

Extrait de l'*Encyclopédie d'architecture*, 1877.

614. — **Considérations sur l'archéologie** envisagée comme science d'application aux intérêts matériels, s. n. Le Mans, s. d., in-8°.

615. — **Construction de la façade de l'église de Saint-André-le-Bas à Vienne** (Isère), programme du concours, par Aug. Donna, maire. Vienne, 1841, in-4°, fig.

616. — **Construction d'une Notre-Dame au XIIIe siècle, suivie des Comptes de l'œuvre de l'église de Troyes au XIVe siècle**, par l'auteur des *Archives curieuses de la Champagne*. Paris, 1858, in-8°.

617. — **Contribution aux études de classification paléothnologiques. L'âge des instruments bruts**, par Philippe Salmon. Paris, 1882, in-8°.

Extrait de la *Revue d'anthropologie*.

618. — **Correspondance administrative sous le règne de Louis XIV**, entre le cabinet du roi, les secrétaires d'État, le chancelier de France, etc., recueillie et mise en ordre par G.-B. Depping. Paris, 1850-1855, 4 vol. in-4°.

Ouvrage faisant partie de la *Collection de documents inédits sur l'Histoire de France* publiés par les soins du Ministre de l'Instruction publique.

619. — **Correspondance des directeurs de l'académie de France à Rome avec les surintendants des bâtiments**, publiée d'après les manuscrits des Archives nationales par Anatole de Montaiglon, sous le patronage de la Direction des Beaux-Arts. Paris, 1887-1893, 4 vol. in-8°.

620. — **Corrèze.** Paris, in-8° avec carte coloriée et gravures.

621. — **Corse.** Paris, in-8° avec carte coloriée et gravures.

Les deux ouvrages ci-dessus font partie de la collection des *Géographies départementales* d'Adolphe Joanne.

622. — **Cosmographie (La) universelle** d'André Thevet, cosmographe du roy. Paris, 1575, 2 vol. in-folio.

623. — **Costume (Le) au moyen âge**, d'après les sceaux, par G. Demay. Paris, 1880, in-8°.

624. — **Costume (Le) en France**, par A. Renan. Paris, in-4°, fig.

Ouvrage faisant partie de la *Bibliothèque de l'Enseignement des Beaux-Arts*.

625. — **Costumes du Directoire**, 20 eaux-fortes de A. Guillaumot fils, dessins de Eugène Lacoste et Draner, d'après les estampes du temps. Paris, 1874, in-folio (sans texte).

626. — **Costumes historiques des XIIe, XIIIe, XIVe et XVe siècles**, tirés des monuments les plus authentiques de peinture et de sculpture, dessinés et gravés par Paul Mercuri, avec un texte historique et descriptif par Camille Bonnard; nouvelle édition soigneusement revisée, avec une introduction par Charles Blanc. Paris, 1860-61, 3 vol. in-4°, fig. coloriée.

627. — **Costumes historiques des XVIe, XVIIe et XVIIIe siècles**, dessinés par E. Lechevallier-Chevignard, gravés par A. Didier, L. Flameng, F. Laguillermie, etc., avec un texte historique et descriptif par Georges Duplessis. Paris, 1867, 2 vol. in-4°, fig. coloriées.

628. — **Côte-d'Or.** Paris, in-8°, avec carte coloriée et gravures.

629. — **Côtes-du-Nord.** Paris, in-8°, avec carte coloriée et gravures.

    Les deux ouvrages ci-dessus font partie de la collection des *Géographies départementales* d'Adolphe Joanne.

630. — **Coup d'œil sur les monuments historiques du département du Lot**, par le baron Chaudruc de Crazannes. S. l., s. d., in-8°.

631. — **Couptrain** (Mayenne), par H. Sauvage. Mayenne, s. d., in-4°.

    Extrait des *Mémoires de la Société d'archéologie, sciences, arts et belles-lettres de la Mayenne.*

632. — **Cours d'antiquités monumentales**, professé à Caen. Histoire de l'art dans l'ouest de la France, depuis les temps les plus reculés jusqu'au XVIIe siècle, par de Caumont. Paris, Caen et Rouen, 1830-41, 6 vol. in-8° et atlas petit in-folio oblong.

633. — **Cours de droit administratif**, par Th. Ducrocq. Paris, 1881-86, 2 vol. in-8°.

    Voir: *Études sur la loi municipale du 5 avril 1884.*

634. — **Cours élémentaire d'archéologie chrétienne**, par J. Mallet. Paris, 1874, in-8°, fig.

635. — **Creuse.** Paris, in-8°, avec carte coloriée et gravures.

    Ouvrage faisant partie de la collection des *Géographies départementales* d'Adolphe Joanne.

636. — **Croix de processions, de cimetières et de carrefours**, par Léo Drouyn. Bordeaux, 1858, in-folio, fig.

637. — **Croix (La) d'Oisy (Pas-de-Calais) et autres croix anciennes.** Études sur les règles traditionnelles concernant les crucifix et les croix, par l'abbé E. van Drival. Paris, 1859, in-8°, fig.

638. — **Croix (La) et les chandeliers du grand autel de la cathédrale d'Autun**, par Harold de Fontenay. Autun, Paris, 1886, in-8°, avec planches.

639. — **Cruce (Iusti Lipsii de).** Libri tres, ad sacram profanamque historiam utiles, una cum notis. Amstelodami, 1670, in-12, fig.

Voir : *Justi*, etc.

640. — **Crypte (La) d'Uzès (Gard)**, monument chrétien des premiers siècles de l'Église, par Lionel d'Albiousse. Uzès, 1873, in-8°.

641. — **Crypte et église de Bauzac (Haute-Loire).** Rapport lu à la Société académique du Puy, par Aymard. Le Puy, 1848, in-8°, fig.

642. — **Cryptes (Les) de Jouarre**, notice historique, par G. Rethoré, ouvrage illustré de phototypies d'après les clichés de E. Billion. Paris, 1889, in-8°.

643. — **Curiosités de Paris, Versailles, Marly, Vincennes, Saint-Cloud et des environs**, par L. R. (Le Rouge). Paris, 1771, 2 vol. petit in-8° fig.

644. — **Curiositez (Les) de Paris**, réimpression d'après l'édition originale de 1716, par les soins de la Société d'encouragement pour la propagation des œuvres d'art. Paris, 1883, in-8°.

D

645. — **Dalles du XIIIe siècle de Saint-Rémi de Reims**, par Prosper Tarbé. Reims, 1847, in-folio, planches.

646. — **Danse macabre (La) de Kermaria-an-Isquit (Côtes-du-Nord)**, par Félix Soleil. Quatre dessins d'Antoine Duplais-Destouches. Saint-Brieux, 1882, in-8°.

647. — **Date (La) de Saint-Front** (de Périgueux), réponse à Ramé par le baron de Verneilh. Périgueux, 1883, in-8°.

648. — **David d'Angers, sa vie, son œuvre, ses écrits et ses contemporains**, par Henry Jouin. Deux portraits du maître d'après Ingres et E. Hébert, 23 planches hors texte et un fac-similé d'autographe, gravés par A. Durand. Paris, 1878, 2 vol. in-4°.

649. — **David (Louis), son école et son temps.** Souvenirs, par E. J. Delécluze. Paris, 1855, in-8°.

Voir : *Louis David.*

649 a. — **Décoration (De la) appliquée aux édifices**, par Eug.-Em. Viollet-le-Duc, 3ᵉ édition. Paris, s. d. in-4°, fig.

650. — **Décorations de palais et d'églises en Italie**, peintes à fresque ou exécutées en stuc dans le cours du xvᵉ et du xviᵉ siècle, avec descriptions par Louis Gruner, et un essai par J. J. Hittorff sur les arabesques des anciens comparées à celles de Raphaël et de son école. Paris et Londres, 1854, in-folio, fig.

651. — **Découverte de quatre mosaïques à Anse** (Rhône), par Peyré. Villefranche, 1845, in-8°.

651 a. — **Découverte des corps de Philippe le Hardi et Jean sans Peur, ducs de Bourgogne.** Procès-verbaux. Dijon, 1841, in-4°, fig.

652. — **Découverte de sépultures antiques à Quatremares** (Seine-Inférieure), par A. Deville. Rouen, 1843, in-8°, fig.

Extrait de la *Revue de Rouen et de la Normandie.*

653. — **Décret portant organisation de l'École nationale et spéciale des beaux-arts.** Paris, 1874, in-4°.

654. — **Délibération du 23 décembre 1852 concernant les travaux de la cathédrale d'Amiens.** Amiens, 1853, in-8°.

Extrait du *Bulletin de la Société des antiquaires de Picardie.*

655. — **Délices de la France (Les)** ou description des provinces, villes principales, maisons royales, châteaux et autres lieux remarquables de ce beau royaume; ouvrage curieux, enrichi d'un grand nombre de figures en taille-douce et divisé en trois parties, s. n. Leide, 1728, 3 vol. in-12.

656. — **Délices (Les) de la Grand'Bretagne et de l'Irlande**, où sont exactement décrites les antiquités, les provinces, les villes, les bourgs, les montagnes, etc., par James BUVERELL; le tout enrichi de très belles figures et cartes géographiques dessinées sur les originaux. Leide, 1727, 8 vol. petit in-8°.

657. — **Délices (Les) de Paris et de ses environs**, ou recueil de vues perspectives des plus beaux monuments de Paris et des maisons de plaisance situées aux environs de cette ville et en d'autres endroits de la France, le tout en 210 planches dessinées et gravées, pour la plus grande partie, par PERELLE. Paris, 1753, in-folio (sans texte).

658. — **Della Robbia (Les)**, leur vie et leur œuvre, d'après des documents inédits, suivi d'un catalogue de l'œuvre des della Robbia en Italie et dans les principaux musées de l'Europe, par J. CAVALLUCI et E. MOLINIER. Paris, 1884, in-4°, avec planches.

659. — **Denderah**, description générale du grand temple de cette ville par Auguste MARIETTE-BEY. Ouvrage publié sous les auspices de S. A. Ismaïl-Pacha, khédive d'Égypte. Paris, 1870-75, 1 vol. in-4° et 5 vol. in-fol., planches.

660. — **Dentelle (La)**, histoire, description, fabrication, bibliographie, ornée de 50 planches photographiques, fac-similés de dentelles de toutes les époques et de nombreuses gravures d'après les meilleurs maîtres des XVI° et XVII° siècles; par Joseph SÉGUIN. Paris, 1875, in-folio.

661. — **Département (Le) de la Somme**, ses monuments anciens et modernes, ses grands hommes et ses souvenirs historiques, ouvrage illustré de plus de 1,000 dessins par L. DUTHOIT, texte par H. DUSEVEL. Volume contenant les monographies d'Abbeville, Rambures, Fay, Doullens, Feuquières, Mailly, Montdidier, Péronne et Ham. — Amiens, 1858, in-8°, fig.

662. — **Département de l'Orne (Le) archéologique et pittoresque**, par Léon DE LA SICOTIÈRE et Auguste POULET-MALASSIS et par une société d'antiquaires et d'archéologues. Laigle, 1845, in-folio, fig.

663. — **Département (Le) des estampes à la Bibliothèque nationale**. Notice historique suivie d'un catalogue des estampes exposées dans les salles de ce département, par le vicomte Henri DELABORDE. Paris, 1875, in-8°.

664. — **Département (Le) des Vosges**, statistique historique et administrative, par Henri Lepage. Nancy, 1845-1847, 2 vol. in-8°.

665. — **De re vestiaria**, Octavii Ferrarii.

Voir : *Octavii Ferrarii de re vestiaria.*

666. — **Derniers (Les) devoirs rendus aux religieuses de Notre-Dame-aux-Nonnains de Troyes**, de l'an 1287 à l'an 1626, par l'abbé Lalore. Troyes, 1869, in-8°.

667. — **Description archéologique du canton de Nesle**, accompagnée de 45 planches contenant 112 dessins et vues de monuments, par Duhamel-Décéjean. Péronne, 1884, in-8°.

668. — **Description de Chambord**, par Le Rouge, album de planches gravées, avec préface. Paris, 1750, in-folio.

669. — **Description de l'abbaye du Mont Saint-Michel et de ses abords**, précédée d'une notice historique, par Édouard Corroyer, Paris, 1877, in-8°, fig.

670. — **Description de la cathédrale de Beauvais**, précédée d'un résumé des principaux événements qui se rattachent à cet édifice, avec planches, par Emmanuel Woillez. Beauvais, 1838, in-4°.

671. — **Description de la cathédrale de Chartres**, suivie d'une courte notice sur les églises de Saint-Pierre, de Saint-Aignan et de Saint-André, de la même ville, avec 5 planches, par l'abbé Bulteau. Chartres, 1850, in-8°, fig.

672. — **Description de la grande cloche de Moscou**, par A. de Montferrand. Paris, s. d., in-folio, fig.

673. — **Description de l'amphithéâtre de Nîmes**, par Auguste Pelet, 2° édition, revue et corrigée. Nîmes, 1860, in-8°, fig.

674. — **Description de la place de la Concorde**, explication des fontaines qui la décorent, ainsi que de l'obélisque et des statues, s. n. Paris, 1840, in-12, fig.

674 a. — **Description de l'arc de triomphe de l'Étoile**, s. n. Paris, 1837, in-12, fig.

Ce volume est relié avec le précédent et le n° 1989 a sous le titre : *Arcs et colonnes de Paris.*

— 67 —

675. — **Description de la Sainte-Chapelle**, par F. de Guilhermy, avec six gravures de Gaucherel. Paris, 1882, in-12.

676. — **Description de la ville d'Angers et de tout ce qu'elle contient de plus remarquable**, par Péan de la Tuillerie. Nouvelle édition par Célestin Port. Angers, 1868, in-12, fig.

677. — **Description de la ville et des faubourgs de Paris**, en 20 planches, dont chacune représente un des vingt quartiers, suivant la division qui en a été faite par la déclaration du roy du 12 décembre 1702, rendue en exécution de l'édit du mois de décembre 1701 ; avec un détail exact de toutes les abbaïes et églises, des couvents, communautez, collèges, édifices publics, principaux palais et hôtels, des places, rues, fontaines, maisons, lanternes, et de tout ce qu'il y a de plus remarquable dans chaque quartier; dressée et gravée par les ordres de M. d'Argenson, conseiller du roy en son conseil d'État, lieutenant général de police de la ville, dédié à Monseigneur Desmaretz, ministre d'État, contrôleur général des finances. Paris, 1714, in-folio.

678. — **Description de l'église cathédrale d'Amiens**, par Maurice Rivoire. Amiens, 1806, in-8°, fig.

679. — **Description de l'église métropolitaine du diocèse d'Auch** (Sainte-Marie), album de dessins par G.-G. Lettu, 2 vol. in-folio.

680. — **Description de l'église paroissiale de Bulles** (Oise), par Lamarre, curé de Bulles. Beauvais, s. d., in-8°, fig.

Extrait du *Bulletin de la Commission archéologique du diocèse de Beauvais.*

681. — **Description de l'Égypte**, recueil des observations et des recherches qui ont été faites en Égypte pendant l'expédition de l'armée française; 2ᵉ édition dédiée au roi, publiée par C.-L.-F. Panckoucke. Paris, 1821-1829, 24 tomes en 26 vol. in-8° et 894 planches formant 12 vol. in-folio.

682. — **Description de l'univers**, par Allain Manesson-Mallet, contenant les différents systèmes du monde, les cartes générales et particulières de la géographie ancienne et moderne, les plans et profils des principales villes et des autres lieux plus considérables de la terre, etc. Paris, 1683, 5 vol. in-8°, fig.

683. — **Description de Paris et de ses édifices**, avec un précis historique et des observations sur le caractère de leur architecture et sur les principaux objets d'art et de curiosité qu'ils renferment, par J.-G. Le

*5.

grand, architecte, et C.-P. Landon, peintre. Ouvrage enrichi de 120 planches gravées et ombrées en taille-douce, avec un plan exact de Paris et de ses établissements; 2° édition augmentée, avec 18 planches nouvelles. Paris, 1818, 2 vol. petit in-4°.

684. — **Description des Alpes grecques et cottiennes**, ou tableau historique et statistique de la Savoie, etc., par J.-F. Albanis Beaumont. Paris, 1802, 2 vol. in-4°.

685. — **Description des monuments antiques du midi de la France**, par Grangent, Durand et Durant. Tome Ier : *Département du Gard*. Paris, 1819, in-folio, fig.

686. — **Description des monuments des différents âges**, observés dans le département de la Haute-Vienne, avec un précis des annales de ce pays, rédigé par ordre de S. Ex. le Ministre de l'intérieur, par C.-N. Allou, ingénieur au corps royal des mines. Paris, 1821, in-4°.

687. — **Description des monumens musulmans du cabinet de M. le duc de Blacas**, par Reinaud. Paris, 1828, 2 vol. in-8°, fig.

688. — **Description des nouveaux vitraux de l'église de La Couture** (au Mans). Verrières de l'abside, s. n. Le Mans, 1842, in-8°.

689. — **Description des œuvres d'art qui décorent les édifices publics de la ville de Bordeaux**, par Charles Marionneau. Paris et Bordeaux, 1861, in-8°.

690. — **Description des peintures et autres ornements contenus dans les manuscrits grecs de la Bibliothèque nationale**, par Henri Bordier. Paris, 1883, in-4°, fig.

691. — **Description des sculptures des temps modernes**, par Henry Barbet de Jouy. Paris, 1876, in-12.

692. — **Description des sculptures du moyen âge et de la Renaissance**, par Henry Barbet de Jouy. Paris, 1876, in-12.

Les deux ouvrages ci-dessus font partie de la collection des *Catalogues du Louvre*.

693. — **Description des travaux qui ont précédé, accompagné et suivi la fonte en bronze d'un seul jet de la statue équestre de Louis XV**, dressée sur les mémoires de Lempereur par Mariette. Paris, 1768, in-folio, fig.

694. — **Description des verrières de l'église paroissiale de la ville de Saint-Florentin** (Yonne), par Salomon. Auxerre, 1872, in-8°.

695. — **Description des villes et campagnes du département de l'Yonne**, recueil de notices historiques, biographiques, géographiques, géologiques, agricoles, etc., concernant toutes les communes du département, accompagnées d'une nombreuse collection de dessins, cartes et plans dessinés, gravés et lithographiés par Victor Petit. Auxerre, 1883, in-8°.

696. — **Description des vitraux des chapelles de la cathédrale de Beauvais**, par l'abbé Barraud. Beauvais, 1856, in-8°.

697. — **Description des vitraux des hautes fenêtres du chœur de la cathédrale de Beauvais**, par l'abbé Barraud. Beauvais, s. d., in-8°.

698. — **Description du Berry et diocèse de Bourges au XVIe siècle**, par Nicolas de Nicolay, Dauphinois, géographe et valet de chambre du roi Charles IX, publiée pour la première fois d'après le manuscrit autographe de la Bibliothèque impériale de Paris, avec une notice sur l'auteur, par Victor Advielle. Paris, 1865, in-8°.

699. — **Description du château de Coucy**, par Viollet-le-Duc. Paris, 1857, in-8°, fig.

700. — **Description du musée de Narbonne**, par Tournal. Narbonne, 1847, in-12.

701. — **Description du musée des antiques de Toulouse**, par Alexandre du Mèze. Toulouse, 1835, in-8°.

702. — **Description du musée de Vienne** (Isère), précédé de *Recherches historiques sur le temple d'Auguste et de Livie*, par Delorme, ornée de 9 lithographies. Vienne, 1841, in-8°.

703. — **Description d'un tombeau du VIe siècle et d'un souterrain-refuge**, découverts dans le département du Tarn, par Ch. Grellet-Balguerie. Albi, 1876, in-4°, fig.

704. — **Description du trésor de Guarrazar**, accompagnée de recherches sur toutes les questions archéologiques qui s'y rattachent, par Ferdinand de Lasteyrie. Paris, 1860, in-4°, fig. coloriées.

— 70 —

705. — **Description et histoire du château d'Arques**, par Viollet-le-Duc. Paris, 1871, in-8°, fig.

Extrait du *Dictionnaire d'architecture*.

706. — **Description et histoire du château de Pierrefonds**, par Viollet-le-Duc. Paris, 1872, in-8°, fig.

707. — **Description générale de l'hostel royal des Invalides**, établi par Louis le Grand dans la plaine de Grenelle près Paris, avec les plans, profils et élévations de ses faces, coupes et appartements, par Le Jeune de Boulencourt. Paris, 1683, in-folio.

708. — **Description générale du Bourbonnais en 1569**, ou histoire de cette province (villes, bourgs, châteaux, fiefs, monastères, familles anciennes, etc.), par Nicolas de Nicolay, géographe et valet de chambre du roi Charles IX, publiée et annotée par les soins de M. le comte Maurice d'Irisson d'Hérisson. Moulins, 1875, in-4°, fig.

709. — **Description générale et particulière de la France ou Voyage pittoresque de la France**, ouvrage enrichi d'estampes d'après les dessins des plus célèbres artistes (publié par de Laborde, Guettard, Béguillet, etc.). Paris, 1781-1796, 12 vol. grand in-folio.

Voir n° 2844.

710. — **Description générale et particulière du duché de Bourgogne**, précédé de l'abrégé historique de cette province, par Courtépée et Béguillet. Dijon, 1847-1848, 4 vol. in-8°, planches.

711. — **Description générale et statistique du département de l'Aude**, avec carte et gravures, par le baron Trouvé. Paris, 1818, 2 vol. in-8°.

712. — **Description géographique et historique de la haute Normandie**, par Duplessis. Paris, 1738, 2 vol. in-4°, avec cartes.

713. — **Description historique, archéologique et artistique de l'église paroissiale de Saint-Vincent de Rouen**, ornée d'une gravure par E. de la Quérière. Rouen, 1844, in-4°.

714. — **Description historique de l'abbaye royale d'Hautecombe** (Savoie) et des mausolées élevés dans son église aux princes de la maison royale de Savoie, par le baron Joseph Jacquemond. Chambéry, 1843, in-8°, fig.

715. — **Description historique de la ville de Paris et de ses environs**, par Piganiol de la Force, avec des figures en taille-douce. Paris, 1765, 10 vol. in-12.

716. — **Description historique de la ville de Reims**, par Gérard Jacob-K. Reims, s. d., petit in-4°, fig.

717. — **Description historique de l'église cathédrale de Notre-Dame de Chartres**, nouvelle édition considérablement augmentée et ornée de gravures, par A.-P.-M. Gilbert. Chartres, 1824, in-8°, fig.

718. — **Description historique de l'église de l'ancienne abbaye royale de Saint-Riquier en Ponthieu**, suivie d'une Notice historique et descriptive de l'église de Saint-Wulfran d'Abbeville (Somme), ornée de 3 planches, par A.-P.-M. Gilbert. Amiens et Abbeville, 1836, in-8°.

719. — **Description historique de l'église de Notre-Dame de l'Épine**, près de Châlons-sur-Marne, par Pavillon-Piérard. Châlons, 1825. in-8°.

720. — **Description historique de l'église de Saint-Ouen de Rouen**, anciennement église de l'abbaye royale de ce nom, ordre de Saint-Benoît; par A.-P.-M. Gilbert, ornée de gravures d'après les dessins de E.-H. Langlois. Rouen, 1822, in-8°.

721. — **Description historique de l'église et des ruines du château de Folleville** (Somme), par Ch. Bazin de Gribeauval. Sens, 1883, in-8°, fig.

722. — **Description historique de l'église métropolitaine de Notre-Dame de Reims**, rédigée et mise en ordre par Pavillon-Piérard. Reims, 1823, in-8°, fig.

723. — **Description historique de l'église métropolitaine de Notre-Dame de Rouen**, par A.-P.-M. Gilbert, avec le plan et la vue du grand portail de cette basilique. Rouen, 1816, in-8°.

724. — **Description historique des château, bourg et forest de Fontainebleau**, contenant une explication historique des peintures, tableaux, reliefs, statues, ornements qui s'y voyent et la vie des architectes, peintres et sculpteurs qui y ont travaillé; enrichie de plusieurs plans et figures, par l'abbé Guilbert. Paris, 1731, 2 vol. in-12.

725. — **Description historique des curiosités de l'église de Paris**, contenant le détail de l'édifice tant extérieur qu'intérieur, le trésor, les chapelles, tombeaux, épitaphes et l'explication des tableaux avec les noms des peintres, etc., par l'abbé DE MONTJOYE. Paris, 1763, in-12, fig.

726. — **Description historique des maisons de Rouen les plus remarquables par leur décoration extérieure et par leur ancienneté**, dans laquelle on fait entrer les édifices civils et religieux devenus propriétés particulières, par E. DELAQUÉRIÈRE, ornée de sujets inédits dessinés et gravés par E.-H. LANGLOIS. Paris, 1821-1841, 2 vol. in-8°.

727. — **Description historique et chronologique des monuments de sculpture réunis au musée des Monumens français**, par Alexandre LENOIR, suivie d'une dissertation sur la barbe et les costumes de chaque siècle, et d'un traité de la peinture sur verre par le même auteur. Paris, 1806, in-8°.

728. — **Description historique et critique, et vues des monuments religieux et civils les plus remarquables du département du Calvados**, bâtis dans les siècles du moyen âge et ceux de la Renaissance, jusqu'au règne de Louis XIV exclusivement, par T. DE JOLIMONT. Paris, 1825, in-4°, fig.

729. — **Description historique et critique, et vues pittoresques dessinées d'après nature et lithographiées des monuments les plus remarquables de la ville de Dijon**, par T. DE JOLIMONT. Paris, 1830, in-4°.

730. — **Description historique et pittoresque du château de Chambord** offert par la France à S. A. R. Monseigneur le duc de Bordeaux, par MERLE et PERIÉ, ornée de gravures, de plans et de cartes. Paris, 1821, in-folio.

731. — **Description méthodique du musée céramique de la manufacture royale de porcelaine de Sèvres**, par A. BRONGNIART et D. RIOCREUX. Paris, 1845, 2 vol. in-4°, fig. coloriées.

732. — **Description nouvelle de la cathédrale de Strasbourg et de sa fameuse tour**, contenant ce qui s'y est passé depuis sa construction, avec tout ce qu'il y a de remarquable en dedans et en dehors de cet édifice, par François MILLER. Strasbourg, 1788, in-12, fig.

733. — **Description (A) of the ivories ancient and mediæval in the South Kensington Museum** (Description des ivoires anciens et du moyen âge existant au musée de South Kensington), with a preface by William Maskell. London, 1872, in-8°.

734. — **Description (A) of the Trajan column** (Description de la colonne Trajane), by John Hungerford Pollen. London, 1874, in-8°, fig.

735. — **Description pittoresque, historique et géologique du chemin de fer de Limoges à Périgueux**, par Eugène Massoubre. Périgueux, 1861, in-8°.

736. — **Descriptive catalogue (A) of the maiolica hispano-moresco, persian, damascus, and rhodian wares, in the South Kensington Museum** (Catalogue descriptif des majoliques hispano-moresques de Perse, de Damas et faïences de Rhodes, au musée de South Kensington), with historical notices, marks and monograms, by C. Drury E. Fortnum. London, 1873, grand in-8°, fig. coloriées.

737. — **Descriptive (A) catalogue of the musical instruments in the South Kensington Museum** (Catalogue descriptif des instruments de musique existant au musée de South Kensington), preceded by an essay on the history of musical instruments, by Carl Engel. London, 1874, in-8°, fig.

738. — **Détails archéologiques et historiques sur l'église et le monastère de Saint-Savin** (Hautes-Pyrénées), par J. Abbadie. Tarbes, 1861, in-12.

739. — **Details of ancient timber houses of the 15th and 16th centuries** (Détails d'anciennes maisons de bois des xve et xvie siècles), selected from those existing at Rouen, Caen, Beauvais, Gisors, Abbeville, Strasbourg, etc., drawn on the spot and etched by A. Welby Pugin. London, 1836, in-4°.

740. — **Deux (Les) Cists du Mané Groh' et de Bovelane**, Erdeven, 30 juillet 1883. — **Une exploration archéologique à l'île de Téviec**, 28 août 1883. — **Les Cists des bois du Puco**, Erdeven, 7 septembre 1883. Rapports par Félix Gaillard, avec 3 planches. Vannes, 1884, in-8°.

741. — **Deux (Les) églises; emplacement et vestiges de la villa de Cassinogilo, palais de Charlemagne, aujourd'hui la ville de**

Caudrot, près La Réole (Gironde), etc., par L. Charles BAL, dessins par J. FAUCHÉ. Paris et Bordeaux, 1862, atlas in-folio.

742. — **Deux mausolées africains, le Medracen et le Tombeau de la Chrétienne**, par J. DE LAURIÈRE. Tours, 1874, in-8°, fig.

743. — **Deux peintures de vases grecs de la métropole de Kameiros**, expliquées par W. FROUNER, avec 3 planches et une vignette. Paris, 1871, in-4°.

744. — **Deux (Les) premiers hôtels de ville de Dijon**, étude historique, par Joseph GARNIER. Dijon, 1875, in-4°, fig.

Voir : *Hôtels de ville.*

745. — **Deux (Les) rétables de Fontaine-l'Abbé** (Eure), par l'abbé A. BOUILLET. Caen, 1891, in-8°, fig.

746. — **Deux-Sèvres.** Paris, in-8°, avec carte coloriée et gravures.

Ouvrage faisant partie de la collection des *Géographies départementales* d'Adolphe JOANNE.

747. — **Development et character of gothic architecture** (Développement et caractère de l'architecture gothique), by Charles-Herbert MOORE. Londres et New-York, 1890, in-8°, fig.

748. — **Devises, cris de guerre, légendes, dictons**, par J. DE CHAMPEAUX. Dijon, 1890, in-8°.

749. — **Dictionnaire administratif et historique des rues et monuments de Paris**, par Félix et Louis LAZARE. Paris, 1855, grand in-8°.

750. — **Dictionnaire archéologique de la Loire-Inférieure** (époques celtique, gauloise et gallo-romaine), par PITRE DE LISLE (arrondissement de Châteaubriant). Nantes, 1882, in-8°.

751. — **Dictionnaire archéologique du département de l'Yonne, époque celtique**, par Philippe SALMON. Auxerre, 1878, in-8°.

752. — **Dictionnaire biographique des artistes français du XIIe au XVIIe siècle**, suivi d'une table chronologique et alphabétique comprenant en vingt classes les arts mentionnés dans l'ouvrage, par A. BÉRARD. Paris, 1872, in-8°.

Ouvrage tiré à 300 exemplaires.

— 75 —

753. — **Dictionnaire critique de biographie et d'histoire**, errata et supplément pour tous les dictionnaires historiques, d'après des documents authentiques inédits, par A. Jal. Paris, 1872, 2ᵉ édition, in-8°.

754. — **Dictionnaire d'archéologie sacrée**, etc., par J.-J. Bourassé. Paris, 1851, 2 vol. in-4°.

Voir : *Encyclopédie théologique.*

755. — **Dictionnaire de géographie ancienne et moderne**, à l'usage du libraire et de l'amateur de livres, par un bibliophile. Paris, 1870, in-8°.

756. — **Dictionnaire (Grand) de géographie universelle ancienne et moderne**, ou description physique, ethnographique, politique, historique, statistique, commerciale, industrielle, scientifique, littéraire, artistique, morale et religieuse, etc., de toutes les parties du monde, par Bescherelle aîné et G. Devars, avec la collaboration de plusieurs géographes et étrangers. Paris, s. d., 2 vol. in-4°.

757. — **Dictionnaire de l'Académie française**, 6ᵉ édition. Paris, 1835, 3 vol. in-4°.

758. — **Dictionnaire de la langue française**, par E. Littré. Paris, 1863-1873, 3 vol. in-4°.

759. — **Dictionnaire de l'ameublement et de la décoration**, depuis le XIIIᵉ siècle jusqu'à nos jours, par Henry Havard. Ouvrage illustré de 256 planches hors texte et de plus de 2,500 gravures dans le texte. Paris, s. d., 4 vol. in-4°.

760. — **Dictionnaire de l'ancienne langue française et de tous ses dialectes du IXᵉ au XVᵉ siècle**, composé d'après le dépouillement de tous les plus importants documents manuscrits ou imprimés qui se trouvent dans les grandes bibliothèques de la France et de l'Europe et dans les principales archives départementales, municipales, hospitalières ou privées, par Frédéric Godefroy. Paris, 1880-1892, 7 vol. in-4°.

En cours de publication.

761. — **Dictionnaire de l'architecture du moyen âge**, contenant tous les termes techniques dont l'intelligence est nécessaire pour faire com-

prendre les descriptions des monuments religieux, civils et militaires, avec des explications détaillées et de nombreux renseignements archéologiques, par Adolphe BERTY. Paris, 1845, in-8°, fig.

762. — **Dictionnaire des antiquités chrétiennes**, contenant le résumé de tout ce qu'il est essentiel de connaître sur les origines chrétiennes jusqu'au moyen âge exclusivement, etc., par l'abbé MARTIGNY. Nouvelle édition, revue, modifiée, considérablement augmentée et enrichie de 675 gravures dans le texte. Paris, 1877, grand in-8°.

763. — **Dictionnaire des antiquités grecques et romaines**, d'après les textes et les monuments, contenant l'explication des termes qui se rapportent aux mœurs, aux institutions, à la religion, aux arts, aux sciences, au costume, au mobilier, à la guerre, à la marine, aux métiers, aux monnaies, poids et mesures, etc., et en général à la vie publique et privée des anciens. Ouvrage rédigé par une société d'écrivains spéciaux, d'archéologues et de professeurs, sous la direction de Ch. DAREMBERG et Edm. SAGLIO, avec 3,000 figures d'après l'antique dessinées par P. SELLIER et gravées par RAPINE. Paris, 1873-1881, in-4°.

En cours de publication.

764. — **Dictionnaire des antiquités romaines et grecques**, accompagné de 2,000 gravures d'après l'antique, représentant tous les objets de divers usages d'art et d'industrie des Grecs et des Romains, par Antony RICH, traduit de l'anglais sous la direction de CHÉRUEL. Paris, 1861, in-8°.

765. — **Dictionnaire des architectes français**, par Adolphe LANCE. Paris, 1872, 2 vol. in-8°.

766. — **Dictionnaire des devises historiques et héraldiques**, par CHASSANT et TAUSIN. Paris, 1878, 8 vol. in-18.

767. — **Dictionnaire des émailleurs**, depuis le moyen âge jusqu'à la fin du xviiie siècle. Ouvrage accompagné de 67 marques ou monogrammes par E. MOLINIER. Paris, 1885, in-12.

768. — **Dictionnaire des ouvrages anonymes**, par Ant.-Alex. BARBIER, 3e édition, revue et augmentée par Olivier BARBIER, René et Paul BILHARD. Paris, 1872, 4 vol. in-8°.

769. — **Dictionnaire des postes et télégraphes**, indiquant, par ordre alphabétique, les noms de toutes les communes et des localités les plus

importantes de la France continentale, de la Corse et de l'Algérie. Rennes, 1892, in-4°.

770. — **Dictionnaire des termes employés dans la construction** et concernant la connaissance et l'emploi des matériaux, l'outillage qui sert à leur mise en œuvre, l'utilisation de ces matériaux dans la construction des divers genres d'édifices anciens et modernes, la législation des bâtiments, par Pierre Chabat. Paris, 1875-1876, 2 vol. grand in-8°, fig.; 1878, 1 vol. complémentaire.

771. — **Dictionnaire d'orfèvrerie, de gravure et de ciselure chrétiennes**, par l'abbé Texier. Paris, 1857, in-4°.

Voir : *Encyclopédie théologique.*

772. — **Dictionnaire encyclopédique des marques et monogrammes**, chiffres, lettres initiales, signes figuratifs, etc., contenant 12,156 marques, avec le portrait de l'auteur, par Ris-Paquot. Paris, 1892, 2 vol. in-4° carré.

773. — **Dictionnaire encyclopédique d'histoire, de biographie, de mythologie et de géographie**, par Louis Grégoire. Paris, 1873, grand in-8°.

774. — **Dictionnaire français illustré et encyclopédie universelle**, pouvant tenir lieu de tous les vocabulaires et de toutes les encyclopédies. Ouvrage orné d'environ 20,000 figures gravées sur acier par les meilleurs artistes, par B.-Dupiney de Vorepierre. Paris, 1867, 2 vol. in-4°.

775. — **Dictionnaire général d'administration**, publié sous la direction de Alfred Blanche, contenant la définition de tous les mots de la langue administrative, etc. Paris, 1867-1869, 2 vol. grand in-8°.

776. — **Dictionnaire général de biographie et d'histoire, de mythologie, de géographie ancienne et moderne comparée, des antiquités et des institutions grecques, romaines, françaises et étrangères**, par Ch. Dezobry et Th. Bachelet. Paris, 1873, 2 vol. grand in-8°.

777. — **Dictionnaire général des artistes de l'École française**, depuis l'origine des arts du dessin jusqu'à l'année 1868 inclusivement: architectes, peintres, sculpteurs, graveurs et lithographes, par Émile Bellier de la Chavignerie. Paris, 1868-1885, in-8°.

Supplément, par Louis Auvray. Paris, 1885, in-8°.

778. — Dictionnaire général des lettres, des beaux-arts et des sciences morales et politiques, par Th. BACHELET et Ch. DEZOBRY. Paris, 1872, 2 vol. grand in-8°, fig.

779. — Dictionnaire général des sciences théoriques et appliquées, avec des figures intercalées dans le texte, par PRIVAT-DESCHANEL et Ad. FOCILLON. Paris, 1870, 2 vol. grand in-8°.

780. — Dictionnaire géographique, administratif, postal, statistique, archéologique de la France, de l'Algérie et des colonies, précédé d'une introduction sur la France, par Ad. JOANNE. Paris, 1869, grand in-8°.

781. — Dictionnaire géographique et administratif de la France et de ses colonies, publié sous la direction de Paul JOANNE. Paris, 1890-1894, 3 vol. in-4°, avec gravures, cartes et plans dans le texte et hors texte.

Ouvrage en cours de publication.

782. — Dictionnaire géographique et statistique, rédigé sur un plan entièrement nouveau, par Adrien GUIBERT. Paris, 1863, grand in-8°.

783. — Dictionnaire géographique, géologique, historique, archéologique et biographique des communes du département de Vaucluse, par Jules COURTET. Avignon, 1876, in-8°, avec une carte.

784. — Dictionnaire géographique, historique et biographique d'Indre-et-Loire et de l'ancienne province de Touraine, par J.-X. CARRÉ DE BUSSEROLLE, publié par la Société archéologique de Touraine. Tours, 1878-1884, 6 vol. in-8°.

785. — Dictionnaire géographique, historique et politique des Gaules et de la France, par l'abbé EXPILLY. Paris, 1762-1770, 6 vol. in-folio.

786. — Dictionnaire géographique, historique, industriel et commercial de toutes les communes de la France et de plus de 20,000 hameaux en dépendant, illustré de 100 gravures de costumes coloriés, plans et armes des villes, etc., publié avec les encouragements du Ministre de l'intérieur, par GIRAULT DE SAINT-FARGEAU. Paris, 1851, 3 vol. in-4°.

787. — Dictionnaire historique d'architecture, comprenant dans son plan les notions historiques, descriptives, archéologiques, biographi-

ques, théoriques, didactiques et pratiques de cet art, par Quatremère de Quincy. Paris, 1832, 2 vol. in-4°.

788. — **Dictionnaire historique de la France**, par Ludovic Lalanne. Paris, 1872, grand in-8°.

789. — **Dictionnaire historique de le ville de Paris et de ses environs**, dans lequel on trouve les descriptions des monuments et curiosités de cette capitale, l'établissement des maisons religieuses, celui des communautés d'artistes et d'artisans, le nombre des rues et leur détail historique, tous les collèges et les bourses qui leur sont affectées, etc., avec le plan nouveau de la ville et celui des environs à 15 lieues au moins à la ronde, par Hurtaut et Magny. Paris, 1779, 4 vol. in-8°.

790. — **Dictionnaire (Grand) historique du département du Puy-de-Dôme**, comprenant l'histoire complète des villes, bourgs, hameaux, paroisses, abbayes, prieurés, monastères de tous ordres, églises, chapelles, établissements des Templiers, des chevaliers de Saint-Jean de Jérusalem, terres titrées, simples fiefs, châteaux, maisons fortes, etc., situés sur ce territoire et faisant jadis partie de l'ancienne Basse-Auvergne, par Ambroise Tardieu. Moulins, 1877, in-4°.

790 a. — **Dictionnaire historique et archéologique des paroisses du diocèse de Tulle**, par l'abbé J.-B. Poulbrière. Tome Ier. Tulle, 1894, in-8°.

791. — **Dictionnaire historique et archéologique du Pas-de-Calais** (par arrondissements), publié par la Commission départementale des monuments historiques, 1873-1883, 14 vol. in-8°.

Arrondissement d'Arras. Arras, 1873-1874, 2 vol.

Arrondissement de Béthune. Arras, 1875-1879, 3 vol.

Arrondissement de Boulogne. Arras, 1880-1882, 3 vol.

Arrondissement de Montreuil. Arras, 1875, 1 vol.

Arrondissement de Saint-Omer. Arras, 1877-1883, 3 vol.

Arrondissement de Saint-Pol. Arras, 1879-1880, 2 vol.

792. — **Dictionnaire historique et géographique de la province de Bretagne**, par Ogel, nouvelle édition, revue et augmentée par Marteville et Varin. Rennes, 1843-1853, 2 vol. in-8°.

793. — **Dictionnaire historique et statistique du Cantal**, par Deribier-du-Châtelet. Aurillac, 1859, 5 vol. in-8°.

794. — **Dictionnaire historique, géographique et biographique de Maine-et-Loire**, par Célestin Port. Paris et Angers, 1874-1878, 3 vol. in-8°.

Album, par Pierre Vidal, in-8°, s. l., s. d.

794 a. — **Dictionnaire historique, géographique et statistique de l'Indre**, par Eugène Hubert. Châteauroux et Paris, 1889, in-8°.

795. — **Dictionnaire historique, géographique et statistique de toutes les communes du département de l'Eure**, par Charpillon et l'abbé Caresme. Les Andelys, 1873, 2 vol. in-4°, fig.

796. — **Dictionnaire (Nouveau) historique, géographique et statistique illustré de la Creuse**, par P. Valadeau. Guéret, 1892, in-8°, fig.

797. — **Dictionnaire iconographique des figures, légendes et actes des saints**, tant de l'ancienne que de la nouvelle loi, et répertoire alphabétique des attributs, par S.-G. Guénebault. Paris, 1850, in-4°.

Voir : *Encyclopédie théologique*.

798. — **Dictionnaire iconographique des monuments de l'antiquité chrétienne et du moyen âge**, depuis le Bas-Empire jusqu'à la fin du XVIe siècle, indiquant l'état de l'art et de la civilisation à ces diverses époques, par L.-J. Guénebault. Paris, 1843-1845, 2 vol. in-8°, fig.

799. — **Dictionnaire paléoethnologique du département de l'Aube**, par Philippe Salmon. Troyes, 1882, in-8°, cartes.

800. — **Dictionnaire raisonné de l'architecture française, du XIe au XVIe siècle**, par Viollet-le-Duc. Paris, 1867-1870, 10 vol. in-8°, fig.

801. — **Dictionnaire raisonné du mobilier français, de l'époque carlovingienne à la Renaissance**, par Viollet-le-Duc. Paris, 1868-1875, 6 vol. in-8°, fig.

802. — **Dictionnaire topographique de la France**, comprenant les noms de lieux anciens et modernes, publié par ordre du Ministre de

l'instruction publique et sous la direction du Comité des travaux historiques et des sociétés savantes. 20 vol. in-4°.

En cours de publication.

Aisne. — Rédigé sous les auspices de la Société académique de Laon, par Aug. Matton. Paris, 1871.

Aube. — Rédigé sous les auspices de la Société académique de l'Aube, par MM. Théophile Boutiot et Émile Socard. Paris, 1874.

Basses-Pyrénées. — Rédigé par Paul Raymond. Paris, 1868.

Dordogne. — Rédigé sous les auspices de la Société d'agriculture, sciences et arts de la Dordogne, par le vicomte de Gourgues. Paris, 1873.

Drôme. — Rédigé sous les auspices de la Société d'archéologie et de statistique de la Drôme, par J. Brun-Durand. Paris, 1891.

Eure. — Rédigé sous les auspices de la Société libre d'agriculture, sciences, arts et belles-lettres de l'Eure, par le marquis de Blosseville. Paris, 1877.

Eure-et-Loir. — Rédigé sous les auspices de la Société archéologique d'Eure-et-Loir, par Lucien Merlet. Paris, 1861.

Gard. — Rédigé sous les auspices de l'Académie du Gard, par Germer-Durand. Paris, 1868.

Hautes-Alpes. — Rédigé par J. Roman. Paris, 1884.

Haut-Rhin. — Rédigé sous les auspices de la Société industrielle de Mulhouse, par Georges Stoffel. Paris, 1868.

Hérault. — Rédigé sous les auspices de la Société archéologique de Montpellier, par Eugène Thomas. Paris, 1865.

Marne. — Rédigé par Auguste Longnon. Paris, 1891.

Mayenne. — Rédigé sous les auspices de la Société de l'industrie de la Mayenne, par Léon Maître. Paris, 1878.

Meurthe. — Rédigé sous les auspices de la Société d'archéologie lorraine, par Henri Lepage. Paris, 1862.

Meuse. — Rédigé sous les auspices de la Société polymathique de Verdun, par Félix Liénard. Paris, 1871.

Morbihan. — Rédigé sous les auspices de la Société polymathique du Morbihan, par Rosenzweig. Paris, 1860.

Moselle. — Rédigé sous les auspices de la Société d'archéologie et d'histoire de la Moselle, par de Bouteiller. Paris, 1874.

Nièvre. — Rédigé sous les auspices de la Société nivernaise des lettres, sciences et arts, par Georges de Soultrait. Paris, 1865.

— 82 —

Vienne. — Rédigé sous les auspices de la Société des antiquaires de l'Ouest, par L. Rédet. Paris, 1881.

Yonne. — Rédigé sous les auspices de la Société des sciences historiques et naturelles de l'Yonne, par Max. Quantin. Paris, 1862.

803. — **Dictionnaire topographique, statistique et historique du diocèse de Nîmes**, par l'abbé Goiffon. Nîmes, 1881, in-8°.

804. — **Dictionnaire universel des contemporains**, contenant toutes les personnes notables de la France et des pays étrangers, avec leurs noms, prénoms, surnoms et pseudonymes, le lieu et la date de leur naissance, etc., par G. Vapereau. Paris, 1870, grand in-8°.

805. — **Dictionnaire universel des sciences, des lettres et des arts**, par N. Bouillet. Paris, 1867, grand in-8°.

806. — **Dictionnaire universel d'histoire et de géographie**, par N. Bouillet. Paris, 1869, grand in-8°.

807. — **Dictionnaire (Grand) universel du XIXe siècle**, par Pierre Larousse. Paris, 15 vol. in-4° et 2 vol. de supplément.

808. — **Dijon ancien et moderne**, recherches historiques tirées des monuments contemporains, la plupart inédits, par Maillard et Chambure. Dijon, 1840, in-8°, fig.

809. — **Dinan (Côtes-du-Nord)**, par J. Geslin de Bourgogne. Saint-Brieuc, 1870, in-8°.

810. — **Diocèse ancien de Châlons-sur-Marne**, histoire et monuments, suivi des cartulaires inédits de la commanderie de la Neuville-au-Temple, des abbayes de Toussaints, de Moustiers et du prieuré de Vinetz, par Édouard de Barthélemy. Paris, Chaumont et Châlons, 1861, 2 vol. in-8°, fig.

811. — **Diplomata et chartæ merovingiæ ætatis in archivo Franciæ asservata**, delineanda curavit A. Letronne. Paris, 1848, in-folio et in-8°.

812. — **Discours de la religion des anciens Romains, de la castrametation et discipline militaire d'iceux; des bains et antiques exercitations grecques et romaines**, escript par noble S. Guillaume du Choal, conseiller du Roy et bailly des montaignes du Dauphiné, illustré de médailles et figures retirées des marbres antiques qui se treuvent à Rome et par notre Gaule. Lyon, 1567, in-4°.

— 83 —

813. — **Dissertations archéologiques sur les anciennes enceintes de Paris**, suivies de recherches sur les portes fortifiées qui dépendaient de ces enceintes. Ouvrage formant le complément de celui intitulé : *Études archéologiques sur les anciens plans de Paris*, par A. Bonnardot. Paris, 1852, in-4°, fig.

814. — **Dissertations sur l'histoire ecclésiastique et civile de Paris**, suivies de plusieurs éclaircissemens sur l'histoire de France, par l'abbé Lebeuf. Paris, 1739, in-12.

815. — **Dissertation sur deux édifices historiques du moyen âge, appartenant au département du Lot** (maison à Martel et église Saint-Sauveur à Figeac), par le baron Chaudruc de Crazannes. Montauban, 1837, in-8°, fig.

Extrait de l'*Annuaire statistique du Lot*.

816. — **Dissertation sur l'antiquité du château de Darnay en Vosges**, suivie d'un appendice sur son état présent, par C.-L. Mangin. Épinal, 1828, in-8°.

817. — **Dissertation sur l'inscription de la Maison-Carrée de Nismes**, par J.-F.-A. Perrot. S. l., s. d., in-8°.

818. — **Dissertation sur un monument antique de M. le docteur Humbert, à Morley (Meuse)**, par Cl.-Fr. Denis. Commercy, 1841, in-8°, fig.

819. — **Dissertation sur un monument votif élevé par la cité des Cadurci à M. Lucterius Leo, prêtre de l'autel d'Auguste, à Pern (Lot)**, par le baron Chaudruc de Crazannes. S. l., s. d., in-4°, fig.

820. — **Diverses veuës du chasteau et des bastiments de Fontainebelleau**, dessinées et gravées par Israël Silvestre. Paris, s. d., 10 planches de format petit in-folio oblong.

821. — **Diverses veuës et perspectives nouvelles de Rome, Paris et des autres lieues**, dessinées au naturel par Israël Silvestre et d'autres maistres. Paris, s. d., petit in-folio oblong (sans texte).

822. — **XVIIIe siècle, institutions, usages et costumes. France, 1700-1789**. Ouvrage illustré de 21 chromolithographies et de 350 gravures sur bois, par Paul Lacroix (bibliophile Jacob). Paris, 1875, in-4°.

6.

823. — **Documents concernant l'église Notre-Dame d'Alençon**, par Mme G. Despierres. Paris, 1890, in-8°.

824. — **Documents de la Société des antiquaires de Picardie.**
Voir : *Société des antiquaires de Picardie.*

825. — **Documents historiques sur la vente du mobilier des églises de la Sarthe pendant la Révolution**, par F. Legeay. Le Mans, 1887, in-12.

826. — **Documents inédits pour servir à l'histoire de la Collégiale de Saint-Urbain de Troyes**, par Méchin. Troyes, 1877, in-8°.

827. — **Documents inédits pour servir à l'histoire des arts en Touraine**, recueillis et publiés par Ch. L. Grandmaison. Paris, 1870, in-8°.

828. — **Documents inédits sur la construction du Pont-Neuf**, publiés par R. de Lasteyrie. Paris, 1882, in-8°.

829. — **Documents paléographiques relatifs à l'histoire des beaux-arts et des belles-lettres pendant le moyen âge**; tirés des archives départementales de France et des bibliothèques publiques par Aimé Champollion-Figeac. Paris, 1868, grand in-8°.

830. — **Documents parisiens sur l'iconographie de Saint-Louis**, publiés par Auguste Longnon d'après un manuscrit de Peiresc conservé à la bibliothèque de Carpentras. Paris, 1882, in-8°, fig.
Publication de la *Société de l'histoire de Paris et de l'Ile-de-France.*

831. — **Documents relatifs à des œuvres d'art conservées à Compiègne en 1792, et à des monuments et emblèmes détruits à cette époque**, publiés par le comte de Marsy. Paris, 1878, plaquette in-8°.

832. — **Documents sur la céramique en Touraine**, par l'abbé F. Bosseboeuf. Tours, 1893, in-8°.
Extrait des publications de la *Société archéologique de Touraine.*

833. — **Dolmen avec tumulus et cromlech à Kerlescan**, commune de Carnac (Morbihan), par Philippe Salmon. Paris, 1887, in-8°, fig.

834. — **Dolmens (Les) du Haut-Poitou.** Discours lu à la séance publique de la Société des antiquaires de l'Ouest, par de Longuemar. Poitiers, 1866, in-8°, fig.

835. — **Domfront aux XIIe et XIIIe siècles**, par Louis Duval. Alençon, 1890, in-8°.

836. — **Dominique Florentin, sculpteur du XVIe siècle**, par Albert Babeau. Paris, 1877, in-8°.

837. — **Don de M. et Mme Philippe Lenoir.** Paris, 1875, in-12.
Ouvrage faisant partie de la collection des *Catalogues du Louvre*.

838. — **Dordogne.** Paris, in-8°, avec carte coloriée et gravures.

839. — **Doubs.** Paris, in-8°, avec carte coloriée et gravures.
Les deux ouvrages ci-dessus font partie de la collection des *Géographies départementales* d'Adolphe Joanne.

840. — **Douze apôtres (Les), émaux de Léonard Limosin conservés à Chartres dans l'église Saint-Pierre**, gravures par Alleaume, texte par Georges Duplessis. Paris, 1865, in-folio.

841. — **Dragon (Le)**, vulgairement dit *Chair-Salée*, **de saint Loup**, évêque de Troyes, étude iconographique par l'abbé Lalore. Troyes, 1876, in-8°, fig.

842. — **Droit administratif**, par de Cormenin. Paris, 1840, 2 vol. gr. in-8°.

843. — **Drôme.** Paris, in-8°, avec carte coloriée et gravures.
Ouvrage faisant partie de la collection des *Géographies départementales* d'Adolphe Joanne.

844. — **Ducs (Les) de Bourgogne**, études sur les lettres, les arts et l'industrie pendant le xve siècle, et plus particulièrement dans les Pays-Bas et le duché de Bourgogne, par le comte de Laborde. Seconde partie : *Preuves*. Paris, 1849-1852, 3 vol. in-8°.

E

845. — **Eau-forte (L') depuis dix ans.** 120 œuvres choisies publiées par Cadart. Paris, 1872, in-folio.

846. — **Eaux-fortes de Antoine Van Dyck**, reproduites et publiées par Amand-Durand, texte par Georges Duplessis. Paris, s. d., in-folio.

847. — **Eaux-fortes et gravures des maîtres anciens**, tirées des collections les plus célèbres, publiées avec le concours de Édouard LIÈVRE, notes par Georges DUPLESSIS, et reproduites par l'héliogravure. Paris, 1872-1875, 7 vol. in-folio.

848. — **Eaux-fortes sur le vieux Paris**, album par Gabrielle NIEL. Paris, s. d., in-folio.

849. — **Éclaircissement de la langue française (L')**, par Jean PALSGRAVE, suivi de la grammaire de GILES DU GUAZ, publiés pour la première fois en France par F. GÉNIN. Paris, 1852, in-4°.

Ouvrage faisant partie de la *Collection de documents inédits sur l'histoire de France*, publiés par les soins du Ministre de l'instruction publique.

850. — **École de calligraphie et de miniature de Tours au Xe siècle**, par L. A. BOSSEBOEUF. Tours, 1891, in-8°.

851. — **École (L') des Richier**, par Marcel LALLEMAND. Bar-le-Duc, 1888, in-8°.

852. — **École française d'Athènes, la nécropole de Myrina**, recherches archéologiques exécutées au nom et aux frais de l'École française d'Athènes, par E. POTTIER, S. REINACH, A. VEYRIES. Texte et notices par Edmond POTTIER et Salomon REINACH. Paris, 1887, 2 vol. gr. in-4°, avec planches.

853. — **École (L') monastique d'orfèvrerie de Grandmont et l'autel majeur de l'église abbatiale**, par Louis GUIBERT. Limoges, 1888, in-8°.

854. — **École (L') royale des élèves protégés**, par Louis COURAJOD. Paris, 1874, in-8°.

Voir : *Histoire de l'enseignement des arts du dessin au xviiie siècle.*

855. — **Édifices circulaires (Les) et les dômes**, classés par ordre chronologique et considérés sous le rapport de leur disposition, de leur construction et de leur décoration, par E. ISABELLE, gravés par H. ROUX aîné. Paris, 1855, in-folio, fig.

856. — **Édifices (Les) religieux de l'ancien Alger**, par Albert DEVOULX. Alger, 1870, in-8°.

Extrait de la *Revue africaine*.

857. — **Église abbatiale de Fécamp** (Seine-Inférieure). Essai de restitution du jubé détruit en 1802, dressé par L. Sauvageot (manuscrit avec photographies). Rouen, 1855, in-folio.

858. — **Église abbatiale de Saint-Riquier** (Somme); rapport de la Société d'émulation d'Abbeville, par L. C. de Belleval. Abbeville, 1835, in-8°.

859. — **Église cathédrale de Maguelone** (Hérault), s. n., s. d., in-4°, fig.

860. — **Église cathédrale de Verdun**, notice sommaire sur les origines de cette église-matrice, sur ses transformations successives, sur son état actuel, avec l'explication du symbolisme de ses nouvelles verrières, par A. Cartier. Verdun, 1863, in-8°.

861. — **Église (L') collégiale de Saint-Jean-Baptiste à Saint-Chamond, son chapitre, ses reliques** (Loire). Notice historique accompagnée de pièces justificatives, par Maurice de Boissieu. Lyon, 1880, in-8°, fig.

862. — **Église de Chartres**, par M. Doublet de Boisthibault. Le Mans, 1839, in-8°.

863. — **Église (L') de Ceffonds et les vitraux**, par l'abbé Grancher. Paris, 1884, in-4°, fig.

864. — **Église (L') de Margerie** (Marne), par A. Millard. Arcis-sur-Aube, s. d., in-8°.

865. — **Église de Roye** (Somme), par le baron de la Fons et H. Dusevel. Amiens, s. d., in-4°, fig.

866. — **Église de Saint-Benoist**. Département de Paris, section des Thermes de Julien. S. l., s. d., in-4°, fig.

867. — **Église (L') de Saint-Denis**, sa crypte, ses tombeaux, ses chapelles, son trésor, par le chanoine J. Jacquemet. Paris, s. d., in-18, avec plan.

868. — **Église (L') de Saint-Maurice d'Épinal**, étude archéologique par Duhamel. Caen, 1867, in-8°.

869. — **Église (L') de Saint-Pierre de Beaulieu** (diocèse de Tulle, Corrèze) **et son portail sculpté**, notice descriptive, par l'abbé J.-B. Poulbrière. Limoges, 1873, in-8°.

— 88 —

870. — **Église (L') de Saint-Sulpice de Favières** (Seine-et-Oise), par Patrice Salin. Notice accompagnée de huit planches gravées à l'eau-forte et de six reproductions lithographiques des inscriptions et des pierres tombales. Paris, 1865, in-4°.

871. — **Église (L') de Saint-Thomas**, à Strasbourg, et ses monuments. Essai historique et descriptif par L. Schneegans, orné de cinq gravures par Ch. Perrin et Ch. Schuler. Strasbourg, 1842, in-8°.

872. **Église de Sisteron** (Basses-Alpes), ou rapport à M. le Ministre secrétaire d'État de l'intérieur sur cette ancienne cathédrale, par Henri de Laplane. Saint-Omer, 1846, in-8°, fig.

873. — **Église des Mathurins.** Département de Paris, section des Thermes de Julien. S. l., s. d., in-4°, fig.

874. — **Église (L') d'Obasine** (Corrèze), s. n. Tulle, s. d., in-12.

875. — **Église (L') du Mans** durant la Révolution, mémoires sur la persécution religieuse à la fin du xviiie siècle, complément de l'*Histoire de l'Église du Mans*, par le R. P. Dom Paul Piolin. Le Mans, 1868-71, 4 vol. in-8°.

876. — **Église (L') du monastère épiscopal de Kurtea d'Argis en Valachie**, traduit de l'allemand de Louis Reissenberger, avec 4 planches et 25 gravures sur bois en album in-folio. Vienne, 1867, in-4°.

Voir n° 316.

877. — **Église du XVe siècle et porte sculptée du XIe à la Voute-Chilhac** (Haute-Loire), par Aymard. Le Puy, s. d., in-8°, fig.

Extrait des *Annales de la Société d'agriculture, sciences, arts et commerce du Puy*, tome XIV.

878. — **Église (L') et le monastère des Cordeliers**, par Esquié. Toulouse, s. d., in-8°, fig.

879. — **Église (L') et le monastère du Val-de-Grâce** (1645-1665), par V. Ruprich-Robert, architecte du Gouvernement. Paris, 1875, in-4°, fig.

880. — **Église (L') impériale de Saint-Denis et ses tombeaux**, par les auteurs de la monographie de Saint-Denis, illustré de 31 gravures sur bois. Paris, 1867, in-12.

881. — **Église (L') métropolitaine et primatiale Sainct-André de Bordeaux**, où il est traité de la noblesse, droits, honneurs et prééminence de cette église, avec l'histoire de ses archevesques et le pouillé des bénéfices du diocèze, par maître Hierosme LOPES; réédition annotée et complétée par l'abbé CALLEN. Bordeaux, 1882, 2 vol. in-8°, fig.

882. — **Église monumentale de Saint-Amant-de-Boixe** (Charente), étude sur cet édifice archéologique et historique, par BOUNICEAU-GESMON. Angoulême, 1879, in-8°.

883. — **Église (L') Sainte-Foye de Conches et ses vitraux**, étude historique et archéologique par l'abbé A. BOUILLET. Caen, 1889, in-8°, fig.

884. — **Église (L') Saint-Étienne, cathédrale de Toulouse**, par Jules DE LAHONDÈS. Toulouse, 1890, in-8°.

    Voir : *Toulouse chrétienne.*

885. — **Église Saint-Étienne-le-Vieux à Caen**, rapport de la Société des antiquaires de Normandie à M. le Ministre de l'intérieur. Caen, 1850, grand in-4°, fig.

886. — **Église (L') Sainte-Trinité** (ancienne abbaye aux dames) et **L'Église Saint-Étienne** (ancienne abbaye aux hommes) **à Caen**, par V. RUPRICH-ROBERT. Caen, 1864, in-8°, fig.

887. — **Église (L') Saint-Martin d'Étampes et ses pierres tombales**, par Max LEGRAND. Orléans, 1892, in-8°, fig.

888. — **Église (L') Saint-Pantaléon de Troyes**, sa construction et ses objets d'art, par Albert BABEAU. Troyes, 1881, in-8°.

889. — **Église Saint-Pierre de Corbie** (Somme), par H. DUSEVEL. Amiens, s. d., in-4°, fig.

890. — **Église Saint-Remi à Reims**, album de 25 photographies d'après les dessins de E. LEBLANC, architecte. S. l., 1874, in-folio (sans texte).

891. — **Église (L') Saint-Urbain de Troyes**, par l'abbé LALORE. Arcis-sur-Aube, 1880, in-8°.

892. — **Église Saint-Wulfran d'Abbeville**, album de 23 photographies avec notes manuscrites. S. n., s. l., 1890.

893. — **Églises, châteaux, beffrois et hôtels de ville les plus remarquables de la Picardie et de l'Artois**, texte par H. Dusevel, A. Goze, Cl. de la Fons baron de Mélicoq, A. Gabriel Rembault. Amiens, 1846, 2 vol. in-8°, avec planches.

894. — **Églises de bourgs et de villages**, par A. de Baudot. Paris, 1867, 2 vol. in-4°, fig.

895. — **Églises (Les) de l'arrondissement de Dieppe, églises rurales**, par l'abbé Cochet. Paris, 1850, in-8°, fig.

896. — **Églises (Les) de l'arrondissement du Havre**, par l'abbé Cochet. Ingouville, 1845, 2 vol. in-8°.

897. — **Églises (Les) de l'arrondissement d'Yvetot**, par l'abbé Cochet. Paris, 1853, 2 vol. in-8°, fig.

898. — **Églises du moyen âge dans les villages flamands du nord de la France**, par Louis de Baecker. Bruges, 1848, in-4°, fig.

899. — **Églises (Les) et monastères de Paris**, pièces en prose et en vers des IXe, XIIIe et XIVe siècles, publiés d'après les manuscrits, avec notes et préface par H.-L. Bordier. Paris, 1856, in-8°.

900. — **Églises romanes du Vivarais, Bourg-Saint-Andéol. Église de Saint-Andéol**, par Aug. Paradis. Valence, 1890, in-8°.

901. — **Églises (Les) romanes et l'architecture religieuse dans le Jura**, par l'abbé P. Brune. Caen, 1894, in-8°, fig.

902. — **Égypte (L') moderne**, tableaux de mœurs modernes peintes et décrites par Henry de Montaut. Paris, s. d., in-folio oblong, fig. coloriées.

903. — **Égypte, Nubie, Palestine et Syrie**; dessins photographiques recueillis pendant les années 1849, 1850 et 1851, accompagnés d'un texte explicatif et précédés d'une introduction par Maxime du Camp. Paris, 1852, in-folio.

904. — **Éléments d'archéologie nationale**, précédés d'une histoire de l'art monumental chez les anciens, par le docteur Louis Batissier. Paris, 1843, in-18, fig.

905. — **Éléments d'architecture**, dessins linéaires tirés des monuments et des auteurs classiques à l'usage de l'enseignement scolaire, par F.-G. MARIE. Paris, 1875, in-folio.

906. — **Éléments de paléographie**, par Natalis DE WAILLY. Paris, 1838, 2 vol. grand in-4°.

907. — **Éloge biographique de Maurice-Quentin de la Tour**, peintre du roi Louis XV, etc., suivi de notes et documents historiques par Ernest DRÉOLLE DE NODON. Paris, 1856, in-8°.

908. — **Émail (L') de Geoffroy Plantagenet au musée du Mans**, par Eugène HUCHER. Paris et Caen, 1860, in-8°.

Extrait du *Bulletin monumental* publié à Caen par DE CAUMONT.

909. — **Émaux champlevés de l'École lotharingienne**, notice sur un reliquaire appartenant aux religieuses Ursulines d'Arras, par Charles DE LINAS. Paris, 1866, in-4°.

910. — **Émaux (Les) peints**, par Louis BOURDERY. Limoges, 1888, in-8°.
Voir n° 1056.

911. — **Emplacement (De l') de la station romaine d'Andesina** (Meurthe-et-Moselle), par L. BEAULIEU. Nancy, 1849, in-8°, fig.

912. — **Enceintes (Les) de Bourges**, par Hippolyte BOYER. Bourges, 1889, in-8°, avec planches.

913. — **Encyclopédie d'architecture**, revue mensuelle des travaux publics et particuliers; 2° série publiée sous la direction d'un comité d'architectes et d'ingénieurs. Paris, 1872-1879, 8 vol. in-4°, fig.

914. — **Encyclopédie d'architecture et des arts qui s'y rattachent**, publiée sous la direction de A. DE BAUDOT, CHAINE et P. GOUT, avec le concours d'un comité d'architectes; 4° série, 1888-1891. Paris, 3 vol. in-4°, fig.

915. — **Encyclopédie de l'architecture et de la construction**, publiée sous la direction de P. PLANAT. Paris, s. d. (1893), 6 vol. grand in-8°, avec de nombreuses fig. dans le texte et hors texte.

916. — **Encyclopédie historique, archéologique, biographique, chronologique et monogrammatique des beaux-arts plastiques**, architecture et mosaïque, céramique, sculpture, peinture et gravure, par Auguste DEMMIN. Paris, 1874, 3 vol. grand in-8°, fig.

917. — **Encyclopédie (Nouvelle) théologique**, ou série de dictionnaires sur toutes les parties de la science religieuse, publiée par l'abbé Migne; tomes II, XI, XXVII et XLV. Paris, 1851, in-8°.

Voir *Dictionnaire* : 1° *d'archéologie sacrée;* 2° *d'orfèvrerie, de gravure et de ciselure chrétiennes;* 3° *d'iconographie.*

918. — **Énigmes des rues de Paris**, par Édouard Fournier. Paris, 1860, in-12.

919. — **Enlumineur (Un grand) parisien au XVe siècle, Jacques de Besançon et son œuvre**, par Paul Durrieu. Paris, 1892, in-8°.

920. — **Entretiens sur la peinture**, par René Ménard, avec 50 eaux-fortes. Paris, Londres et Bruxelles, 1875, in-folio.

921. — **Entretiens sur l'architecture**, par Viollet-le-Duc. Paris, 1868-1872, 2 vol. in-8° et 2 atlas in-4°.

922. — **Environs de Paris**, par Paul Joanne, avec 8 cartes et 20 plans; édition de 1889 avec des renseignements pratiques mis au courant en 1894. Paris, grand in-18.

Ouvrage faisant partie de l'*Itinéraire général de la France*.

923. — **Environs de Paris** levés géométriquement par l'abbé de la Grive de la Société roiale de Londres et géographe de la ville de Paris, dédiés à M. le marquis de Vatan, prévôt des marchands, et à Messieurs les échevins de la ville en 1740. Paris, s. d., in-folio.

924. — **Épigraphie ardennaise. Les inscriptions anciennes de l'arrondissement de Vouziers ou relatives à la région**, par le docteur H. Vincent, avec une préface par Anat. de Barthélemy; nombreuses gravures dans le texte. Reims, 1892, in-8°.

925. — **Épigraphie autunoise. Inscriptions du moyen âge et des temps modernes pour servir à l'histoire d'Autun**, recueillies et annotées par Harold de Fontenay. Autun et Paris, 1886, 2 vol. in-4°, avec planches.

926. — **Épigraphie bourguignonne, église et abbaye Saint-Bénigne de Dijon**, par Gabriel Dumay. Paris et Dijon, 1892, in-4°, fig.

927. — **Épigraphies de la Morinie ou inscriptions gallo-romaines sur pierre, métal, verre et terre cuite**; ouvrage orné de planches hors texte et de nombreuses figures dans le texte, par V.-J. Vaillant. Boulogne-sur-Mer, 1890, in-8°.

928. — **Épigraphie de l'antique Vésone**, ou la splendeur et l'importance de cette cité établie d'après ses inscriptions, par l'abbé Audierne. Périgueux, mars 1858, in-8°.

929. — **Épigraphie du Pas-de-Calais**, ouvrage publié par la Commission départementale des monuments historiques. Arras, 1883, 2 vol. in-4°, fig.

930. — **Épigraphie et iconographie. Le Vendômois**, par le marquis de Rochambeau. Tome Ier. Paris, 1889, in-8°, fig.

931. — **Épigraphie gallo-romaine de la Moselle**, par P. Charles-Robert et René Cagnat. Paris, 1883, in-4°.

932. — **Épigraphie indigène du musée archéologique d'Alger**, suivie d'un musée rural à Alger, par Albert Devoulx. Alger, 1874, in-8°.

933. — **Épigraphie romaine du Poitou et de la Saintonge**, par Émile Espérandieu. Paris et Melle, 1889, 2 vol. in-8° (1 vol. de texte et 1 vol. de planches).

934. — **Épigraphie santone et aunisienne**, par Louis Audiat. Paris, Niort, 1871, grand in-8°, fig.

935. — **Épitre adressée à Robert Gaguin**, le 1er janvier 1472, par Guillaume Fichet, sur l'introduction de l'imprimerie à Paris; reproduction héliographique. Paris, 1889, in-8°.

936. — **Époque (L') éburnéenne et les races humaines de la période glyptique**, par Ed. Piette. Saint-Quentin, 1894, in-8°.

937. — **Époques antéhistoriques du Poitou**, ou recherches et études sur les monuments de l'âge de pierre recueillis dans les cavernes, le diluvium et les ateliers celtiques en plein air de cette contrée, par P.-Amédée Brouillet, avec 10 planches in-4° sur teinte. Poitiers, 1865, in-8°.

938. — **Equuleo (Hieronymi Magii Anglarensis De) liber posthumus**, etc.
Voir : *Magii (H.-A de)*, etc.

939. — **Erhaltung (Die) der Denkmäler in den Kulturstaaten der Gegenwart** (Conservation des monuments dans les états civilisés, à l'époque actuelle), par A. von Wussow. Berlin, 1885, in-8°.

940. — **Esquisse archéologique des principales églises du diocèse de Nevers**, par l'abbé Bourassé. Nevers, 1844, in-8°.

941. — **Esquisse d'une histoire de l'architecture classique**, par Ernest Vinet. Paris, 1875, in-8°.

942. — **Esquisse historique de l'artillerie française**, depuis le moyen âge jusqu'à nos jours, avec un atlas de 64 planches dessinées par A. de Moltzheim. Strasbourg, 1868, in-folio.

943. — **Esquisses archéologiques, historiques et pittoresques sur Saint-Étienne d'Agen, ancienne cathédrale**, par H. Brécy. Agen, 1836, in-4°.

944. — **Esquisses pittoresques sur le département de l'Indre**, texte par de la Tramblais et de la Villegille, dessins par Isidore Meyer. Châteauroux, 1854, in-4°.

945. — **Essai d'une histoire de la paroisse de Saint-Jacques de la Boucherie**, où l'on traite de l'origine de cette église, de ses antiquités, de Nicolas Flamel et Pernelle, sa femme, et de plusieurs autres choses remarquables, avec les plans de la construction et du territoire de la paroisse gravés en taille-douce; ouvrage intéressant pour les paroissiens et pour les personnes qui aiment l'antiquité, par L... V... (l'abbé Villain). Paris, 1758, petit in-8°.

946. — **Essai historique et archéologique sur l'église cathédrale de Notre-Dame de Laon**, par Jules Marion. Paris et Laon, 1843, in-8°.

947. — **Essai historique et archéologique sur l'église cathédrale de Saint-André à Bordeaux et sur son clergé**, par L. de Lamothe. S. l., s. d. (1843), in-8°.

Actes de l'*Académie royale des sciences, belles-lettres et arts de Bordeaux* (5ᵉ année, 1843).

948. — **Essai historique et descriptif sur l'église et l'abbaye de Saint-Georges-de-Bocherville, près Rouen**, orné de planches lithographiées ou gravées et de plusieurs vignettes, par Achille Deville. Rouen, 1827, in-4°.

949. — **Essai historique et descriptif sur l'église et l'abbaye de Saint-Jacques ou Saint-Jacob des Écossais, à Ratisbonne**, accompagné de 6 planches lithographiées, par Grille de Beuzelin. Paris, 1835, in-folio.

950. — **Essai historique et monographique sur l'ancienne cathédrale d'Arras**, suivi d'un sommaire sur les évêques, les privilèges, les sceaux et les monnaies des chapitres et des évêques, par Aug. Terninck. Paris et Arras, 1853, in-4°, fig.

951. — **Essai historique et pittoresque sur Saint-Bernard de Comminges** (Haute-Garonne), par J.-P.-M. Morel. Toulouse et Saint-Gaudens, 1852, in-8°, fig.

952. — **Essai historique sur l'abbaye de Cluny** (Saône-et-Loire), suivi de pièces justificatives et de divers fragments de la correspondance de Pierre le Vénérable avec saint Bernard, par P. Lorain. Dijon, 1839, in-8°, fig.

953. — **Essai historique sur l'abbaye de Saint-Martin d'Autun**, de l'ordre de Saint-Benoît, par J.-Gabriel Bulliot. Autun, 1849, in-8°, fig.

954. — **Essai historique sur la Bibliothèque du Roi, aujourd'hui Bibliothèque impériale**, avec des notices sur les dépôts qui la composent et le catalogue de ses principaux fonds, par Le Prince. Nouvelle édition, revue et augmentée des *Annales de la Bibliothèque*, par Louis Paris, 1856, in-18.

955. — **Essai historique sur la cathédrale et le chapitre de Séez** (Orne), par H. Marais et H. Beaudoin. Alençon, 1876, in-8°, fig.

956. — **Essai historique sur la Sainte Chapelle de Dijon**, par Jules d'Arbaumont.

Extrait des *Mémoires de la Commission des antiquités de la Côte-d'Or.*

957. — **Essai historique sur la ville de Bayeux et son arrondissement**, par Frédéric Pluquet. Caen, 1829, in-8°.

958. — **Essai historique sur les monuments de Dol et le pays Dolois**, l'établissement du royaume, de la province armorique, de l'archevêché de Dol (Ille-et-Vilaine), par l'abbé Lecarlatte. Paris, 1864, in-8°.

959. — **Essai historique sur l'Hôtel-Dieu de Paris**, ou tableau chronologique de sa fondation et de ses accroissements successifs, etc., par Rondonneau de la Motte. Paris. 1787, in-8°.

960. — Essais archéologiques et historiques sur le Quercy, par le baron Chaudruc de Crazannes. Cahors, 1838-1840, 3 vol. in-folio, fig.

961. — Essais historiques sur la ville d'Amboise et son château. par Ét. Carlier. Poitiers, 1842, in-8°, fig.

962. — Essais historiques sur la ville de Blois et ses environs, par Fournier. Blois, 1785, in-12.

963. — Essais historiques sur la ville de Caen et son arrondissement, par l'abbé de la Rue. Caen, 1820, 2 vol. in-8°.

964. — Essais historiques sur la ville d'Étampes (Seine-et-Oise), avec des planches, des notes et des pièces justificatives, par Maxime de Mont-Rond. Étampes et Paris, 1836-1837, 2 vol. in-8°, fig.

965. — Essais historiques sur l'église de Saint-Remi de Reims, ce qu'elle a été et ce qu'elle est actuellement, par Lacatte-Joltrois. Reims, 1843, in-12.

966. — Essais historiques sur Paris, par de Saint-Foix, historiographe des ordres du Roi. Nouvelle édition, augmentée de l'*Histoire de l'ordre du Saint-Esprit*. Paris, 1777, 4 vol. in-12.

967. — Essai sur la calligraphie des manuscrits du moyen âge et sur les ornements des premiers livres d'heures imprimés, par E.-H. Langlois. Rouen, 1841, in-8°.

968. — Essai sur la maison romaine à ses différentes époques dans l'antiquité, le moyen âge et la Renaissance, par L. Callandreau. Angoulême et Paris, 1862, in-folio.

969. — Essai sur la nature, le but et les moyens de l'imitation dans les Beaux-Arts, par Quatremère de Quincy. Paris, 1823, in-8°.

970. — Essai sur l'architecture religieuse en Berry, avec plans, par A. Buhot de Kersers. Bourges, 1870, in-8°.
Extrait des *Mémoires de la Société des antiquaires du Centre*.

971. — Essai sur la ville de Bordeaux et ses environs, par Ed. Féret, avec 2 planches et 31 gravures, par Léo Drouyn, Eug. Vergez, baron de Verneilh, etc. Bordeaux, 1892, in-8°.
Extrait de la *Statistique générale de la Gironde*.

972. — **Essai sur les anciens thermes de Nemausus et les monuments qui s'y rattachent**, par Auguste Pelet. Nîmes, 1863, in-8°, fig.

973. — **Essai sur les antiquités du département de Lot-et-Garonne**, par Boudon de Saint-Amans. Agen, 1859, in-8°, fig.

974. — **Essai sur les différentes méthodes, tant anciennes que nouvelles, de construire les murs de revêtement**, particulièrement ceux avec arceaux ou voûtes en décharge et les casemates défensives à l'épreuve de la bombe, etc., par J.-G.-W. Merkes, capitaine du génie au service de S. M. le roi des Pays-Bas, traduit du hollandais et annoté par H.-C. Gaubert. Paris, 1841, atlas in-folio.

975. — **Essai sur les girouettes, épis, crêtes et autres décorations des anciens combles et pignons**, pour faire suite à l'*Histoire des habitations au moyen âge*, enrichi de 8 planches gravées, par E. de la Quériere. Paris et Rouen, 1846, in-8°.

976. — **Essai sur les rapports de l'art et de l'histoire à Troyes**, par A. Babeau. Troyes, 1889, in-8°.

977. — **Essai sur les villes fondées dans le sud-ouest de la France aux XIIIe et XIVe siècles sous le nom générique de bastides**, par A. Curie-Seimbres. Toulouse, 1880, in-8°.

978. — **Essai sur le temple antique d'Izernore-en-Bugey (Ain)**, par H. de Saint-D. Bourg, 1837, in-4°, fig.

979. — **Essai sur l'histoire des faïences de Lyon**, avec gravures dans le texte, par Edmond Michel. Lyon, Genève, Bâle, 1876, in-8°.

980. — **Essai sur l'idéal dans ses applications pratiques aux œuvres de l'imitation propre des arts du dessin**, par Quatremère de Quincy. Paris, 1837, in-8°.

981. — **Essai sur l'origine du tombeau gaulois ou gallo-romain de Neuvy-Pailloux (Indre)**, par Thabaud de Linetière, précédé du rapport de des Méloizes sur la découverte de ce monument. Châteauroux, 1845, in-4°, fig.

982. — **Estat, noms et nombre de toutes les rues de Paris en 1636**, d'après le manuscrit inédit de la Bibliothèque nationale, précédé d'une étude sur la voirie et l'hygiène publique à Paris depuis le XIIe siècle,

par Alfred Franklin, de la bibliothèque Mazarine. Paris, 1873, petit in-8°.

983. — Étampes, la ville et ses environs, monuments et ruines, plans, vues et promenades; 30 croquis dessinés et autographiés par Léon Marquis. Paris, 1873, in-8° oblong (sans texte).

984. — État actuel de Paris ou Le provincial à Paris. Paris, 1789, 4 vol. in-24.

985. — État des inventaires-sommaires et des autres travaux relatifs aux diverses archives de la France, au 1ᵉʳ janvier 1875, par Léopold Pannier. Paris, 1875, in-8°.

986. — État des paroisses et chapelles paroissiales de Troyes avant la Révolution, par l'abbé Lalore. Troyes, s. d., in-8°.

987. — Ethnogénie gauloise ou Mémoires critiques sur l'origine et la parenté des Cimmériens, des Cimbres, des Ombres, des Belges, des Ligures et des anciens Celtes, par Roget, baron de Belloguet.

Introduction. — *Preuves philologiques : Glossaire gaulois*, avec deux tableaux généraux de la langue gauloise. — *Preuves physiologiques : Types gaulois et celto-bretons*, avec une planche représentant deux figures gauloises. — *Preuves intellectuelles : le Génie gaulois*, caractère national, druidisme, institutions, industrie, etc., 3 vol. in-8°, 1861-1872.

988. — Étienne Marcel, prévôt des marchands (1354-1358), par F.-T. Perrens. Paris, 1874, in-4°.

Ouvrage faisant partie de l'*Histoire générale de Paris*.

989. — Étienne Martellange (1569-1641), biographie, par E.-L.-G. Charvet. Lyon, 1874, grand in-8°, fig.

Voir : *Biographies d'architectes*.

990. — Étude à propos d'antiquités recueillies en Tunisie, par Louis Houdard. Paris, 1892, in-8°, fig.

991. — Étude archéologique et historique sur l'Afrique française, par A. de Crozant-Bridier. Toulouse, 1865, in-8°.

992. — Étude archéologique sur l'abbaye de Notre-Dame-des-Vaux de Cernay, résumé historique et description du monastère, accom-

pagnés de 50 planches au trait, par L. Morize, précédés d'une introduction avec 9 planches par le comte A. de Dion. Tours, 1889, in-4°.

993. — **Étude archéologique sur l'église Saint-Pierre d'Aulnay** (Charente-Inférieure), par Robert de Lasteyrie. Paris, 1887, in-4°, fig.

994. — **Étude (De l') de l'archéologie, de la restauration des églises et de la conservation des objets d'art,** lettre de Mgr Turinaz, évêque de Tarentaise, à son clergé. Paris, 1875, in-8°.

995. — **Étude des dimensions du grand temple de Pæstum,** au double point de vue de l'architecture et de la métrologie, par A. Aurès. Nîmes et Paris, 1868, grand in-4° et atlas in-folio.

996. — **Étude et compte rendu critique sur la monographie de la cathédrale de Lyon, de Lucien Bégule,** par E.-L.-G. Charvet. Lyon, 1882, in-8°, fig.

997. — **Étude historique et archéologique sur la cathédrale et le palais épiscopal de Paris,** du vi^e au xiie siècle, par V. Mortet. Paris, 1888, in-8°, fig.

998. — **Étude historique et archéologique sur la nef de la cathédrale du Mans,** par Eug. Lefèvre-Pontalis. Mamers, 1889, in-8°, fig.

999. — **Étude historique et topographique sur le plan de Paris de 1540,** dit *Plan de tapisserie,* par Alfred Franklin, de la bibliothèque Mazarine. Paris, 1869, in-8°, fig.

1000. — **Étude historique sur la cathédrale de Saint-Pierre de Saintes,** par l'abbé Th. Grasilier. Saintes, 1870, in-12.

1001. — **Études archéologiques, historiques et statistiques sur Arles,** contenant la description des monuments antiques et modernes, ainsi que des notes sur le territoire, par J.-J. Estrangin. Aix, 1838, in-8°, fig.

1002. — **Études archéologiques jointes à la description du portail de l'église Saint-Pierre de Moissac** (Tarn-et-Garonne), par l'abbé J.-B. Pardiac. Paris et Bordeaux, 1859, 2 vol. in-12, fig.

1003. — **Études archéologiques sur les anciens plans de Paris des XVIe, XVIIe et XVIIIe siècles,** par A. Bonnardot. Paris, 1851, in-4°, fig.

1004. — **Études archéologiques sur les monuments religieux de la Picardie**, et particulièrement les caractères architectoniques qui doivent servir à faire distinguer ces monuments, du v° au milieu du xvi° siècle, par Emmanuel Woillez. Amiens, 1843, in-8° et atlas.

1005. — **Études céramiques**; recherche des principes du beau dans l'architecture, l'art céramique et la forme en général; théorie de la coloration des reliefs, etc., par J. Ziégler. Paris, 1850, in-8°, fig.

1006. — **Études historiques et archéologiques sur le département de Tarn-et-Garonne**, par Devals aîné. Caen, 1866, in-8°.

1007. — **Études historiques sur l'arrondissement d'Yvetot**, précédées d'une esquisse sur l'histoire de la conquête et de l'établissement des Normands en Neustrie, par A. Labutte. Rouen, 1851, in-8°, fig.

1008. — **Études pratiques tirées de l'architecture et des arts du moyen âge**, par Thomas King; ouvrage illustré de 400 planches d'après les principaux monuments du moyen âge, avec les plans, sections et détails ramenés à une même échelle, et accompagné de notes historiques et explicatives. Londres, 1869, 4 vol. in-4°.

1009. — **Études sur la loi municipale du 5 avril 1884**, appendice au cours de droit administratif, par Th. Ducrocq. Paris, 1886, in-8°.

1010. — **Études sur l'antique Ugernum** (Gard), par Alexandre Eyssette. Tarascon, 1845, in-8°.

1011. — **Études sur l'architecture religieuse de l'Agenais, du X° au XVI° siècle**, suivies d'une notice sur les sépultures au moyen âge, par G. Tholin. Agen et Paris, 1874, in-8°, fig.

1012. — **Études sur l'art à Tournai et sur les anciens artistes de cette ville**, par A. de la Grange et Louis Cloquet. Tournai, s. d., in-8°, fig.

1013. — **Études sur le Lot** (ancien Quercy). **Le château de Castelnau-Bretennous**, commune de Prudhomat, par F.-A. Calvet. Cahors, 1845, in-8°.

Voir : *Château de C.-B.*

1014. — **Études sur les beaux-arts**, depuis leur origine jusqu'à nos jours, par F.-B. de Mercey. Paris, 1855, 3 vol. in-8°.

1015. — **Études sur les beaux-arts en France et en Italie**, par le vicomte Henri DELABORDE. Paris, 1864, 2 vol. in-8°.

1016. — **Études sur les sépultures barbares du midi et de l'ouest de la France**, industrie wisigothique, avec 35 planches, 1 carte et de nombreuses figures dans le texte, par C. BARRIÈBE-FLAVY. Toulouse et Paris, 1893, in-4°.

1017. — **Études sur l'histoire et les monuments du département de la Sarthe**, par E. HUCHER, en collaboration avec LASSUS, DROUET, ANJUBAULT et L. CHARLES. Le Mans et Paris, s. d., in-8°, fig.

1018. — **Étude sur Georges Michel**, par Alfred SENSIER. Paris, 1873, grand in-8°, fig.

1019. — **Étude sur Jean Cousin**, suivie de notices sur Jean LECLERC et Pierre WOEIRIOT, par Ambroise FIRMIN-DIDOT, ornée d'un portrait inédit de Jean Cousin, de la reproduction photographique des cinq portraits peints par lui et du portrait de Wœiriot. Paris, 1872, in-8°.

1020. — **Étude sur la cathédrale de Beauvais**, par Léon BENOUVILLE. Paris, 1892, in-8°, fig.

1021. — **Étude sur le camp et la ville de Lambèse**, par S. WILMANS, traduite et augmentée d'un appendice par H. THÉDENAT. Paris, 1884, in-8°.

1022. — **Étude sur le château de Xaintrailles**, canton de Lavardac, arrondissement de Nérac (Lot-et-Garonne), par Philippe LAUZUN. Agen, 1874, in-8°, fig.

1023. — **Étude sur l'église de Noyon et ses dépendances au commencement du XIVe siècle**, album de 12 photographies, d'après les dessins de V. BARABAN, architecte. S. l., 1872, in-folio.

1024. — **Étude de l'église Saint-Génitor du Blanc** (Indre), et sur le symbolisme religieux dans le plan des églises du moyen âge, par Ch. DE CHERGÉ. Le Blanc, s. d., in-32.

1025. — **Étude sur l'emploi des clochettes chez les anciens et depuis le triomphe du christianisme**, par l'abbé L. MORILLOT. Dijon, 1888, in-8°, fig.

1026. — **Étude sur les archives du château de Lucheux** (Somme), par H. Dusevel. Amiens, 1857, in-8°.

Extrait de *La Picardie*.

1027. — **Étude sur les cloches**, par Claude Sauvageot. Paris, 1873, in-4°, avec gravures.

1028. — **Étude sur les monuments de l'architecture militaire des Croisés en Syrie et dans l'île de Chypre**, par G. Rey. Paris, 1871, in-4°, fig.

Ouvrage faisant partie de la *Collection de documents inédits sur l'Histoire de France* publiés par les soins du Ministre de l'instruction publique.

1029. — **Étude sur Oisseau, Loré, La Chapelle-de-Toutes-Aides et La Haye-Traversaine** (Mayenne), par A. Dubourg. Mayenne, s. d., in-4°.

Extrait des *Mémoires de la Société d'archéologie, sciences, arts et belles-lettres de la Mayenne*.

1030. — **Étude sur quelques clochers romans du Pas-de-Calais**, par Jules-Marie Richard. Arras. s. d., in-8°, fig.

1031. — **Étude sur Saint-Julien-le-Pauvre et projet de restauration**, par Er. Chardon. Versailles, 1876, in-8°.

1032. — **Eure.** Paris, in-8°, avec carte coloriée et gravures.

1033. — **Eure-et-Loir.** Paris, in-8°, avec carte coloriée et gravures.

Les deux ouvrages ci-dessus font partie de la collection des *Géographies départementales* d'Adolphe Joanne.

1034. — **Eustache Le Suëur, sa vie et ses œuvres**, texte par L. Vitet, dessins par Gsell et Challamel. Paris, 1849, in-4°.

1035. — **Évangiles (Les) des dimanches et fêtes de l'année**, suivis de prières à la sainte Vierge et aux saints; texte revu par l'abbé Delaunay, curé de Saint-Étienne-du-Mont. Paris, Curmer, 1864, 2 vol. in-4°, fig. coloriées.

1036. — **Examen critique de la traduction d'un texte fondamental dans la question d'Alise**, par Rossignol. In-8°.

Extrait des *Mémoires de la Commission des antiquités de la Côte-d'Or*.

1037. — **Examen des derniers éclaircissements sur l'emplacement de Quentowic** (Pas-de-Calais), par l'abbé Laurent. Amiens, 1873, in-8°.

Extrait de *La Picardie*.

1038. — **Examples of chinese ornament** (Exemples d'ornements chinois), selected from objects in the South Kensington museum and other collections, by Owen Jones. 100 plates. London, 1867, in-folio, fig. coloriées.

1039. — **Excellents (Les plus) bastiments de France**, par Jacques Androuet du Cerceau, gravés en fac-similé par Faure-Dujarric, sous la direction de H. Destailleur; nouvelle édition augmentée de planches inédites de du Cerceau. Paris, 1868-1870, in-folio.

1040. — **Excursion (Une) à Brive**, à l'occasion de la fête d'inauguration du chemin de fer, par Eugène Massoubre. Périgueux, 1860, in-8°.

1041. — **Excursion (Une) au centre de la Double**, par Eugène Massoubre. Périgueux, 1868, in-8°.

1042. — **Excursions daguerriennes**, vues et monuments les plus remarquables du globe. Paris, 1841, 2 vol. in-folio oblong.

1043. — **Expédition scientifique en Mésopotamie, exécutée par ordre du gouvernement de 1851 à 1854**, par Fulgence Fresnel, Félix Thomas et Jules Oppert, publiée sous les auspices de Son Excellence M. le Ministre d'État, par Jules Oppert. Paris, 1863-1869, 2 vol. in-4° et atlas in-folio.

1044. — **Explication des ouvrages de peinture, sculpture, architecture, gravure et lithographie des artistes vivants exposés au palais des Champs-Élysées**, salons de 1880-1895. Paris, 16 vol. in-12.

Voir n° 460.

1045. — **Exploration archéologique du département de la Charente**, par A.-F. Lièvre. I. Cantons de Saint-Amant-de-Boixe, Mausle et Aigre. — Angoulême, 1888-1884, in-8°, fig.

Extrait du *Bulletin de la Société archéologique et historique de la Charente*.

1046. — **Exploration scientifique de l'Algérie** pendant les années 1840-1842, publiée par ordre du gouvernement et avec le concours d'une commission académique.

Beaux-Arts : architecture et sculpture, par Amable Ravoisié. Paris, 1846-1854, 3 vol. grand in-folio, fig.

Archéologie, par Ad-Al. Delamare. Paris, 1850, in-folio, fig.

1047. — **Exposition artistique d'Évreux**, rapport à M. le Ministre de l'instruction publique et des beaux-arts, par le vicomte de Pulligny. Évreux, 1880, in-8°.

1048. — **Exposition de l'œuvre de Viollet-le-Duc**, ouverte au musée des Thermes et de l'hôtel de Cluny, sous le patronage du Ministre de l'instruction publique et des beaux-arts. Paris, 1880, in-8°.

1049. — **Exposition (8e) de l'Union centrale des arts décoratifs**, section des monuments historiques. Vitraux, terre, pierre, bois. Catalogue. Paris, 1884, in-12.

1050. — **Exposition de 1874. Union centrale des Beaux-Arts** appliqués à l'industrie, rapport général du jury des industries d'art, par Georges Lafenestre. Paris, 1875, in-8°.

1051. — **Exposition des œuvres de Paul Delaroche**, explication des tableaux, dessins, aquarelles et gravures exposés au palais des Beaux-Arts, le 21 avril 1857, par Jules Goddé. Paris, 1857, in-8°.

1052. — **Exposition internationale des Beaux-Arts de Munich 1883**. France : catalogue des ouvrages de peinture, sculpture, gravure et architecture. Paris et Munich, s. d., in-12.

1053. — **Exposition internationale de Sydney en 1879**. France: manufactures nationales, Sèvres, les Gobelins, Beauvais. — Œuvres d'art, peinture sculpture, gravure. Paris, 1879, in-8°.

1054. — **Exposition rétrospective de Beaux-Arts et des arts** appliqués à l'industrie ouverte le 1er mai 1876 à Orléans ; catalogue. Orléans, 1876, in-12.

1055. — **Exposition rétrospective de Limoges, 1886**; photographies par Mieusement, texte par Louis Guibert. S. l. s. d., in-folio.

1056. — **Exposition rétrospective de Limoges en 1886**. Les émaux peints, par Louis Bourdery. Limoges, 1888, in-8°.

Voir n° 910.

1057. — **Exposition rétrospective de Nancy en 1875. Impressions et souvenirs**, par E. Auguin. Nancy, 1875, in-8° et album de planches photographiées.

1058. — **Exposition rétrospective de Reims**; catalogue des objets d'art et de curiosité, tableaux, dessins, tapisseries, etc., exposés dans les salles et salons du palais archiépiscopal, le 24 avril 1876. Reims, 1876, in-12.

Voir : *Catalogue des objets d'art*.

1059. — **Expositions (Les) de l'État au Champ de Mars et à l'Esplanade des Invalides**; exposition universelle de 1889. Paris, 1890, 2 vol. in-4°.

1060. — **Expositions internationales. Londres 1871, 1872 et 1874.** France: œuvres d'art et produits industriels. 3 vol. in-12.

1061. — **Expositions internationales. Londres 1874.** France : Commission supérieure, rapports. Paris, 1874, grand in-8°.

1062. — **Expositions internationales. Philadelphie 1876.** France : œuvres d'art et produits industriels. Paris, 1876, in-8°.

1063. — **Exposition universelle de Chicago.** Section française: Beaux-Arts; catalogue. Paris, 1893, in-8°.

1064. — **Exposition universelle de Londres, 1854**; vitraux, par Prosper Lafaye. Paris, 1851, in-4°.

1065. — **Exposition universelle de 1855**; beaux-arts; compte rendu par Claudius Lavergne, extrait du journal *l'Univers*. Paris, 1856, in-8°.

1066. — **Exposition universelle de 1855**; explication des ouvrages de peinture, sculpture, gravure, lithographie et architecture des artistes vivants, étrangers et français, exposés au palais des Beaux-Arts, avenue Montaigne, le 15 mai 1855. Paris, 1855, in-12.

1067. — **Exposition universelle de 1867 à Paris**; catalogue général; histoire du travail et monuments historiques. Paris, 1867, in-12. —

Commission de l'histoire du travail; rapport de E. du Sommerard. Paris, 1867, in-8°.

1068. — **Exposition universelle de 1867 illustrée;** rédacteur en chef, Fr. Ducuing. Paris, s. d., 2 vol. in-4°.

1069. — **Exposition universelle de 1878, à Paris. Catalogue de l'exposition des archives de la Commission des monuments historiques en France.** Paris, 1878, in-8°.

1070. — **Exposition universelle de 1878, à Paris. Catalogue officiel** publié par le Commissariat général. — *Groupe I, œuvres d'art.* Paris, 1878, in-8°.

1071. — **Expositition universelle de 1878, à Paris. Notice historique et analytique des peintures, sculptures, tapisseries, miniatures, émaux, dessins, etc., exposés dans les galeries des portraits nationaux au palais du Trocadéro,** par Henry Jouin. Paris, 1879, in-8°.

1072. — **Exposition universelle de 1878, à Paris. Rapports du jury international. Groupe III, classe 19. Les cristaux, la verrerie et les vitraux,** par Didron et Clémandot. Paris, 1880, in-8°.

1073. — **Exposition universelle de 1889;** grand ouvrage illustré, historique, encyclopédique, descriptif, publié sous le patronage de M. le Ministre du commerce, de l'industrie et des colonies, par E. Monod. Paris, 1890, 4 vol. in-4°.

1074. — **Exposition universelle des Beaux-Arts, à Anvers, en 1885;** catalogue général. Anvers, 1885, in-12.

1075. — **Exposition universelle de Vienne en 1873.** France: Commission supérieure, rapports. Paris, 1875, 5 vol. grand in-8°.

1076. — **Exposition universelle de Vienne, 1873.** France : Produits industriels, œuvres d'art et manufactures nationales, 2 vol. in-8°.

1077. — **Extrait d'une notice sur le château de Montreuil-Bellay** (Maine-et-Loire), par Daviau de Piolant. S. l., s. d., in-4°, fig.

1078. — **Extraits des comptes et mémoriaux du roi René,** pour servir à l'histoire des arts au xv° siècle, par Lecoy de la Marche. Paris, 1873, in-8°.

F

1079. — **Faïence (La)**, par Th. Deck. Paris, in-4° anglais, fig.

　Ouvrage faisant partie de la *Bibliothèque de l'Enseignement des Beaux-Arts*.

1080. — **Faïence (La), les faïenciers et les émailleurs de Nevers**, par L. du Broc de Ségange, publication de la Société nivernaise. Nevers, 1863, in-4°, fig. coloriées.

1081. — **Ferrières et son abbaye** (Loiret), par Em. de Torquat. S. l., s. d., in-8°.

1082. — **Fêtes, cérémonies, décorations, costumes** du règne de Louis XIV à celui de Charles X inclusivement. 3 vol. in-folio (sans texte).

　Chalcographie du Louvre.

1083. — **Fidelle (La) ouverture de l'art du serrurier**, composée par Mathurin Jousse, accompagnée d'une notice historique par H. Destailleurs, architecte. Paris, 1874, in-4°, fig.

1084. — **Figures (Les) sculptées sur les monuments mégalithiques de France**, par Adrien de Mortillet. Paris, 1894, in-8°, fig.

　Extrait de la *Revue mensuelle de l'École d'anthropologie de Paris*.

1085. — **Finistère.** Paris, in-8°, avec carte coloriée et gravures.

　Ouvrage faisant partie de la Collection des *Géographies départementales* d'Adolphe Joanne.

1086. — **Flandria illustrata**, par Anthoni Sanderus. Leyde, 1735, 3 vol. in-folio, avec planches, reliés en 2 tomes.

　Voir n° 2775 a.

1087. — **Fleur (La) des antiquitez de la noble et triumphante ville et cité de Paris**, par Gilles Corrozet (1532), publiée par le bibliophile Jacob (Paul-Lacroix). Paris, 1874, petit in-8°.

1088. — **Flore gothique (La)**, par Émile Lambin. Paris, 1893, in-8°, fig.

1089. — **Flore ornementale**, essai sur la composition de l'ornement; éléments tirés de la nature et principes de leur application, par

V. Ruprich-Robert. Ouvrage contenant 150 pages de texte avec 105 vignettes, et 152 planches composées et dessinées par l'auteur; gravure de Cl. Sauvageot. Herbier artistique contenant plus de 500 plantes. Paris, 1876, in-fol.

1090. — **Flotte (La) de César; le Ευσίον Ναυμαχον d'Homère; Virgilius nauticus : Études sur la marine antique;** par Auguste Jal, historiographe de la marine impériale. Paris, 1861, in-18.

1091. — **Fontainebleau;** études pittoresques et historiques sur ce château, considéré comme l'un des types de la renaissance des arts en France au xvie siècle, par feu A. L. Castellan, orné de 85 planches gravées à l'eau-forte par l'auteur. Paris et Fontainebleau, 1840.

1092. — **Forez (Le) pittoresque et monumental,** histoire et description du département de la Loire et de ses confins; ouvrage illustré de 980 gravures ou eaux-fortes, publié sous les auspices de la Diana, société historique et archéologique du Forez, par F. Thiollier. Lyon, 1889, 2 vol. in-folio.

1093. — **Forteresse (La) vitrifiée du Puy-de-Gaudy et la ville de Guéret,** par J.-B. Thuot. Paris, Guéret et Limoges, 1878, in-12.

1094. — **Fortifications (Les) de l'abbaye et de la ville fermée de Charlieu en Lyonnais,** histoire et monographie par Édouard Jeannez. Montbrison, 1884, in-8°.

1095. — **Forum romain (Le) et les forums de Jules César, d'Auguste, de Vespasien, de Nerva, de Trajan.** État actuel des découvertes et étude restaurée par Ferdinand Dutert. Paris, 1876, in-folio, fig.

1096. — **Fouilles archéologiques :** Amphithéâtre romain de Nîmes. — Crypte de l'église de Saint-Gilles. — Découverte du tombeau de Saint-Gilles. — Deux tombeaux romains découverts à Courbessac, par A.-Henry Révoil. Nîmes, 1867, in-8°, fig.

Extrait des *Mémoires de l'académie du Gard, 1865-1866.*

1097. — **Fouilles au Mont Saint-Michel en Carnac,** faites en septembre 1862 par René Galles. Vannes, 1862, in-8°, fig.

1098. — **Fouilles de Landunum,** près de Vertaut, par Mignard et Coutant, in-8°.

Extrait de la *Commission des antiquités de la Côte-d'Or.*

1099. — **Fouilles de Martres** (Haute-Garonne). S. n. Toulouse, s. d.; in-4°, fig.

Extrait des *Mémoires de la Société archéologique du midi de la France.*

1100. — **Fouilles de Poitiers. — Découverte d'un cimetière du IIe au IIIe siècle.** Rapport de M. le chef de bataillon Rothmann, chef du génie à Poitiers. Paris, 1879, in-4°, fig.

1101. — **Fouilles (Les) de Saint-Martin de Tours, recherches sur les six basiliques successives élevées autour du tombeau de saint Martin**, par Mgr Chevalier. Tours, 1888, in-8°, fig.

1102. — **Fouilles (Les) de Vésone. Découvertes d'antiquités romaines à Périgueux, en 1857**, par Eugène Massoubre. Périgueux, 1857, in-8°.

1103. — **Fouilles du cimetière celtique de l'île Thinic**, 15 août 1883, par Félix Gaillard, avec 5 planches. Vannes, 1884, in-8°.

1104. — **Fouilles du dolmen de Rogarte, près de la Madeleine, et du coffre de pierres du dolmen de la Madeleine en Carnac**, 20 novembre 1883. Rapport par Félix Gaillard, avec 5 planches. Vannes, 1884, in-8°.

1105. — **Fouilles du Mont Saint-Michel en Carnac** (Morbihan), faites en septembre 1862, par René Galles. Vannes, 1862, in-8°, fig.

1006. — **Fouilles du 4e dolmen de Mané-Remor, à Plouharnel**, 26 juillet 1883. Rapport par Félix Gaillard, avec une planche. Vannes, 1884, in-8°.

1107. — **Fouilles faites à Carnac** (Morbihan); Les Bossenno et le Mont Saint-Michel, par James Miln. Paris, 1877, in-4°, fig.

1108. — **Fouilles faites à l'amphithéâtre de Gennes** (Maine-et-Loire). par V. Godard-Faultrier. Angers, 1864, in-8°.

Extrait du *Répertoire archéologique de l'Anjou.*

1109. — **Fragment d'une notice inédite sur l'église de Saint-Barnard de Romans** (Drôme), par Giraud. Paris, 1844, in-8°.

1110. — **Fragment d'un voyage archéologique en Cornouaille**, par P. de Courcy. Brest, 1844, in-8°.

1111. — **Fragments archéologiques sur la Gironde** : Bayon, Cubzac, le Bourgez, les Lurzines, Magrigues, Saint-Émilien, Tauriac, Lansac, par L. Lamothe. Bordeaux, 1842, in-8°.

1112. — **Fragments d'architecture** : Égypte, Grèce, Rome, moyen âge, Renaissance, âge moderne, etc., avec notices descriptives par Pierre Chabat, architecte. Paris, 1868, in-folio, fig.

1113. — **Fragments d'architecture et de sculpture**, dessinés d'après nature et autographiés par G. Bourgerel, architecte. Paris, 1863, in-folio.

1114. — **Fragments divers historiques, littéraires, sur Lusarches** (Seine-et-Oise), par Alexandre Hahn. Lusarches, 1859, in-8°.

1115. — **France (La) artistique et monumentale**, publié par la Société de l'art français sous la direction de Henry Havard. Paris, 1892-1895, 6 vol. in-4°, fig.

    Tome I. — *Reims* : les Monuments religieux, par Louis Gonse. — *Versailles* : le Château, par J. Guiffrey; les Jardins, par Ph. Gille. — *Paris* : Hôtel Carnavalet, par J. Cousin. — *Brou* : l'Église, par H. Havard. — *Pau* : le Château, par L. de Fourcaud. — *Avignon* : le Palais des Papes, par Eug. Müntz. — *Bagatelle* : par Ch. Yriarte.

    Tome II. — *Paris* : le Louvre, p. A. Kæmpfen. — *Rouen* : les Monuments religieux, par L. de Fourcaud. — *Fontainebleau* : le Château, par E. Molinier. — *Paris* : Palais de la Légion d'honneur, par A. de Lostalot. — *Amboise* : le Château, par L. Palustre. — *Angers* : le Château et les édifices publics, par H. Jouin. — *Le Mont Saint-Michel* : par E. Corroyer.

    Tome III. — *Blois* : le Château, par L. Palustre. — *Paris* : Palais de l'Institut, par H. Delaborde. — *Maintenon* : le Château, par Ph. Gille. — *Lyon* : la Cathédrale, par Georges Guigue. — *Paris* : Hôtel Soubise, par J. Guiffrey. — *Bourges* : par L. Gonse. — *Aigues-Mortes* : par H. Havard. — *Paris* : Palais des thermes et Hôtel de Cluny, par Alf. Darcel.

    Tome IV. — *Paris* : l'Hôtel de ville, par H. Stupuy. — *Vézelay* : Église de la Madeleine, par H. Havard. — *Nîmes* : Monuments antiques, par G. Lafenestre. — *Laon* : Monuments religieux, par Mgr Dehaisnes. — *Écouen* : le Château, par A. de Lostalot. — *Poitiers* : par L. de Fourcaud. — *Chambord* : le Château, par L. Palustre. — *Meudon* : le Château, par le vicomte de Grouchy.

    Tome V. — *Amiens* : la Cathédrale, par Mgr Dehaisnes. — *Reims* : Édifices civils, par L. Gonse. — *Autun* : Monuments civils et religieux, par L. Paté. — *Chantilly* : le Château, par G. Bapst. — *Villebon* : le Château, par G. Duplessis. — *Bordeaux* : Monuments civils et religieux, par L. de

Fourcaud. — *Coucy, Pierrefonds, Vincennes :* les trois châteaux, par H. Havard. — *Saint-Antonin :* l'Hôtel de ville, par Ch. Normand. — *Lyon :* l'Hôtel de ville, par G. Guigue.

Tome VI. — *Paris :* Église Notre-Dame, par L. de Fourcaud. — *Dijon :* Monuments civils et religieux, par Cunisset-Carnot. — *Chartres :* Cathédrale et monuments divers, par Gonse. — *Paris :* Conservatoire des arts et métiers, par A. Laussedat. — *Rouen :* Monuments civils, par L. de Fourcaud. — *Orléans :* Monuments religieux et civils, par G. Lafenestre. — *Carcassonne :* les Remparts, le Château, l'Église, par A. Molinier. — *Chenonceaux :* le Château, par L. Palustre. — *Kermaria-an-Isquit et Notre-Dame du Tertre :* les peintures, par A. Dayot.

1116. — **France Nationale (La)**, par Alexandre Ducourneau et Amans Alexis Monteil. — *Province de Bourgogne.* Cet ouvrage est illustré par les plus grands artistes contemporains; les travaux d'archéologie sont confiés à Louis Batissier. Paris, s. d., in-4°.

1117. — **France pittoresque ou description pittoresque, topographique et statistique des départements et des colonies de la France**, etc., par A. Hugo. Paris, 1835, 3 vol. in-8°, fig.

1118. — **France (La) préhistorique**, d'après les sépultures et les monuments, par Emile Cartailhac, avec 162 gravures dans le texte. Paris, 1889, in-8°.

1119. — **Franche-Comté (La)**, par Henri Bouchot, illustrations par Eug. Sadoux. Paris, 1890, in-4°.

1120. — **Frise de la nef de l'église Saint-Vincent-de-Paul**, peinte par Hippolyte Flandrin, membre de l'Institut de France, reproduite par lui en lithographie. Paris, s. d., in-folio oblong (sans texte).

G

1121. — **Galerie bretonne**, ou vie des Bretons de l'Armorique, par feu O. Perrin du Finistère, gravée sur acier par Réveil et publiée par Perrin fils, avec texte explicatif par Alexandre Bouet, précédé d'une notice sur O. Perrin par Alexandre Duval, de l'Académie française. Paris, 1836-1838, 3 vol. in-8°.

1122. — **Galerie de Florence**, gravée sur cuivre et publiée par une société d'amateurs, sous la direction de L. Bartolini, J. Bezzuoli et J. Jesi, avec un texte français par Alexandre Dumas. Florence, 1841-1872, in-folio.

1123. — **Galerie de la reine, dite de Diane, à Fontainebleau**, peinte par Ambroise Dubois en 1600 sous le règne de Henri IV, publiée par E. Gatteaux et V. Baltard, d'après les dessins de L.-P. Baltard et de C. Percier. Paris, 1858, in-folio.

1124. — **Galeries (Les) des anciennes maisons de Troyes**, par Albert Babeau. Troyes, 1884, in-8°, fig.

1125. — **Galeries historiques du palais de Versailles.** Paris, 1852, 7 vol. gr. in-8°, fig.

1126. — **Gallia Christiana** in provincias ecclesiasticas distributa, etc. Lutetiæ Parisiorum, 1727, 10 vol. in-folio.

1127. — **Gard.** Paris, in-8°, avec carte coloriée et gravures.

    Ouvrage faisant partie de la Collection des *Géographies départementales* d'Adolphe Joanne.

1128. — **Gatine (La) historique et monumentale**, par Bélisaire Ledain. Ouvrage accompagné d'eaux-fortes et de lithographies représentant les monuments de ce pays, dessinés d'après nature et gravés par E. Sadoux. Paris, 1876, grand in-4°.

1129. — **Gavarni, l'homme et l'œuvre**, par Edmond et Jules de Goncourt. Ouvrage enrichi du portrait de Gavarni gravé à l'eau-forte par Flameng, d'après un dessin de l'artiste, et d'un fac-similé d'autographe. Paris, 1873, in-8°.

1130. — **Gazette archéologique**, recueil de monuments pour servir à la connaissance et à l'histoire de l'art antique; de l'origine (1875) à 1888. Paris, 13 vol. in-4°, fig.

1131. — **Gazette des architectes et du bâtiment**, revue bimensuelle publiée sous la direction de E. Viollet-le-Duc fils, E. Corroyer et A. de Baudot. Paris, 1863-1871, 8 vol. in-4°, fig.

1132. — **Gazette des Beaux-Arts**, courrier européen de l'art et de la curiosité; de l'origine (1859) à 1894. Paris, 69 vol. grand in-8°, fig. et planches; de plus, 3 vol. de tables.

    Publication périodique.

1133. — **Gemmes (Les) et joyaux de la couronne** (Musée impérial du Louvre), publiés et expliqués par Henry Barbet de Jouy, dessinés et gravés à l'eau-forte d'après les originaux par Jules Jacquemart. Paris, 1865, 2 vol. in-folio.

1134. — **Géographe (Le) parisien**, ou Le conducteur chronologique et historique des rues de Paris, orné de 7 plans d'accroissements, de 20 plans détachés mis en tête de chaque quartier et du plan général enluminé, etc., par Le Sage. Paris, 1769, 2 vol. in-8°.

1135. — **Géographie départementale**, classique et administrative de la France, département de l'Aube, publiée par Badin et Quantin. Paris, 1847, in-12, avec carte.

1136. — **Géométrie (La) pratique**, divisée en quatre livres :

    1° *Géométrie;*

    2° *Trigonométrie;*

    3° *Planimétrie;*

    4° *Stéréométrie.*

Ouvrage enrichi de cinq cents planches en taille-douce, par Allain Manesson-Mallet. Paris, 1702, 4 vol. in-8°.

1137. — **Gers.** Paris, in-8°, avec carte coloriée et gravures.

Ouvrage faisant partie de la Collection des *Géographies départementales* d'Adolphe Joanne.

1138. — **Ghiberti et son école**, par Charles Perkins. Paris, 1886, in-4°, fig.

1139. — **Gironde.** Paris, in-8°, avec carte coloriée et gravures.

Ouvrage faisant partie de la Collection des *Géographies départementales* d'Adolphe Joanne.

1140. — **Glossaire archéologique du moyen âge et de la Renaissance**, par Victor Gay. Paris, 1887, in-4°, fig.

Incomplet.

1141. — **Glossaire français du moyen âge**, à l'usage de l'archéologue et de l'amateur des arts, précédé de l'inventaire des bijoux de Louis, duc d'Anjou, dressé vers 1160 par le marquis Léon de Laborde. Paris, 1872, in-8°.

1142. — **Glossarium mediæ et infimæ latinitatis** conditum a Carolo Dufresne domino Du Cange. Auctum a monachis ordinis S. Benedicti cum supplementis integris D. P. Carpenterii et additamentis adelungii et aliorum digessit G.-A.-L. Henschel. Paris, 1840-1850, 7 vol. in-4°.

1143. — **Grammaire de l'ornement**, illustrée d'exemples pris de divers styles d'ornement, par Owen Jones. Londres, s. d. (1857), in-folio, fig. coloriées, 112 planches.

1144. — **Grammaire des arts du dessin** : architecture, sculpture, peinture, jardins, gravure en pierres fines, gravure en médailles, gravure en taille-douce, eau-forte, manière noire, aqua-tinte, gravure sur bois, camaïeu, gravure en couleurs, lithographie, par Charles Blanc; 2ᵉ édition. Paris, 1870, grand in-8°, fig.

1145. — **Grand atlas universel**, 51 cartes gravées sur acier et imprimées en couleur, dressées d'après les explorations les plus récentes et les documents les plus authentiques par William Hugues; 2ᵉ édition, entièrement revue et corrigée, précédée d'une préface par E. Cortambert, avec un index général contenant tous les noms portés dans l'Atlas. Paris, 1875, in-folio.

Voir : *Atlas universel*.

1146. — **Grand dictionnaire de géographie universelle ancienne et moderne**.

Voir : *Dictionnaire*.

1147. — **Grand dictionnaire historique du département du Puy-de-Dôme**.

Voir : *Dictionnaire*.

1148. — **Grand dictionnaire universel du XIXᵉ siècle**, par Larousse.

Voir : *Dictionnaire*.

1149. — **Grande frise du Louvre**, de Jean Goujon, photographiée et publiée par Pierre Lampué. S. l., s. d., in-folio (sans texte).

1150. — **Grande (La) verrière du XIIIᵉ siècle et autres vitraux anciens de la cathédrale de Dol**, avec 2 chromolithographies, par Ch. Robert. Rennes, 1893, in-8°.

1151. — **Grands (Les) Carmes à Bordeaux**, par L. Lamothe. Bordeaux, s. d., in-8°.

1152. — **Grands (Les) illustrateurs**, trois siècles de vie sociale, 1500-1800, publié par Georges Hirth. Leipzig et Munich, s. d., in-folio, planches.

— 115 —

1153. — **Gravure (La)**, par le vicomte H. Delaborde. Paris, in-4°, fig.

Ouvrage faisant partie de la *Bibliothèque de l'Enseignement des Beaux-Arts.*

1154. — **Gravure (La) à l'eau-forte**, essai historique, par Raoul de Saint-Arroman. — *Comment je devins graveur à l'eau-forte*, par le comte Lepic. Paris, 1876, in-8°, fig.

1155. — **Gravure (De la) de portrait en France**, par Georges Duplessis. Paris, 1875, in-8°.

1156. — **Gravure (La) en pierres fines, camées et intailles**, par Ernest Babelon. Paris, in-4°, fig.

Ouvrage faisant partie de la *Bibliothèque de l'Enseignement des Beaux-Arts.*

1157. — **Grille (La) de l'Hôtel-Dieu de Troyes**, son histoire et sa restauration, par Le Brun Dalbanne, etc. Troyes, 1860, in-8°.

1158. — **Grotte (La) des fées de Mettray à l'époque de la pierre polie**, reconstitution à l'Exposition nationale de Tours (1892), section de l'Art rétrospectif, par Ledouble. Tours, 1892, in-8°, fig.

1159. — **Grottes de l'Auvergne**, notice sur les grottes et les dolmens de Jonas et de Saint-Nectaire et sur les grottes de Boissière et de Rajat, par Léon Chabory. Grenoble, 1870, in-8°, fig.

1160. — **Guerre de 1870 et siège de Paris**, 17 eaux-fortes, par A. Lançon. Paris, s. d., in-folio (sans texte).

1161. — **Guide à l'église et à l'ancien prieuré de Graville-Sainte-Honorine**, par Albert Naef. Ouvrage orné de 2 plans et 18 gravures hors texte. Le Havre, 1892, in-8°.

1162. — **Guide artistique dans les églises de Paris**, ou Inventaire descriptif des œuvres d'art qu'elles renferment. — *Église Saint-Séverin*, texte par A. de Bullemont, eaux-fortes par Maxime Lalanne. Paris, 1866, in-4°.

1163. — **Guide artistique et historique au palais de Fontainebleau**, par Rodolphe Pfnor. Paris, 1889, in-8°, avec un plan et une carte.

1164. — **Guide aux monuments antiques et modernes de Nîmes.** S. n. Nîmes, 1824, in-8°, fig.

8.

1165. — Guide (Petit) complet de l'étranger dans la ville de Bourges, contenant l'histoire et la topographie de Bourges, la description de la cathédrale et de ses vitraux, de tous les autres monuments et musées et un plan nouveau de la ville de Bourges, par A. Buhot de Kersers. Bourges, 1873, in-32.

Voir : *Petit guide.*

1166. — Guide de l'amateur de faïences et porcelaines, terres cuites, poteries de toute espèce, etc., accompagné de 300 reproductions de poteries, de 3,000 marques et monogrammes dans le texte et de 3 tables dont 2 de monogrammes, avec le portrait de l'auteur, par Auguste Demmin. Paris, 1873, 3 vol. in-12.

1167. — Guide des amateurs d'armes et armures anciennes, par ordre chronologique, depuis les temps les plus reculés jusqu'à nos jours. Ouvrage contenant 1,700 reproductions d'armes et armures, 200 marques et monogrammes d'armuriers et 2 tables, dont une analytique, par Auguste Demmin. Paris, 1869, in-12.

1168. — Guide des amateurs et des étrangers voyageurs à Paris, ou Description raisonnée de cette ville, de sa banlieue et de tout ce qu'elles contiennent de remarquable, enrichie de vues perspectives des principaux monuments modernes, par Thiéry. Paris, 1887, 2 vol. in-12.

1169. — Guide descriptif et statistique dans l'arrondissement de Saint-Omer, principalement dans les villes de Saint-Omer et d'Aire (Pas-de-Calais), par Vuatiné, contenant une notice historique sur chaque commune de l'arrondissement par J. Derkeims. Saint-Omer, 1846, in-12.

1170. — Guide du pèlerin et du touriste à Saint-Nicolas-de-Port, par Emile Badel. Nancy, 1893, in-12, fig.

1171. — Guide du visiteur à Vézelay, topographie, statistique, histoire de la ville de Vézelay, par Sommet; illustré de 20 dessins par Ad. Guillon et Levert, d'un plan de la ville et d'une carte des environs. Auxerre, 1879, in-8°.

1172. — Guide du voyageur dans la France monumentale, itinéraire contenant la description archéologique de tous les monuments appartenant à l'ère celtique, à l'époque romaine ou gallo-romaine et au moyen âge jusqu'à la Renaissance, etc., avec une carte générale archéologique de la France, ornée de 48 vues représentant des monuments antiques, etc., par Richard et E. Hocquart. Paris, s. d., grand in-18.

Collection des *Guides généraux pour la France.*

1173. — **Guide du voyageur en France**, par Richard, contenant 8 cartes des chemins de fer. Paris, 1873, grand in-18.

Collection des *Guides généraux pour la France.*

1174. — **Guide du voyageur ou Dictionnaire historique des rues et des places publiques de la ville d'Avignon**, par Paul Achard. Avignon, 1857, in-12.

1175. — **Guide historique, archéologique et descriptif de la cité de Carcassonne**, par P. Foncin, avec un plan d'ensemble et un plan de l'église dressés par G. Cals. Carcassonne, 1866, in-12.

1176. — **Guide illustré du touriste au Mans et dans la Sarthe**, par l'abbé Robert Charles. Le Mans, 1880, petit in-8°, fig.

1177. — **Guides et itinéraires pour les voyageurs**, publiés sous la direction de Adolphe Joanne. Paris, grand in-18.

Voir : *Itinéraire général de la France.*

1178. — **Guide théorique et pratique de l'amateur de tableaux**, études sur les imitateurs et les copistes des maîtres de toutes les écoles dont les œuvres forment la base ordinaire des galeries, par Théodore Lejeune. Paris, 1865, 3 vol. in-4°.

1179. — **Guienne (La) historique et monumentale**, par Alex. Ducourneau. Bordeaux, 1842-1844, 2 vol. in-4°, fig.

1180. — **Guienne (La) militaire**, histoire et description des villes fortifiées, forteresses et châteaux construits dans le pays qui constitue actuellement le département de la Gironde, pendant la domination anglaise, par Léo Drouyn. Bordeaux et Paris, 1865, 2 vol. in-4°, 1 vol. de planches.

1181. — **Guilhermy (Le baron Ferdinand de)**, membre du Comité des travaux historiques et du Comité des monuments historiques; notice nécrologique par Alfred Darcel. Paris, 1879, in-8°.

H

1182. — **Halle (La) échevinale de la ville de Lille** (1235-1664), notice historique, comptes et documents inédits concernant l'ancienne maison commune, avec planches, par Jules Houdoy. Lille et Paris, 1870, in-4°.

1183. — **Ham, son château et ses prisonniers** (Somme), par Ch. Gomart, illustré d'un grand nombre de gravures et d'un plan de la ville de Ham. Ham, Amiens, Péronne, Paris et Saint-Quentin, 1864, in-8°, fig.

1184. — **Haute-Garonne.** Paris, in-8°, avec carte coloriée et gravures.

1185. — **Haute-Loire.** Paris, in-8°, avec carte coloriée et gravures.

1186. — **Haute-Marne.** Paris, in-8°, avec carte coloriée et gravures.

1187. — **Hautes-Alpes.** Paris, in-8°, avec carte coloriée et gravures.

1188. — **Haute-Saône.** Paris, in-8°, avec carte coloriée et gravures.

1189. — **Haute-Savoie.** Paris, in-8°, avec carte coloriée et gravures.

Les six ouvrages ci-dessus font partie de la collection des *Géographies départementales* d'Adolphe Joanne.

1190. — **Haute-Savoie (La) avant les Romains**, par Louis Revon, avec 184 vignettes gravées. Paris et Annecy, 1878, in-4°.

1191. — **Hautes-Pyrénées.** Paris, in-8°, avec carte coloriée et gravures.

1192. — **Haute-Vienne.** Paris, in-8°, avec carte coloriée et gravures.

Les deux ouvrages ci-dessus font partie de la collection des *Géographies départementales* d'Adolphe Joanne.

1193. — **Hauts (Les) dossiers des stalles de la chapelle du grand séminaire d'Orléans**, sculptées par J. du Goullon, photographiées par Désiré Dubreuil, avec un texte explicatif par Henry Jouin. Orléans, 1889, in-folio.

1194. — **Havre (Le) d'autrefois**, reproduction d'anciens tableaux, dessins, gravures et antiquités se rattachant à l'histoire de cette ville, par Charles Roessler. Le Havre, 1882, in-4°.

Voir : *Le Havre*.

1195. — **Havre (Le) et son arrondissement**, par une société d'artistes et d'hommes de lettres, sous la direction de J. Morlent. Le Havre, 1841, in-4°.

1196. — **Hémicycle (L') du palais des Beaux-Arts**, peinture murale exécutée par Paul Delaroche et gravée au burin par Henriquel-Dupont. Notice explicative suivie d'un trait figuratif indiquant les noms de tous les personnages, leur naissance, leur mort, etc. Paris, s. d., in-8° oblong.

1197. — **Hérault**. Paris, in-8°, avec carte coloriée et gravures.

Ouvrage faisant partie de la collection des *Géographies départementales* d'Adolphe Joanne.

1198. — **Histoire abrégée de l'abbaye de Saint-Florentin de Bonneval** (Eure-et-Loir), des R. R. P. dom Jean Thiroux et dom Lambert, continuée par l'abbé Beaupère et Lejeune, publiée sous les auspices de la Société Dunoise par le docteur V. Bigot. Châteaudun et Paris, 1875, in-8°.

1199. — **Histoire archéologique du Vendômois**, par de Pétigny, dessins et plans de monument par Launay. Vendôme, 1849, in-4°.

Incomplet.

1200. — **Histoire architecturale de la ville d'Orléans**, par de Buzonnière. Paris et Orléans, 1849, 2 vol. in-8°.

1201. — **Histoire artistique de la cathédrale de Cambrai**; comptes, inventaires et documents inédits, avec vue et un plan de l'ancienne cathédrale, par Jules Houdoy. Paris, 1880, in-8°.

1202. — **Histoire artistique, industrielle et commerciale de la porcelaine**, accompagnée de recherches sur les sujets et emblèmes qui la décorent, etc., par Albert Jacquemart et Edmond Le Blant; enrichie de 26 planches gravées à l'eau-forte par Jules Jacquemart. Paris, 1862; in-4°.

1203. — **Histoire civile, politique et religieuse de la ville et du Comté de Nantes**, par l'abbé Travers; imprimée pour la première fois sur le manuscrit original, appartenant à la bibliothèque publique de la ville de Nantes, avec des notes et des éclaircissements. Nantes, 1836, 3 vol. in-4°.

1204. — **Histoire critique et religieuse de Notre-Dame de Roc-Amadour**, par A.-B. Caillau. Paris, 1834, in-8°, fig.

1205. — **Histoire d'Apelles**, par Henry Houssaye. Paris, 1868, in-12.

1206. — **Histoire de Beaune** (Côte-d'Or), depuis les temps les plus reculés jusqu'à nos jours, par Rossignol. Beaune, 1865, in-8°, fig.

1206 a. — **Histoire de Bousbecque**, par Jean Dalle. Wervicq, 1880, in-8°, fig.

1207. — **Histoire de Braine et de ses environs** (Aisne), par Stanislas Brioux; ornée de gravures sur acier par Jules Roze. Paris, 1846, in-8°.

1208. — **Histoire de Brive-la-Gaillarde et de ses environs**, recueillie successivement par quatre citoyens de cette ville; ouvrage publié à Brive en 1840; réédition. Brive, 1879, in-8°, fig.

1209. — **Histoire de Carpentras**, ancienne capitale du Comtat Venaissin, par J. Liabastres. Carpentras, 1891, in-4°, fig.

1210. — **Histoire de Charly-sur-Marne**, par le docteur A. Corlieu, avec cartes et dessins de Adolphe-Amédée Varin et Henri Pille. Paris, 1881, in-8°, fig.

1211. — **Histoire de Chartres**, par E. de Lépinois. Chartres, 1858, 2 vol. in-8°, avec planches.

1212. — **Histoire de Châtelleraud et du Châtelleraudais** (Vienne), par l'abbé Lalanne. Châtelleraud, 1859, 2 vol. in-8°, fig.

1213. — **Histoire de Cléry, du chapitre et du pèlerinage de Notre-Dame, des tombeaux de Louis XI et de Dunois**, par Emmanuel de Torquat. Orléans, 1856, in-12, fig.

1214. — **Histoire de Déols et de Châteauroux**, par le docteur Fauconneau-Dufresne. Châteauroux, 1873, 2 vol. in-8°, avec un plan.

1215. — **Histoire de Domfront** ou recueil de nombreux documents sur Domfront, depuis son origine jusqu'à nos jours, par F. Liard, 2° édition. Domfront, 1864, fig.

1216. — **Histoire de France**, depuis les temps les plus anciens jusqu'à nos jours, d'après les documents originaux et les monuments de l'art de chaque époque, par Henri Bordier et Édouard Charton. Paris, 1872, 2 vol. in-4°, fig.

1217. — **Histoire (L') de France**, depuis les temps les plus reculés jusqu'en 1789 racontée à mes petits-enfants, par Guizot; ouvrage illustré de planches hors texte et de vignettes gravées sur bois. Paris, 1875-1876, 5 vol. in-4°.

1218. — **Histoire de Fréjus, Forum Julii, ses antiquités, son port**, accompagnée de 3 planches, par J.-A. Aubenas. Fréjus, 1881, in-8°.

1219. — **Histoire de l'abbaye de Morimond** (Haute-Marne), diocèse de Langres, quatrième fille de Cîteaux, etc., par l'abbé Dubois. Paris, 1851, in-8°, fig.

1220. — **Histoire de l'abbaye de Notre-Dame d'Ourscamp** (Oise), par Peigné-Delacourt; ouvrage accompagné d'un plan de l'abbaye, d'une carte de ses possessions, de planches représentant les pierres tombales, de planches de sceaux et d'un grand nombre de gravures sur bois intercalées dans le texte. Amiens, 1876, in-4°, fig.

1221. — **Histoire de l'abbaye de Saint-Bavon** et de la crypte de Saint-Jean à Gand, par A. Van Lokezen. Gand, 1855, in-4°, fig.

1222. — **Histoire de l'abbaye de Saint-Denis en France**, par Mme Félicie d'Ayzac. Paris, 1860-1861, 2 vol. in-8°, fig.

1223. — **Histoire de l'abbaye de Saint-Denys en France**, contenant les antiquitez d'icelle, les fondations, prérogatives et priviléges, ensemble des tombeaux et épitaphes des Roys, Reynes, Enfans de France, et autres signalés personnages qui s'y treuvent jusques à présent, le tout recueilly de plusieurs histoires, par F. Jacques Doublet. Paris, 1625, in-4°.

1224. — **Histoire de l'abbaye de Saint-Germain d'Auxerre**, ordre de Saint-Benoît et de la congrégation de Saint-Maur, ornée de plusieurs plans et vues de l'abbaye, par V.-B. Henry. Auxerre, 1853, in-8°.

1225. — **Histoire de l'abbaye d'Orbais** (Marne), par Dom du Bout, publiée d'après le manuscrit original de l'auteur, avec additions et notes per Étienne Héron de Villefosse, préface de Louis Courajod. Paris et Reims, 1890, in-8°, fig.

1226. — **Histoire de l'abbaye et de la terre de Saint-Claude**, par D.-P. Benoît. Montreuil-sur-Mer, 1892, 2 vol. in-8°, fig.

1227. — **Histoire de l'abbaye royale de Jumièges** (Seine-Inférieure), par C.-A. Deshayes. Rouen, 1829, in-8°, fig.

1228. — **Histoire de l'abbaye royale de Mozat** (Ordre de Saint-Benoît), par Hippolyte Gomot. Paris, 1872, in-8°.

1229. — **Histoire de l'abbaye royale de Saint-Benoist-sur-Loire** (Loiret), par l'abbé Rocher, ornée de 21 planches. Orléans, 1865, in-8°.

1230. — **Histoire de l'abbaye royale de Saint-Denys en France**, contenant la vie des abbez qui l'ont gouvernée depuis onze cens ans; les hommes illustres qu'elle a donnez à l'Église et à l'État; les privilèges accordés par les Souverains pontiphes et les Évêques; les dons des Rois, des Princes et des autres bienfaiteurs. Avec une description de l'église et de tout ce qu'elle contient de remarquable, enrichie de plans, de figures et d'une carte topographique, par Dom Michel Félibien, religieux bénédictin de la congrégation de Saint-Maur. Paris, 1706, in-folio.

1231. — **Histoire de l'abbaye royale de Saint-Germain-des-Prés**, etc., par Jacques Bouillart. Paris, 1724, in-folio, fig.

1232. — **Histoire de l'abbaye royale de Saint-Lucien** (Ordre de Saint-Benoît), Oise, par l'abbé L.-E. Delarue et Mathon. Beauvais, 1874, in-8°, fig.

1233. — **Histoire de l'abbaye royale de Saint-Ouen de Rouen**, divisée en 5 livres, par un religieux bénédictin de la congrégation de Saint-Maur. Rouen, 1662, in-folio, fig.

1234. — **Histoire de la cathédrale de Beauvais**, par Gustave Desjardins. Beauvais, 1865, in-4°, fig.

1235. — **Histoire de la cathédrale de Coutances** (Manche), par l'abbé E.-A. Pigeon. Coutances, 1876, in-8°.

1236. — **Histoire de la cathédrale de Poitiers**, contenant la description de toutes les parties de l'édifice, les diverses périodes de sa construction, la théorie de ses vitraux peints, le symbolisme de ses sculptures et des considérations générales sur l'art au moyen âge, avec les faits historiques qui s'y rattachent depuis son origine, au iii® siècle, jusqu'à nos jours. Ornée de 30 planches lithographiées avec soin sous les yeux de l'auteur, par l'abbé Auber. Poitiers et Paris, 1849, in-8°.

1237. — **Histoire de la cathédrale de Rodez**, avec pièces justificatives et de nombreux documents sur les églises et les anciens artistes du Rouergue, par L. Bion de Marlavagne, ornée de 27 gravures. Rodez et Paris, 1875, in-8°.

1238. — **Histoire de la céramique**; en planches phototypiques inaltérables, avec texte explicatif par Auguste Demmin. Paris, 1875, 2 vol. in-folio.

1239. — **Histoire de la céramique**, étude descriptive et raisonnée des poteries de tous les temps et de tous les peuples, par Albert Jacquemart; ouvrage contenant 200 figures sur bois par H. Catenacci et J. Jacquemart, 12 planches gravées à l'eau-forte par J. Jacquemart et 1000 marques et monogrammes. Paris, 1873, in-8°.

1240. — **Histoire de la commune des Chapelles-Bourbon** (Seine-et-Marne), par Jules Legoux. Paris, 1886, in-12.

1241. — **Histoire de la faïence de Rouen**, par André Pottier; ouvrage posthume publié par les soins de l'abbé Colas, G. Gouellain et R. Bordeaux, orné de 60 planches imprimées en couleurs et de vignettes, d'après les dessins de Mlle Émilie Pottier. Rouen, 1870, 2 vol. in-4°.

1242. — **Histoire de la Ferté-Bernard**, seigneurs, administration municipale, église, monuments, hommes illustres, par Léopold Charles; publiée par l'abbé Robert Charles. Mamers, Le Mans et Paris, 1877, in-8°, fig.

1243. — **Histoire de la gravure en France**, par Georges Duplessis. Paris, 1861, in-8°.

1244. — **Histoire de l'ancienne cathédrale et des évêques d'Alby**, depuis les premiers temps connus jusqu'à la fondation de la nouvelle église Sainte-Cécile, par Eugène d'Auriac. Paris, 1858, in-8°.

1245. — **Histoire de la peinture sur verre et description des vitraux anciens et modernes**, pour servir à l'histoire de l'art relativement à la France; ornée de gravures et notamment de celles de la fable de

Cupidon et Psyché, d'après les dessins de Raphaël, par Alexandre Lenoir. Paris, 1803, in-8°.

Voir : *Musée des monuments français.*

1246. — **Histoire de la peinture sur verre**, par Edmond Lévy de Rouen, avec planches par J.-B. Capronnier. Bruxelles, 1860, in-4°, fig. coloriées.

1247. — **Histoire de la prise de Périgueux par les Huguenots en 1575, et de la reprise de cette ville par les Catholiques en 1581**, publiée par l'abbé Audierne. Sarlat, 1884, in-8°.

1247 a. — **Histoire de l'architecture en Belgique** : architecture celtique, romaine, romane, ogivale, renaissance, par A.-G.-B. Schayes; 2° édition. Bruxelles, 1852, 4 vol. in-12, fig.

1248. — **Histoire de la réunion du Dauphiné à la France**, par J.-J. Guiffrey. Paris, 1868, in-8°.

Voir : *Archives dauphinoises.*

1249. — **Histoire de l'arrondissement de Péronne et de plusieurs localités circonvoisines**, par l'abbé Paul de Cagny. Péronne, 1869, 2 vol. in-8°, fig.

1250. — **Histoire de l'art byzantin**, considérée principalement dans les miniatures, par V. Kondakoff; édition originale publiée par l'auteur, sur la traduction de *Trawinski*, et précédée d'une préface par A. Springer. Paris, 1886, 2 vol. in-4°, avec gravures.

1251. — **Histoire de l'art chez les anciens**, par Winkelmann, traduite de l'allemand avec des notes historiques et critiques de différents auteurs. Paris, 1794, 2 vol. in-4°, fig.

1252. — **Histoire de l'art chrétien aux dix premiers siècles**, par l'abbé F.-R. Salmon. Lille, s. d. (1891), in-8°, fig.

1253. — **Histoire de l'art chrétien des origines à nos jours**, par François Bournaud. Paris, 1891, 2 vol. in-8°, fig.

1254. — **Histoire de l'art dans la Flandre, l'Artois et le Hainaut**, avant le xvi° siècle, par le chanoine Dehaisnes. Lille, 1886, 3 vol. grand in-4°, avec planches.

1255. — **Histoire de l'art dans l'antiquité**, Égypte, Assyrie, Phénicie, Judée, Asie Mineure, Perse, Grèce, par Georges Perrot et Charles Chipiez. Paris, 1882-1894, 6 vol. in-4°, nombreuses figures dans le texte et hors texte, avec planches en couleur.

1256. — **Histoire de l'art décoratif**, du xvi° siècle à nos jours, par Arsène Alexandre, précédée d'une préface par Roger Marx; ouvrage orné de 48 chromolithographies, 12 eaux-fortes et 500 vignettes dans le texte. Paris, 1893, grand in-4°.

1257. — **Histoire de l'art de la verrerie dans l'antiquité**, par Achille Deville. Paris, 1873, grand in-4°, fig. coloriées.

1258. — **Histoire de l'art égyptien**, d'après les monuments, depuis les temps les plus reculés jusqu'à la domination romaine, par Prisse d'Avennes, texte par P. Marchandon de la Faye, d'après les notes de l'auteur. Paris, 1879, in-4°, fig.

1259. — **Histoire de l'art en France**; recueil raisonné et annoté de tout ce qui a été écrit et imprimé sur la peinture, la sculpture, l'architecture et la gravure françaises, depuis leur origine jusqu'à nos jours, 1re série. Paris, s. d., in-8°.

1260. — **Histoire de l'art grec avant Périclès**, par Beulé. Paris, 1868, in-8°.

1261. — **Histoire de l'art judaïque**, tirée des textes sacrés et profanes, par F. de Saulcy. Paris, 1858, in-8°, fig.

1262. — **Histoire de l'art par les monuments**, depuis sa décadence au iv° siècle, jusqu'à son renouvellement au xvi°, par G.-D.-S. Leroux d'Agincourt. Paris, 1822-1823, 6 vol. in-folio.

1263. — **Histoire de la Sainte-Chapelle royale du Palais**, enrichie de planches, par Sauveur-Jérôme Morand, chanoine de ladite église, présentée à l'Assemblée nationale par l'auteur, le 1er juillet 1790. Paris, 1790, in-4°.

1264. — **Histoire de la sculpture antique**, par T.-B. Éméric-David, précédée d'une notice sur la vie et les ouvrages de l'auteur par le baron de Walckenaer, et publiée pour la première fois par Paul Lacroix. Paris, 1873, in-18.

1265. — **Histoire de la sculpture française**, par T.-B. Émeric-David, accompagnée de notes et observations par J. du Seigneur, et publiée pour la première fois par les soins de Paul Lacroix. Paris, 1872, in-18.

1266. — **Histoire de la sculpture grecque**, par Maxime Collignon. Tome Ier : *Les origines, les primitifs, l'archaïsme avancé, l'époque des grands maîtres du ve siècle;* ouvrage illustré de 11 planches hors texte en chromolithographie ou en héliogravure, et de 270 gravures dans le texte. Paris, 1892, in-4°.

1267. — **Histoire de la vie et des ouvrages de Raphaël**, par Quatremère de Quincy. Paris, 1824, in-8°.

1268. — **Histoire de la vie privée des François**, depuis l'origine de la nation jusqu'à nos jours, par Le Grand d'Aussy, avec des notes, corrections et additions, par J.-B.-B. de Roquefort. Paris, 1815, 3 vol. in-8°.

1269. — **Histoire de la ville, cité et université de Reims**, par Dom G. Marlot. Reims, 1843-1844, 4 vol. in-4°, fig.

1270. — **Histoire de la ville d'Amiens, depuis les Gaulois jusqu'en 1830**, ornée de 12 lithographies, par H. Dusevel. Amiens, 1832, 2 vol. in-8°.

1271. — **Histoire de la ville d'Aumale (Seine-Inférieure) et de ses institutions, depuis les temps les plus anciens jusqu'à nos jours**, par Ernest Semichon. Paris et Rouen, 1862, 2 vol. in-8°, fig.

1272. — **Histoire de la ville d'Autun**, connue autrefois sous le nom de Bibracte, capitale de la république des Éduens; divisée en 4 livres et ornée de gravures par J. Rosny. Autun, 1802, in-4°, avec carte et gravures.

1273. — **Histoire de la ville de Bordeaux**, par Dom Devienne, religieux bénédictin de la congrégation de Saint-Maur. Bordeaux, 1862, 2 vol. in-4°.

1274. — **Histoire de la ville de Châlons-sur-Marne et de ses institutions, depuis son origine jusqu'en 1789**, par Édouard de Barthélemy. Châlons, 1854, in-8°, fig.

1275. — **Histoire de la ville de Châlons-sur-Marne et de ses monuments, depuis son origine jusqu'à l'époque actuelle (1854)**, édition ornée de 100 planches et dessins par L. Barbat. Châlons-sur-Marne, 1855-1860, 2 vol. in-4°.

1276. — **Histoire de la ville de Clermont-Ferrand**, depuis les temps les plus reculés jusqu'à nos jours, avec lithographies, plans, blasons, portraits, sceaux, chartes, pièces justificatives, listes des ouvrages consultés, table générale des noms de famille, etc., par Ambroise Tardieu. Moulins, 1870-1872, 2 vol. grand in-4°.

1277. — **Histoire de la ville de Laon et de ses institutions**; ouvrage illustré de gravures sur bois représentant les monuments civils, religieux et autres, conservés ou détruits, de la ville de Laon, par Melleville. Laon et Paris, 1846, 2 vol. in-8°.

1278. — **Histoire de la ville de Marseille**, contenant tout ce qui s'y est passé de plus mémorable depuis sa fondation, durant le tems (*sic*) qu'elle a été République et sous la domination des Romains, Bourguignons, Visigots, Ostrogots, rois de Bourgogne, vicomtes de Marseille, comtes de Provence et de nos rois très chrétiens; recueillie de plusieurs auteurs, par Antoine de Ruffi. Marseille, 1696, 2° édition, in-folio, avec gravures.

1279. — **Histoire de la ville de Nîmes et de ses antiquités**, par H. Gautier. Paris et Nîmes, 1724, in-8°, fig.

1280. — **Histoire de la ville de Paris**, composée par D. Michel Félibien, revue, augmentée et mise au jour par D. Guy-Alexis Lobineau, tous deux prêtres religieux bénédictins de la congrégation de Saint-Maur; justifiée par des preuves authentiques et enrichie de plans, de figures et d'une carte topographique. Paris, 1725, 5 vol. in-folio.

1281. — **Histoire de la ville des Andelis et de ses dépendances** (Eure), par Brossard de Ruville, ornée de dessins sur bois par C.-Colin Cuisinier, d'Aubigny, Deroy père et fils, Cagniet, Hadol, Langlois, Lix et Thorigny, gravés par Gérard, Plon, Roch et Spiro. Les Andelis, 1863-1864, 2 vol. in-8°.

1282. — **Histoire de la ville de Toul** et de ses évêques, par Thiéry. Paris, Nancy et Toul, 1845, 2 vol. in-8°, fig.

1283. — **Histoire de la ville de Vernon et de son ancienne châtellenie** (Eure), par Edmond Meyer, ornée de 30 dessins hors texte par A. Meyer. Les Andelys, 1874-1876, 2 vol. in-4°.

1284. — **Histoire de la ville de Vienne** (Isère), depuis la domination romaine jusqu'en 1801, par Mermet aîné. Paris, 1828-1854, 3 vol. in-8°, fig.

1285. — **Histoire de la ville, du château et de l'abbaye d'Ébreuil** (Allier), par l'abbé Boudant, Moulins, 1864, in-4°, fig.

1286. — **Histoire de la ville et de l'abbaye de Saint-Amand** en Pévèle (Nord), par V. de Courmaceul. Valenciennes, 1866, in-8°.

1287. — **Histoire de la ville et des thermes de Luxeuil** (Haute-Saône), depuis les temps les plus reculés jusqu'à nos jours, par F. Grandmougin et A. Garnier. Paris, 1866, in-folio, fig.

1288. — **Histoire de la ville et de tout le diocèse de Paris**, contenant les églises de cette ville et de ses faubourgs qui sont séculières ou qui l'ont été primitivement, distribuées, les unes selon l'antiquité de leur fondation, et les autres sous celles dont elles ont dépendu ou dépendent encore, par l'abbé Lebeuf. Paris, 1754-1758, 15 tomes in-8° en 11 vol.

1289. — **Histoire de la ville et de tout le diocèse de Paris**, par l'abbé Lebeuf, annotée et continuée jusqu'à nos jours par Hippolyte Cocheris. Paris, 1863-1870, 4 vol. in-8°.

Voir l'ouvrage ci-après n° 1290.

1290. — **Histoire de la ville et de tout le diocèse de Paris**, rectifications et additions par Fernand Bournon. Paris, 1890, in-8°.

1291. — **Histoire de la ville et du château de Dreux** (Eure-et-Loir), par Mme Philippe Lemaître, avec une notice archéologique et historique sur l'église de Saint-Pierre de Dreux, par l'abbé de L'Hoste. Dreux, 1850, in-8°, fig.

1292. — **Histoire de l'église d'Autun**, par Gaignare. Autun, 1774, in-8°.

1293. — **Histoire de l'église du Mans**, par le R. P. Dom Paul Piolin. Paris, 1851-1863, 6 vol. in-8°.

1294. — **Histoire de l'église et de la paroisse de Saint-Maclou de Rouen**, par Ch. Ouin-Lacroix; lithographies de Dumée fils. Rouen, 1846, in-8°.

1295. — **Histoire de l'église et diocèse, ville et université d'Orléans**, par Symphorien Guyon. Orléans, 1647, in-folio.

1296. — **Histoire de l'église Sainte-Geneviève**, patronne de Paris et de la France, ancien Panthéon français, par Ch. Ouin-Lacroix; ornée de 10 dessins par Fréd. Legrip. Paris, 1852, in-8°.

1297. — **Histoire de l'enseignement des arts du dessin au XVIIIe siècle. L'École royale des élèves protégés**, précédée d'une étude sur l'enseignement de l'art français aux différentes époques de son histoire et suivie de documents sur l'École royale gratuite de dessin, fondée par Bachelier, par Louis Courajod. Paris, 1874, in-8°, fig.

Voir : *École royale des élèves protégés.*

1298. — **Histoire de Léonard de Vinci**, par Arsène Houssaye. Paris, 1869, in-8°, fig.

1299. — **Histoire de l'habitation humaine**, depuis les temps préhistoriques jusqu'à nos jours; texte et dessins par Viollet-le-Duc. Paris, s. d. (1875), in-8°.

1300. — **Histoire de Libourne et des autres villes et bourgs de son arrondissement** (Gironde), accompagnée de celle des monuments religieux, civils et militaires, etc., par Raymond Guinodie, fils aîné. Bordeaux, 1845, 3 vol. in-8°.

1301. — **Histoire de l'Union centrale, son origine, son présent, son avenir.** Paris, s. d., in-18.

Publication de l'*Union centrale des Beaux-Arts appliqués à l'industrie.*

1302. — **Histoire de Marcoussis** (Seine-et-Oise), de ses seigneurs et de son monastère, par V.-A. Malte-Brun. Paris, 1867, in-8°, fig.

1303. — **Histoire de Montmartre**; état physique de la butte, ses chroniques, son abbaye, sa chapelle du martyre, sa paroisse, son église et son calvaire, Clignancourt, par D.-J.-F. Cheronnet; revue et publiée par l'abbé Ottin. Paris, 1843, in-18.

1304. — **Histoire de Nantes**, par A. Guépin; 2e édition, avec dessins de Hawke et 2 plans. Nantes, 1839, in-4°.

1305. — **Histoire d'Entrain**, depuis les temps les plus reculés jusqu'à nos jours, par J.-F. Baudiau, avec divers plans et planches. Nevers, 1879, in-8°.

1306. — **Histoire de Paris** et de son influence en Europe, depuis les temps les plus reculés jusqu'à nos jours, comprenant l'histoire civile, politique, religieuse et monumentale de cette ville, au double point de vue de la formation de l'unité nationale de la France et des progrès de la civilisation dans l'Europe occidentale, par A.-J. MEINDRE. Paris, 1855, 5 vol. in-8°, fig.

1307. — **Histoire de Prades** (Pyrénées-Orientales), par E. DELAMONT. Perpignan, 1877, in-8°.

1308. — **Histoire de Provins** (Seine-et-Marne), par Félix BOURQUELOT. Provins et Paris, 1839-1840. 2 vol. in-8°, fig.

1309. — **Histoire de Saint-Calais et de ses environs**, par un membre de l'Institut des provinces de France, etc., avec vue cavalière. Le Mans et Paris, 1850, in-4°.

1310. — **Histoire de Sainte-Barbe**; collège, communauté, institution, par J. QUICHERAT. Paris, 1860-1864, 3 vol. in-8°, fig.

1311. — **Histoire de saint Gilles**; sa vie, son abbaye, sa basilique, sa ville, son pèlerinage, sa crypte et son tombeau, par l'abbé D'EVERLANGE. Avignon, 1885, in-8°, fig.

1312. — **Histoire de Saint-Maur-les-Fossés, de son abbaye, de sa péninsule et des communes des cantons de Charenton, Vincennes et Boissy-Saint-Léger**, avec le plan détaillé des lieux, des dessins des monuments celtiques, gallo-romains, etc., retrouvés ou existant encore debout sur le territoire; un glossaire, des aperçus archéologiques et étymologiques nouveaux, par Z.-J. PIÉRART. Paris, 1876, 2 vol. in-8°.

1313. — **Histoire des anciennes villes de France**; recherches sur leurs origines, sur leurs monuments, sur le rôle qu'elles ont joué dans les annales de nos provinces, par L. VITET. — Première série. Haute-Normandie : *Dieppe*. Paris, 1883, 2 vol. in-8°.

1314. — **Histoire des antiquités de la ville de Nismes et de ses environs**, par MÉNARD; ornée des gravures de tous les monuments et de celle des plus riches fragments, par J.-F.-A.-P. Nîmes, 1826, in-8°.

1315. — **Histoire des arts du dessin**, depuis l'époque romaine jusqu'à la fin du XVI° siècle, accompagnée d'un atlas composé de 58 planches, par J. RIGOLLOT. Paris, 1863-1864, 3 vol. in-8°.

1316. — **Histoire des arts industriels au moyen âge et à l'époque de la Renaissance**, par Jules Labarte. Paris, 2ᵉ édition, 1872-1875, 3 vol. grand in-4°, fig.

1317. — **Histoire des beaux-arts**, illustrée de 414 gravures représentant les chefs-d'œuvre de l'art à toutes les époques, par René Ménard. Paris, 1875, in-4°, fig.

1318. — **Histoire des Français**, depuis le temps des Gaulois jusqu'en 1880, par Théophile Lavallée. Paris, 1845, in-4°, fig.

1319. — **Histoire de Sisteron** (Basses-Alpes), tirée de ses archives, par Ed. de Laplane. Paris, 1844, 2 vol. grand in-8°, fig.

 2ᵉ vol. seulement.

1320. — **Histoire des monuments anciens et modernes de la ville de Bordeaux**, par Auguste Bordes, architecte; ornée de planches gravées sur acier par Rouargue aîné et de vignettes dessinées par Rouargue jeune et gravées par F. Quartley, illustrée de sujets divers et de lettres historiées. Paris et Bordeaux, 1845, 2 vol. in-4°.

1321. — **Histoire des nations civilisées du Mexique et de l'Amérique centrale durant les siècles antérieurs à Christophe Colomb**, écrite sur des documents originaux et entièrement inédits, puisés aux anciennes archives des indigènes, par l'abbé Brasseur de Bourbourg. Paris, 1857-1859, 4 vol. in-8°.

1322. — **Histoires des peintres de toutes les écoles**, depuis la Renaissance jusqu'à nos jours, accompagnée du portrait des peintres, de la reproduction de leurs plus beaux tableaux et du fac-similé de leurs signatures, marques et monogrammes, avec notes, recherches et indications; publiée sous la direction de Charles Blanc. Paris, 1863-1885, 14 vol. in-4° parus.

 École hollandaise, par Charles Blanc. 1863, 2 vol.

 École française, par Charles Blanc. 1865, 3 vol.

 École vénitienne, par Charles Blanc. 1868, 1 vol.

 École flamande, par Charles Blanc, Paul Mantz, Alfred Michiels, Théophile Silvestre et Alphonse Wauters, 1868, 1 vol.

 École espagnole, par Charles Blanc, W. Bürger, Paul Mantz, L. Viardot et Paul Lefort. 1869, 1 vol.

 École ombrienne et romaine, par Charles Blanc. 1870, 1 vol.

École anglaise, par W. Bürger. 1871, 1 vol.

École allemande, par Charles Blanc, Paul Mantz et Auguste Demmin. 1875, 1 vol.

Écoles milanaise, lombarde, ferraraise, génoise et napolitaine, par Charles Blanc, Marius Chaumelin et G. Lafenestre. 1876, 1 vol.

École bolonaise, par Charles Blanc et Henri Delaborde. 1877, 1 vol.

École florentine, par Charles Blanc et Paul Mantz. 1883, 1 vol.

1323. — **Histoire des plus célèbres amateurs étrangers : espagnols, anglais, flamands, hollandais et allemands**, et de leurs relations avec les artistes, par J. Dumesnil. Paris, 1860, in-8°.

1324. — **Histoire des plus célèbres amateurs français** et de leurs relations avec les artistes, par J. Dumesnil. Paris, 1856-1858, 3 vol. in-8°.

1325. — **Histoire des plus célèbres amateurs italiens** et de leurs relations avec les artistes, par J. Dumesnil. Paris, 1853-1860, 5 vol. in-8°.

1326. — **Histoire des poteries, faïences et porcelaines**, par J. Marryat; ouvrage traduit de l'anglais sur la deuxième édition et accompagné de notes et additions par le comte d'Armaillé et Salvetat, avec une préface de Riocreux. Paris, 1866, 2 vol. in-8°, fig.

1327. — **Histoire des quatre fils Aymon**, très nobles et très vaillants chevaliers; illustrée de composition en couleurs par Eugène Grasset, gravées et imprimées par Ch. Fillot. Paris, 1883, in-4°.

1328. — **Histoire des rues de Tours**, d'après un manuscrit de Logeais appartenant à la Bibliothèque publique avec des notices sur les monuments anciens et modernes, l'étymologie de chaque rue, etc., augmentée d'un nouveau plan général de la ville depuis l'annexion de Saint-Étienne, s. n. Tours, 1870, in-8°.

1329. — **Histoire des villes de France**, avec une introduction générale pour chaque province, par Aristide Guilbert et une société de membres de l'Institut, de savants, de magistrats, d'administrateurs et d'officiers généraux des armées de terre et de mer. Paris, 1844-1848, 6 vol. in-4°, avec gravures en taille-douce de Rouargue et blasons coloriés des villes.

1330. — **Histoire de Touraine**, depuis la conquête des Gaules par les Romains jusqu'à l'année 1790, suivie du dictionnaire biographique de tous les hommes célèbres nés dans cette province, par J.-L. Chalmel. Paris et Tours, 1828, 4 vol. in-8°.

1331. — **Histoire d'Obazine** et notes historiques depuis 1135 jusqu'à 1881; s. n. Obazine et Tulle, 1881, in-16.

1332. — **Histoire du Berry**, par G. Thaumas de la Thaumassière, nouvelle édition. Bourges, 1855-1868, 4 vol. in-8°.

1333. — **Histoire du Blanc et des environs** (Indre), par le docteur Gaudon. Le Blanc, 1868, in-8°.

1334. — **Histoire du château d'Arques**, par A. Deville. Rouen, 1839, in-8°, fig.

1335. — **Histoire du château de Blois**, par L. de la Saussaye. Blois et Paris, 1840, in-4°, fig.

1336. — **Histoire du château de Varey en Bugey** (Ain), par Aimé Vingtrinier. Lyon, 1872, in-8°, fig.

1337. — **Histoire du château et de la châtellenie de Douai**, des fiefs, terres et seigneuries tenus du souverain de cette ville depuis le xe siècle jusqu'en 1789, avec de nombreux renseignements généalogiques et héraldiques tirés des chartes et des sceaux, par Félix Brassart. Douai, Paris et Gand, 1877, 3 vol. in-8°.

1338. — **Histoire du château et des sires de Saint-Sauveur-le-Vicomte** (Manche), suivie de pièces justificatives, par Léopold Delisle. Valognes, Paris et Caen, 1867, in-8°.

1339. — **Histoire du Château-Gaillard** et du siège qu'il soutint contre Philippe-Auguste en 1203 et 1204, ornée de planches lithographiées ou gravées et de plusieurs vignettes, par Achille Deville. Rouen, 1829, in-4°.

1340. — **Histoire du costume en France**, depuis les temps les plus reculés jusqu'à la fin du xviiie siècle, par J. Quicherat, directeur de l'École des chartes; ouvrage contenant 481 gravures dessinées sur bois, d'après les documents authentiques, par Chevignard, Pauquet et P. Sellier. Paris, 1875, grand in-8°.

1341. — **Histoire du diocèse de Vannes**, par J.-M. Le Méné; ouvrage illustré de 86 gravures. Vannes, 1888-1889, 2 vol. in-8°.

1342. — **Histoire du jeton au moyen âge**, par Jules Rouyer et Eugène Hucher; 1re partie. Paris et Le Mans, 1858, in-8°, fig.

1343. — **Histoire du luminaire, depuis l'époque romaine jusqu'au XIXe siècle**; ouvrage contenant 500 gravures dans le texte et 80 planches hors texte imprimées en deux teintes, par Henri-René d'Allemagne. Paris, 1891, in-4°.

1344. — **Histoire du luxe** privé et public, depuis l'antiquité jusqu'à nos jours, par H. Baudrillart. Paris, 1881, 4 vol. in-8°.

1345. — **Histoire du Mont Saint-Michel au péril de la mer**; ouvrage orné de plusieurs photographies, publié par la rédaction des *Annales du Mont Saint-Michel*. Mont Saint-Michel, 1876, in-8°.

1346. — **Histoire d'une forteresse**; texte et dessins par Viollet-le-Duc, avec 8 gravures en couleur. Paris, s. d., in-8°.

1347. — **Histoire d'un hôtel de ville et d'une cathédrale**; texte et dessins par Viollet-le-Duc. Paris, 1878, petit in-4°.

1348. — **Histoire du palais de Compiègne** (Chroniques du séjour des souverains dans ce palais), écrite d'après les ordres de l'Empereur, par J. Pellassy de l'Ousle. Paris, 1862, grand in-4°, fig.

1349. — **Histoire du Pont-Neuf**, par Édouard Fournier. Paris, 1862, 2 vol. in-12, fig.

1350. — **Histoire du royal monastère de Sainct-Lomer de Blois**, de l'ordre de Saint-Benoist, par dom Noel Mars, 1646; manuscrit de la bibliothèque publique de Blois, publié textuellement, sous les auspices de la Société des sciences et lettres de Loir-et-Cher, avec notes, additions et tables, par A. Dupré. Blois, 1869, in-8°.

1351. — **Histoire du théâtre Ventadour** (1829-1879). Opéra-comique. — Théâtre de la Renaissance. — Théâtre Italien. Paris, 1881, in-8°.

1352. — **Histoire ecclésiastique de la Ville et Comté de Valentienne**, par le sire Simon Le Boucq (1650). Valenciennes, 1844, in-4°, fig.

1353. — **Histoire ecclésiastique et civile de la Bretagne**, par dom Pierre-Hyacinthe Morice. Paris, 1750, 2 vol. in-folio.

1354. — **Histoire et antiquités de la ville et du duché d'Orléans**, avec les vies des rois, ducs, comtes, vicomtes, etc., augmentée des antiquités des villes, plus les généalogies des nobles, etc., par François Le Maire. Orléans, 1648, 2° édition, in-folio.

1355. — **Histoire et description de la Tour de Crest en Dauphiné**, par E. Arnauld. Paris, 1886, in-8°.

1356. — **Histoire et description de l'église royale de Brou**, élevée à Bourg en Bresse par les ordres de Marguerite d'Autriche, entre les années 1511 et 1536, par le R. P. Pacifique Rousselet, ornée d'une lithographie. Bourg, 1826, in-12.

1357. — **Histoire et description de Notre-Dame de Melun** (Seine-et-Marne), par Bernard de la Fortelle. Melun, 1843, in-4°.

1358. — **Histoire et description des principales villes de l'Europe**. France : *Nîmes*, par D. Nisard. Paris, 1835, in-4°, fig.

1359. — **Histoire et description des tapisseries de la cathédrale d'Angers**, par L. de Farcy. Lille, s. d., in-4°.

1360. — **Histoire et description des vitraux et des statues de l'intérieur de la cathédrale de Reims**, par l'abbé V. Tourneur. Reims, 1857, in-8°, fig.

1361. — **Histoire et description du château d'Auct**, depuis le x° siècle jusqu'à nos jours; précédée d'une notice sur la ville d'Auct, terminée par un sommaire chronologique sur tous les seigneurs qui ont habité le château et sur ses propriétaires, et contenant une étude sur Diane de Poitiers, par P. D. Roussel. Paris, 1875, in-4°, planches.

1362. — **Histoire et description du Mont Saint-Michel**; texte par Le Héricher, dessins par G. Bouet, publiés par Ch. Bourdon. Caen, 1847, in-fol.

1363. — **Histoire et description du pont de Valentré, à Cahors** (Lot), par Paul Gout, architecte. Cahors, 1880, in-8°, fig.

1364. — **Histoire et description pittoresque de la cathédrale de Metz, des églises adjacentes et collégiales**, par E.-A. Bégin. Metz, 1840-1842, in-8°, fig.

1365. — **Histoire et recherches des antiquités de la ville de Paris**, par Henry Sauval, avocat au Parlement. Paris, 1733, 3 vol. in-folio.

1366. — **Histoire et statistique monumentale du département du Cher**; texte et dessins par A. Buhot de Kersers, avec carte et gravures. Paris et Bourges, 1881-1894, 7 vol. in-4°.

Ouvrage en cours de publication.

1367. — **Histoire et tableau de l'église Saint-Jean-Baptiste de Chaumont.** Église, sépulcre, chapitre, grand pardon, diablerie; par Godard. Chaumont, 1848, in-8°, fig.

1368. — **Histoire et théorie du symbolisme religieux, avant et depuis le christianisme**, contenant l'explication de tous les moyens symboliques employés dans l'art plastique, monumental ou décoratif, chez les anciens et les modernes, etc., par l'abbé Auber. Paris et Poitiers, 1870-1871, 4 vol. in-8°.

1369. — **Histoire féodale, paroissiale, bourgeoise, amoureuse, littéraire et pittoresque de la vallée de Montmorency**, par Lefeuve. Paris, 1868, in-12.

1370. — **Histoire généalogique de la Maison d'Auvergne**, justifiée par chartes, titres, histoires anciennes et autres preuves authentiques, par Baluze. Paris, 1708, 2 vol. in-folio, avec planches.

1371. — **Histoire généalogique de la Maison de Gondi** par de Corbinelli. Paris, 1705, 2 vol. in-4°.

1372. — **Histoire généalogique de la Maison du Châtelet**, branche puînée de la Maison de Lorraine, par dom A. Calmet. Nancy, 1741, in-folio.

1373. — **Histoire généalogique et chronologique de la Maison royale de France**, des grands officiers de la Couronne et de la Maison du Roy, par le P. Anselme. Paris, 1712, 2 vol. in-8°.

1374. — **Histoire générale de la faïence ancienne, française et étrangère**, considérée dans son histoire, sa nature, ses formes et sa décoration; 200 planches en couleur retouchées à la main, 1,400 marques et monogrammes, par Ris Paquot. Amiens et Paris, 1874-1876, 2 vol. in-folio.

1375. — **Histoire générale de l'architecture**, par Daniel Ramée, architecte. Paris, 1860-1862, 2 vol. in-8°, fig.

1376. — **Histoire générale de Paris**, collection de documents publiée sous les auspices de l'édilité parisienne, 22 vol. in-4°.

> En cours de publication. Voir les n°° 73, 287, 288, 366, 401, 988, 1449, 1660, 2160, 2163, 2221, 2443, 2574.

1377. — **Histoire générale des pays du Gastinois, Senonois et Hurepoix**, contenant la description des antiquitez des villes, bourgs, chasteaux, abbayes, églises et maisons nobles desdits pays, avec les généalogies des seigneurs et familles qui en dépendent, par feu R. P. dom Guillaume Morin. Paris, 1630, in-4°.

1378. — **Histoire générale du costume civil, religieux et militaire du IV° au XIX° siècle (315-1815)**, par Raphael Jacquemin, peintre graveur. Paris, s. d., in-4° et album in-folio.

1379. — **Histoire justificative de la restauration du beffroi de Valenciennes** (Nord), depuis le 22 juillet 1837 jusqu'à sa chute arrivée le 7 avril 1843, par Casimir Petiaux. Valenciennes, 1843, in-4°, fig.

1380. — **Histoire monumentale de la France**, par Anthyme Saint-Paul. Paris, 1883, in-8°, fig.

1381. — **Histoire monumentale de la ville de Lyon**, par J.-B. Monfalcon. Paris et Lyon, 1857-1866, 8 vol. in-4°, fig.

> Voir : *Lugdunensis historiæ monumenta*.

1382. — **Histoire numismatique de la Révolution française**, ou description raisonnée des médailles, monnaies et autres monuments numismatiques relatifs aux affaires de la France, depuis l'ouverture des États généraux jusqu'à l'établissement du gouvernement consulaire, par Hennin. Paris, 1826, in-4°, avec planches.

1383. — **Histoire physique civile et morale de Paris**, par J.-A. Dulaure. 7° édition augmentée de notes nouvelles et d'un appendice par J.-L. Belin. Paris, 1839, 2 vol. in-8°.

1384. — **Histoire physique, civile, morale et politique de Nancy**, ancienne capitale de la Lorraine, depuis son origine jusqu'à nos jours; avec nombre de figures et plans, par Jean Cayon. Nancy, 1846, in-4°.

1385. — **Histoire politique et religieuse de l'Église métropolitaine et du diocèse de Rouen**, par L. Fallue. Rouen, 1850-1851, 4 vol. in-8°, fig.

1386. — **Histoire populaire de Troyes et du département de l'Aube**, par Gustave Carré. Troyes, 1881, in-8°.

1387. — **Histoire religieuse et monumentale du diocèse d'Agen**, depuis les temps les plus reculés jusqu'à nos jours, par l'abbé Barrère. Agen, 1855, in-4°, fig.

1388. — **Histoire sigillaire de la ville de Saint-Omer**, par A. Hermaud et L. Duchamps de Pas. Paris, 1841, in-4°, fig.

Publication de la *Société des antiquaires de la Morinie*.

1389. — **Historical and descriptive essays accompanying a series of engraved specimens of the architectural antiquities of Normandy** (Essais historiques et descriptifs accompagnés d'une série de gravures représentant des spécimens de l'architecture ancienne de la Normandie). The subjects measured and drawn by Augustus Pugin, and engraved by John and Henry Le Keux. London, 1847, in-4°.

1390. — **Historical (The) monuments of France** (Les monuments historiques de France), by James F. Hunnewell. Boston, 1884, in-8°.

1391. — **Historique de l'ancienne église de la Marche-en-Nivernais**, canton de la Charité-sur-Loire (Nièvre), par Grasset aîné. Paris, la Charité et Nevers, 1877, in-8°, avec 3 planches.

1392. — **Historique d'un temple dédié à Apollon**, près d'Essarois, par Mignard (1850-1851), in-8°.

Extrait de la *Commission des antiquités de la Côte-d'Or*.

1393. — **Historique monumental de l'ancienne province du Limousin**, par J.-B. Tripon. Limoges, 1837, in-4°, fig.

1394. — **History (A) of painting in North Italy, from the second to the XIVth century** (Histoire de la peinture dans le nord de l'Italie, du IIe au XIVe siècle), drawn up from fresh materials after recent researchs in the archives of Italy, and from personal inspection of the works of art scattered throughout Europe, by J. A. Crowe and G. B. Cavalcaselle. London, 1864-1866, 3 vol. in-8°, fig.

1395. — **History (A) of painting in North Italy** (Histoire de la peinture dans le nord de l'Italie, du xiv° au xvi° siècle) : Venice, Padua, Vicenza, Verona, Ferrara, Milan, Friuli, Brescia; **from the XIV**[th] **to the XVI**[th] **century** drawn up from fresh materials, after recent researchs in the archives of Italy, and from personal inspection of the works of art, scattered throughout Europe, by J. A. Crowe and G. B. Calvalcaselle, with illustrations. London, 1871, 2 vol. in-8°.

1396. — **Hospitaliers de Saint-Jean-de-Jérusalem en Guyenne**, depuis le xii° siècle jusqu'en 1793. Préceptoreries, commanderies et autres possessions de l'ordre, actuellement enclavées dans le département de la Gironde, par le baron H. de Marquessac. Bordeaux, 1866, in-4°, fig.

1397. — **Hôtel Carnavalet**; album de 10 photographies par Edmonds. Paris, s. d., in-folio.

1398. — **Hôtel d'Artois**, par le comte Achmet d'Héricourt. S. d., in-4°, fig.

1399. — **Hôtel (L') de Carnavalet**; notice historique, par J.-M. Verdot. Paris, 1865, in-8°.

1400. — **Hôtel de ville de Compiègne**; notice et dessins par A. Lafollye. Paris, 1878, in-4°.

Extrait de l'*Encyclopédie d'architecture*, 1877.

1401. — **Hôtel de ville de Paris**, mesuré, dessiné, gravé et publié par Victor Calliat, architecte; avec une histoire de ce monument et des recherches sur le gouvernement municipal de Paris, par Le Roux de Lincy. Paris, 1844, grand in-folio.

1402. — **Hôtel de ville de Paris (1870 et 1871)**, album de 23 photographies par Marville. Paris, in-folio.

1403. — **Hôtel de ville (L') et la bourgeoisie de Paris**, origines, mœurs, coutumes et institutions municipales, depuis les temps les plus reculés jusqu'à 1789, par F. Rittiez. Paris, 1862, in-8°.

1404. — **Hôtel-Dieu (L') de Paris au moyen âge**, histoire et documents, par E. Coyecque. Paris, 1891, 2 vol. in-8°.

1405. — **Hôtels de ville de Dijon (Les deux premiers)**, étude historique par J. Garnier. Dijon, 1875, in-4°.

Voir : *Deux premiers hôtels de ville*.

1406. — **Hôtels (Les) historiques de Paris**, histoire, architecture, par Georges Bonnefons; précédé de quelques réflexions sur l'architecture privée par Albert Lenoir; illustrations de C. Nanteuil, d'Aubigny, Bertall, etc. Paris, 1852, in-8°.

I

1407. — **Iahrbuch der kaiserl. königl. central Commission zur Erforschung und Erhaltung der Baudenkmale** (Annales de la Commission centrale impériale-royale pour la recherche et la conservation des monuments d'architecture), redigirt von dem Commissionsmitgliede, Dr Gustav Heider. Wien, 1856, 1857, 1859, 1860 et 1861, 5 vol. in-4°, fig.

1408. — **Iconographie ancienne** ou recueil des portraits authentiques des empereurs, rois et hommes illustres de l'antiquité.

Iconographie grecque, par E.-Q. Visconti. Paris, 1811, 3 vol. in-4° et atlas in-folio.

Iconographie romaine, par E.-Q. Visconti et A. Mongez. Paris, 1817-1829, 4 vol. in-4°. — 1817, atlas in-folio, par E.-Q. Visconti.

1409. — **Iconographie chrétienne**, histoire de Dieu, par A. Didron. Paris, 1843, in-4°, fig.

Ouvrage faisant partie de la *Collection de documents inédits sur l'Histoire de France*, publiés par les soins du Ministre de l'instruction publique.

1410. — **Iconographie des sceaux et bulles conservés dans la partie antérieure à 1790 des Archives départementales des Bouches-du-Rhône**, par Louis Blancard. Marseille et Paris, 1860, 2 vol. in-folio, dont un de texte et un de planches.

1411. — **Iconographie générale et méthodique du costume du IVe au XIXe siècle (315 à 1815)**, collection gravée à l'eau-forte d'après des documents authentiques inédits, par R. Jacquemin. Paris, 1864-1866, 1 vol. in-folio (sans texte) et une série de planches coloriées supplémentaires.

1412. — **Iconographie grecque.**

1413. — **Iconographie romaine.**

Pour les deux ouvrages ci-dessus, voir : *Iconographie ancienne*, n° 1408.

1414. — **Idée générale d'un enseignement élémentaire des beaux-arts appliqués à l'industrie**, conférence faite à l'Union centrale des beaux-arts appliqués à l'industrie, le 23 mai 1866, par Eugène Guillaume. Paris, 1866, grand in-8°.

1415. — **Ille-et-Vilaine.** Paris, in-8°, avec carte coloriée et gravures.

Ouvrage faisant partie de la collection des *Géographies départementales* d'Adolphe Joanne.

1416. — **Illustration (L') nouvelle**, par une société de peintres-graveurs à l'eau-forte, publiée par Cadart. Paris, 1868-1872, 5 vol. in-folio.

1417. — **Indicateur archéologique de l'arrondissement de Civrai**, depuis l'époque antéhistorique jusqu'à nos jours, pour servir à la statistique monumentale du département de la Vienne, par P. Amédée Brouillet; précédé d'un aperçu géologique et agronomique par Brouillet père, et orné de 5 cartes monumentales cantonales et de 150 planches in-4°. Civrai, 1865, in-4°.

Indicateur archéologique de l'arrondissement de Civrai. — Canton de Couhé-Vérac. Civrai, 1866, in-4°, fig.

1418. — **Indication générale des grottes du département de la Dordogne**, par l'abbé Audierne. Périgueux, s. d., in-8°.

1419. — **Indre.** Paris, in-8°, avec carte coloriée et gravures.

1420. — **Indre-et-Loire.** Paris, in-8°, avec carte coloriée et gravures.

Les deux ouvrages ci-dessus font partie de la collection des *Géographies départementales* d'Adolphe Joanne.

1421. — **Industrie anglo-saxonne**, époque des invasions barbares, études archéologiques, par le baron J. de Baye. Paris, 1889, in-4°, avec 17 planches gravées.

1422. — **Industrie primitive (De l')**, ou des arts à leur origine, par Boucher de Perthes. Paris, 1846, in-8°, fig.

1423. — **Influence architectonique de l'église de Notre-Dame de la Grande-Sauve sur les églises des environs** (Gironde), par Léo Drouyn. Bordeaux, s. d., in-8°.

1424. — **Influence (De l') de l'opinion publique sur la conservation des anciens monuments**, discours prononcé à la séance annuelle de la Société des antiquaires de Normandie, en 1881, suivi de documents sur la tour centrale de la cathédrale de Bayeux, par V. RUPRICH-ROBERT. Paris et Caen, 1882, in-8°.

1425. — **Ingres, sa vie et ses ouvrages**, par Charles BLANC, avec un portrait du maître gravé par FLAMENG, et 12 gravures sur acier par Henriquel DUPONT, DIEN, DUBOUCHET, etc., un fac-similé d'autographe et une gravure sur bois d'après le buste d'Ingres, par BONNASSIEUX. Paris, 1870, in-8°.

1426. — **Ingres, sa vie, ses travaux, sa doctrine**, d'après les notes manuscrites et les lettres du maître, par le vicomte Henri DELABORDE; ouvrage orné d'un portrait gravé par MORSE et du fac-similé d'un autographe. Paris, 1870, in-8°.

1427. — **Inscription du XIIIe siècle de l'église de Saint-Christophe-du-Jambet** (Sarthe), par Eug. HUCHER. Mamers, 1879, in-8°.

Extrait de la *Revue historique et archéologique du Maine.*

1428. — **Inscription (L') du vase de Montans** (Tarn), par E. HUCHER. Tours, 1879, in-8°, fig.

Extrait du *Bulletin monumental.*

1429. — **Inscriptions antiques de Lyon**, reproduites d'après les monuments ou recueillies dans les auteurs, par Alph. DE BOISSIEU. Lyon, 1846-1854, grand in-4°, fig.

1430. — **Inscriptions antiques des Pyrénées**, par Julien SACAZE; avant-propos par Albert LEBÈGUE; 350 figures gravées d'après les monuments originaux. Toulouse, 1892, in-8°.

1431. — **Inscriptions campanaires de l'arrondissement de Roanne**, par J. DECHELETTE. Montbrison, 1893, in-8°.

1432. — **Inscriptions campanaires du département de l'Isère**, recueillies, annotées et illustrées par G. VALLIER. Montbéliard, 1886, in-8°.

1433. — **Inscriptions découvertes au Vieil-Évreux** (Mediolanum Aulercorum), par T. BONNIN et FETIS. Évreux, 1840, in-4°, planches.

1434. — **Inscriptions de la cité des Lemovices**, par le capitaine Em. ESPÉRANDIEU. Paris, 1891, in-8°, fig.

1435. — **Inscriptions de la France du Ve au XVIIIe siècle**, recueillies et publiées par F. DE GUILHERMY et R. DE LASTEYRIE. Tome Ier : *Ancien diocèse de Paris*. Paris, 1873-1883, 5 vol. in-4°, fig.

Ouvrage faisant partie de la *Collection de documents inédits sur l'histoire de France* publiés par les soins du Ministre de l'instruction publique.

1436. — **Inscriptions de l'ancien diocèse d'Orléans** (Archidiaconé d'Orléans), recueillies et publiées par Edmond MICHEL. Orléans, 1885, in-4°, avec gravures.

1437. — **Inscriptions (Des) et des noms de l'ancienne et de la nouvelle cloche du beffroi de Boulogne**, par François MORAND. Boulogne-sur-Mer, 1841, in-8°.

1438. — **Inscriptions (Les) grecques**, interprétées par W. FROEHNER. Paris, 1865, in-12.

Faisant partie de la collection des *Catalogues du Louvre*.

1439. — **Inscriptions grecques, romaines, byzantines et arméniennes de la Cilicie**, recueillies par Victor LANGLOIS. Paris, 1854, in-4°, fig.

1440. — **Inscriptions romaines de l'Algérie**, recueillies et publiées sous les auspices de Son Excellence M. Hippolyte FORTOUL, ministre de l'instruction publique et des cultes, par Léon RENIER. Paris, 1858, in-folio.

1441. — **Inscriptions tumulaires des XIe et XIIe siècles à Saint-Benoît-sur-Loire; moulage de ces monuments épigraphiques, calques annexés à cette étude**, par BOUCHER DE MOLANDON. Orléans 1884, in-8°, planches.

Extrait des *Mémoires de la Société archéologique et historique de l'Orléanais*.

1442. — **Inscription trouvée à Monthureux (Vosges) et déposée au musée d'Épinal**. Épinal, 1841, in-8°.

Extrait des *Annales de la Société d'émulation des Vosges*.

1443. — **Inspection des monuments historiques**, par DE CAUMONT. Caen, 1844, in-8°, fig.

Extrait du *Bulletin monumental*, t. X.

1444. — **Instructions du Comité historique des arts et monuments.** Paris, 1837-1849, in-4°, fig.

Architecture gallo-romaine et architecture du moyen âge, par Mérimée, A. Lenoir, A. Leprévost et Lenormant.

Architecture militaire au moyen âge, par Mérimée et A. Lenoir.

Instructions sur la musique, par Bottée de Toulmon.

Extrait de la *Collection des documents inédits sur l'Histoire de France* publiés par les soins du Ministre de l'instruction publique.

1445. — **Instructions sur la musique**, par Bottée de Toulmon.

Voir le numéro précédent.

1446. — **Intervention de l'État dans l'enseignement des beaux-arts**, par E. Viollet-le-Duc. Paris, 1864, in-8°.

1447. — **Introduction à la fortification**, album de planches gravées par N. de Fer, avec table. Paris, s. d. (fin du xvii° siècle), in-4° oblong.

1448. — **Introduction à l'Histoire de France**, ou description physique, politique et monumentale de la Gaule, jusqu'à l'établissement de la monarchie, par Achille de Jouffroy et Ernest Breton. Paris, 1838, in-folio, fig.

1449. — **Introduction à l'histoire générale de Paris.** Paris, 1866, in-4°.

Ouvrage faisant partie de l'*Histoire générale de Paris*.

1450. — **Inventaire de la collection d'estampes relatives à l'histoire de France léguée, en 1863 à la Bibliothèque nationale par Michel Hennin**, rédigé par Georges Duplessis. Paris, 1877-1884, 5 vol. in-8°, dont un de table.

1451. — **Inventaire des archives des châteaux bretons; archives du château de Saffré, 1394-1610**, par le marquis de l'Estourbeillon. Vannes, 1893, in-8°.

1452. — **Inventaire de dessins et estampes relatifs au département de l'Aisne**, recueillis et légués à la Bibliothèque nationale, par Édouard Fleury, rédigé par H. Bouchot. Paris, 1887, in-8°.

1453. — **Inventaire des dessins exécutés pour Roger de Gaignières et conservés aux départements des estampes et des manuscrits**, par Henri Bouchot. Paris, 1891, 2 vol. in-8°.

1454. — **Inventaire des monuments mégalithiques de France**, s. n. Paris, 1880, in-8°.

Extrait du *Bulletin de la Société d'anthropologie de Paris*.

1455. — **Inventaire des monuments mégalithiques du département des Côtes-du-Nord**, par Gaston DE LA CHENELIÈRE. Saint-Brieuc, 1881, in-8°.

Extrait des *Mémoires de la Société d'émulation des Côtes-du-Nord*.

1456. — **Inventaire des monuments mégalithiques du département d'Ille-et-Vilaine**, par P. BÉZIER. Rennes, 1883, in-8°, fig.

1457. — **Inventaire des objets d'art et d'antiquité des églises paroissiales de Bruges**, dressé par la Commission provinciale, avec gravures. Bruges, 1848, in-8°.

1458. — **Inventaire des sceaux de la collection Clairambault**, à la Bibliothèque nationale, par G. DEMAY. Paris, 1885-1886, 2 vol. in-4°.

Ouvrage faisant partie de la *Collection de documents inédits sur l'Histoire de France* publiés par les soins du Ministre de l'instruction publique.

1459. — **Inventaire des sceaux de la Flandre**, recueillis dans les dépôts d'archives, musées et collections particulières du département du Nord; ouvrage accompagné de 30 planches photoglyptiques, par G. DEMAY. Paris, 1873, 2 vol. in-4°.

1460. — **Inventaire du mobilier de Charles V, roi de France**, publié par Jules LABARTE. Paris, 1879, in-8°, avec 3 planches chromolithographiées.

Ouvrage faisant partie de la *Collection de documents inédits sur l'Histoire de France* publiés par les soins du Ministre de l'instruction publique.

1461. — **Inventaire du trésor de la cathédrale d'Auxerre**, par BONNEAU, MONCEAUX et F. MOLARD, précédé d'une histoire de l'ancien trésor par F. MOLARD. Auxerre, 1892, in-8°, fig.

1462. — **Inventaire (L') et le chartrier de l'hôpital Saint-Jean d'Angers** (1877), par Célestin PORT. Angers, 1877, in-8°.

1463. — **Inventaire général des œuvres d'art appartenant à la ville de Paris**, dressé par le service des Beaux-Arts, 9 vol. in-8°.

Édifices civils, tomes I et II (1878 à 1889).

Édifices religieux, tomes I, II, III et IV (1878 à 1886).

Édifices départementaux : hors Paris, arrondissement de Saint-Denis (1879); arrondissement de Sceaux (1880).

Édifices départementaux : dans Paris (1883).

En cours de publication.

1464. — **Inventaire général des richesses d'art de la France.** 11 vol. in-8° actuellement parus.

Paris, *Monuments civils*, tomes I et II (1879 à 1889).

Paris, *Monuments religieux*, tomes I et II (1876 à 1888).

Province, *Monuments civils*, tomes I, II, III et V (1878 à 1891).

Province, *Monuments religieux*, tome I (1886).

Archives, 1re et 2e partie (1883 à 1886).

Ouvrage publié par le Ministère de l'instruction publique et des beaux-arts.

1465. — **Isère.** Paris, in-8°, avec carte coloriée et gravures.

Ouvrage faisant partie de la collection des *Géographies départementales* d'Adolphe Joanne.

1466. — **Isolement et restauration de l'église Notre-Dame de Saint-Omer** (Pas-de-Calais); relation de la cérémonie de la bénédiction de la pose de la première pierre de la chapelle absidale, le 20 septembre 1868. Saint-Omer, 1868, in-8°.

1467. — **Italie (L') monumentale,** par Eugène Piot. Paris, 1853, planches in-folio (sans texte).

1468. — **Itinéraire archéologique de Paris,** illustré de 15 gravures sur acier et 22 vignettes sur bois d'après les dessins de Charles Fichot, par F. de Guilhermy, membre du Comité de la langue, de l'histoire et des arts de la France et de la Commission des édifices religieux. Paris, 1855, in-12.

1469. — **Itinéraire de la vallée de Montmorency,** à partir de la porte Saint-Denis à Pontoise inclusivement; 2e partie contenant la description complète de la ville de Saint-Denis, de son abbaye, de l'île de Saint-Denis, depuis leur origine jusqu'à nos jours; suivie de la biographie des rois, reines, etc., et d'un tableau statistique et chronologique de tous les événements remarquables, depuis le commencement du règne de Louis XVI jusqu'en 1830, etc., par L.V. FLAMAND-GRÉTRY. Paris, 1840, in-8°, fig. et plans.

1470. — **Itinéraire du visiteur des principaux monuments d'Arles et des environs**, par le chanoine J.-M. TRICHAUD. Arles, 1880, petit in-8°.

1471. — **Itinéraire général de la France**, par Adolphe JOANNE : 1° Bretagne; 2° Bourgogne et Morvan; 3° Auvergne, Dauphiné, Provence, Alpes-Maritimes, Corse; 4° la Loire et le Centre; 5° les environs de Paris; 6° le Nord; 7° la Normandie et les îles anglaises; 8° Vosges et Ardennes; 9° les Pyrénées; 10° Auvergne et Savoie, petit in-18. Paris, 1863-1878, 9 vol. grand in-18.

Collection des guides généraux pour la France.

1472. — **Itinéraire historique et descriptif de l'Algérie**, de Tunis à Tanger, par Louis PIESSE; contenant une carte générale de l'Algérie, une carte spéciale de chacune des trois provinces, une carte de la Mitidja et une carte des environs de Tunis. Paris, 1874, grand in-18.

Collection des *Guides Joanne*.

1473. — **Itinerarium Galliæ** (Iodoci SINCERI), ita accomodatum ut ejus ducti mediocri tempore tota Gallia obiti, Anglia et Belgium adiri possint; nec bis serve ad eadem loca rediri oporteat; notatis cujuscunque loci quas vocant deliciis; cum appendice de Burdigalia, ac iconibus urbium præcipuarum illustratum. Amsterdam, 1655, in-12.

J

1474. — **Jacques-Albert Gérin**, peintre valenciennois du XVIIe siècle; réponse à Paul FOUCART par Paul MARMOTTANT. Paris, 1893, in-8°.

1475. — **Jacques Juliot et les bas-reliefs de l'église Saint-Jean de Troyes**, par Albert BABEAU. Troyes, 1886, in-8°.

1476. — **Japon (Le) artistique**; documents d'art et d'industrie réunis par S. BING. Paris, 1888-1891, 3 vol. in-4°, avec planches coloriées et gravées.

1477. — **Jean de la Huerta, Antoine Le Moiturier et le tombeau de Jean sans Peur,** par Henri Chabeuf. Dijon, 1891, in-8°.

1478. — **Jeanne d'Arc à Domremy;** recherches critiques sur les origines de la mission de la Pucelle, accompagnées de pièces justificatives, par Siméon Luce. Paris, 1886, in-8°.

1479. — **Jéhan Perréal, Clément Trie et Édouard Grand;** biographies par E.-L.-G. Charvet. Lyon, 1874, grand in-8°, fig.

Voir : *Biographies d'architectes,* n° 314.

1480. — **Jerusalem explored,** being a description of the ancient and modern city, with numerous illustrations, consisting of views, ground plans and sections (Jérusalem explorée, description de la cité ancienne et moderne, avec de nombreuses illustrations consistant en vues, plans et coupes), by Ermete Pierotti architect-engineer to his Excellency Surraya Pasha of Jerusalem, translated by Th. George Bonney, M.-A.-F.-G.-S. London, 1864, 2 vol. grand in-4°, fig.

1481. — **Jésus-Christ,** par Louis Veuillot, avec une étude sur l'art chrétien par E. Cartier; ouvrage contenant 180 gravures exécutées par Huyot père et fils, et 16 chromolithographies, d'après les monuments de l'art depuis les catacombes jusqu'à nos jours. Paris, 1875, in-4°.

1482. — **Jeton au lion de Saint-Marc,** du maître de la monnaie de Bruges, Marc le Buigneteur, par Eug. Hucher. Paris, s. d., in-8°.

Extrait de l'*Annuaire de la Société française de numismatique et d'archéologie.*

1483. — **Jeton de Jehan III de Daillon,** comte de Lude, baron d'Illiers, par E. Hucher. 1882, in-8°.

Extrait de la *Revue historique et archéologique du Maine.*

1484. — **Jodoci Sinceri itinerarium Galliæ.** Amstelodami, 1655, in-12, fig.

Voir : *Itinerarium Galliæ.*

1485. — **Jost Amman's Wappen und Hammbuch** (Livre d'armoiries et d'allégories de Jost Amman), Franckfort A.-M. bei Sigm. Feyrabend, 1589. — In facsimile reproduction. Munich, George Hirth, 1881, 1 vol. in-8° carré.

1486. — **Journal de la Société d'archéologie lorraine.**

Voir : *Société d'archéologie lorraine.*

1487. — **Journal des conseils de fabriques et du contentieux du Culte.** Paris, 1874-1880, 7 vol. in-8°.

Publication périodique.

1488. — **Journal des guerres civiles de Dubuisson-Aubenay** (1648-1652), publié par Gustave Saige. Paris, 1883-1885, 2 vol. in-8°.

1489. — **Journal d'Olivier Lefèvre d'Ormesson et extraits des mémoires d'André Lefèvre d'Ormesson** (1643-1672), publiés par Chéruel. Paris, 1860-1861, 2 vol. in-4°.

Ouvrage faisant partie de la *Collection de documents inédits sur l'Histoire de France* publiés par les soins du Ministre de l'instruction publique.

1490. — **Journal d'un bourgeois de Paris** (1405-1449), publié d'après les manuscrits de Rome et de Paris, par Alexandre Tuetey. Paris, 1881, in-8°.

1491. — **Journal d'un curé ligueur de Paris, sous les trois derniers Valois**, suivi du journal du secrétaire de Philippe du Bec, archevêque de Reims, de 1588 à 1605, publiés pour la première fois et annotés par Édouard de Barthélemy. Paris, s. d., in-18.

1492. — **Journal d'un sculpteur florentin au XVe siècle. Livre de souvenirs de Maso di Bartolommeo, dit Masaccio**; manuscrits conservés à la bibliothèque de Prato et à la Magliabecchiana de Florence, par Charles Yriarte; ouvrage orné de 47 illustrations. Paris, 1894, in-4°.

1493. — **Journal du voyage du cavalier Bernin en France**, par de Chantelou; manuscrit inédit, publié et annoté par Ludovic Lalanne. Paris, 1885, grand in-8°, fig.

1494. — **Journal historique de Vitré**, ou documents et notes pour servir à l'histoire de cette ville, accompagnés de nombreuses listes, de 6 plans et de 3 planches de sceaux, par l'abbé Paul Paris-Jallobert. Vitré, 1880, in-4°.

1495. — **Joyaux (Les) du duc de Guyenne**; recherches sur les goûts artistiques et la vie privée du dauphin Louis, fils de Charles VI, par Léopold Pannier. Paris, 1873, in-4°, fig.

1496. — **Jubé (Le) du cardinal Philippe de Luxembourg à la cathédrale du Mans**, décrit d'après un dessin d'architecte du temps et des documents inédits, et reproduit en fac-similé par Eugène Hucher. Le Mans, 1875, grand in-folio.

1497. — **Jugement (Le) dernier de Michel-Ange Buonarotti**, accompagné d'un texte explicatif et historique, dessiné d'après l'original, lithographié et publié par Guillemot. Paris, 1828, in-folio.

1498. — **Jugement (Le) dernier, retable de l'Hôtel-Dieu de Beaune;** monographie par J.-B. Boudrot, ornée de deux planches à l'eau-forte. Beaune, 1875, in-4°.

1499. — **Jura.** Paris, in-8°, avec carte coloriée et gravures.

Ouvrage faisant partie de la collection des *Géographies départementales* d'Adolphe Joanne.

1500. — **Justi Lipsii de cruce;** libri tres ad sacram profanamque historiam utiles, una cum notis, editio ultima. Amstelodami, 1670, in-12.

Voir : *Cruce* etc.

K

1500 a. — **Keepsake illustré du chemin de fer de Paris à Bordeaux, la Teste, Arcachon et Cordouan;** 56 vues dessinées d'après nature par A. Deroy, Tirpenne, Philippe et Félon; lithographiées par Deroy, etc. Blois, s. d., in-8° oblong.

L

1501. — **Lance (Adolphe), sa vie, ses œuvres, son tombeau,** par Ch. Lucas. Paris, 1875, in-8°, fig.

Voir : Adolphe Lance.

1502. — **Landes.** Paris, in-8°, avec carte coloriée et gravures.

Ouvrage faisant partie de la collection des *Géographies départementales* d'Adolphe Joanne.

1503. — **La plus ancienne gravure connue avec une date;** mémoire par le baron de Reiffenberg, avec un fac-similé. Bruxelles, 1845, in-4°.

1504. — **La Rochelle et ses environs**, avec un précis historique de A. DE QUATREFAGES et un nouveau plan de cette ville. La Rochelle, 1866, in-12.

1505. — **La Rochelle et son arrondissement**; histoire, description, monuments, paysages; 60 gravures à l'eau-forte; s. n. La Rochelle, s. d., in-fol.

1506. — **Larressingle en Condomois**; description et histoire par Georges THOLIN et Joseph GARDÈRE, avec 3 planches par Pierre BENOUVILLE. Auch, 1892, in-8°.

1507. — **Laurentin (Le), maison de campagne de Pline le Consul**, restitué d'après sa lettre à Gallus, gravé et publié par Jules BOUCHET. Paris, 1852, in-4°, fig.

1508. — **Leçons de perspective**, par PÉQUÉGNOT. Paris, 1872, in-4° et album de 82 figures.

1509. — **Légende dorée (La)**, par Jacques de VORAGINE, traduite du latin et précédée d'une notice historique et bibliographique par G. B. Paris, 1843, 2 vol. in-8°.

1510. — **Le Havre d'autrefois (1516-1840)**; reproductions d'anciens tableaux, dessins, gravures et antiquités se rattachant à l'histoire de cette ville; eaux-fortes par Léon GAUCHEREL, Léopold FLAMENG, Ad. LALAUZE, J. ADELINE, E. SADOUX, etc.; dessins par H. SCOTT, E. RIOU, D. LANCELOT, etc.; gravures sur bois par PENNEMAKER père, J. HUGOT, etc.; photogravures de GOUPIL, P. DUJARDIN, QUINSAC, etc.; chromolithographies de la maison LEMERCIER et Cie, texte par Charles ROESSLER. Paris, 1875, in-8°.

Voir : *Havre*.

1511. — **Léopold Robert**, d'après sa correspondance inédite, par Charles CLÉMENT. Paris, 1875, in-8°.

1512. — **Les de Royers de la Valfenière**, biographie par Léon CHARVET. Lyon, 1870, gr. in-8°, fig.

Voir : *Biographies d'architectes*, n° 314.

1513. — **Les plus excellents bâtiments de France**, par J. A. DU CERCEAU, sous la direction de H. DESTAILLEUR; gravés en fac-similé par Faure DUJARRIC; nouvelle édition, augmentée de planches inédites de DU CERCEAU. Paris, 1868, 2 vol. in-folio.

1514. — Lettre adressée à Messieurs composant le comité du Musée historique lorrain, par Noel. Nancy, 1851, in-8°.

1515. — Lettre à Messieurs les Ministres de l'intérieur et de l'instruction publique, relative à quelques monuments découverts sur le sol lyonnais depuis 1841 jusqu'à nos jours, par Commarmond. Lyon, 1846, in-8°.

1516. — Lettre à M. de Caumont sur une inscription commémorative de la dédicace de l'église des Bénédictins de Moissac (Tarn-et-Garonne), sous le vocable de Saint-Pierre, et sur les fondements de laquelle a été construite celle existant aujourd'hui, par le baron Chaudruc de Crazannes. Paris et Caen, 1852, in-8°.

1517. — Lettre à M. de Caumont sur une inscription du cloître de Moissac, commémorative de la construction de ce monument, par le baron de Crazannes. Paris et Caen, 1853, in-8°, fig.

Les deux ouvrages ci-dessus sont extraits du *Bulletin monumental*, publié à Caen par de Caumont.

1518. — Lettre à M. le duc de Luynes, membre de l'Institut, sur quelques types de l'art chrétien, dessinés par ses soins dans le département de la Somme, par H. Dusevel. Abbeville, 1853, in-4°.

1519. — Lettres de Léon Chédeville, sculpteur, grand prix de l'Union centrale en 1869, à E. Guichard, ancien président de l'Union centrale des Beaux-Arts appliqués à l'industrie. Paris, 1875, in-8°, fig.

1520. — Lettres du cardinal Mazarin pendant son ministère, recueillies et publiées par A. Chéruel. Paris, 1872-1890, 6 vol. in-4°.

Ouvrage faisant partie de la *Collection de documents inédits sur l'Histoire de France*, publiés par les soins du Ministre de l'instruction publique.

1521. — Lettres, instructions diplomatiques et papiers d'État du cardinal de Richelieu, recueillis et publiés par Avenel. Paris, 1853-1877, 8 vol. in-4°.

Ouvrage faisant partie de la *Collection de documents inédits sur l'Histoire de France*, publiés par les soins du Ministre de l'instruction publique.

1522. — Lettres sur la restauration de la flèche d'Orbais (Marne), à Noël-Bougart, par Louis Courajod. Épernay, 1869, in-8°, fig.

1523. — **Lettres sur le département de la Somme**, par H. Dusevel. Amiens, 1840, in-8°.

1524. — **Lettres sur l'enlèvement des ouvrages de l'art antique à Athènes et à Rome**, écrites, les unes au célèbre Canova, les autres au général Méranda, par Quatremère de Quincy. Paris, 1836, in-8°.

1525. — **Lettre sur les éléments de la gravure à l'eau-forte**, par A. Potémont. Paris, 1864, in-fol. fig.

1526. — **Lettre sur Nîmes et le Midi**; histoire et description des monuments antiques du midi de la France, par J. F. A. Perrot. Nîmes, 1840, 2 vol. in-8°, fig.

1527. — **Lettre sur une mosaïque antique, inédite, récemment découverte dans l'enclos du ci-devant couvent des religieuses Claristes à Cahors**, par le baron Chaudruc de Crazannes. Montauban, s. d., in-8°, fig.

1528. — **Lexique des termes d'art**, avec 1,400 figures, par Jules Adeline. Paris, in-4° anglais.

Ouvrage faisant partie de la *Bibliothèque de l'Enseignement des Beaux-Arts*.

1529. — **Ligier Richier, sculpteur lorrain**; étude sur sa vie et ses ouvrages, par C.-A. Dauban. Paris, 1861, in-8°.

1530. — **Ligula (La)**, ossia quell' istrumento da tavola di cui gli antichi facevan uso in vece della nostra forchetta (instrument dont les anciens faisaient usage à la place de notre fourchette), breve dissertazione di Giovanni Pagano. Napoli, 1830, in-8°.

1531. — **Li livres dou tresor**, par Brunetto-Latini, publié pour la première fois d'après les manuscrits de la Bibliothèque impériale, de la bibliothèque de l'Arsenal et plusieurs manuscrits des départements et de l'étranger, par P. Chabaille. Paris, 1863, in-4°.

Ouvrage faisant partie de la *Collection de documents inédits sur l'Histoire de France*, publiés par les soins du Ministre de l'instruction publique.

1532. — **Linard Gontier et ses fils**, peintres verriers, par Albert Babeau. Troyes, 1888, in-8°.

1533. — **Liste critique et descriptive des monuments mégalithiques du département de la Creuse**, par de Cessac. Paris, 1881, in-8°.

Extrait de la *Revue archéologique* (1881).

— 154 —

1534. — **Liste des récompenses décernées aux exposants français par le jury international.** Exposition universelle de Vienne, 1873.

1535. — **Livre (Le), impression, reliure,** par Bouchot. Paris, in-4° anglais, fig.

Ouvrage faisant partie de la *Bibliothèque de l'Enseignement des Beaux-Arts*.

1536. — **Livre de diverses perspectives et paysages faits sur le naturel,** par Israël Silvestre. Paris, 1651, petit in-folio oblong.

1537. — **Livre de l'architecture (Le),** par Wendel-Dietterlin; recueil de planches donnant la division, symétrie et proportion des cinq ordres appliqués à tous les travaux d'art qui en dépendent, tels que fenêtres, cheminées, chambranles, portails, fontaines et tombeaux. Liège et Paris, 1862, 2 vol. in-folio, fig.

1538. — **Livre (Le) de Ruth,** traduit de la Sainte-Bible, par Lemaistre de Sacy, dessins de Bida. Paris, 1876, in-folio, fig.

Édition sur papier vélin.

1539. — **Livre des peintres et des graveurs (Le),** par Michel de Marolles, abbé de Villeloin; 2ᵉ édition de la bibliothèque elzévirienne, revue et annotée par Georges Duplessis. Paris, 1872, in-16.

1540. — **Livre (Le) d'or du salon de peinture et de sculpture,** de l'origine (1869) à 1891, rédigé par G. Lafenestre. Paris, 13 vol. in-4°, avec gravures à l'eau-forte.

1541. — **Livret-catalogue des objets d'art et de curiosité du musée d'Étampes,** précédé du règlement; s. n. Étampes, 1875, in-16.

1542. — **Livrets des anciennes expositions depuis 1673 jusqu'en 1800.** Paris, 1869-1872, 42 vol. in-12.

1543. — **Livrets des expositions de l'académie de Saint-Luc, à Paris,** pendant les années 1751, 1752, 1753, 1756, 1762, 1764 et 1774, avec une notice bibliographique et une table, par J. J. Guiffrey. Paris, 1872, in-12.

Voir : N° 460 et le numéro ci-dessus.

1544. — **Loire.** Paris, in-8°, avec carte coloriée et gravures.

Ouvrage faisant partie de la *Collection des Géographies départementales* d'Adolphe Joanne.

1545. — **Loire (La) historique, pittoresque et biographique**, de la source de ce fleuve à son embouchure dans l'Océan, par G. Touchard-Lafosse; illustré de 62 gravures sur acier, de plus de 300 têtes de pages, culs-de-lampes, lettres ornées, etc., et de 3 cartes du fleuve avec tracé des chemins de fer. Tours, 1851, 5 vol. in-8°.

1546. — **Loire-Inférieure.** Paris, in-8°, avec carte coloriée et gravures.

1547. — **Loiret.** Paris, in-8°, avec carte coloriée et gravures.

1548. — **Loir-et-Cher.** Paris, in-8°, avec carte coloriée et gravures.

1549. — **Lot.** Paris, in-8°, avec carte coloriée et gravures.

1550. — **Lot-et-Garonne.** Paris, in-8°, avec carte coloriée et gravures.

Les cinq ouvrages ci-dessus font partie de la collection des *Géographies départementales* d'Adolphe Joanne.

1551. — **Louis David, son école et son temps;** souvenirs par E.-J. Delécluze. Paris, 1855, in-8°.

Voir : *David (Louis)*.

1552. — **Louvre (Le) et les Tuileries;** précis historique et critique de la construction de ces palais jusqu'au commencement du xix° siècle, suivi de notice sur les premiers architectes qui ont participé à leur élévation, par Ch. Bauchal. Paris, 1882, in-8°.

1553. — **Louvre (Le) intime,** par Charles Galbrun. Paris, 1894, in-8°.

1554. — **Lozère.** Paris, in-8°, avec carte coloriée et gravures.

Ouvrage faisant partie de la collection des *Géographies départementales* d'Adolphe Joanne.

1555. — **Lugdunensis historiæ monumenta,** inde a colonia condita, usque ad sæculum quartum decimum; edidit et annotavit Joannes-Baptista Monfalcon. Lugduni, 1860-1866, 2 vol. in-4°, fig.

Voir : *Histoire monumentale de la ville de Lyon,* tomes VII et VIII.

1556. — **Lusignan-Grand** (Lot-et-Garonne), arrondissement d'Agen, canton du Port-Sainte-Marie; notice historique, histoire locale, origine, par Dubernet de Boscq. Agen, 1867, in-8°.

1557. — **Lyon ancien et moderne,** par les collaborateurs de la *Revue du Lyonnais,* sous la direction de Léon Boitel; avec des gravures à l'eau-forte et des vignettes sur bois, par H. LEYMARIE. Lyon, 1836, 2 vol. in-8°.

1558. — **Lyon antique**, restauré d'après les recherches et documents de F.-M. ARTAUD, ancien directeur du Musée et conservateur des monuments antiques de la ville de Lyon, par A.-M. CHENAVARD. Paris, 1850, in-folio, fig.

M

1559. — **Madracen (Le)**; rapport fait par le grand rabbin Ab. CAHEN. Constantine, 1873, in-8°.

1560. — **Magasin (Le) pittoresque, années 1833-1894.** Paris, 62 vol. in-4°, orné de nombreuses gravures dans le texte, avec tables, de 1833 à 1872, et de 1873 à 1888.

Publication périodique.

1561. — **Magdeleine (La)**, à Paris, par Ed. GOURDON. S. d., in-8°, fig.

1562. — **Magii (Hieronymi) Anglarensis de Equuleo** liber postumus, cum notis Goth. JUNGERMANNI, accedit appendix virorum illustrium, idem argumentum pertractantium; editio figuris æneis exornata. Amstelodami, 1664, in-12.

Voir n° 2689.

1563. — **Magii (Hieronymi) Anglarensis de tintinnabulis** liber postumus Franciscus SWEERTIUS F. antverp. notis illustrabat. Editio novissima aucta, emendata et figuris æneis exornata. Amstelodami, 1664, in-12.

1564. — **Mahaut, Comtesse d'Artois et de Bourgogne**; étude sur la vie privée, les arts et l'industrie en Artois et à Paris, au commencement du xiv° siècle, par Jules-Marie RICHARD. Paris, 1887, in-8°.

1565. — **Maine (Le) et l'Anjou** historiques, archéologiques et pittoresques; recueil des sites et des monuments les plus remarquables sous le rapport de l'art et de l'histoire des départements de la Sarthe, de la Mayenne et de Maine-et-Loire, dessinés par le baron DE WISMES, lithographiés par les meilleurs artistes de Paris et accompagnés d'un texte historique, archéologique et descriptif par le baron DE WISMES. Nantes et Paris, s. d., 2 vol. in-folio.

1566. — **Maine-et-Loire.** Paris, in-8°, avec carte coloriée et gravures.

Ouvrage faisant partie de la collection des *Géographies départementales* d'Adolphe Joanne.

1567. — **Maison (La) basque;** notes et impressions, par Henri O'Shea, illustrations de Ferdinand Corrèges. Bayonne, 1889, in-8°.

1568. — **Maison (La) dite de la reine Bérengère au Mans** (Maison de Corvaissier de Courteilles), par Robert Triger; notice illustrée de 27 planches ou dessins. Mamers, 1892, in-8°.

1569. — **Maisons d'hommes célèbres,** par André Saglio. Paris, 1893, petit in-8° illustré de 42 gravures.

Ouvrage faisant partie de la *Bibliothèque des merveilles*.

1570. — **Maisons (Les) du vieux Nancy;** eaux-fortes par E. Thiéry et Léon Mougenot. Nancy, 1861, in-8°.

1571. — **Maisons et écoles communales de la Belgique,** dessinées et mesurées par Blandot, et accompagnées d'un texte descriptif et explicatif. Paris et Liège, 1869, in-folio.

1572. — **Maîtres (Les) anciens et contemporains;** œuvres choisies dans les musées et collections particulières, par Ed. Lièvre, avec le concours des artistes les plus distingués. Paris, 1874, in-folio, fig.

1573. — **Maîtres (Les) dans les arts du dessin,** par Lélius; édition illustrée de 25 portraits gravés sur acier d'après les tableaux originaux du Louvre et des galeries de Florence, frontispice d'après Paul Véronèse. Paris, 1868, in-folio.

1574. — **Maîtres (Les) d'autrefois. Belgique-Hollande,** par Eugène Fromentin. Paris, 1876, in-12.

1575. — **Maîtres (Les) italiens au service de la maison d'Autriche.** Léone Leoni, sculpteur de Charles-Quint, et Pompeo Leoni, sculpteur de Philippe II, par Eugène Plon; eaux-fortes de Paul Le Rat. Paris, 1887, in-4°.

1576. — **Manche.** Paris, in-8°, avec carte coloriée et gravures.

Ouvrage faisant partie de la collection des *Géographies départementales* d'Adolphe Joanne.

1577. — **Mandements et actes divers de Charles V** (1364-1380), recueillis dans les collections de la Bibliothèque nationale, publiés ou analysés par Léopold Delisle. Paris, 1874, in-4°.

> Ouvrage faisant partie de la *Collection de documents inédits sur l'Histoire de France* publiés par les soins du Ministre de l'instruction publique.

1578. — **Manonville et ses seigneurs**, par Henri Lefebvre. Nancy, 1891, in-8°, fig.

1579. — **Manuel d'architecture religieuse au moyen âge**; résumé de la doctrine des meilleurs auteurs, par J.-F.-A. Peyré; enrichi de figures explicatives par Tony Desjardins. Paris, 1848, in-12.

1580. — **Manuel de l'histoire de la peinture**; écoles allemande, flamande et hollandaise, par G.-F. Waagen; traduction par Hymans et J. Petit, avec un grand nombre d'illustrations. Bruxelles, Leipzig, Gand, Paris, 1863, 3 vol. in-8°.

1581. — **Manuel de numismatique ancienne**, par Hennin; atlas contenant un choix des plus belles pièces des peuples, villes et rois. Paris, 1869, in-8°.

1582. — **Manuel d'épigraphie suivi du recueil des inscriptions du Limousin**, par l'abbé Texier. Poitiers, in-8°, fig.

1583. — **Manuel du bibliographe normand**, ou dictionnaire bibliographique et historique contenant : 1° l'indication des ouvrages relatifs à la Normandie, depuis l'origine de l'imprimerie jusqu'à nos jours; 2° des notes biographiques, critiques et littéraires sur les écrivains normands, sur les auteurs de publications se rattachant à la Normandie et sur diverses notabilités de cette province; 3° des recherches sur l'histoire de l'imprimerie, par Édouard Frère. Rouen, 1858-1860, 2 vol. in-4°.

1584. — **Manuel du libraire et de l'amateur de livres**, par Jacques-Charles Brunet. Paris, 1860-1865, 6 tomes en 12 vol. in-8°.

1585. — **Manuel du libraire et de l'amateur de livres**, supplément au précédent par P. Deschamps et G. Brunet. Paris, 1878, 2 vol. in-8°.

1586. — **Manuscrits (Les) de Léonard de Vinci**, publiés en fac-similés phototypiques, avec transcriptions littérales, traductions françaises, avant-propos et tables méthodiques, par Charles Ravaisson-Mollien. Paris, 1888, 6 vol. in-folio.

1587. — **Manuscrits (Les) et la miniature**, par Lecoy de la Marche. Paris, in-4° anglais, fig.

Ouvrage faisant partie de la *Bibliothèque de l'Enseignement des Beaux-Arts*.

1588. — **Manuscrits (Les) et l'art de les orner**; ouvrage historique et pratique, illustré de 300 reproductions et miniatures, bordures et lettres ornées, par Alp. Labitte. Paris, 1893, in-4°.

1589. — **Marne**. Paris, in-8°, avec carte coloriée et gravures.

Ouvrage faisant partie de la collection des *Géographies départementales* d'Adolphe Joanne.

1590. — **Mausolée du cardinal de Janson** à la cathédrale de Beauvais, par l'abbé Barraud. Beauvais, 1868, in-8°, fig.

1591. — **Mayenne**. Paris, in-8°, avec carte coloriée et gravures.

Ouvrage faisant partie de la collection des *Géographies départementales* d'Adolphe Joanne.

1592. — **Médailleurs (Les) de la Renaissance**; histoire, institutions, mœurs, monuments, biographies du xve au xviie siècle, par Aloïss Heiss; ouvrage illustré d'eaux-fortes, de planches sur cuivre, de photogravures et de vignettes intercalées dans le texte. Paris, 1891-1892, 4 vol. in-folio.

1593. — **Mélanges d'archéologie**, comprenant les sceaux de Guillaume des Roches, sénéchal d'Anjou, Maine et Touraine, ceux de l'abbaye de la Clarté-Dieu, l'ex-voto de la dame de Courvalain et le tombeau de la recluse Ermecis, par Eugène Hucher. Le Mans, 1879, in-8°, fig.

Extrait de la *Revue historique et archéologique du Maine*.

1594. — **Mélanges d'archéologie, d'histoire et de littérature**, rédigés ou recueillis par les auteurs de la monographie de la cathédrale de Bourges, par Charles Cahier et Arthur Martin. Paris, 1847-1856, 4 vol. in-4°, planches.

Voir : *Nouveaux mélanges*, par Ch. Cahier.

1595. — **Mélanges d'archéologie et d'histoire**, par Jules Quicherat; mémoires et fragments réunis et mis en ordre par A. Giry et Aug.

Castan, précédés d'une notice sur la vie et les travaux de J. Quicherat, par Robert de Lasteyrie, et d'une bibliographie de ses œuvres. Paris, 1885, in-8°.

1596. — **Mélanges d'art et d'archéologie, objets exposés à Tours en 1887**, par Léon Palustre. Tours, 1889, in-4°, fig.

1596 a. — **Mélanges d'art et d'archéologie, orfèvrerie et émaillerie limousines**, par Léon Palustre et X. Barbier de Montault. 1ʳᵉ partie: *Pièces exposées à Limoges en 1886;* 30 planches en phototypie. Paris, s. d., in-4°.

1597. — **Mélanges historiques, choix de documents.** Paris, 1873-1886, 5 vol. in-4°.

Ouvrage faisant partie de la *Collection de documents inédits sur l'Histoire de France* publiés par les soins du Ministre de l'instruction publique.

1598. — **Mélanges sur l'art contemporain**, par le vicomte Henri Delaborde. Paris, 1866, in-8°.

1599. — **Mémoire adressé à messieurs les Ministres des cultes et des beaux-arts sur les peintures murales du XIVᵉ siècle, à la cathédrale de Cahors**, par Paul de Fontenilles. Cahors, 1884, in-4°, phototypie.

1600. — **Mémoire archéologique sur l'église paroissiale de Saint-Jean-du-Marché, à Troyes**, par l'abbé Tridon. Troyes, 1851, in-8°.

1601. — **Mémoire archéologique sur les découvertes d'Herbord dites de Sanxay**, par le P. Camille de la Croix. Niort, 1883, in-8°, fig.

Mémoire lu à la Sorbonne le 29 mars 1883.

1602. — **Mémoire historique et statistique sur les archives générales du département de la Côte-d'Or et de l'ancienne province de Bourgogne.** S. n., s. d., in-8°.

1603. — **Mémoire historique sur l'abbaye de Montierneuf de Poitiers**, par Ch. de Chergé. Poitiers, 1845, in-8°, fig.

1604. — **Mémoires concernant l'histoire civile et ecclésiastique d'Auxerre et de son diocèse**, par l'abbé Lebeuf, continués jusqu'à nos jours, avec addition de nouvelles preuves et annotations, par Challe et Quantin. Auxerre, 1848-1855, 4 vol. grand in-8°, fig.

1605. — **Mémoires de Claude Haton**, contenant le récit des événements accomplis de 1553 à 1582, principalement dans la Champagne et la Brie, publiés par Félix BOURQUELOT. Paris, 1857, 1 vol. in-4°.

Ouvrage faisant partie de la *Collection de documents inédits sur l'Histoire de France* publiés par les soins du Ministre de l'instruction publique.

1606. — **Mémoires de l'académie celtique** ou **Recherches sur les antiquités celtiques, gauloises et françaises**, de l'origine (1807) à 1810. Paris, 5 vol. in-8°, fig.

Voir : *Table alphabétique des publications de l'Académie celtique* et *Société nationale des antiquaires de France*.

1607. — **Mémoires de l'académie de Vaucluse**, de l'origine (1890) à 1894. Avignon, 5 vol. in-8°.

Publication périodique.

Voir : *Bulletin historique et archéologique de Vaucluse*.

1608. — **Mémoires de la Commission des antiquités de la Côte-d'Or**, de l'origine (1832-1833) à 1893. Dijon, 13 vol. in-8° et in-4°, fig.

Publication périodique.

1609. — **Mémoires de la Société académique d'agriculture, des sciences, arts et belles-lettres du département de l'Aube**; 2° série, 1887 (tome Ier) à 1893. Troyes, 44 vol. grand in-8°, fig.

Publication périodique.

1610. — **Mémoires de la Société archéologique de Montpellier**, de l'origine (1835-1840) à 1881. Montpellier, 7 vol. in-4°, fig.

Publication périodique.

1611. — **Mémoires de la Société archéologique d'Eure-et-Loir.**

Voir : *Société archéologique d'Eure-et-Loir*.

1612. — **Mémoires de la Société archéologique et historique de l'Orléanais.**

Voir : *Société archéologique et historique de l'Orléanais*.

1613. — **Mémoires de la Société d'archéologie lorraine.**

Voir : *Société d'archéologie lorraine*.

1614. — **Mémoires de la Société de l'histoire de Paris et de l'Ile-de-France.**

    Voir : *Société de l'histoire de Paris*, etc.

1615. — **Mémoires de la Société d'émulation de Montbéliard**, de l'origine (1850) à 1894. Montbéliard, 24 vol. grand in-8°, fig.

    Publication périodique.

1616. — **Mémoires de la Société des antiquaires de la Morinie**, de l'origine (1834) à 1888-1889. Saint-Omer, 21 vol. in-8°, fig., avec atlas in-4° oblong (manque le tome XV, 1875).

    Publication périodique.

1617. — **Mémoires de la Société des antiquaires de l'Ouest.**

    Voir : *Société des antiquaires de l'Ouest*.

1618. — **Mémoires de la Société des antiquaires de Normandie.**

    Voir : *Société des antiquaires de Normandie*.

1619. — **Mémoires de la Société des antiquaires de Picardie.**

    Voir : *Société des antiquaires de Picardie*.

1620. — **Mémoires de la Société des antiquaires du Centre**, de l'origine (1867) à 1894. Bourges, 20 vol. in-8°, fig., avec 1 vol. de tables (1883).

    Publication périodique.

1621. — **Mémoires de la Société d'histoire et d'archéologie de Chalon-sur-Saône**, de l'origine (1846) à 1886. Chalon-sur-Saône, 7 vol. in-4°, fig., et album in-folio.

    Publication périodique.

1622. — **Mémoires de la Société éduenne des lettres, sciences et arts**; 2° série, 1872 (tome Ier) à 1892. Autun, 20 vol. grand in-8°, fig.

    Publication périodique.

1623. — **Mémoires de la Société historique et archéologique de Langres**, de l'origine (1847) à 1892. Langres, 3 vol. in-4°, fig.

    Publication périodique.

1624. — **Mémoires de la Société nationale des antiquaires de France.**

Voir : *Société nationale des antiquaires de France.*

1625. — **Mémoires de Nicolas-Joseph Foucault**, publiés et annotés par F. BAUDRY. Paris, 1862, in-4°.

Ouvrage faisant partie de la *Collection de documents inédits sur l'Histoire de France* publiés par les soins du Ministre de l'instruction publique.

1626. — **Mémoires et dissertations sur les antiquités nationales et étrangères**, publiés par la Société royale des antiquaires de France, tomes III, IV, V, VIII, XIV, XVIII, XX et XXI. Paris, 1851-1852, 8 vol. in-8°, fig.

1627. — **Mémoires et journal de J.-G. Wille**, graveur du Roi, publiés d'après les manuscrits autographes de la Bibliothèque impériale, par Georges DUPLESSIS, avec une préface par Edmond et Jules DE GONCOURT. Paris, 1857, 2 vol. in-8°.

1628. — **Mémoires inédits sur la vie et les ouvrages des membres de l'Académie royale de peinture et de sculpture**, publiés d'après les manuscrits conservés à l'École impériale des beaux-arts, par L. DUSSIEUX, E. SOULIÉ, Ph. DE CHENNEVIÈRES, Paul MANTZ et DE MONTAIGLON. Paris, 1854, 2 vol. in-8°.

1629. — **Mémoires lus à la Sorbonne dans les séances extraordinaires du Comité impérial des travaux historiques et des sociétés savantes** : histoire, philologie et sciences morales, 7 vol. in-8°; — archéologie, 7 vol. in-8°. Paris, 1863-1869.

1630. — **Mémoires pour servir à l'histoire civile, politique et littéraire, à la géographie et à la statistique du département de la Nièvre et des petites contrées qui en dépendent**, commencés par Jean NÉE DE LA ROCHELLE, avocat au Parlement, continués par Pierre GILLET, corrigés, augmentés, etc., par J.-Fr. NÉE DE LA ROCHELLE, juge de paix du canton de la Charité-sur-Loire. Bourges et Paris, 1827, 3 vol. in-12.

1631. — **Mémoires pour servir à l'histoire de l'Académie royale de peinture et de sculpture, depuis 1648 jusqu'en 1664**, publiés pour la première fois par Anatole DE MONTAIGLON. Paris, 1853, 2 vol. petit in-8°.

1632. — **Mémoires pour servir à l'histoire des maisons royales et bastimens de France**, par André Félibien. Paris, 1874, in-8°.

Publication de la *Société de l'histoire de l'art français.*

1633. — **Mémoires sur diverses antiquités du département de la Drôme et sur les différens peuples qui l'habitaient avant la conquête des Romains**, suivis de plusieurs dissertations curieuses sur la numismatique et sur les preuves que S. M. l'Empereur est le premier qui ait passé le Saint-Bernard avec une armée; ouvrage posthume de l'abbé Chalieu. Valence, s. d., in-8°, fig.

1634. — **Mémoires sur les constructions antiques et les objets découverts, en 1821, lors des fouilles exécutées dans l'ancien cimetière de la paroisse de Saint-Laurent de la ville de Bayeux, et sur les thermes antiques de Bayeux**, par Ch.-Ed. Lambert. S. l., s. d., in-8°, fig.

1635. — **Mémoire sur des torques-cercles gaulois trouvés à Serviès-en-Val** (Aude), par J.-P. Cros. S. l., s. d., in-4°, fig.

1635 a. — **Mémoire sur Époisses**, par l'abbé Breuillard. S. l., s. d., in-8°.

Extrait des *Mémoires de la Commission des antiquités de la Côte-d'Or.*

1636. — **Mémoire sur la Chapelle dite de Résie, dans l'église paroissiale de Saint-Hilaire à Pesmes** (Haute-Saône), par P. Marnotte. Vesoul, s. d., in-4°, planches.

1637. — **Mémoire sur la collection de vases antiques trouvée, en mars 1830, à Berthonville, arrondissement de Bernay (Eure)**, par Aug. Le Prévost. Caen, 1832, in-4°, fig.

1638. — **Mémoire sur la défense de Paris** (septembre 1870 — janvier 1871), par E. Viollet-le-Duc, ex-lieutenant-colonel de la légion auxiliaire du génie. Paris, 1871, in-8°, atlas in-folio.

1639. — **Mémoire sur la généralité d'Orléans.** Année 1700, s. n. (manuscrit).

1640. — **Mémoire sur l'ancien Tauroentum (Saint-Cyr [Var]), ou recherches archéologiques, topographiques et historiques sur cette colonie phocéenne**, par l'abbé Magl. Giraud. Toulon, 1853, in-8°, fig.

1641. — **Mémoire sur le plus ancien monastère des Gaules et sur l'état actuel de l'église de Ligugé** (Vienne). Poitiers, s. d., in-8°, fig.

Extrait des *Mémoires de la Société des antiquaires de l'Ouest*.

1642. — **Mémoire sur les antiquités du département du Loiret**, par Jollois. Paris et Orléans, 1836, in-4°, fig.

1643. — **Mémoire sur les antiquités du Donon** (Vosges), par Jollois. Épinal, 1828, in-8°, fig.

Extrait des *Annales de la Société d'émulation des Vosges*.

1644. — **Mémoire sur les bronzes antiques de Neuvy-en-Sullias**, par P. Mantellier. Paris, 1865, in-4°, fig.

1645. — **Mémoire sur les découvertes archéologiques faites en 1864, dans le lit de la Mayenne, au gué de Saint-Léonard** (Mayenne), par Chedeau et de Sarcus. Mayenne, 1865, in-4°, fig.

1646. — **Mémoire sur les dispositions intérieures de la Diana** (Montbrison [Loire]), présenté à la Société historique et archéologique, par S.-E. le duc de Persigny. Paris, 1869, in-8°, fig.

1647. — **Mémoire sur les établissements romains du Rhin et du Danube** et principalement dans le sud-ouest de l'Allemagne, par Max de Ring. Paris et Strasbourg, 2 vol. in-8°.

1648. — **Mémoire sur les fouilles de Saint-Révérien** (Nièvre), par G. Charleuf. Autun, 1844, grand in-8°, fig.

1649. — **Mémoire sur les ouvrages de fortification des oppidum gaulois de Murcens, d'Uxellodunum et de l'Impernal**, situés dans le département du Lot, par E. Castagné. Tours, 1875, in-8°, fig.

1650. — **Mémoire sur les peintures murales de l'église Saint-Mesme de Chinon** (Indre-et-Loire), par le comte de Galembert. Tours et Paris, 1855, in-8°, fig.

1651. — **Mémoire sur les peintures murales du département de la Haute-Loire**, du xii° au xv° siècle, par Léon Giron. Le Puy, 1884, in-8°.

— 166 —

1652. — Mémoire sur les pierres de Carnac. S. n., s. d. (DE PENHOUËT, 1821). Paris, in-4°.

1653. — Mémoire sur les villages en ruine de Villars et des Chazaloux, par A. JULIEN et le pasteur F.-E. BLEYNIE DE CHÂTEAUVIEUX. Clermond-Ferrand, 1879, in-4°, planches photographiées.

1654. — Mémoire sur les voies romaines militaires de la Santonie, suivi de notes pour l'éclaircissement d'une carte celtique et romaine du département de la Charente-Inférieure, par MOREAU. Poitiers, s. d., in-8°.

1655. — Mémoire sur quelques antiquités remarquables du département des Vosges, par J.-B.-P. JOLLOIS. Paris, 1843, in-4°, fig.

1656. — Mémoire sur quelques bas-reliefs emblématiques des péchés capitaux, par Charles DESMOULINS. Caen, 1845, in-8°, fig.

Extrait du *Bulletin monumental*, t. XI.

1657. — Mémorial de l'art et des artistes de mon temps. Salon de 1876, par Th. VÉRON. Poitiers et Paris, 1876, petit in-8°.

1658. — Menuisiers-imagiers des sculpteurs des XVIe et XVIIe siècles, à Alençon, par Mme G. DESPIERRES. Paris, 1892, in-8°.

1659. — Merveilles (Les) de l'art hollandais exposées à Amsterdam en 1872, par Henry HAVARD. Paris, 1873, in-8°.

1660. — Métiers (Les) et corporations de la ville de Paris, XIVe-XVIIIe siècle, par René DE LESPINASSE.

Tome Ier : *Ordonnances générales, métiers de l'alimentation.*

Tome II : *Orfèvrerie, sculpture, mercerie. Ouvriers en métaux, bâtiment et ameublement.*

Paris, 1886-1892, 2 vol. in-4°.

Ouvrage faisant partie de l'*Histoire générale de Paris*.

1661. — Meuble (Le), par Alfred de CHAMPEAUX. Paris, 2 vol. in-4° anglais, fig.

Ouvrage faisant partie de la *Bibliothèque de l'Enseignement des Beaux-Arts*.

1662. — Meuble (Le) en France au XVIe siècle, par Edmond BONNAFÉ; ouvrage orné de 120 dessins. Paris, 1887, in-4°.

1663. — **Meubles**, par Jacques Androuet du Cerceau; héliogravures par E. Baldus. Paris, s. d., in-folio (sans texte).

Voir : *OEuvres de Jacques Androuet.*

1664. — **Meubles religieux et civils**, conservés dans les principaux monuments et musées de l'Europe, ou choix de reproductions des plus remarquables spécimens exécutés pendant le cours du moyen âge, de la Renaissance et des règnes de Louis XIII, Louis XIV, Louis XV et Louis XVI; dessins par Asselineau, texte par Daniel Ramée, architecte. Paris 1864, 2 vol. in-folio.

1665. — **Meurthe-et-Moselle.** Paris, in-8°, avec carte coloriée et gravures.

1666. — **Meuse.** Paris, in-8°, avec carte coloriée et gravures.

Les deux ouvrages ci-dessus font partie de la collection des *Géographies départementales* d'Adolphe Joanne.

1667. — **Mézières-en-Brenne; son église** (1883), par Mallet. Paris-Châteauroux, 1883, in-8°.

1668. — **Miniatures (Les) des miracles de la sainte Vierge**, d'après le manuscrit de Gauthier de Coincy (fin du XIIIe siècle), publiées par l'abbé Poquet. Reims, 1890, in-12, fig.

1669. — **Mittheilungen der kaiserl. königl. central-Commission zur erforschung und erhaltung der kunst-und historischen denkmale** (Mémoires de la Commission impériale-royale pour la recherche et la conservation des monuments artistiques et historiques). Rédacteurs : Karl Weiss, Anton Ritter, V. Perger et Dr Karl Lind. Vienne, 1856-1874, 19 vol. in-4°, fig.

1670. — **Mobilier (Le) de la Couronne et des grandes collections publiques et particulières du XIIIe au XIXe siècle;** mobilier civil, mobilier religieux, meubles, tentures, tapisseries, bronzes et objets d'art de toutes les époques, accompagnés de dessins grandeur d'exécution, par Rodolphe Pfnor. Paris, s. d., 3 vol. in-folio.

1671. — **Modèles d'orfèvrerie, argenterie, ameublement, ferronnerie et bronzerie, dans le style gothique du XVe et XVIe siècle**, par A. Welby Pugin. Paris et Liège, s. d., 3 séries de planches petit in-folio réunies en 1 vol.

1672. — **Mœurs, usages et costumes au moyen âge et à l'époque de la Renaissance**, par Paul Lacroix (bibliophile Jacob); ouvrage illustré de 15 planches chromolithographiques exécutées par F. Kellerhoven et de 440 gravures. Paris, 1873, in-4°.

1672 a. — **Moines (Les) du Der peints par eux-mêmes ou Notice sur les communes dépendant de l'abbaye du Der au moyen âge**, par le commandant Linet. Saint-Dizier, 1892, in-8°, fig.

1673. — **Monastère (Le) de sainte Claire de Boisset et sa translation à Aurillac** (1323-1625), par l'abbé Delmas. Paris, 1884, in-8°, fig.

1674. — **Monastère de Saint-Étienne de Nevers**, s. n. Nevers, 1875, in-8°.

1675. — **Monasticon gallicanum**; collection de 168 planches de vues topographiques représentant les monastères de l'ordre de Saint-Benoît, congrégation de Saint-Maur, avec 2 cartes des établissements bénédictins en France; le tout reproduit par les soins de Peigné-Delacourt, avec une préface par Léopold Delisle. Paris, 1871, 2 vol. in-4°.

1676. — **Monasticon (Le) gallicanum**; études iconographiques sur la topographie ecclésiastique de la France aux xvii° et xviii° siècles, par Louis Courajod. Paris, 1869, in-folio.

1677. — **Moniteur (Le) des architectes**; revue bimensuelle de l'art architectural et des travaux du bâtiment; nouvelle série publiée avec le concours des principaux architectes français et étrangers. Paris, 1870-1879, 9 vol. in-4°, fig.

1678. — **Monnaies et médailles**, par F. Lenormant. Paris, in-4° anglais, fig.
 Ouvrage faisant partie de la *Bibliothèque de l'Enseignement des Beaux-Arts.*

1679. — **Monographie de Chevreuse**, étude archéologique, par Claude Sauvageot. Paris, 1874, grand in-4°, avec planches gravées.

1680. — **Monographie de l'abbaye et de l'église de Saint-Rémi, à Reims**, précédée d'une notice sur le saint apôtre des Francs, d'après Flodoard, par l'abbé Poussin; ouvrage illustré de 8 dessins par E. Leblan, architecte. Reims, 1857, in-8°.

1681. — **Monographie de la cathédrale de Bourges**, par les PP. Arthur Martin et Charles Cahier, de la compagnie de Jésus; 1re partie : *Vitraux du xviii° siècle.* Paris, 1841-1844, in-folio, fig. coloriées.

1682. — **Monographie de la cathédrale de Chartres**, par Lassus, Amaury-Duval et Didron. Paris, 1867, atlas grand in-folio (sans texte), explication des planches par Paul Durand. Paris, 1881, in-4°.

Ouvrage faisant partie de la *Collection de documents inédits sur l'Histoire de France* publiés par les soins du Ministre de l'instruction publique.

1683. — **Monographie de la cathédrale de Chartres**, par l'abbé Bulteau; 2° édition, revue et augmentée. Chartres, 1891, 2 vol. in-8°, fig.

1684. — **Monographie de la cathédrale de Lyon**, par Lucien Bégule, précédée d'une notice historique par M.-C. Guigue. Lyon, 1880, grand in-4°, avec planches gravées.

1685. — **Monographie de la cathédrale de Nancy, depuis sa fondation jusqu'à l'époque actuelle**, par Ed. Auguin, ingénieur civil des mines. Nancy, 1882, in-4°, fig.

1686. — **Monographie de la cathédrale de Nevers**, suivie de l'histoire des évêques de Nevers, par l'abbé Crosnier. Nevers, 1854, in-8°, fig.

Publication de la *Société nivernaise*.

1687. — **Monographie de la cathédrale de Quimper** (xiii°-xv° siècle), avec un plan par R.-F. Le Men. Quimper, 1877, in-8°.

1688. — **Monographie de la cathédrale d'Orvieto**, par N. Benois, A. Resanoff et A. Krakau, pensionnaires de l'Académie impériale des beaux-arts de Saint-Pétersbourg. Paris, 1877, in-4°, planches coloriées.

1689. — **Monographie de la cathédrale Sainte-Cécile d'Albi**, par Hippolyte Crozes. Toulouse, Albi, Paris, 1873, in-12.

1690. — **Monographie de la chapelle de Notre-Dame de la Roche**; texte, dessins et gravure par Cl. et L. Sauvageot. Paris, 1863, in-4°.

1691. — **Monographie de la commune de Birac**, près Bazas (Gironde), par Émilien Piganeau. Bordeaux, 1880, in-8°, fig.

Extrait des *Mémoires de la Société archéologique de Bordeaux*, t. VI.

1692. — **Monographie de la Diana** (Montbrison [Loire]), ancienne salle des États de la province de Forez, par Henry Gonnard. Vienne, 1875, in-4°, fig.

1693. — **Monographie de l'ancienne abbaye royale Saint-Yved de Braisne**, avec la description des tombes royales et seigneuriales renfermées dans cette église, par Stanislas Prioux. Paris, 1859, in-folio, fig.

1694. — **Monographie de l'ancienne cathédrale de Saint-Alain de Lavaur** (Tarn), par Hippolyte Crozes. Toulouse, 1865, in-8°.

1695. — **Monographie de la restauration du château de Saint-Germain-en-Laye**, d'après les projets et les détails d'exécution tracés par feu Eugène Millet; album de planches en glyptographie, avec aperçu historique par Selmersheim. Paris, 1892, in-folio.

1696. — **Monographie de l'église cathédrale de Saint-Siffrein de Carpentras** (Vaucluse), renfermant une description du cloître et de l'ancienne église, des détails historiques, des notes biographiques et de nombreux dessins gravés, par E. Andréoli et B.-S. Lambert. Paris et Marseille, 1862, in-8°.

1697. — **Monographie de l'église de Chambly** (Oise), par l'abbé Marsaux. Beauvais, 1889, in-8°, fig.

1698. — **Monographie de l'église de Fondremand** (Haute-Saône), par Ch. Dodelier. Vesoul, 1855, in-8°, fig.

Extrait des *Mémoires de la Société d'agriculture, commerce, sciences et arts de la Haute-Saône*.

1699. — **Monographie de l'église de la Sainte-Trinité, construite par la ville de Paris**; ouvrage dédié à M. le baron Haussmann, sénateur, préfet de la Seine, par Th. Ballu. Paris, 1868, in-folio, fig.

1700. — **Monographie de l'église de Revigny** (Meuse), par l'abbé A. Bouillet. Nancy, 1892, in-8°, fig.

1701. — **Monographie de l'église de Saint-Martin de Sescas** (Gironde), par Léo Drouyn. Paris, 1857, in-8°, fig.

Extrait de la *Revue de l'Art chrétien*.

1702. — **Monographie de l'église de Saint-Sulpice de Favières** (Seine-et-Oise), par l'abbé Bouillet. Paris, 1891, in-8°, fig.

1703. — **Monographie de l'église Notre-Dame de Noyon**; plans, coupes, élévations et détails par Daniel RAMÉE, texte par VITET. Paris, 1845, in-4°, atlas in-folio.

> Ouvrage faisant partie de la *Collection de documents inédits sur l'Histoire de France*, publiés par les soins du Ministre de l'instruction publique.

1703 a. — **Monographie de l'église royale de Saint-Denis.** Tombeaux et figures historiques, par le baron de GUILHERMY; dessins par Ch. FICHOT; — 3ᵉ édition avec 40 figures intercalées dans le texte. Paris, 1891, in-18.

1704. — **Monographie de l'église Saint-Ambroise**, érigée par la ville de Paris, par BALLU. Paris, 1874, in-folio, fig.

1705. — **Monographie de l'église Saint-Clément de Tours**, par Léon PALUSTRE, précédée d'une notice historique par Léon LHUILLIER, dessins par Henry NODET. Tours, 1887, in-4°.

1706. — **Monographie de l'église Saint-Maclou de Pontoise**, par Eug. LEFÈVRE-PONTALIS. Pontoise, 1888, in-4°, fig.

1707. — **Monographie de l'église Saint-Sauveur de Dinan** (Côtes-du-Nord), publiée par H. BEZIER LA FOSSE. Rennes, 1847, in-folio, fig.

1708. — **Monographie de l'église Saint-Spire de Corbeil** (Seine-et-Oise), d'après un manuscrit attribué au baron de GUILHERMY. S. d., in-4°, lithographie.

1709. — **Monographie de l'hôtel de ville de Lyon**, restauré sous l'administration de MM. Vaïsse et Chevreau, sénateurs, par Tony DESJARDINS, architecte; accompagnée d'un texte historique et descriptif. Paris, 1867, in-folio.

1710. — **Monographie de l'hôtel de Vogué à Dijon**; texte, dessins et gravures par Claude SAUVAGEOT. Paris, 1863, in-folio, fig.

1711. — **Monographie de l'insigne basilique de Saint-Saturnin de Toulouse**, publiée sous les auspices de la Société impériale d'archéologie du midi de la France. Paris et Toulouse, 1854, in-8°, fig.

1712. — **Monographie de l'insigne collégiale de Saint-Salvi d'Albi**, par Hippolyte CROZES. Toulouse, Albi, Paris, 1857, in-12, fig.

1713. — **Monographie de l'Œuvre de Bernard Palissy**, suivie d'un choix de ses continuateurs ou imitateurs, dessinée par Carle DELANGE et C. Borneman, et accompagnée d'un texte par Sauzay et Henri Delange. Paris, 1862, in-folio (à 300 exemplaires).

1714. — **Monographie de Notre-Dame de Brou**, par Louis Dupasquier, avec un texte historique et descriptif par Didron aîné. Lyon, 1842, in-4°, atlas in-folio.

1715. — **Monographie de Notre-Dame de Paris et de la nouvelle sacristie**, par Lassus et Viollet-le-Duc, contenant 63 planches gravées par Hibon, Ribault, Normand, etc., 12 planches photographiques de Bisson frères, 5 planches chromolithographiques de Lemercier; précédée d'une notice historique et archéologique par Celtibère. Paris, s. d., in-folio.

1716. — **Monographie de Sainte-Croix d'Orléans**; s. n. Orléans, 1844, in-8°, fig.

1717. — **Monographie des monuments de la collégiale de Varzy** (Nièvre) consacrés à sainte Eugénie, par Jules Dumontet; 1re et 2e livraisons. Bourges, 1859, 5 planches en couleurs, in-folio (sans texte).

Cet ouvrage est incomplet.

1718. — **Monographie du château d'Anet, construit par Philibert de l'Orme en 1548**, dessinée, gravée et accompagnée d'un texte historique et descriptif, par Rodolphe Pfnor. Paris, 1867, in-fol.

1719. — **Monographie du château de Heidelberg**, dessinée et gravée par Rodolphe Pfnor, accompagnée d'un texte historique et descriptif par Daniel Ramée. Paris, 1859, in-folio, planches.

1720. — **Monographie du château de Sully** (Loiret), par Jules Loiseleur. Orléans, 1868, in-8°.

1721. — **Monographie du château de Wideville**, par le marquis de Galard, avec 12 eaux-fortes par Guillaumot. Paris, 1879, in-folio.

1722. — **Monographie du VIIIe arrondissement de Paris**; étude archéologique et historique avec 9 planches, par Hippolyte Bonnardot. Paris, 1880, in-4°.

1723. — **Monographie du palais de Fontainebleau**, dessinée et gravée par Rodolphe Pfnor, accompagnée d'un texte historique et descriptif par Champollion-Figeac. Paris, 1863, 2 vol. in-folio.

1724. — **Monographie du Palais du commerce**, élevé à Lyon sous l'administration de M. Vaïsse, sénateur, administrateur du département du Rhône, par René Dardel, accompagnée d'un texte historique et descriptif. Paris, 1868, in-folio.

1725. — **Monographie du prieuré de Vaucluse** (ordre de Saint-Benoît), ixe-xixe siècle, par Ulysse Robert. Montbéliard, 1888, in-8°, fig.

1726. — **Monographie géologique des anciens glaciers et du terrain erratique de la partie moyenne du bassin du Rhône**, par A. Falsan et E. Chantre. Lyon, 1879, in-8°, fig. et atlas in-folio.

1727. — **Monographies communales ou Étude statistique, historique et monumentale du département du Tarn**, par Élie-A. Rossignol. — 1re partie : *Arrondissement de Gaillac*. Toulouse, Paris et Albi, 1864-1866, 4 vol. in-8°, fig.

1728. — **Montfort-l'Amaury**, ses verrières et ses monuments; photographies. Album in-folio (sans texte).

1729. — **Montlhéry, son château et ses seigneurs** (Seine-et-Oise); notice historique et archéologique par V. A. Malte-Brun. Paris, 1870, in-8°, fig.

1730. — **Mont (Le) Olympe et l'Acarnanie**; exploration de ces deux régions avec l'étude de leurs antiquités, de leurs populations anciennes et modernes, de leur géographie et de leur histoire, par Léon Heuzey. Paris, 1860, in-8°, fig.

1731. — **Mont Saint-Michel**; notice historique et archéologique sur le Mont-Saint-Michel, et considérations sur la nécessité de restaurer l'église de cette antique abbaye, par Gustave Doisnard. Saint-Lô, 1848, in-8°.

1732. — **Monumental (The) brasses of England** (Plaques tombales en cuivre de l'Angleterre); a series of engravings upon wood from every variety of these interesting and valuable memorials, accompanied with brief descriptive notices, by the Rev. Charles Boutell. London, 1849, in-8°.

1733. — **Monument circulaire du Nillizienn en Silfiac** (Morbihan). Notice sur la découverte de ce monument funéraire par J. Le Brigand. Pontivy, 1891, in-8°, fig.

— 174 —

1734. — **Monument gallo-romain découvert le 7 juin 1850 à Quatre-Vaux** (Côtes-du-Nord), paroisse de Notre-Dame de l'Arguenon. Rapport à MM. les Membres de l'Association bretonne par Ch. Cunat. Saint-Malo, 1850, in-4°.

1735. — **Monument historique de Cassel** (Nord). Album de gravures, s. n., s. l., s. d. [1873], in-8°.

1736. — **Monument (Le) mégalithique de Ville-sur-Haine** (Hainaut); rapport adresé à M. le Ministre de l'intérieur (Belgique), par Em. de Munck. Mons, 1894, in-8°, fig.

1737. — **Monumentos prehistoricos. Descripção de alguns dolmins ou antas de Portugal** (Monuments préhistoriques. Description de quelques dolmens ou antas du Portugal), par F.-A. Pereira da Costa. Lisbonne, 1868, in-4°, fig.

Voir : *Noções sobre e estado.*

1738. — **Monuments anciens et modernes**; collection formant une histoire de l'architecture des différents peuples à toutes les époques, publiée par Jules Gailhabaud. Paris, 1850, 4 vol. in-4°, fig.

1739. — **Monuments antiques à Orange** : *Arc de triomphe, théâtre;* publiés par Auguste Caristie. Paris, 1856, in-fol., fig.

1740. — **Monuments antiques de l'Algérie, Tébessa, Lambèse, Timgad.** Conférence faite au palais du Trocadéro le 11 décembre 1893, par Albert Ballu. Illustrations en phototypie par Berthaud frères, d'après les photographies de la Commission des monuments historiques. Paris, 1894, in-8°.

1741. — **Monuments antiques de la ville d'Orange**, par L. Vitet. Paris, s. d., in-4°, fig.

Notice extraite de la *Gazette des Beaux-Arts*, 1861, tome II.

1742. — **Monuments arabes et mauresques de Cordoue, Séville et Grenade**, dessinés et mesurés en 1832 et 1833 par Girault de Prangey. Paris, s. d., in-folio, fig.

1743. — **Monuments celtiques de la Bretagne**, par Tournal. Montpellier, 1844, in-8°.

1744. — **Monuments d'Angers**, par G. d'Espinay. Angers, in-8°, 1876, fig.

Voir : *Notices archéologiques*, n° 1966.

1745. — **Monuments (Les) de la France**, classés chronologiquement sous le rapport des faits historiques et de l'étude des arts, par le comte Alexandre DE LABORDE; les dessins faits d'après nature par BOURGEOIS, BANCE, CHAPUY, etc. Paris, 1816-1836, 2 vol. in-folio.

1746. — **Monuments (Les) de la monarchie françoise** qui comprennent l'histoire de France, avec les figures de chaque signe que l'injure du tems a espargnées, par Dom BERNARD DE MONTFAUCON. Paris, 1730, 5 vol. in-folio, fig.

1747. — **Monuments de l'architecture chrétienne depuis Constantin jusqu'à Charlemagne, et de leur influence sur le style des constructions religieuses aux époques postérieures**, par Henri HÜBSCH, traduit de l'allemand par l'abbé V. GUERBER. Paris, 1866, in-folio, fig.

1748. — **Monuments de l'art antique**, publiés sous la direction d'Olivier RAYET :

Tome I. Art égyptien, sculpture grecque, époque archaïque; — sculpture grecque, seconde moitié du ve siècle et première du ive.

Tome II. Sculpture grecque, seconde moitié des ive, iiie et iie siècles; — sculpture romaine, terres cuites.

Paris, 1884, 2 vol. in-folio, avec planches héliogravées.

1749. — **Monuments de l'église Sainte-Marthe à Tarascon** (Bouches-du-Rhône), avec un essai sur l'apostolat de sainte Marthe et des autres saints tutélaires de la Provence, s. n. Tarascon, 1835, in-8°, fig.

1750. — **Monuments (Les) de l'histoire de France**, par HENNIN. Paris, 1856-1863, 10 vol. in-8°.

1751. — **Monuments (Les) de l'Inde**, par Gustave LE BON; ouvrage illustré d'environ 400 fig.; héliotypies, dessins, cartes et plans, exécutés d'après les photographies et les documents de l'auteur. Paris, 1893, in-4°.

1752. — **Monuments de Paris**; Louvre et Tuileries, monuments divers, les Invalides, peintures de la coupole du Val-de-Grâce. 3 vol. in-folio (sans texte).

Chalcographie du Louvre.

— 176 —

1753. — **Monuments de Paris**; recueil de gravures anciennes en 13 vol. in-folio (sans texte).

Voir : *Vues de Paris.*

1754. — **Monuments (Les) de Pise au moyen âge**, par Georges Rohault de Fleury. Paris, 1866, in-8°, fig. et atlas in-folio.

1755. — **Monuments des arts libéraux, mécaniques et industriels de la France**, depuis les Gaulois jusqu'au règne de François Ier; 45 planches contenant plus de 800 sujets dessinés et gravés au trait par les plus habiles artistes en ce genre; précédées d'un texte par Alex. Lenoir. Paris, 1840, in-folio.

1756. — **Monuments (Les) de Seine-et-Marne**; description historique et archéologique et reproduction des édifices religieux, militaires et civils du département, par Amédée Aufauvre et Charles Fichot. Paris, 1858, in-folio.

1757. — **Monuments (Les) érigés en France à la gloire de Louis XV**, etc.; ouvrage enrichi des places du Roi, gravées en taille-douce, par Patte. Paris, 1765, grand in-folio.

1758. — **Monuments, établissements et sites les plus remarquables du département de l'Aisne**, lithographiés par Ed. Pingret, rédigés par Brayer. Paris, 1821, in-folio oblong.

1759. — **Monuments et indices préhistoriques dans la région supérieure du plateau central de la France**; enquête et questionnaires de la Société des amis des sciences, de l'industrie et des arts de la Haute-Loire. Le Puy, s. d., in-8°.

1760. — **Monuments et tombeaux mesurés et dessinés en Italie**, par P. Clochar, publiés à Paris, l'an 1815, in-folio.

1761. — **Monuments funéraires de l'église Saint-Michel, à Saint-Mihiel** (Meuse), par Léon Germain. Bar-le-Duc, 1886, in-8°.

1762. — **Monuments funéraires, épigraphiques, sigillographiques, etc., de la famille de Bucil**, par Eugène Hucher. Paris, s. d., in-4°.

1763. — **Monuments funéraires et sigillographiques des vicomtes de Beaumont au Maine**, par Eug. Hucher. Le Mans et Mamers, 1882, in-8°, fig.

Extrait de la *Revue historique et archéologique du Maine.*

1764. — **Monuments gallo-romains de la ville de Bourges**; fragments d'architecture et de sculpture provenant des fondations de l'ancienne enceinte. Paris et Bourges, 1857-1861, in-folio (sans texte).

1765. — **Monuments gaulois du département de Maine-et-Loire**, par Godard-Faultrier. Angers, 1862, in-8°, fig.

Extrait du *Répertoire archéologique de l'Anjou*.

1766. — **Monuments (Les) historiques de la France. Château de Pierrefonds.** Album renfermant 22 vues photographiques avec une préface par E. Viollet-le-Duc. Paris, s. d. (1895), in-4°.

Voir : *Château de Pierrefonds*.

1767. — **Monuments (Les) historiques de l'Algérie**, par Louis Piesse. Paris, 1877, in-8°.

Extrait de la *Revue de l'art chrétien*, 2° série, tome IV.

1768. — **Monuments (Les) historiques de l'Algérie; 2° étude** : *Le routier archéologique de l'Algérie*, par Louis Piesse. Paris, s. d., in-8°, planches.

Extrait de la *Revue de l'art chrétien*.

1769. — **Monuments inédits sur l'apostolat de sainte Marie-Madeleine en Provence et sur les autres apôtres de cette contrée**, etc., par l'auteur de la dernière *Vie de M. Olier*. Paris, 1848, 2 vol. in-4°, fig.

1770. — **Monuments (Les) mégalithiques de Bricquebec (Manche)**, par Jouan. Cherbourg, 1878, in-8°, lithographies.

1771. — **Monuments mégalithiques des Hautes-Alpes et de l'Isère**, par Gabriel de Mortillet. Grenoble, 1894, in-8°.

Extrait du *Bulletin de la Société dauphinoise d'ethnologie et d'anthropologie*.

1772. — **Monuments mégalithiques de tous pays; leur âge et leur destination**, avec une carte de 230 gravures, par James Fergusson; ouvrage traduit de l'anglais par l'abbé Hamard. Paris, 1818, in-8°, fig.

1773. — **Monuments mégalithiques du Morbihan**, par F. Gaillard. Plouharnel, Carnac, Erdeven, Saint-Pierre Quiberon : 4 albums photographiques (sans texte).

1774. — **Monuments mégalithiques du Vivarais**, par Jules OLLIER DE MARICHARD. Privas, 1882, in-8°, fig.

1775. — **Monuments modernes de la Perse**, mesurés, dessinés et décrits par Pascal COSTE. Paris, 1867, in-folio, fig.

1776. — **Monuments of early christian art, sculptures and catacomb paintings** (Monuments de l'art chrétien primitif, sculptures et peintures des catacombes), illustrative notes, collected in order to promote the reproduction of remains of art belonging to the early centuries of the christian era, by J.-W. APPELL. London, 1872, in-8°, fig.

1777. — **Monuments religieux, militaires et civils des Deux-Sèvres**, par Ch. ARNAUD; dessins d'après nature par BAUGIER, lithographiés per E. CONTE; 2ᵉ édition. Niort, 1877, in-8°.

1778. — **Monuments romains et gothiques de Vienne en France**, dessinés et publiés par Etienne REY, suivis d'un texte historique et analytique par E. VIETTY. Paris, 1831, in-folio.

1779. — **Monuments scandinaves au moyen âge**, avec les peintures et autres ornements qui la décorent, dessinés et publiés par N.-M. MANDELGREN. Paris, 1862, in-folio.

1780. — **Morbihan.** Paris, in-8°, avec carte coloriée et gravures.

Ouvrage faisant partie de la collection des *Géographies départementales* d'Adolphe JOANNE.

1781. — **Morbihan (Le), son histoire et ses monuments**, par CAYOT-DELANDRE. Vannes et Paris, 1857, in-8°, fig., atlas petit in-folio.

1782. — **Morlaas et sa basilique (Basses-Pyrénées)**, par DE BORDENAVE D'ABÈRE. Morlaas et Pau, 1877, in-8°, fig.

1783. — **Mosaïcs (The) of the cupola in the «Capella Chigiana» of Santa Maria del Popolo in Rome** (Mosaïques de la coupole dans la chapelle Chigi de l'église Sainte-Marie-du-Peuple, à Rome), designed by RAFFAELLE SANZIO D'URBINO; engraved and edited by Lewis GRUNER. London, 1850, in-folio.

1784. — **Mosaïque (La)**; revue pittoresque illustrée, de tous les temps et de tous les pays. Paris, 1873-1876, 4 vol. in-8°, fig.

1785. — **Mosaïque (La)**, par Gerspach. Paris, in-4° anglais, fig.

Ouvrage faisant partie de la *Bibliothèque de l'Enseignement des Beaux-Arts.*

1786. — **Mosaïque (La) absidale de Saint-Jean-de-Latran, à Rome** (xiii° siècle), par Gerspach. Paris, 1880, in-4°; fig.

1787. — **Mosaïque des promenades et autres trouvées à Reims**, par Ch. Loriquet. Reims, 1862, in-8°.

1788. — **Mosaïque de Villiers**, par de la Sicotière. Caen, 1883, in-8°, avec planche en couleurs.

1789. — **Mosaïques de Jurançon et de Bielle** (Basses-Pyrénées); notices et dessins par Ch.-Cl. Le Cœur. Pau, 1856, in-8°, fig.

1790. — **Mosaïques de Lyon et des départements méridionaux de la France**, expliquées et publiées par F. Artaud. Lyon, 1806, grand in-folio, fig. coloriées.

1791. — **Mot (Un) sur Alde Manuce de M. Ambroise Firmin-Didot**, par Ernest Vinet. Paris, s. d., in-8°.

1792. — **Mot (Un) sur La Boëtie**, sa famille et la prononciation de son nom, pendant mon court séjour dans sa ville natale, par l'abbé Audierne. Sarlat, 1875, in-8°.

1793. — **Motifs de décoration extérieure et intérieure**, appliquée aux édifices publics comme aux habitations particulières, sculpture, marbrerie, peinture, menuiserie; recueil publié avec le concours des principaux architectes et ornemanistes du royaume et gravé par Ch. Claesen. Liège, Paris, Berlin, s. d., in-folio.

1794. — **Motifs historiques d'architecture et de sculpture d'ornement**; choix de fragments empruntés à des monuments français, du commencement de la Renaissance à la fin de Louis XVI, etc., par César Daly. Paris, 1870, 2 vol. in-folio.

1795. — **Moyen âge (Le) monumental et archéologique**, par Daniel Ramée, architecte; vues lithographiées des édifices les plus remarquables de cette époque en Europe, avec texte de nos premiers archéologues, exposant l'histoire et l'art d'après les monuments. Paris, 1843, 3 vol. in-folio.

1796. — **Moyen âge (Le) pittoresque;** suite de planches lithographiées. Paris, s. d.. in-folio.

Incomplet.

1797. — **Munimenta antiqua,** or observations on ancient castles including remarks on the wohole progress of architecture ecclesiastical as well as military, **in Great Britain** (Forteresses anciennes ou observations sur les anciens châteaux contenant des remarques sur tous les progrès de l'architecture religieuse et militaire, dans la Grande-Bretagne), and on the corresponding changes in manners, laws and customs, tending both to illustrate modern history and to elucidate many interesting passages in various ancient classic authors, by Edward King, esq. f. r. s. and a. s. London, 1799-1805, 4 vol. in-folio, fig.

1798. — **Murviel; ruines d'un oppidum des Volces arécomiques,** par A. de Montgravier et Ad. Ricard. Paris, 1863, in-8°, fig.

Extrait de la *Revue archéologique.*

1799. — **Musée Alaoui** (Collections du), Régence de Tunis, publiées sous la direction de M-.R. de la Blanchère. Paris, 1893, texte in-4°, albums de gravures.

1800. — **Musée (Le) d'Aquitaine;** recueil uniquement consacré aux sciences, à la littérature et aux arts. Bordeaux, 1823-1824, 3 vol. in-8°.

1801. — **Musée de la Société des antiquaires de Normandie;** catalogue et description des objets d'art de l'antiquité, du moyen âge, de la Renaissance et des temps modernes exposés au musée, rédigé par Gervais. Caen, 1864, in-8°.

1802. — **Musée de peinture et de sculpture,** ou recueil des principaux tableaux, statues et bas-reliefs des collections publiques et particulières de l'Europe, dessiné et gravé à l'eau-forte par Réveil, avec des notices descriptives, critiques et historiques par Louis et René Ménard. Paris, 1872, 10 vol. in-18.

1803. — **Musée de portraits d'artistes,** etc.; état de 3000 portraits, par Henry Jouin; ouvrage orné d'un portrait inédit de Mme Vigée-Lebrun. Paris, 1888, in-8°.

1804. — **Musée des antiquités d'Angers, fondé en 1841. Inventaire,** par Godard-Faultrier. Angers, 1868, in-8°.

1805. — **Musée de sculpture antique et moderne**, ou description historique et graphique du Louvre et de toutes ses parties, des statues, bustes, bas-reliefs et inscriptions du musée royal des Antiques et des Tuileries, et de plus de 2500 statues antiques tirées des principaux musées et des diverses collections de l'Europe, etc., par le comte DE CLARAC, continuée sur les manuscrits de l'auteur, publiée par Alfred MAURY, sous la direction de Victor TEXIER, graveur. Paris, 1826-1853, 6 vol. grand in-8° et atlas en 6 vol. in-4° oblong.

1806. — **Musée des monumens français, ou description historique et chronologique des statues en marbre et en bronze, bas-reliefs et tombeaux des hommes et des femmes célèbres, pour servir à l'histoire de France et à celle de l'art**; ornée de gravures et augmentée d'une dissertation sur les costumes de chaque siècle, par Alexandre LENOIR, fondateur et administrateur du musée. Paris, 1800-1821, 8 vol. in-8°.

1807. — **Musée des Thermes et de l'hôtel de Cluny**; documents sur la création du Musée d'antiquités nationales, suivant le projet exposé au Louvre en 1833, sous le n° 1546, par Albert LENOIR. Paris, 1882, in-8°.

1808. — **Musée de Troyes**; catalogue, carrelages vernissés, incrustés, historiés, faïences, par Louis LECLERT. Troyes, 1892, in-8°, avec planches en couleurs.

Voir : *Catalogue.*

1809. — **Musée lyonnais. Art industriel. Spécimens de tissus et broderies faisant partie des collections du musée d'art et d'industrie**, reproduits en photographie et publiés par F. ARMBRUSTER. Lyon, s. d., in-folio.

1810. — **Musée Napoléon III**; choix de monuments pour servir à l'histoire de l'art en Orient et en Occident; texte explicatif par Adrien DE LONGPÉRIER. Paris, s. d., in-4°, planches coloriées.

Incomplet.

1811. — **Musée préhistorique**, par Gabriel et Adrien DE MORTILLET. Paris, 1881, in-4°, planches.

1812. — **Musées (Les) d'Allemagne**, guide et mémento de l'artiste et du voyageur, par Louis VIARDOT. Paris, 1860, in-12.

1813. — **Musées (Les) d'Angleterre, de Belgique, de Hollande et de Russie**; guide et mémento de l'artiste et du voyageur, par Louis Viardot. Paris, 1860, in-12.

1814. — **Musées (Les) de France**; recueil de monuments antiques, par W. Fröhner. Paris, 1873, in-folio, fig. coloriées.

1815. — **Musées de France et collections particulières**, par Théodore Guédy. Paris, s. d., in-8°.

1816. — **Musées (Les) de province**, par le comte L. Clément de Ris. Paris, 1859-1861, 2 vol. in-8°.

1817. — **Musées (Les) de province**; histoire et description par L. Clément de Ris; 2° édition entièrement refondue. Paris, 1872, in-18.

1818. — **Musées (Les) de Rome**, précédés d'une étude sur l'histoire de la peinture en Italie, par E. de Toulgoët; guide-mémento. Paris, 1867, in-12.

1819. — **Musées (Les) d'Espagne**; guide et mémento de l'artiste et du voyageur, suivis de notices biographiques sur les principaux peintres de l'Espagne, par Louis Viardot. Paris, 1860, in-12.

1820. — **Musées et bibliothèques de Paris. Idées et réformes**, par Romain-Mornai. Paris, 1880, in-8°.

1821. — **Musée (Le) universel**, par Édouard Lièvre, avec le concours des artistes et des écrivains les plus distingués. Paris, 1868, in-4°, fig.

1822. — **Musique (La)**, par H. Lavoix fils. Paris, in-4° anglais, fig.

1823. — **Musique (La) française**, par H. Lavoix fils. Paris, in-4° anglais, fig.

1824. — **Mythologie (La) figurée**, par Max Collignon. Paris, in-4° anglais, fig.

Les trois ouvrages ci-dessus font partie de la *Bibliothèque de l'Enseignement des Beaux-Arts*.

N

1825. — **Nantes ancien et le pays nantais**, comprenant la chronologie des seigneurs, gouverneurs, évêques et abbés; le pouillé diocésain et la topographie historique de la ville et du pays, d'après les auteurs originaux, revus et annotés, par Dugast-Matifeux. Nantes, 1879, in-8°.

1826. — **Nations (Les) rivales dans l'art**; Angleterre, Belgique, Hollande, Bavière, etc.; l'art japonais; de l'influence des expositions internationales sur l'avenir de l'art, par Ernest Chesneau. Paris, 1868, in-12.

1827. — **Nature (La) chez elle**, par Théophile Gautier; eaux-fortes par K. Bodmer. Paris, 1870, in-folio.

1828. — **Nécropole (Une) royale à Sidon**; fouilles de Hamdy Bey, par O. Hamdy Bey et Théodore Reinach; texte in-4°, avec album de planches in-folio, 1re livraison. Paris, 1892.

Incomplet.

1829. — **Négociations diplomatiques de la France avec la Toscane**; documents recueillis par Giuseppe Canestrini et publiés par Abel Desjardins. Paris, 1859-1875, 5 vol. in-4°.

Ouvrage faisant partie de la *Collection de documents inédits sur l'Histoire de France* publiés par les soins du Ministre de l'instruction publique.

1830. — **Neue Künstliche figuren biblischer historien** (Nouvelles figures artistiques des histoires de la Bible), grüntlich von Tobia Stimmer gerissen; und zu Gotsförschtiger ergetzung audächtiger hertzen mit artigen reimen begriffen durch J. F. G. M.; zu Basel, bei Thoma Gwarin, anno m. d. l. xxvi. Neue verlegt von Geory Hirth in Münschen und Leipzig, 1881, in-8° carré.

1831. — **Nièvre**. Paris, in-8°, avec carte coloriée et gravures.

Ouvrage faisant partie de la collection des *Géographies départementales* d'Adolphe Joanne.

1832. — **Nièvre (La) à travers le passé**; topographie historique de ses principales villes décrites et gravées par Amédée Jullien. Paris, 1883, in-folio, fig.

1833. — **Nîmes gallo-romain**; villes antiques; guide du touriste archéologue par Hippolyte Bazin; dessins de Max Raphael. Nîmes, 1891, in-8°.

1834. — **Ninive et l'Assyrie**, par Victor Place, consul général, avec des essais de restauration par Félix Thomas. Paris, 1867, 3 vol. in-folio, fig.

1835. — **Nivernois (Le)**; album historique et pittoresque, publié par Morellet, Barat, E. Bussière. Nevers, 1830-1840, 2 vol. in-4°, fig.

1836. — **Noçôes sobre o estado prehistorico da terra e do homen seguidas da descripçâo de alguns dolmins ou antas de Portugal** (Notions sur l'état préhistorique de la terre et de l'homme, suivies de la description de quelques dolmens ou antas du Portugal), par F. A. Pereira da Costa, avec la traduction française par Dalhunty. Lisbonne, 1868, in-4°, fig.

Voir : *Monumentos prehistoricos.*

1837. — **Nord.** Paris, in-8°, avec carte coloriée et gravures.

Ouvrage faisant partie de la collection des *Géographies départementales* d'Adolphe Joanne.

1838. — **Nordiske oldsager i Det Kongelige Museum i Kjöbenhavn** (Antiquités du Nord au Musée royal de Copenhague), ordnede og forklarede af J.-J.-A. Worsaæ. Kjöbenhavn, 1859, in-8°, fig.

1839. — **Normandie (La) illustrée**; monuments, sites et costumes de la Seine-Inférieure, de l'Eure, du Calvados, de l'Orne et de la Manche, dessinés d'après nature par F. Benoist et lithographiés par les premiers artistes de Paris; texte par Raymond Bordeaux et Amélie Bosquet, sous la direction de André Pottier pour la Haute-Normandie, et de Charma, Le Héricher, de la Sicotière, Travers et de Beaurepaire, sous la direction de Georges Mancel, pour la Basse-Normandie. Nantes, 1854, 2 vol. in-folio.

1840. — **Normandie (La) monumentale et pittoresque**; édifices publics, églises, châteaux, manoirs, etc.; héliogravures de P. Dujardin d'après les photographies de E. Letellier; texte par divers, avec une introduction par Armand Dayot. Le Havre, 1893, in-folio.

1841. — **Normandie (La) souterraine**, ou notices sur des cimetières romains et des cimetières francs explorés en Normandie, par l'abbé Cochet. Rouen et Paris, 1854, in-8°, fig.

1842. — **Nos adieux à la Vieille-Sorbonne**, par Oct. Gréard. Paris, 1893, in-8°, avec gravures.

1843. — **Nos origines**, par Alexandre Bertrand; 5 vol. in-8°, avec nombreuses planches et cartes; 3 vol. parus :

Archéologie celtique et gauloise (volume d'introduction).

Tome Ier : *La Gaule avant les Gaulois*.

Tome II : *Les Celtes*.

Voir ces divers ouvrages.

1844. — **Note, circulaires et rapports sur le Service de la conservation des monuments historiques.** Paris, 1862, in-4°.

1845. — **Notes de voyage d'un architecte dans le nord-ouest de l'Europe; croquis et descriptions**, par Félix Narjoux. Paris, 1876, grand in-8°.

1846. — **Notes d'un curieux**, par Boyer de Sainte-Suzanne. Monaco, 1878, 1 vol. in-8°.

1847. — **Notes d'un voyage dans le midi de la France**, par Prosper Mérimée. Bruxelles, 1835, in-12.

1848. — **Notes d'un voyage dans l'ouest de la France**, par Prosper Mérimée. Paris, 1836, in-8°.

Extrait d'un rapport adressé à M. le Ministre de l'intérieur.

1849. — **Notes d'un voyage en Auvergne**, par Prosper Mérimée. Paris, 1838, in-8°, fig.

1850. — **Notes d'un voyage en Corse**, par Prosper Mérimée. Paris, 1840, in-8°, fig.

1851. — **Notes et croquis sur la Vendée**; histoire, mœurs, monuments, costumes, portraits; dessins d'après nature, texte historique et descriptif, par le comte E. de Monbail. Niort, 1843, in-4°, fig.

1852. — **Notes historiques et archéologiques concernant le département de la Seine-Inférieure et spécialement la ville de Rouen**, par Charles de Beaurepaire. Rouen, 1883, in-8°.

Voir : *Nouveau recueil de notes historiques*, par le même.

1852 a. — **Notes pour servir à à la statistique monumentale du département de la Moselle**, par Georges Boulangé. Metz, 1853, in-8°, fig.

1853. — **Notes pous servir à l'histoire de la corporation des orfèvres de Laval**, par E. Quernau Lamerié. Laval, 1887, in-8°.

1854. — **Notes sur Dominique et Gentil**, par Albert Babeau. Troyes, 1876, in-8°.

1855. — **Notes sur la préhistoire du département de la Mayenne; études préhistoriques sur les environs d'Ernée; le bronze aux environs de Craon**, par Émile Moreau. Laval, 1880, in-8°, fig.

1856. — **Notes sur l'architecture dans le Comminges, du IIIe au XVe siècle**, par Anthyme Saint-Paul. Saint-Gaudens, 1887, in-8°.

1857. — **Notes sur la tombelle de Brioux**, commune de Pairé, canton de Couhé (Vienne), par Brouillet. Poitiers, 1862, in-8°.

Extrait du Bulletin de la Société des antiquaires de l'Ouest.

1858. — **Notes sur l'église de Bar-le-Régulier**, par Joseph Bard. S. d., in-8°.

Extrait des Mémoires de la Commission des antiquités de la Côte-d'Or.

1859. — **Notes sur les mosaïques chrétiennes de l'Italie**, par Eug. Müntz. Paris, 1875, in-8°, fig.

1860. — **Note sur des carrelages émaillés trouvés à Toulouse**, par Esquié. Toulouse, s. d., in-8°, fig.

1861. — **Note sur des constructions anciennes récemment mises à découvert dans la ville de Toulouse**, par Esquié. Toulouse, s. d., in-8°, fig.

1862. — **Note sur la ville, le château de Boussac (Creuse) et la famille de Brosses**, par Henri Aucapitaine. Paris, 1853, in-8°, fig.

1863. — **Note sur le château du Bois-sir-Amé** (Cher), par Louis Reynal. Bourges, s. d., in-8°, fig.

1864. — **Note sur les changements survenus dans l'état de l'église Saint-Seurin, à Bordeaux, et sur son clergé**, par L. de L. Bordeaux, 1846, in-8°.

1865. — **Note sur les mesures prises pour la conservation des manuscrits dans le diocèse de Troyes**, du xi° au xviii° siècle, par l'abbé Lalore. Troyes, 1876, in-8°.

1866. — **Note sur les murs gallo-romains de Dax** (Landes), par de Caumont. Paris et Caen, 1857, in-8°, fig.

Extrait du *Bulletin monumental*.

1867. — **Note sur Nicole de l'Écluse**, maître ès œuvres de la cathédrale du Mans en 1420, par Eug. Hucher. Le Mans, 1873, in-8°.

Extrait du *Bulletin de la Société d'agriculture, sciences et arts de la Sarthe*.

1868. — **Note sur quelques émaux de la cathédrale de Beauvais**, par l'abbé Barraud. S. l., s. d., in-8°.

1869. — **Note sur quelques particularités de construction du château de Vendôme** (Loir-et-Cher); modes divers d'emploi des bois dans les maçonneries, xiii° et xiv° siècles, avec 5 planches renfermant 14 fig., par A. de Salies. Vendôme, 1869, in-8°.

1870. — **Note sur quelques-unes des améliorations qui pourraient être apportées au service des musées**, présentée à MM. les Membres de l'Assemblée nationale, par Reiset. Paris, 1875, in-8°.

1871. — **Note sur une cuve baptismale en plomb, de l'église de Grenade** (Haute-Garonne), par Esquié. Toulouse, s. d., in-8°, fig.

1872. — **Note sur une inscription chrétienne découverte à Doué-la-Fontaine** (Maine-et-Loire), par R. de Lasteyrie. Angers, s. d., in-8°.

Extrait du *Bulletin archéologique du Comité des travaux historiques et scientifiques de 1887*.

1873. — **Note sur une maison de Bernay**, par A. Join-Lambert. Brionne, 1883, in-8°.

1874. — **Note sur une peinture récemment découverte à l'église Saint-Cernin de Toulouse**, par Esquié. Toulouse, s. d., in-8°, fig.

1875. — **Note sur un tombeau découvert à Saint-Serges, à Angers**, par V. Godard-Faultrier. Angers, 1857, in-8°, fig.

Extrait de la *Revue de l'Anjou et du Maine*.

1876. — **Note sur un tronc en cuivre du XVIe siècle, et sur un réchaud en fer de la même époque, qui appartiennent à la cathédrale de Beauvais**, par l'abbé Barraud. Beauvais, 1863, in-8°, fig.

1877. — **Notice archéologique et historique sur la conservation de la tour Saint-Jacques-la-Boucherie, à Paris**, par André Durand. Rouen, 1858, in-8°.

1878. — **Notice archéologique sur la tour de Saint-Pierre-de-Carville, à Darnétal** (Seine-Inférieure), par André Durand. Rouen, 1858, in-8°.

1879. — **Notice archéologique sur le camp de Chassey** (Saône-et-Loire), par Édouard Flouest. Chalon-sur-Saône, 1869, in-4°.

1880. — **Notice archéologique sur le département de l'Oise**, comprenant la liste des monuments de l'époque celtique, de l'époque gallo-romaine et du moyen âge, qui subsistent dans l'étendue du pays, et l'indication de ceux dont on retrouve encore les vestiges, par Graves. Beauvais, 1856, in-8°.

Extrait de l'*Annuaire du département de l'Oise.*

1881. — **Notice archéologique sur l'église cathédrale de Rodez**, par l'abbé Magne. Rodez, 1842, in-12.

1882. — **Notice archéologique sur l'église de Cintheaux**, par l'abbé Le Cointe. Caen, 1877, in-8°, fig.

1883. — **Notice archéologique sur l'église de Gassicourt**, par Eug. Lefèvre-Pontalis. Versailles, 1888, in-8°.

1884. — **Notice archéologique sur l'église d'Eseure-lès-Moulins**, par Henri de Curzon. Paris, 1884, in-8°.

Extrait du *Bulletin du Comité des travaux historiques. Archéologie*, n° 3 de 1884.

1885. — **Notice archéologique sur Metz et ses environs**, par Victor Simon. Metz, s. d., in-8°, fig.

Extrait des *Mémoires de l'Académie royale de Metz.*

1886. — **Notice de la maison de Lisieux**, par H..., membre de l'Institut historique de France, de la Société des antiquaires de Normandie, etc. S. l., s. d., in-4°, fig.

1887. — **Notice de la sculpture antique du musée national du Louvre**, par W. Fröhner. Paris, 1870, in-12.

1888. — **Notice de la verrerie et des vitraux** (Musée de la Renaissance), par A. Sauzay. Paris, 1869, in-12.

1889. — **Notice des bois sculptés, terres cuites, marbres, albâtres, grès, miniatures peintes, miniatures en cire et objets divers** (Musée de la Renaissance), par A. Sauzay. Paris, 1869, in-12.

1890. — **Notice des bronzes antiques exposés dans les galeries du musée national du Louvre** (Ancien fonds et musée Napoléon III), par Adrien de Longpérier; 1re partie. Paris, 1868, in-12.

Les quatre notices ci-dessus font partie de la collection des *Catalogues du Louvre*.

1891. — **Notice descriptive et historique sur l'église collégiale et paroissiale de Notre-Dame de Bourg**, par Jules Baux. Bourg-en-Bresse, 1849, in-12.

1892. — **Notice des collections du musée de marine exposées dans les galeries du musée national du Louvre**, par L. Morel-Fatio; 1re partie : *Musée naval*. Paris, 1873, in-12.

Ouvrage faisant partie de la collection des *Catalogues du Louvre*, ainsi que les notices qui suivent jusqu'au n° 1902.

1893. — **Notice des dessins, cartons, pastels, miniatures et émaux exposés dans les salles du 1er et du 2e étage au musée national du Louvre**; 1re partie : *Écoles d'Italie, écoles allemande, flamande et hollandaise*, précédée d'une introduction historique et du résumé de l'inventaire général des dessins; 2e partie : *École française, dessins indiens, émaux*, par Frédéric Reiset. Paris, 1868, 2 vol. in-12.

1894. — **Notice des émaux et de l'orfèvrerie** (Musée du moyen âge et de la Renaissance), par Alfred Darcel. Paris, 1867, in-12.

1895. — **Notice des faïences françaises**, faïences dites de Henri II, faïences de Bernard Palissy, faïences diverses (Conservation des objets d'art du moyen âge et de la Renaissance et de la sculpture moderne), par L. Clément de Ris. Paris, 1871, in-12.

1896. — **Notice des faïences peintes italiennes, hispano-moresques et françaises et des terres cuites émaillées italiennes**, par Alfred Darcel. Paris, 1864, in-12.

— 190 —

1897. — **Notice des gemmes et joyaux** (galerie d'Apollon), par H. Barbet de Jouy. Paris, 1872, in-12.

1898. — **Notice des ivoires** (Musée de la Renaissance), par A. Sauzay. Paris, 1863, in-12.

1899. — **Notice des monuments exposés dans la galerie d'antiquités égyptiennes**, salle du rez-de-chaussée et palier de l'escalier du sud-est, au musée du Louvre, par le vicomte E. de Rougé. Paris, 1872, in-12.

1900. — **Notice des monuments provenant de la Palestine**, et conservés au musée du Louvre (salle Judaïque), par Ant. Héron de Villefosse. Paris, 1876, in-12, fig.

1901. — **Notice des peintures, sculptures et dessins de l'école moderne exposés dans les galeries du musée national du Luxembourg**, par Ph. de Chennevières. Paris, 1876, in-12.

1902. — **Notice des portraits d'artistes exposés dans la salle Denon**, au Musée du Louvre, par G. Lafenestre. Paris, s. d., in-12.

1903. — **Notice des statues, bustes et autres ouvrages de sculpture de la Renaissance et des temps modernes, exposés dans les galeries du Museum-Calvet, à Avignon**, publiée par Aug. Deloye. Avignon, 1881, in-8°.

1904. — **Notice des tableaux, bas-reliefs et statues exposés dans les galeries du musée des tableaux de Lille**, par Ed. Reynart. Lille, 1862, in-8°.

1905. — **Notice des tableaux et monuments antiques exposés dans le musée de Marseille**, s. n. Marseille, 1851, in-8°.

1906. — **Notice des tableaux exposés dans les galeries du musée national du Louvre.** — 1re partie : Écoles d'Italie et d'Espagne, par le vicomte Both de Tauzia; 2e partie : Écoles allemandes, flamande et hollandaise, par Frédéric Villot; 3e partie : École française, par Frédéric Villot. Paris, 1888, 3 vol. in-12 reliés en un seul.

Ouvrage faisant partie de la collection des *Catalogues du Louvre*.

1906 a. — **Notice des tableaux exposés dans les galeries du Museum-Calvet, à Avignon**, publiée par Aug. Deloye. Avignon, 1880, in-8°.

1907. — **Notice des tableaux légués au musée national du Louvre par M. Louis Lacaze**, par F. Reiset. Paris, 1873, in-12.

Ouvrage faisant partie de la collection des *Catalogues du Louvre*.

1908. — **Notice du Musée impérial de Versailles**, par Eud. Soulié. Paris, 1859-1861, 3 vol. in-12.

1909. — **Notice historique et archéologique sur l'ancien prieuré de Cayac, près de Gradignan** (Gironde), suivie de l'examen de cette question : La loi de 1833 sur l'expropriation forcée pour cause d'utilité publique est-elle applicable à la conservation des monuments? par Ferdinand Leroy. Bordeaux, 1849, in-8°, fig.

1910. — **Notice historique et archéologique sur le bourg et l'abbaye de Chézy-sur-Marne** (Aisne), par l'abbé A.-E. Poquet. Soissons, 1844, in-8°.

1911. — **Notice historique et archéologique sur le château de Langlais** (Indre-et-Loire). Paris, 1839, in-8°.

1912. — **Notice historique et archéologique sur le donjon du château de Philippe-Auguste bâti à Rouen en 1205, aujourd'hui tour Jeanne-d'Arc**, par F. Bouquet. Rouen, 1877, in-8°, fig.

1913. — **Notice historique et archéologique sur l'église de l'Immaculée Conception, autrefois Saint-Antoine de Pade-lèz-Nantes** (Loire-Inférieure), ancienne chapelle des Minimes, par Eug. de la G. Nantes, 1849, in-8°.

1914. — **Notice historique et archéologique sur le Mont Saint-Michel** et considérations sur les nécessités de restaurer l'église de cette ancienne abbaye, par Gustave Durnard. Saint-Lô, 1848, in-8°.

1915. — **Notice historique et archéologique sur le palais, l'abbaye et les deux églises de Choisy-au-Bac, près Compiègne** (Oise), par Zacharie Rendu. Compiègne, 1856, in-4°, fig.

1916. — **Notice historique et archéologique sur Notre-Dame de Dax** (Landes), par J.-F. Pédegert. Dax, 1849, in-8°.

1917. — **Notice historique et archéologique sur Notre-Dame-de-la-Couture de Bernay** (Eure), par Auguste Blais. Évreux, 1852, in-8°, fig.

1918. — **Notice historique et artistique sur l'église de Saint-Sauveur de Castel-Sarrasin** (Tarn-et-Garonne), par le baron Chaudruc de Crazannes. Paris et Caen, 1857, in-8°.

Extrait du *Bulletin monumental*.

1919. — **Notice historique et chronologique sur le château de Chambord** (Loir-et-Cher), avec plusieurs gravures à l'eau-forte, par A. Storelli. Tours, 1878, in-4°.

1920. — **Notice historique et chronologique sur le château de Chaumont-sur-Loire** (Loir-et-Cher), avec plusieurs gravures à l'eau-forte, par A. Storelli. Tours, 1880, in-4°.

1921. — **Notice historique et descriptive de la cathédrale de Meaux**, par Monseigneur Allou, 2ᵉ édition augmentée d'une notice sur l'évêché et le séminaire. Meaux, 1871, in-8°, fig.

1922. — **Notice historique et descriptive de la tour Grise, à Verneuil** (Indre), par Tourneux. S. l. [Verneuil], s. d. [1889], in-8°, fig.

1923. — **Notice historique et descriptive de l'église de la Sainte-Trinité de Fécamp**, par Alexandre Leport. Fécamp, 1879, in-8°, fig.

1924. — **Notice historique et descriptive de l'église de Merlandes** (Dordogne), par l'abbé Audierne. Périgueux, 1847, in-8°, fig.

1925. — **Notice historique et descriptive de l'église et de la paroisse de Saint-Leu-Saint-Gilles**, ornée d'une vue de l'intérieur de l'église, par l'abbé Vacher. Paris, 1843, in-8°.

1926. — **Notice historique et descriptive de l'église Saint-Gengoult de Toul**, par l'abbé Bagard. Nancy, 1859, in-8°, fig.

1927. — **Notice historique et descriptive sur la cathédrale de Châlons-sur-Marne**, par l'abbé Estrayez Cabassolle. Châlons-sur-Marne, 1842, in-8°, fig.

1928. — **Notice historique et descriptive sur l'ancien Hôtel de Ville, le beffroi et la grosse horloge de Rouen**, ornée de 3 planches gravées sur cuivre, par E. de la Quérière. Rouen et Paris, 1864, in-4°.

1929. — **Notice historique et descriptive sur l'ancienne cathédrale de Montauban**, antérieurement abbatiale de Saint-Théodard ou de Mont-Auriol, sous l'invocation de Saint-Martin de Tours, par le baron Chaudruc de Crazannes. Montauban, s. d., in-8°.

1930. — **Notice historique et descriptive sur l'ancienne église paroissiale de Saint-Jean de Rouen**, ornée de trois dessins de E.-H. Langlois, par E. de la Quérière. Rouen et Paris, 1860, in-4°.

1931. — **Notice historique et descriptive sur l'église abbatiale d'Essones, près Château-Thierry**, par l'abbé A.-T. Poquet. Château-Thierry et Soissons, 1842, in-8°, fig.

1932. — **Notice historique et descriptive sur l'église cathédrale d'Amiens**, par H. Dusevel. Amiens, 1853, in-8°, fig.

1933. — **Notice historique et descriptive sur l'église métropolitaine de Sainte-Cécile d'Albi**, suivie de la biographie des évêques et archevêques d'Albi, des évêques de Castres et de Lavaur, par H. C. (Hippolyte Crozes.) Toulouse, 1841, in-8°, fig.

1934. — **Notice historique et descriptive sur l'église Sainte-Croix d'Oloron** (Basses-Pyrénées). Bayonne, 1840, in-4°.

1935. — **Notice historique et descriptive sur l'église Sainte-Croix d'Oloron** (Basses-Pyrénées), par l'abbé Menjoulet. Oloron, 1856, in-8°.

1936. — **Notice historique et descriptive sur l'église Saint-Étienne de Beauvais**, par St. de Saint-Germain. Beauvais, 1843, in-8°.

1937. — **Notice historique et descriptive sur le sépulcre de l'église Saint-Jean-Baptiste à Chaumont** (Haute-Marne), par Jules Fériel. Chaumont, 1841, in-8°, fig.

1938. — **Notice historique et descriptive sur Notre-Dame de Grenoble**, par Eugène Bonnefons. Grenoble, 1839, in-8°.

1939. — **Notice historique sur l'abbaye de Brantôme** (Dordogne), son église et son antique clocher; par l'abbé Audierne. Périgueux, 1842, in-8°, fig.

1940. — **Notice historique sur la construction de la cathédrale de Sens**, rédigée sur les documents originaux existant aux archives de la Préfecture, par Quantin. S. l., s. d., in-8°.

1941. — **Notice historique sur la Ferté-Milon**, par l'abbé Poquet. Reims, 1874, in-16.

1942. — **Notice historique sur la maison carrée de Nîmes**, suivie du catalogue du musée, par Auguste Pelet. Nîmes, 1863, in-12.

1943. — **Notice historique sur la paroisse royale de Saint-Paul-Saint-Louis**, description détaillée de l'église actuelle et de ses caveaux par Denis de Hansy. Paris, 1842, in-8°.

1944. — **Notice historique sur l'arc de triomphe de l'Étoile**, publiée par J. Thierry et G. Coulon. Paris, 1836, in-8°, fig.

1945. — **Notice historique sur la ville de Saint-Astier** (Dordogne), son église et une ancienne chapelle; par l'abbé Audierne. Périgueux, 1841, in-8°.

1946. — **Notice sur la ville de Wassy** (Haute-Marne), par Pinard. Wassy, 1844, in-8°.

1947. — **Notice historique sur le beffroi de la ville de Boulogne**, par François Morand. Boulogne-sur-Mer, 1842, in-8°.

1948. — **Notice historique sur le château de Dinan** (Côtes-du-Nord), par Mahéo. Dinan, s. d., in-8°.

1949. — **Notice historique sur le château de la ville de Boulogne**, par François Morand. Boulogne, 1843, in-8°.

1950. — **Notice historique sur le château de Pau**, par Théodore Chastang, 17ᵉ édition. Pau, 1875, in-16.

1950 a. — **Notice historique sur le château d'Étampes**, suivie d'une description des ruines de Guinette, par Léon Marquis, 2ᵉ édition. Étampes, 1885, petit in-8°, fig.

1951. — **Notice historique sur le château et les sires du Bois de la Motte** (Côtes-du-Nord), par Mahéo. Dinan, 1852, in-12.

1952. — **Notice historique sur le domaine et le château de Rambouillet** (Seine-et-Oise), par Auguste Moutié. Rambouillet, 1850, in-8°, fig.

1953. — **Notice historique sur le fort des Tourelles de l'ancien pont de la ville d'Orléans**, où Jeanne d'Arc combattit et fut blessée, et sur la découverte de ses restes en juillet 1831, par C.-F. Vergnaud-Romagnési. Paris, 1832, in-8°, fig.

Extrait des *Annales de la Société royale des sciences, belles-lettres et arts d'Orléans*, tome XII.

1954. — **Notice historique sur l'église de la Souterraine (Creuse),** par Yves Fesneau. Limoges, 1839, in-4°, fig.

1955. — **Notice historique sur l'église paroissiale de Bourg-Saint-Andéol** (Ardèche). S. n., Nyons, 1852, in-4°.

1956. — **Notice historique sur l'église Saint-Jacques de Dieppe** (Seine-Inférieure); extrait du rapport annexé aux projets de restauration adoptés par le Gouvernement, par L. Lenormand. Paris, 1841, in-8°.

1957. — **Notice historique sur le palais des Tuileries;** rapport par Bruyerre. Paris, 1882, in-4°, lithographies et planches.

1958. — **Notice historique sur le prieuré de Saint-Marcoul de Corbeny,** dépendant de l'abbaye de Reims, par Édouard de Barthélemy. Paris, 1876, in-8°.

Extrait des *Annales de la Société académique de Saint-Quentin*.

1959. — **Notice historique sur les cloches de Coucy** et des 31 communes de son canton, par A.-J. Dutailly. Chauny, 1887, in-8°.

1960. — **Notice historique sur le service des monuments historiques.** Paris, 1874, in-12.

1961. — **Notice historique sur les Ternes (Seine) et les environs,** par l'abbé Bellanger. Paris, 1849, in-8°.

1962. — **Notice historique sur l'hôtel de ville d'Obernai (Bas-Rhin)** et sur les anciens emplacements judiciaires dits *Seelhof* et *Laube*, par l'abbé Gyss. S. l., s. d., in-4°, fig.

1963. — **Notice historique sur Montsalvy (Cantal), sur son église et sur son ancien monastère,** accompagnée de remarques, de notes sur divers sujets, et de quelques traits relatifs à l'antiquité sacrée et profane, par G. Muratet. Aurillac, 1843, in-8°, fig.

1964. — **Notice historique, topographique et statistique sur le département de l'Aveyron.** S. n., Paris, s. d., in-folio, fig.

1965. — Notices archéologiques, par Victor Simon. Metz, 1842, in-8°, fig.

> Extrait des *Mémoires de l'Académie royale de Metz, 1841-1842.*

1966. — Notices archéologiques. 1re série : *Monuments d'Angers*; 2e série : *Saumur et ses environs*, par G. d'Espinay. Angers, 1876-1878, 2 vol. in-8°, fig.

> Voir les n°s 1744 et 2556.

1967. — Notices archéologiques sur les autels de la cathédrale d'Angers, par L. de Farcy. Angers, 1878, in-8°.

1968. — Notices archéologiques sur les tentures et les tapisseries de la cathédrale d'Angers, par L. de Farcy. Angers, 1875, in-8°, fig.

1969. — Notices archéologiques sur les tombeaux des évêques d'Angers, par L. de. Farcy. Angers, 1877, plaquette in-8° et album in-4°.

1970. — Notices et extraits des documents manuscrits conservés dans les dépôts publics de Paris et relatifs à l'histoire de la Picardie, par Hip. Cocheris. Paris, 1854-1858, 2 vol. in-8°.

1971. — Notice sommaire des monuments égyptiens exposés dans les galeries du musée du Louvre, par le vicomte Emmanuel de Rougé. Paris, 1873, in-12.

> Ouvrage faisant partie de la collection des *Catalogues du Louvre.*

1972. — Notice sommaire sur Chauvigny de Poitou et ses monuments, par Charles Tranchant ; 2e édition. Paris, 1884, in-18.

1973. — Notices pittoresques sur les antiquités et les monuments du Berri, par Hazé ; 1re livraison. Bourges, 1834, in-4°, avec planches gravées et coloriées.

1974. — Notices sur l'hôtel de Cluny et sur le palais des Thermes, avec des notes sur la culture des arts, principalement dans les xve et xvie siècles. S. n. Paris, 1834, in-8°.

1975. — Notices sur l'hôtel de ville de Montauban, par Devals aîné. Montauban, 1869, in-8°, fig.

> Extrait du *Bulletin de la Société archéologique de Tarn-et-Garonne.*

1976. — **Notices topographiques et historiques sur les monastères de l'ordre de la Trappe**, en France, en Algérie, en Belgique, dans le royaume-uni de la Grande-Bretagne et en Amérique, avec une carte spéciale pour chaque monastère, par C. Tallon. Paris, 1855, in-12.

1977. — **Notice sur Alexandre Denuelle**, lue dans la séance de la Commission des monuments historiques du 12 avril 1880, par Ch. Lameire. Paris, 1880, in-8°.

1978. — **Notice sur Arques.** S. n., Rouen, s. d., in-8°.
Extrait de la *Géographie de la Seine-Inférieure*.

1979. — **Notice sur Chasselay** (Rhône). S. n., Lyon, 1852, in-8°.

1980. — **Notice sur Château-Renard (Loiret) et ses châteaux**, par Petit. Orléans, 1864, in-8°, fig.

1981. — **Notice sur Chilly-Mazarin**; le château, l'église, le village, le maréchal d'Effiat, par Patrice Salin; notice accompagnée d'appendices, de notes biographiques, historiques et géographiques, de facsimilés de Moncornet, Chastillon, Perelle; reproduction de dalles funéraires et 6 eaux-fortes par Karl Fichot. Paris, 1867, in-4°.

1982. — **Notice sur Crozant (Creuse), Châteaubrun et Gargilesse (Indre)**, avec un appendice sur Argenton et Saint-Marcel, et sur la station de Chabenet (Indre), par V.-A. Fauconneau-Dufresne. Châteauroux, 1871, in-8°.

1983. — **Notice sur des inscriptions et des antiquités provenant de Bourbonne-les-Bains**; données par l'État à la Bibliothèque nationale; suivie d'un essai de catalogue général des monuments épigraphiques relatif à Borvo et à Damona, par A. Chabouillet. Paris, 1881, in-8°, fig.

1984. — **Notice sur divers monuments de l'époque celtique dans le département de l'Aisne**, par Peigné-Delacourt. Paris, 1864, in-8°, fig.

1985. — **Notice sur Jacques Guay**, graveur sur pierres fines du roi Louis XV, par J.-F. Leturcq; documents inédits émanant de Guay, et notes sur les œuvres de gravure en taille-douce et en pierres fines de la marquise de Pompadour. Paris, 1873, in-8°, fig.

1986. — Notice sur l'abbaye de Notre-Dame d'Issoudun (Indre), par Eug. ROYET. Paris, 1857, in-8°, fig.

1987. — Notice sur l'abbaye de Saint-Amand à Rouen, par E.-H. LANGLOIS. Rouen, 1834, in-8°.

1988. — Notice sur l'abbaye royale de Notre-Dame-de-Bonport (Eure), par Léon DE DURANVILLE. S. d., in-8°.

1989. — Notice sur la châsse de saint Taurin d'Évreux, par Auguste LE PRÉVÔT. Évreux, 1838, in-8°.

1989 a. — Notice sur la colonne de Juillet et la colonne Vendôme. S. n., Paris, s. d., in-12, fig.

Ce volume est relié avec les n°ˢ 674 et 674 a sous le titre de : *Arcs et colonnes de Paris*.

1990. — Notice sur la crypte de Saint-Laurent, à Grenoble, chapelle souterraine au-dessous de l'église Saint-Laurent, dite la *Chapelle de Saint-Oyen*, par J.-J.-A. PILOT. Grenoble, s. d., in-4°, fig.

1991. — Notice sur la découverte de deux mosaïques de l'époque gallo-romaine, à Troyes, trouvées à l'emplacement de l'ancienne propriété du Fort-Bouy, en creusant les fouilles du nouvel abattoir, par FLÉCHEY. Troyes, 1878, in-8°.

1992. — Notice sur la découverte faite le **19 mai 1843**, dans la crypte de Saint-Eutrope, à Saintes, par un témoin oculaire. Saintes, 1843, in-8°, fig.

1993. — Notice sur la fondation de la chapelle votive de Notre-Dame d'Alen ou d'Alem (Tarn-et-Garonne), dite de *Bonne-Espérance* ou de *Bon-Secours*, entre Castelsarrasin et Moissac, et sur le combat livré en ce lieu par le connétable Louis de Sancerre, etc., par le baron CHAUDRUC DE CRAZANNES. Paris et Caen, 1859, in-8°.

1994. — Notice sur la paroisse de Saint-Nicolas-des-Champs, à Paris; origine historique et description de son église, de ses chapelles et sépultures, etc., par l'abbé PASCAL. Paris, 1841, in-8°.

1995. — Notice sur la paroisse Saint-Julien de Caen, par le Dr J. PEPIN. Caen, 1882, in-8°, fig.

1996. — **Notice sur la paroisse Saint-Martin de Caen**, par le Dr J. Pepin. Caen, 1882, in-8°, fig.

1997. — **Notice sur la paroisse Saint-Ouen de Caen**, par le Dr J. Pepin. Caen, 1880, in-8°, fig.

1998. — **Notice sur la porte d'Auguste de Nîmes**, contenant l'histoire de ce monument romain et sa description depuis les fouilles faites en 1849, par Auguste Pelet. Nîmes, 1849, in-8°, fig.

1999. — **Notice sur la statue équestre, dite de Guillaume-le-Conquérant, à Caen**, par Ch.-Ed. Lambert. S. l., s. d., in-8°, fig.

Extrait des *Mémoires de la Société des antiquaires de Normandie*.

2000. — **Notice sur la ville d'Aiguesmortes**, par F.-Em. di Pietro; avec 2 vues de la ville et 1 carte de ses environs. Paris, 1821, in-8°.

2001. — **Notice sur le beffroi de la ville de Bergues** (Nord), par de Contencin. Lille, 1840, in-4°.

2002. — **Notice sur le bourg, l'église d'Uzeste et le tombeau de Clément V qu'elle renferme** (Gironde), par l'abbé S. Fauché. Bordeaux, 1866, in-8°.

2003. — **Notice sur le château de Bressuire en Poitou**, accompagnée d'un plan et d'une vue cavalière du château, par Raymond Barbaud. Paris, 1891, in-8°.

2004. — **Notice sur le château de Couzières** (Indre-et-Loire), par E. J. Paris, s. d. in-8°.

2005. — **Notice sur le château de Joinville** (Haute-Marne), sur les tombeaux qu'il renfermait, et sur le monument qui recouvre les restes mortels des sires, barons et seigneurs de la maison de Lorraine et des princes de Joinville, érigé par ordre du Roi, le 13 septembre 1841, par F.-A. Pernot. Paris, 1842, in-8°.

2006. — **Notice sur le château de Lavardin** (Loir-et-Cher), avec 3 planches renfermant plusieurs plans, coupes ou élévations, et un essai de restitution du château, par A. de Salies. Tours, 1865, in-8°.

2007. — **Notice sur le château, l'église et la croix de Monjustin** (Haute-Saône), par Ch. Dodelier. Vesoul, 1855, in-8°.

Extrait des *Mémoires de la Société d'agriculture, commerce, sciences et arts de la Haute-Saône*.

2008. — **Notice sur le château, les anciens seigneurs et la paroisse de Mauvezin** (près Marmande), par l'abbé Alis, précédée d'une description archéologique et accompagnée de nombreux dessins, par Bouillet. Agen et Mauvezin, 1887, in-8°.

2009. — **Notice sur le couvent des Jacobins de Toulouse.** S. n., Toulouse, 1865, in-12, fig.

2010. — **Notice sur l'église d'Aubiac** (Lot-et-Garonne), par G. Tholin. Paris, 1869, in-8°, fig.

2011. — **Notice sur l'église de Bouillac** (Gironde), par L. L. Bordeaux, 1843, in-8°.

2012. — **Notice sur l'église de la Chapelle-Saint-Robert** (Dordogne), par Jules Mandin. Périgueux, 1874, in-8°, fig.

2013. — **Notice sur l'église de Saint-Désiré**, canton d'Huriel (Allier), par J. Rochet. Montluçon, s. d., in-8°.

2014. — **Notice sur l'église de Saint-Macaire** (Gironde), par L. L. Bordeaux, s. d., in-8°.

2015. — **Notice sur l'église de Saint-Martin-aux-Bois** (Oise), diocèse de Beauvais, canton de Maignelay, par J.-B. Martinval. 1866, in-8°.

2016. — **Notice sur l'église Saint-Martin-de-la-Canourgue** (Lozère), par Ch. Girou. Mende, 1858, in-8°.

Extrait du *Bulletin de la Société d'Agriculture, industrie, sciences et arts du département de la Lozère*, tome IX.

2017. — **Notice sur l'église de Saint-Maximin** (Var), par L. Rostan. Brignoles, 1859, in-8°.

2018. — **Notice sur l'église de Saint-Nicolas-de-Port** (Meurthe-et-Moselle). S. n., Nancy, 1848, in-8°.

2019. — **Notice sur l'église Sainte-Catherine de Honfleur** (Calvados) et sur tout ce qu'elle renferme de plus intéressant, par l'abbé Dalibert. Honfleur, s. d., in-32.

2020. — **Notice sur l'église Saint-Hilaire à Rouen**, par Louis Sauvageot. Paris, 1879, in-4°.

Extrait de l'*Encyclopédie d'architecture*.

2021. — **Notice sur l'église Saint-Hippolyte à Paris**, par Aglaüs Bouvenne. Toulouse, 1866, in-8°, fig.

2022. — **Notice sur le mobilier de l'église cathédrale de Reims.** S. n., Reims, 1850, in-12.

2023. — **Notice sur le monastère de la Celle et ancien reliquaire conservé à l'église de Saint-Maximin** (Var), par Rostan. Paris, 1854, in-8°, fig.

Extrait du *Bulletin du Comité de la langue, de l'histoire et des arts de la France*.

2024. — **Notice sur le monastère du Val-de-Grâce**, par l'abbé H. de Bertrand de Beuvron. Paris, 1867, in-12.

2025. — **Notice sur le monastère Saint-Antoine-des-Feuillants à Bordeaux**, par L. de L. Bordeaux, 1846, in-8°.

2026. — **Notice sur le plan de Paris de Jacques Gomboust**, publié pour la première fois en 1652, reproduit pour la Société des bibliophiles français en 1858, par Leroux de Lincy, avec le discours sur l'antiquité, grandeur, richesse, gouvernement de la ville de Paris par P. P., et une table alphabétique indiquant les rues, les ponts, les portes, les églises, les couvents, les collèges, les palais, les hôtels et maisons remarquables. Paris, 1858, petit in-4°.

2027. — **Notice sur le prieuré de Merlande** (Dordogne), par Ch. D. S. l., s. d. (1890), in-4°, fig.

2028. — **Notice sur les anciens carrelages émaillés de l'église de Brou, à Bourg-en-Bresse.** S. n., Lyon, 1867, in-4°.

2029. — **Notice sur les antiquités de Reims**, les découvertes récemment faites et les mesures adoptées pour la conservation des anciens monuments de la ville, par N. Brunette. Reims, 1861, in-8°.

2030. — **Notice sur les antiquités des musées de Mayence et de Wiesbaden et sur quelques autres antiquités des bords du Rhin et de ceux de la Moselle inférieure**, par l'abbé Ledain. Metz, 1863, in-8°.

Extrait des *Mémoires de la Société d'archéologie et d'histoire de la Moselle pour l'année 1863*.

2031. — **Notice sur les antiquités du village de Vieu, en Val-Romey** (Ain), par T. Desjardins. Lyon, 1869; in-8°, fig.

2031 a. — **Notice sur les antiquités romaines trouvées dans les fouilles du nouvel arsenal de Besançon**, par Lafosse. Besançon, s. d., in-8°, fig.

2032. — **Notice sur les Antonins de Troyes**, avec le plan par terre de la maison, par l'abbé Lalore. Troyes, 1869, in-8°.

2033. — **Notice sur les arènes de Senlis**, découvertes en 1865, par C. Vatin. Senlis, 1870, in-8°, fig.

2034. — **Notice sur les autels et tombeaux des anciens peuples du nord de l'Europe**, par le baron Percy. Paris, 1811, in-8°.

2035. — **Notice sur les cloches de Bordeaux** et en particulier sur celle de l'église de Notre-Dame, par l'abbé J.-B. Pardiac. Caen, 1858, in-8°, fig.

2036. — **Notice sur les diverses constructions et restaurations de l'église Saint-Denis**, par Debret. Paris, 1842, in-4°.

2037. — **Notice sur les églises du département de la Dordogne**, offrant quelque intérêt à la Société française pour la conservation des monuments, par l'abbé Audierne.

Notice extraite du *Bulletin monumental* publié par de Caumont, 1er vol., n° 5, en 1835.

2038. — **Notice sur les monuments épigraphiques de Bavai et du musée de Douai.** — Inscriptions, cachets d'oculistes, empreintes de potiers, voies romaines, par Ernest Desjardins. Douai, 1873, in-8°, fig.

2039. — **Notice sur les objets trouvés dans plusieurs cercueils de pierre, à la cathédrale de Troyes**, par Arnaud. Troyes, s. d. (1844), in-8°, fig.

2040. — **Notice sur les peintures à fresque de l'église de Saint-Savin**, par P. Mérimée et Gérard-Séguin. Paris, 1845, in-folio, figures coloriées.

Ouvrage faisant partie de la *Collection de documents inédits sur l'Histoire de France* publiés par les soins du Ministre de l'instruction publique.

2041. — **Notice sur les peintures murales de Notre-Dame de Rivière**, arrondissement de Chinon (Indre-et-Loire), par le comte DE GALEMBERT. Tours, s. d., in-8°, fig.

2042. — **Notice sur les sires de Coucy** (Aisne), accompagnée d'une description du château de cette ville et précédée d'une étude sur la féodalité, par Jérôme ULAUSS; édition illustrée de lithographies et de gravures. Coucy, 1862, in-12.

2043. — **Notice sur les verrières nouvellement posées dans l'église de l'Isle-Adam** (Seine-et-Oise), s. n. Beaumont, 1854, in-8°.

2044. — **Notice sur les vitraux de l'église Notre-Dame d'Alençon**, par Léon DE LA SICOTIÈRE. Caen, 1842, in-8°.

2045. — **Notice sur l'état actuel de l'arc d'Orange et des théâtres antiques d'Orange et d'Arles**, sur les découvertes faites dans ces deux derniers édifices, et sur les mesures à prendre et les moyens à employer pour conserver ces précieux restes de constructions romaines, par Auguste CARISTIE. Paris, 1839, in-4°, fig.

2046. — **Notice sur l'état ancien et nouveau de la galerie de l'hôtel de Toulouse, à Paris.** S. n., Paris, 1876, in-8°.

2047. — **Notice sur le tombeau de Saint-Martin** et sur la découverte qui en a été faite. S. n., Tours, 1861, in-8°, fig.

2048. — **Notice sur le village, le château, les seigneurs, l'église et les tombeaux de Folleville** (Somme), par A. GOZE. Montdidier, 1865, in-8°, fig.

2049. — **Notice sur l'origine du château de Ham** (Somme), par Ch. GOMART. Paris et Saint-Quentin, 1853, in-8°, fig.

Extrait du *Bulletin monumental* publié à Caen par DE CAUMONT.

2050. — **Notice sur Mortemer, son château et son église** (Vienne), par NOUVEAU. Poitiers, 1839, in-8°.

Extrait du *Bulletin de la Société des antiquaires de l'Ouest.*

2051. — **Notice sur quelques autels chrétiens du moyen âge**, etc., par l'abbé J.-J.-L. BARGES. Paris, 1890, in-8°, fig.

2052. — **Notice sur Sillé-le-Guillaume et ses environs** (Sarthe), suivie d'une notice sur la mosaïque de Roullé à Mont-Saint-Jean (Sarthe), par E. HUCHER et Ch. DROUET. Le Mans, 1855, in-8°, fig.

2053. — **Notice sur un atelier de charnières romaines découvert à Orléans**, par l'abbé Desnoyers. Orléans, 1875, in-8°.

Extrait des *Mémoires de la Société d'agriculture, sciences, belles-lettres et arts d'Orléans.*

2054. — **Notice sur une croix conservée à Gorre** (Haute-Vienne), par R. de Lasteyrie. Paris, 1885, in-8°.

2055. — **Notice sur une statuette antique en bronze d'Isis, récemment découverte aux environs de Toulouse**, par le baron Chaudruc de Crazannes. Paris, 1846, in-8°.

Extrait de la *Revue archéologique.*

2056. — **Notice sur une tombe à Thiénaus** (Haute-Saône), par Ch. Dodelier. Vesoul, 1855, in-8°, fig.

Extrait des *Mémoires de la Société d'agriculture, commerce, sciences et arts de la Haute-Saône.*

2057. — **Notice sur un Jupiter gallo-romain trouvé à Jouy, canton de Vailly-sur-Aisne**, par Virgile Callaud; accompagnée de deux lithographies par P. Laurent. Paris, 1861, in-4°.

Extrait de l'*Argus soissonnais*, du 3 novembre 1861.

2058. — **Notice sur un manuscrit de musique ancienne de la bibliothèque de Dijon**, par Stephen Morelot. S. l., s. d. (1858), in-8°.

Extrait des *Mémoires de la Commission des antiquités de la Côte-d'Or.*

2059. — **Notice sur un plan de Paris du XVIe siècle nouvellement découvert à Bâle**, par Jules Cousin. Paris, 1875, in-8°.

Extrait du tome Ier des *Mémoires de la Société de l'histoire de Paris et de l'Ile-de-France.*
Voir : *Vray pourtraict naturel de la ville de Paris.*

2060. — **Notice sur un tombeau celtique découvert en décembre 1842, à Saint-Étienne-du-Vauvrai** (Eure), par T. Bonnin. Évreux, 1843, in-8°.

2061. — **Notre-Dame d'Ajaccio**, archéologie, histoire et légendes, par Alex. Arman. Paris, 1844, in-8°.

2062. — **Notre-Dame de Chartres** (Eure-et-Loir), par Alexandre Assier. Paris, Chartres et Troyes, 1866, in-8°.

— 205 —

2063. — **Notre-Dame de Moulins**, guide historique, archéologique et iconographique à travers la cathédrale, les chapelles, les vitraux, les peintures, etc., par L. Du Broc de Segange. Moulins et Paris, 1876, in-8°, fig.

2064. — **Notre-Dame de Reims**, par Prosper Tarbé; 2° édition, revue et augmentée par l'auteur, illustrée d'un plan, de 6 gravures sur acier et de 25 gravures sur bois. Reims, 1852, in-8°.

2065. — **Notre-Dame et ses premiers architectes**, notices historiques et critiques, par C. Bauchal. Paris, 1882, in-8°.

2066. — **Notre vieille église de Saint-Martin et la rue Colbert, à Marseille**, par E. de Marin de Carranrais. Marseille, 1883, in-4°, fig.

Extrait de la *Provence artistique et pittoresque*.

2067. — **Nouveau dictionnaire biographique et critique des architectes français**, par Ch. Bauchal. Paris, 1887, in-8°.

2068. — **Nouveau guide de l'étranger dans Amiens**, description complète de ses monuments anciens et modernes, ornée d'un plan d'Amiens et de plusieurs gravures, par Duthoit. Amiens, 1848, in-12.

2069. — **Nouveau manuel complet de l'architecte des monuments religieux**, ou traité d'application pratique de l'archéologie chrétienne à la construction, à l'entretien, à la restauration et la décoration des églises, à l'usage du clergé, des fabriques, des municipalités et des artistes, par J.-P. Schmit; ouvrage enrichi d'un atlas renfermant un grand nombre de planches. Paris, 1845, in-12 et atlas in-4° oblong.

Ouvrage faisant partie de l'*Encyclopédie Roret*.

2070. — **Nouveau recueil de notes historiques et archéologiques, concernant le département de la Seine-Inférieure et plus spécialement la ville de Rouen**, par Charles de Beaurepaire. Rouen, 1888, in-8°.

Voir : *Recueil de notes historiques*, par le même.

2071. — **Nouveau traité de la gravure à l'eau-forte**, pour les peintres et les dessinateurs. S. n. (A. Martial). Paris, 1873, in-8°, fig.

2072. — **Nouveau traité de menuiserie, ou vignole à l'usage des ouvriers menuisiers et de tous les constructeurs**, par Démont, gravé par Guiguet. Paris, 1848, in-4°.

2073. — **Nouveau voyage de France, avec un itinéraire et des cartes**, par Piganiol de la Force. Paris, 1724, in-12.

2074. — **Nouveau voyage de France, géographique, historique et curieux**, contenant une exacte explication de tout ce qu'il y a de singulier et de rare à voir dans ce royaume, par L. R. (Le Rouge); ouvrage enrichi d'une grande carte de la France et de figures en taille-douce. Paris, 1738, in-12.

2075. — **Nouveau voyage pittoresque de la France**, orné de 360 gravures exécutées sur des dessins faits d'après nature, et représentant des vues des principales villes de France, ports de mer, monuments anciens et modernes, sites remarquables, etc. S. n. Paris, 1817, 3 vol. in-4°.

2076. — **Nouveaux essais historiques sur la ville de Caen et son arrondissement**, contenant mémoires d'antiquités locales et annales militaires, politiques et religieuses de la ville de Caen et de la Basse-Normandie, par feu l'abbé de la Rue. Caen, 1842, 2 vol. in-8°.

2077. — **Nouveaux mélanges d'archéologie, d'histoire et de littérature du moyen âge**, par les auteurs de la monographie des vitraux de Bourges (Ch. Cahier et feu Arth. Martin, de la compagnie de Jésus), collection publiée par le P. Ch. Cahier. Paris, 1874-1877, 4 vol. grand in-4°, fig. dans le texte et 1 vol. de planches coloriées.

Ivoires, miniatures, émaux, 1874.

Curiosités mystérieuses, 1874.

Décoration d'églises, 1875.

Bibliothèques, 1877.

2078. — **Nouvel itinéraire-guide artistique et archéologique de Paris**, publié sous le patronage de la Société des amis des monuments parisiens, par Charles Normand; 1er vol., avec fig. et planches hors texte, en noir et camaïeu. Paris, s. d., in-12.

2079. — **Nouvelle biographie générale**, depuis les temps les plus reculés jusqu'à nos jours, avec les renseignements bibliographiques et l'indication des sources à consulter, publiée par Firmin Didot frères, sous la direction du D\` Hoefer. Paris, 1855-1856, 46 vol. in-8°.

Voir : *Biographie universelle.*

2080. — **Nouvelle description de la cathédrale d'Amiens**, suivie des descriptions du beffroi et de l'hôtel de ville, par H. Dusevel. Amiens, 1847, in-8°, fig.

2081. — **Nouvelle description de la France**, dans laquelle on voit le gouvernement général de ce royaume, celui de chaque province en particulier et la description des villes, maisons royales, châteaux et monuments les plus remarquables, avec figures en taille-douce, par Piganiol de la Force. Paris, 1753-1754, 13 vol. in-12, précédés d'une *Introduction*, Paris, 1752, 2 vol. in-12.

2082. — **Nouvelle description de la ville de Paris** et de tout ce qu'elle contient de plus remarquable, par Germain Brice, enrichie d'un nouveau plan et de nouvelles figures dessinées et gravées correctement. Paris, 1725, 4 vol. in-12.

2083. — **Nouvelle description des curiosités de Paris**, contenant l'histoire et la description de tous les établissements, monuments, édifices anciens et nouveaux, etc., par J.-A. Dulaure. Paris, 1787, 2 vol. in-12.

2084. — **Nouvelle description des environs de Paris**, contenant les détails historiques et descriptifs des maisons royales, des villes, bourgs, villages, châteaux, etc., remarquables par des usages ou des événements singuliers et par des beautés de la nature et des arts, par J.-A. Dulaure. Paris, 1786, 2 vol. in-12.

2085. — **Nouvelles annales de Paris, jusqu'au règne de Hugues-Capet**; on y a joint le poème d'Abbon, sur le fameux siège de Paris par les Normans en 885 et 886; avec des notes pour l'intelligence du texte, par dom Toussaint du Plessis, religieux bénédictin de la congrégation de Saint-Maur. Paris, 1753, in-4°.

2086. — **Nouvelles archives de l'art français**, recueil de documents inédits publiés par la Société de l'histoire de l'art français. Paris, 1872-1889, 15 vol. in-8°.

Voir : *Archives de l'art français.*

2087. — **Nouvelles archives des missions scientifiques et littéraires,** choix de rapports et instructions, publié sous les auspices du Ministère de l'instruction publique, des beaux-arts et des cultes. Paris, 1891-1894, 6 vol. in-8°, fig.

> Publication périodique.
> Voir : *Archives des missions scientifiques et littéraires.*

2088. — **Nouvelles inventions pour bien bâtir à petits frais,** trouvées naguères par Philibert de l'Orme. Paris, 1561, in-folio, fig.

2089. — **Nouvelle théorie simplifiée de la perspective,** contenant une introduction historique, les principes de géométrie appliquée au dessin, le tracé des tableaux d'histoire, d'intérieur, de paysage, de marine, la théorie des ombres, la décoration des plafonds et des notions sur la perspective des théâtres, par David Sutter. Paris, s. d., in-4°, fig.

2090. — **Nouvel (Le) Opéra de Paris,** peintures décoratives, sculpture ornementale, bronzes, statues décoratives, par Charles Garnier. Paris, 1876; texte, 2 vol. grand in-8°; album, 4 vol. grand in-folio contenant 100 planches, dont 17 en couleurs.

2091. — **Numismatique de l'Arménie au moyen âge,** par Victor Langlois. Paris, 1855, in-4°, fig.

2092. — **Numismatique de la Terre Sainte,** description des monnaies autonomes et impériales de la Palestine et de l'Arabie Pétrée, par F. de Saulcy, ornée de 25 planches gravées par L. Dardel. Paris, 1874, in-4°.

2093. — **Numismatique (La) des Arabes avant l'Islanisme,** par Victor Langlois. Paris, 1859, in-4°, fig.

2094. — **Numismatique des corporations parisiennes, métiers, etc.,** d'après les plombs historiés trouvés dans la Seine et recueillis par Arthur Forgeais. Paris, 1874, in-8°, fig.

> Voir : *Collection de plombs historiés trouvés dans la Seine.*

2095. — **Numismatique (La) des nomes d'Égypte sous l'administration romaine,** par Victor Langlois. Paris, 1852, in-4°, fig.

2096. — **Numismatique lilloise,** ou description des monnaies, médailles, jetons, méreaux, etc., de Lille; essai par Ed. Vanhende. Lille, 1858, in-8°, fig.

O

2097. — **Observations sur l'achèvement de l'église de Saint-Ouen de Rouen**, par A. Deville. Rouen, 1844, in-8°.

2098. — **Observations sur la délibération de la Société des antiquaires de Picardie, en date du 23 décembre 1852 concernant les travaux de la cathédrale d'Amiens**, par A. Goze. Amiens, s. d., in-8°.

2099. — **Observations sur un haut-relief du château de La Rochefoucauld**, par Émile Biais. Angoulême, 1881, in-8°.

2100. — **Octavii Ferrarii de Re Vestiaria libri septem**, quatuor postremi nunc primum prodeunt; reliqui emendatiores et auctiores, adjectis iconibus, quibus res tota oculis subjicitur. Patavii, 1654, in-4°.

2101. — **Octavii Ferrarii de Re Vestiaria pars altera libri quatuor.** Patavii, 1654, in-4°, fig.

2102. — **Œuvre (L') de David d'Angers**, statuaire, membre de l'Institut de France, croquis d'après nature par Eugène Marc, son élève, précédé d'une notice par Edmond About et suivi d'une table analytique par L. Auvray, statuaire. Paris, 1873, 2 vol. in-folio.

2103. — **Œuvre (L') de Fogelberg**, publié par Casimir Leconte et dédié à Sa Majesté Oscar Ier, roi de Suède et de Norvège. Paris, 1856, in-folio, fig.

2104. — **Œuvre (L') de Gavarni**, lithographies originales et essais d'eau-forte et de procédés nouveaux; catalogue raisonné, par J. Armelhault et E. Bocher; orné d'un portrait inédit de Gavarni dessiné par lui-même, et de 2 lithographies et 1 eau-forte de cet artiste, également inédites. Paris, 1873, in-8°.

2105. — **Œuvre de Jacques Androuet dit «Du Cerceau».**
Voir : *Cheminées* (20) et *Grandes arabesques* (35), *Meubles*.

2106. — **Œuvre de Jean Goujon**, gravé au trait d'après ses statues et ses bas-reliefs, par Revel, accompagné d'un texte explicatif sur chacun des monuments qu'il a embellis de ses sculptures, et précédé d'un essai sur sa vie et ses ouvrages, par J.-G. et André Pottier; 1re livraison. Paris, s. d. (1844), in-8°.

2107. — Œuvre de Jehan Foucquet (Heures de maistre Estienne Chevalier), texte restitué par l'abbé Delaunay, curé de Saint-Étienne-du-Mont. Paris, Curmer, 1866-1867, 2 vol. in-4°, fig. coloriées.

2108. — Œuvre de la restauration de l'église Saint-Euverte, à Orléans. Paris, 1865, in-8°.

2109. — Œuvre (L') de Limoges, ouvrage orné de 500 gravures, dont un grand nombre tirées hors texte, d'après les dessins et les photographies de l'auteur, par Ernest Rupin. Paris, 1890, 2 vol. in-4°.

2110. — Œuvre (L') de Rembrandt, décrit et commenté par Charles Blanc; catalogue raisonné de toutes les estampes du maître et de ses peintures, orné de bois gravés, de 40 eaux-fortes de Flameng et de 35 héliogravures d'Armand Durand. Paris, 1873, 2 vol. in-folio.

2111. — Œuvre (L') des peintres verriers français, par Lucien Magne; verrières des monuments élevés par les Montmorency. Montmorency-Écouen-Chantilly. Paris, 1885, texte grand in-4°, avec fig. et album de grandes planches in-folio.

2112. — Œuvre (L') gravé de Rembrandt, étude monographique par Francis-Seymour Haden. Paris, Londres et Leipzig, 1880, in-4°, fig.

2113. — Œuvre (L') de Viollet-le-Duc, par Paul Gout. Paris, 1880, in-8°, fig.

Extrait de la *Gazette des Beaux-Arts*.

2114. — Œuvres complètes de Jacques Barozzi de Vignole, publiées par H. Lebas et F. Debret. Paris, 1815, in-folio, avec planches gravées.

2115. — Œuvres complètes du roi René, avec une biographie et des notices, par le comte de Quatrebarbes, et un grand nombre de dessins et ornements, d'après les tableaux et manuscrits originaux par Hawke. Angers, 1844-1846, 4 vol. grand in-4°.

2116. — Œuvres (Les) d'art de la Renaissance italienne au temple de Saint-Jean (Baptistère de Florence), par F.-A. Gruyer. Paris, 1875, in-8°, fig.

2117. — **Œuvres de A. de Longpérier**, réunies et mises en ordre par G. Schlumberger. Paris, 1883-1884, 6 vol. in-8°, avec fig. et 1 vol. de supplément.

2118. — **Oise**. Paris, in-8°, avec carte coloriée et gravures.

Ouvrage faisant partie de la collection des *Géographies départementales* d'Adolphe Joanne.

2119. — **Omnium Belgii, sive Inferioris Germaniæ, regionum descriptio**, Ludovico Guicciardino, nobili Florentino, authore; insertis passim cum regionis cujusque, tum et urbium quoque præcipuarum tabulis geographicis. Arnhemii, 1616, in-4° oblong.

2119 a. — **Orbis romanus**, ad illustranda itineraria antoni burdigalense tabulam peutingerianam periplos itineraria maritima delineatus a P. Lapsie. Lutetiæ, 1834, atlas de 10 feuilles.

2119 b. — **Orfèvrerie du XIIIᵉ siècle, châsse et croix de Bousbecque** décrites par E. de Coussemaker. Paris et Lille, 1861, in-4°, fig. coloriées.

2120. — **Orfèvrerie (L') et les orfèvres de Limoges**, par Louis Guibert. Limoges, 1884, in-8°, fig.

2121. — **Orfèvres (Les) de Paris en 1700**, procès-verbaux de visites et déclarations faites en exécution de l'édit de mars 1700, publiés par J.-J. Guiffrey. Paris, 1879, in-8°.

2122. — **Orfèvres (Les) dijonnais**, par Clément-Janin. Dijon, 1889, in-18.

2123. — **Orfèvres (Les) et les produits de l'orfèvrerie en Savoie**, par A. Dufour et P. Rabut. Chambéry, 1888, in-8°.

2124. — **Orgues (Les) de Notre-Dame d'Alençon**, par Mᵐᵉ G. Despierres. Argentan, 1888, in-8°.

2125. — **Origine des cartes à jouer**, recherches nouvelles sur les naïbis, les tarots et sur les autres espèces de cartes; ouvrage accompagné d'un album de 74 planches offrant plus de 600 sujets, la plupart peu connus ou tout à fait nouveaux, par R. Merlin. Paris, 1869, in-4°.

2126. — **Origine (De l') et de l'enfance des arts en Périgord**, ou de l'âge de la pierre dans cette province avant la découverte des métaux, par l'abbé Audierne. Périgueux, 1863, in-8°.

2127. — **Origine et influence des monastères et prieurés de la Savoie**, par l'abbé Trépier. Chambéry, 1866, in-8°.

2128. — **Origines de la tactique française**, par E. Hardy, capitaine adjudant-major au 130° régiment d'infanterie. Paris, 1879, in-8°, fig.

2129. — **Origines (Les) orientales de l'art**, recueil de mémoires archéologiques et de monuments figurés, par Léon Heuzey. 1re partie : *Antiquités chaldéo-assyriennes*, livraisons 1 à-4. Paris, 1891, in-4°, fig.

Ouvrage en cours de publication.

2130. — **Orléans**, par René Biémont. Orléans, 1880, in-8°.

2131. — **Orléans**, recueil des anciens monuments civils et religieux les plus remarquables de cette ville et de quelques maisons particulières de l'époque de la Renaissance, par C. Pensée; 50 lithographies. Orléans, s. d., in-folio.

2132. — **Orne**. Paris, in-8°, avec carte coloriée et gravures.

Ouvrage faisant partie de la collection des *Géographies départementales* d'Adolphe Joanne.

2133. — **Ornementation usuelle** de toutes les époques dans les arts industriels et en architecture, par Rodolphe Pfnor. Paris, 1866-1868, 2 vol. grand in-4°, fig.

2134. — **Ornemens de peinture et de sculpture, qui sont dans la galerie d'Apollon, au chasteau du Louvre et dans le grand appartement du Roy, au palais des Tuilleries**, dessinez et gravez par les sieurs Berain, Chauveau et le Moine. S. l., s. d (1710), in-folio, sans texte.

2135. — **Ornement (L') polychrome**, 100 planches en couleur, or et argent, contenant environ 2,000 motifs de tous les styles : art ancien et asiatique, moyen âge, Renaissance, xviie et xviiie siècles; recueil historique et pratique, avec des notes explicatives et une introduction générale, publié sous la direction de A. Racinet. Paris, 1872, grand in-4°.

2136. — **Ornements des anciens maîtres, du XVe au XVIIIe siècle**, 220 planches recueillies par O. REYNARD, texte par Georges DUPLESSIS. Paris, s. d., 2 vol. grand in-4°.

2137. — **Ornements des manuscrits**, classés dans l'ordre chronologique et selon les styles divers qui se sont succédé depuis le viiie siècle jusqu'au xvie siècle, reproduits en couleurs et publiés par B. Charles MATHIEU, avec notice historique et texte explicatif par Ferdinand DENIS et B.-Ch. MATHIEU. Paris, 1862, 2 vol. in-18.

2138. — **Orsel (V.)**, ses œuvres publiées par Alph. PÉRIN, avec une notice par H. TRIANON. Paris, 1851-1864, in-4°, fig.

2139. — **Oudon, ses seigneurs et son château** (Loire-Inférieure), par Ch. BIZEUL et A. GUÉRAUD. Nantes, s. d., in-8°, fig.

2140. — **Outremécourt ou l'héritage de la Mothe**, simple notice par l'abbé LIÉBAUT. Langres, 1883, in-8°, fig.

2141. — **Ouvriers (Les) européens**, études sur les travaux, la vie domestique et la condition morale des populations ouvrières de l'Europe, précédées d'un exposé de la méthode d'observation, par F. LE PLAY. Paris, 1855, in-folio.

P

2142. — **Palais, châteaux, hôtels et maisons de France du XVe au XVIIIe siècle**, par Claude SAUVAGEOT. Paris, 1867, 4 vol. petit in-folio, comprenant 297 planches et un texte historique et explicatif illustré.

2143. — **Palais (Le) de Justice de Grenoble**, avec 28 photographies, par Marcel REYMOND et Ch. GIRAUD. Grenoble, 1890, in-4°.

2144. — **Palais de Versailles, grand et petit Trianon**, motifs de décoration intérieure et extérieure reproduits par les procédés d'héliogravure de E. BALDUS. Paris, 1877, in-folio.

2145. — **Palais (Le) Ducal de Nancy**, par Henri LEPAGE. Nancy, 1852, in-8°, fig.

2146. — **Palais du Louvre et des Tuileries**, motifs de décorations tirées des constructions exécutées au nouveau Louvre et au palais des

Tuileries, sous la direction de Lefuel, architecte de l'Empereur, héliogravure par Baldus. Paris, s. d., 3 vol. in-folio (sans texte).

2147. — **Paléographie des chartes et manuscrits du XI͏ᵉ au XVII͏ᵉ siècle**, par L.-Alph. Chassant. Paris, 1854, in-12, planches.

2148. — **Panorama d'Égypte et de Nubie**, avec un portrait de Méhemet-Ali et un texte orné de vignettes, par H. Horeau. Paris, 1841, in-folio.

2149. — **Panorama de l'Ouest**, souvenirs historiques, scènes de mœurs, costumes anciens et modernes de la Saintonge, de l'Aunis et du Poitou, par Camille Bonnard. Niort, 1844, in-4°, fig.

2150. — **Parallèle des maisons de Bruxelles et des principales villes de Belgique**, construites depuis 1830 jusqu'à nos jours, représentées en plans, élévations, coupes et détails intérieurs et extérieurs, par Castermans et les principaux architectes belges. Paris et Liège, s. d., 2 vol. in-folio, fig.

2151. — **Parallèle des principaux théâtres modernes de l'Europe et des machines théâtrales** françaises, allemandes et anglaises; dessins par Clément Contant, architecte, ancien machiniste en chef du théâtre impérial de l'Opéra, texte par Joseph de Filippi. Paris, 1860, in-folio.

2152. — **Parallèle des salles rondes de l'Italie**, par E. Isabelle. Paris, 1863, in-folio, fig.

2153. — **Paris**, par Auguste Vitu. Paris, s. d. (1890), gr. in-4°, fig.

2154. — **Paris**, collection de plans généraux et de plans de quartiers (en portefeuille).

2155. — **Paris ancien et moderne**, ou histoire de France divisée en douze périodes, etc.... par J. de Marlès. Paris, 1837, 3 vol. de texte in-4°, 1 vol. de planches.

2156. — **Paris artistique et monumental en 1750.** Lettres du D͏ʳ Maihows, traduites de l'anglais par Ph.-Fl. de Puisieux, réimprimées pour la première fois, avec préface, sommaires et notes, par Hippolyte Bonnardot. Paris, 1881, in-12.

2157. — **Paris à travers les âges**, aspects successifs des monuments et quartiers historiques de Paris, depuis le XIII͏ᵉ siècle jusqu'à nos jours, fidèlement restitués d'après les documents authentiques par F. Hoff-BAUER, texte par divers. Paris, 1875-1882, 14 livraisons in-folio, fig. dans le texte et hors texte, et planches coloriées.

2158. — **Paris dans sa splendeur**, monuments, vues, scènes historiques, dessins et lithographies, vignettes sur bois et texte; appendice sur les environs de Paris, s. n. Paris, 1861, 3 vol. in-folio.

2159. — **Paris démoli**, par Édouard FOURNIER, 2ᵉ édition revue et augmentée, avec une préface par Théophile GAUTIER. Paris, 1855, in-12.

2160. — **Paris en 1380**, plans de restitution, par H. LEGRAND. Paris, 1868, in-4°.

Ouvrage faisant partie de l'*Histoire générale de Paris*.
Voir : plans de restitution.

2161. — **Paris en miniature**, d'après les dessins d'un nouvel Argus (le marquis DE LUCHET). Amsterdam, 1784, in-12.

2162. — **Paris et ses environs**; dictionnaire historique, anecdotique, descriptif et topographique; religieux, politique, militaire, commercial et industriel; rédigé par B. SAINT-EDME et publié par une Société. Paris, 1829, 2 vol. in-8°.

2163. — **Paris et ses historiens aux XIVᵉ et XVᵉ siècles**, documents écrits originaux recueillis et commentés par LE ROUX DE LINCY et L. M. TISSERAND. Paris, 1867, in-4°, fig.

Ouvrage faisant partie de l'*Histoire générale de Paris*.

2164. — **Paris illustré en 1870 et 1873**, guide de l'étranger et du Parisien, par Adolphe JOANNE, contenant 442 vignettes dessinées sur bois, un plan de Paris, quatorze autres plans et un appendice pour 1873. Paris, 1873, gr. in-18.

Collection des *Guides généraux pour la France*.

2165. — **Paris incendié**, eaux-fortes par A. P. MARTIAL. Paris, 1871, in-folio.

2166. — **Paris moderne**, par L. NORMAND aîné :

1ʳᵉ et 2ᵉ parties. Choix de maisons construites dans les nouveaux quartiers de la capitale ou dans ses environs et d'édifices d'utilité publique de second ordre, tels que marchés, fontaines, bains, écoles, théâtres, etc.;

3ᵉ partie. Maisons de campagne et constructions rurales des environs de Paris;

4ᵉ partie. Choix de décorations intérieures et extérieures des édifices publics et particuliers de la capitale.

Paris, 1843-1857, 4 vol. in-4° (sans texte).

2167. — **Paris pendant la domination anglaise (1420-1436)**; documents extraits des registres de la Chancellerie de France, par Auguste Longnon. Paris, 1878, in-8°.

2168. — **Paris pittoresque**, dessiné d'après nature et gravé à l'eau-forte par A. Delauney. Paris, 1870, in-folio (sans texte).

2169. — **Paris qui s'en va et Paris qui vient**, publication artistique dessinée et gravée par Léopold Flameng. Paris, 1860, in-folio.

2170. — **Paris sous Philippe-le-Bel**, d'après des documents originaux et notamment d'après un manuscrit contenant le rôle de la taille imposée sur les habitants de Paris en 1292; publié pour la première fois par H. Géraud. Paris, 1837, in-4°.

Ouvrage faisant partie de la *Collection de documents inédits sur l'Histoire de France*. 1ʳᵉ série : *Histoire politique*.

2171. — **Parthénon (Le)**, documents pour servir à une restauration, réunis et publiés par L. de Laborde. Paris, 1848, in-folio, fig. coloriée (sans texte).

2172. — **Pas-de-Calais**. Paris, in-8°, avec carte coloriée et gravures.

Ouvrage faisant partie de la collection des *Géographies départementales* d'Adolphe Joanne.

2173. — **Pavage (Le) de l'église d'Orbais (Marne)**, par Louis Courajod. Paris, 1876, in-8°, fig.

Extrait de la *Revue archéologique*.

2174. — **Paysages et monuments de la Bretagne**, photographiés par Jules Robuchon, imprimés en héliogravure par P. Dujardin, avec notices publiées sous les auspices des Sociétés savantes de la Bretagne. — Paris, 1892-1893, 2 vol. in-fol.

Ouvrage en cours de publication.

2175. — **Paysages et monuments du Poitou**, photographiés par Jules Robuchon, imprimés en héliogravure par P. Dujardin, avec notices publiées sous les auspices de la Société des antiquaires de l'Ouest et avec le concours de plusieurs de ses membres. Paris, 1886-1893, 8 vol. in-folio.

Ouvrage en cours de publication.

2176. — **Pays d'Israël (Le)**, collection de 100 vues prises d'après nature dans la Syrie et la Palestine (1851-1852), par C.-W.-M. Van de Velde. Paris, 1857-1859, in-folio.

2177. — **Peintre (Le) de Lyen, au Musée de Troyes**, par Le Brun Dalbanne. Troyes, 1876, in-8°.

2178. — **Peintres (Les) de Lyon du XIV° au XVIII° siècle**, par Natalis Rondot. Paris, 1888, in-8°.

2179. — **Peintres (Les) de Troyes du XIII° au XV° siècle**, par Natalis Rondot. Paris, 1887, in-8°.

2180. — **Peintres (Les) et les peintures en Savoie, du XIII° au XIX° siècle**, par A. Dufour et F. Rabut. Chambéry, 1870, in-8°, avec supplément.

2181. — **Peinture (La) anglaise**, par Ernest Chesneau. Paris, in-4° anglais, fig.

2182. — **Peinture (La) antique**, par Paul Girard. Paris, in-4° anglais, fig.

Les deux ouvrages ci-dessus font partie de la *Bibliothèque de l'Enseignement des Beaux-Arts*.

2183. — **Peinture (La) décorative en France, du XI° au XVI° siècle**, par P. Gélis-Didot et H. Laffillée. Paris, 1889, in-folio, avec fig. dans le texte et planches chromolithographiées hors texte.

Ouvrage en cours de publication.

2184. **Peinture (La) espagnole**, par Paul Lefort. Paris, in-4° anglais, fig.

2185. — **Peinture (La) flamande**, par A. J. Wauters. Paris, in-4° anglais, fig.

2186. — **Peinture (La) hollandaise**, par Henry Havard. Paris, in-4° anglais, fig.

2187. — **Peinture (La) italienne**, par Georges Lafenestre. Paris, in-4° anglais, fig.

> Les quatre ouvrages ci-dessus font partie de la *Bibliothèque de l'Enseignement des Beaux-Arts.*

2188. — **Peinture (De la) murale dans les monuments religieux du moyen âge et des fresques de l'église de Charly** (Cher), par l'abbé P. M. Lenoir. Bourges, 1868, petit in-8°, fig.

2189. — **Peinture (La) murale en France avant la Renaissance**, par Henri Laffillée. Paris, 1893, in-8°, fig.

2190. — **Peintures de la chapelle de Saint Michel à Aiguilhe** (Haute-Loire), découvertes et copiées en janvier, février et mars 1851, par Anatole Dauvergne. Album de 35 planches in-folio, contenant 64 dessins à l'aquarelle, avec table.

2191. — **Peintures murales de la galerie des fêtes à l'hôtel de ville de Paris**, par Henri Lehmann. Planches photographiques. Paris, 1854, in-folio oblong.

2192. — **Peintures (Les) murales de l'église de Poncé** (Sarthe), par H. Laffillée, précédées d'une notice historique sur la paroisse par l'abbé E. Toublet. Mamers, 1892, in-8°, fig.

2193. — **Peintures murales des chapelles de Notre-Dame de Paris**, exécutées sur les cartons de E. Viollet-le-Duc, relevées par Maurice Ouradou, inspecteur des travaux de la cathédrale. Paris, 1870, in-folio, fig. coloriée.

2193 a. — **Pèlerinage à Notre-Dame-de-Bonne-Garde**, ou notice sur l'église de Longpont et l'antique confrérie rétablie en ce lieu par ordonnance de Mgr l'Évêque de Versailles et enrichie des indulgences de l'église. Paris, 1852, in-12.

2194. — **Pèlerinage historique et religieux à l'église et à la crypte de Vauhallan, près Palaiseau** (Seine-et-Oise), par l'abbé Geoffroy. Versailles, 1860, in-12.

2195. — **Pèlerinages (Les) champenois.** — **Saint-Léger de Perthes**, par l'abbé R.-A. Bouillevaux. Chaumont, 1849, in-8°.

2196. — **Périgord (Le) illustré**; Guide monumental statistique, pittoresque et historique de la Dordogne, avec gravures intercalées dans le texte, par l'abbé Audierne. Périgueux, 1851, in-8°.

2197. — **Périgueux (De) à Coutras en chemin de fer**, par Eugène MASSOUBRE. Périgueux, 1857, in-8°.

2198. — **Petit atlas de géographie ancienne et moderne**, par E. CORTAMBERT. Paris, 1885, in-4°.

Voir : *Atlas de géographie.*

2199. — **Petit guide complet de l'étranger dans la ville de Bourges**, avec un plan, par A. BUHOT DE KERSERS. Bourges, 1873, in-32.

Voir : *Guide complet, etc.*

2200. — **Petits édifices historiques**, recueillis par A. RAGUENET, avec notices descriptives facilitant l'étude des styles. Paris, 1891-1895, 2 vol. in-4°.

2201. — **Petit (Le) Trianon, histoire et description**, par Gustave DESJARDINS. Versailles, 1885, in-8°, fig.

2202. — **Photographie (De la) appliquée à l'étude de l'archéologie**, notices lues en séance générale à la Société d'histoire et d'archéologie de Chalon-sur-Saône, les 26 juin 1856 et 30 juin 1857, par le Dr Édouard LOYDREAU. Beaune, 1858, in-8°.

2203. — **Picardie (La) historique et monumentale**, publiée par la Société des antiquaires de Picardie. Amiens, 1893, petit in-folio, fig. et planches hors texte.

Ouvrage en cours de publication.

2204. — **Pierre Breton de Saint-Quentin**, maître tailleur de pierres et sculpteur au XVIe siècle, par A. DE CHAMPEAUX. Paris, s. d., in-4°, fig.

2205. — **Pierres (Les) gravées de la Haute-Asie**, recherches sur la glyptique orientale, par Joachim MENANT; 1re partie : *Les cylindres de la Chaldée.* Paris, 1893, in-8°; nombreuses planches dans le texte et hors texte, héliogravées en couleur.

2206. — **Pignorii (Laurentii) Patavini De Servis et eorum apud veteres ministeriis commentarius**, in quo familia, tum urbana, tum rustica, ordine producitur et illustratur; editio figuris æncis exornata. Amstelodami, 1674, in-12.

Voir : *Servis*, n° 2584.

2207. — **Pile de Saint-Mars** (Indre-et-Loire). S. n., Tours, 1842, in-4°, fig.

2208. — **Pineau (Les)**, sculpteurs, dessinateurs des bâtiments du roi, graveurs, architectes (1652-1886); ouvrage publié par la Société des bibliophiles français. Paris, 1892, in-folio, avec gravures et planches.

2209. — **Places de Belgique** (le titre manque), ouvrage écrit en latin par Jean BLAEU. Amsterdam, 1649, in-folio, planches gravées.

Voir n° 2582 a.

2210. — **Planches pour les dix livres d'architecture de Vitruve**, traduits par PERRAULT. In-folio.

Chalcographie du Louvre.

2211. — **Plan de la ville de Paris**, avec sa nouvelle enceinte, levé géométriquement sur la méridienne de l'Observatoire, par le citoyen VERNIQUET, parachevé en 1791. In-folio.

2212. — **Plan de la ville et fauxbourgs de Paris**, divisé en 20 quartiers, mis au jour par les sieurs DEHARME et DESNOS, ingénieurs-géographes du Roi. Paris, 1777, petit in-folio.

2213. — **Plan d'ensemble de la ville de Paris**, au $\frac{10}{1000}$, en 3 feuilles.

2214. — **Plan de Paris**, atlas du plan détaillé par arrondissement, au $\frac{15}{1000}$, avec indication du numéro des maisons, 1893.

2215. — **Plan de Paris**, dressé géométriquement en 1649 et publié en 1652 par Jacques GOMBOUST, avec le texte, les vues et les ornements qui accompagnent quelques exemplaires, augmenté d'une feuille d'assemblage pour faciliter les recherches, gravé en fac-similé par LEBEL et publié par la Société des bibliophiles français. Paris, 1858, in-folio.

2216. — **Plan de Paris sous le règne de Henri II**, par Olivier TRUSCHET et Germain HOYAU, reproduit en fac-similé d'après l'exemplaire unique de la bibliothèque de Bâle, par F. HOFFBAUER. Paris, 1877, in-folio.

Publication de la *Société de l'histoire de Paris et de l'Ile-de-France*.

2217. — **Plan des environs de Paris** (36 planches). S. n., s. d. (fin du xviii° siècle), grand in-folio.

2218. — **Plan et coupe d'une partie du forum romain et des monuments sur la voie sacrée**, indiquant les fouilles qui ont été faites dans cette partie de Rome, depuis l'an 1809 jusqu'en 1819, dessinées et publiées par Auguste Caristie, architecte. Paris, 1821, in-folio.

2219. — **Plan scénographique de la ville de Lyon au XVIe siècle**, fac-similé publié par la Société de topographie historique de Lyon. Lyon, 1872-1876, in-folio.

2220. — **Plans de Paris et de ses environs :**

1° *Plan en perspective la ville de Paris* telle qu'elle était sous le règne de Charles IX, gravé d'après une tapisserie conservée dans l'hôtel de ville, par Dheulland. 1756, 1 feuille;

2° *Plan de Paris*, commencé l'année 1734, dessiné et gravé sous les ordres de messire Michel-Étienne Turgot, conseiller d'État, prévôt des marchands, etc., achevé de graver en 1739, levé et dessiné par Louis Bretez, gravé par Claude Lucas. 21 feuilles;

3° *Plan de Paris avec l'enceinte de Philippe-Auguste.* S. d., 1 feuille;

4° *Nouveau plan de Paris et de ses faubourgs*, où sont marqués tous les quartiers, toutes les rues et culs-de-sac, toutes les églises et les communautés de cette ville, par Delagrive. 1740, 1 feuille;

5° *Plan de Paris*, divisé en 16 quartiers, en exécution de l'ordonnance du bureau de la Ville du 24 février 1744, levé par l'abbé Delagrive, géographe de la Ville et de la Société roiale de Londres, donné en 1756, 1 feuille;

6° *Plan détaillé de la Cité*, dédié à messire Louis-Basile de Bernage, conseiller d'État, prévôt des marchands, et à MM. les échevins de la ville de Paris, par l'abbé Delagrive, géographe ordinaire de la Ville. 1754, 1 feuille;

7° *Plan détaillé du quartier de Sainte-Geneviève*, levé géométriquement par feu l'abbé Delagrive, géographe de la ville de Paris, fini et publié par Al.-Fr. Hugnin. 1757, 1 feuille;

8° *Plans de l'Isle de Notre-Dame ou de Saint-Louis et de l'Isle Louviers.* S. d., 2 feuilles;

9° *Plan de l'esplanade des Tuilleries*, en face du pont tournant, des Champs-Élisées et de l'esplanade des Invalides. S. d., 1 feuille;

10° *Portion d'un plan de Paris* comprenant la place Vendôme, les Tuileries, les Champs-Élysées et les Invalides. S. d., 1 feuille;

11° *Environs de Paris*, levés géométriquement par l'abbé Delagrive, de la Société roiale de Londres et géographe de la ville de Paris, dédiés à M. le marquis de Vatan, prévôt des marchands et à MM. les échevins de la Ville, en 1740. 10 feuilles;

12° *Paris* (Vue générale), par Ed. Willmann. Paris, 1860, 1 feuille.

Tous les plans ci-dessus, compris au n° 2220, sont reliés ensemble dans le même volume.

2221. — **Plans de restitution. Paris en 1380**, plan gravé et texte par H. Legrand. Paris, in-4°.

Ouvrage faisant partie de l'*Histoire générale de Paris*.
Voir : *Paris en 1380*.

2222. — **Plans et descriptions des principales places de guerre et villes maritimes des frontières du royaume**, avec leurs longitudes et lattitudes tirées des observations de l'Académie royale des sciences, et leurs distances de Paris, en lieues de 2,000 toises, sans avoir égard aux sinuosités du chemin. 1751, petit in-folio.

2223. — **Plans et profils des principales villes de la province de Bretagne**, 26 planches, s. n. (Tassin). S. l., s. d. (1638), in-8° oblong.

2224. — **Plans et profils des principales villes de la province de Brie**, 14 planches, s. n. (Tassin). S. l., s. d. (1638), in-8°, oblong.

2225. — **Plans et profils des principales villes de la province de Foix et Béarn**, 6 planches, s. n. (Tassin). S. l., s. d. (1638), in-8° oblong.

2226. — **Plans et profils des principales villes de la province de l'Isle-de-France**, 17 planches, s. n. (Tassin). S. l., s. d. (1638), in-8° oblong.

2227. — **Plans et profils des principales villes de la province de Languedoc**, 46 planches, s. n. (Tassin). S. l., s. d. (1638), in-8° oblong.

2228. — **Plans et profils des principales villes de la province d'Oranges et comtat Venaissin**, 5 planches, s. n. (TASSIN). S. l., s. d. (1638), in-8° oblong.

2229. — **Plans et profils des villes principales de la province de Picardie**, 45 planches s. n. (TASSIN). S. l., s. d. (1638), in-8° oblong.

2230. — **Plans et profils des principales villes de la province de Poitou**, 24 planches, s. n. (TASSIN). S. l., s. d. (1638), in-8° oblong.

2231. — **Plans et profils des principales villes de la province de Provence**, 17 planches, s. n. (TASSIN). S. l., s. d. (1638), in-8° oblong.

2232. — **Plans (Les) et profils des principales villes et lieux considérables de la principauté de Catalogne**, avec la carte générale et les particulières de chaque gouvernement, par le chevalier DE BEAULIEU. Paris, s. d., in-8° oblong.

2233. — **Plans et profils des principales villes et lieux considérables du comté de Roussillon, Conflant et Cerdagne**, avec la carte générale et les particulières de chaque gouvernement, par le S. DE BEAULIEU. Paris, s. d., in-8° oblong.

2234. — **Plateau de Conflans : le dolmen de Fin-d'Oise. Plateau de Marly : la Tour-aux-païens**, recherches géologiques et préhistoriques aux environs de Saint-Germain-en-Laye (Seine-et-Oise), par Paul GUÉGAN DE LISLE. Versailles, 1874, in-8°.

2235. — **Poitou et Vendée**, études historiques et artistiques par B. FILLON et O. DE ROCHEBRUNE. Fontenay-le-Comte et Niort, 1887, in-4°, fig.

2236. — **Polissoirs (Les) mégalithiques du département de l'Aube**, par Émile PILLOT. Troyes, 1881, in-8°, fig.

2237. — **Polyptique de l'abbaye de Saint-Germain-dés-Prés**, rédigé au temps de l'abbé Irminon et publié d'après le manuscrit de la Bibliothèque nationale, par Auguste LONGNON; 1re partie : *texte du polyptique*. Paris, 1886, in-8°.

2238. — **Pompes funèbres et catafalques.** 1 vol. in-folio (sans texte). Chalcographie du Louvre.

2239. — **Pont (Le) de Meulan**, par Émile Réaux. Saint-Germain-en-Laye, 1878, in-16.

2240. — **Pont (Le) de Montauban**, par l'abbé F. Pottier. S. d., in-8°, fig.

2241. — **Ponts biais**, traités des épures, coupe des pierres et détails sur la construction des différents systèmes d'appareils de voûtes biaises, mis à la portée de tous les agents de travaux et appareilleurs, par S. Loignon, ingénieur civil. Paris, 1872, in-8° et atlas in-4°.

2242. — **Populations (Les) des provinces danubiennes en 1854** (Hongrie), suite de dessins d'après nature, gravés à l'eau-forte, par Théodore Valério. Paris, 1854, in-folio (sans texte).

2243. — **Porcelaine (La)**, par Vogt. Paris, in-4° anglais, fig.

Ouvrage faisant partie de la *Bibliothèque de l'Enseignement des Beaux-Arts.*

2244. — **Porcelaine (La) tendre de Sèvres**, 50 planches reproduisant 250 motifs en aquarelle d'après les originaux, avec une notice historique, par Édouard Garnier. Paris, s. d., in-folio.

2245. — **Portail et vitraux de l'église Notre-Dame d'Alençon**, nomenclature des peintres, peintres-vitriers, aux xve et xvie siècles, à Alençon, par Mme G. Despierres. Paris, 1891, in-8°.

2246. — **Portail (Le) Saint-Honoré dit « de la Vierge dorée »**, de la cathédrale d'Amiens, par Jourdain et Duval, d'après un rapport adressé à M. le Préfet de la Somme par la Société des antiquaires de Picardie. Amiens, 1844, in-8°.

2247. — **Portefeuille archéologique de la Champagne**, par A. Gaussen, avec un texte par E. le Brun et H. d'Arbois de Jubainville, etc. Bar-sur-Aube, 1861, petit in-folio, fig. coloriées.

2248. — **Portefeuille historique de l'ornement**, recueil complet des meilleurs motifs, dessinés et gravés d'après les anciens maîtres, par Metzmacher. Paris, 1866, in-folio (sans texte).

2249. — **Porte romane de la Préfecture à Angers**, par V. Godard-Faultrier. Angers, s. d., in-8°.

2250. — **Porte (La) Tournisienne à Valenciennes**, notes et dessins par Georges Guillaume. Valenciennes, 1884, in-4°, fig.

2251. — **Portrait (Le) de Catherine du Chemin**, femme de François Girardon, par Le Brun-Dalbanne. Troyes, 1876, in-8°, fig.

2252. — **Portrait (Le) de Sneyders au musée de Troyes**, par Le Brun-Dalbanne. Troyes, 1876, in-8°.

2253. — **Port-Royal-des-Champs** (Seine-et-Oise), notice historique à l'usage des visiteurs, s. n. Paris, 1874, in-8°, fig.

2254. — **Poterie (De la) gauloise**, étude sur la collection Charvet, par Henri du Cleuziou. Paris, 1872, grand in-8°, fig.

2255. — **Potiers (Les) allobroges**, méthodes des sciences naturelles appliquées à l'archéologie, par Gabriel de Mortillet. Annecy, 1879, in-4°, fig.

2256. — **Poussin (Le), sa vie et son œuvre**, suivi d'une notice sur la vie et les ouvrages de Philippe de Champagne et de Champagne le Neveu, par H. Bouchitté. Paris, 1858, in-8°.

2257. — **Précis d'histoire de l'art**, par Bayet. Paris, in-4° anglais, fig.
Ouvrage faisant partie de la *Bibliothèque de l'Enseignement des Beaux-Arts*.

2258. — **Précis statistique des 35 cantons du département de l'Oise**, par Graves. Beauvais, 1830-1851, 5 vol. in-8°.

2259. — **Précis sur la ville de Montfort-l'Amaury** (Seine-et-Oise), et histoire chronologique des seigneurs de cette ville, depuis la construction de son château fort jusqu'à la révolution de France (996-1792), par J. L'Hermitte. Paris, 1825, in-8°, fig.

2260. — **Préhistorique (Le), antiquité de l'homme**, par Gabriel de Mortillet, avec 64 fig. intercalées dans le texte. Paris, 1883, in-12.

2261. — **Premier essai sur Belleville-sur-Saône** (Rhône), ou recherches archéologiques et historiques au sujet de l'église Notre-Dame, par l'abbé Victor Chambeyron. Paris et Lyon, 1845, in-8°.

2262. — **Premier et second voyages de milord de ***, à Paris**, par le Ch. Rutlidge. Londres, 1786, 3 vol. in-12.

2263. — **Première expédition de Jeanne d'Arc; le ravitaillement d'Orléans**, nouveaux documents, plan du siège et de l'expédition, par Boucher de Molandon. Orléans, 1874, in-8°.

2264. — **Premier (Le) livre des antiquités, histoires et choses plus remarquables de la ville d'Amiens**, etc., par Adrien DE LA MORLIÈRE. Paris, 3ᵉ édition, 1627, in-8°.

2265. — **Premiers (Les) habitants de l'Europe**, d'après les écrivains de l'antiquité et les travaux des linguistes, par H. D'ARBOIS DE JUBAINVILLE; 2ᵉ édition corrigée et considérablement augmentée par l'auteur. Paris, 1889-1894, 2 vol. in-8°, fig.

2266. — **Premier (Le) tome de l'architecture** de PHILIBERT DE L'ORME. Paris, 1567, in-folio, fig.

2267. — **Prieuré de Courtozé et ses peintures murales du XIIᵉ siècle** (Loir-et-Cher), avec 6 planches chromolithographiques et des gravures dans le texte, par Achille de ROCHAMBEAU. Paris, 1874, in-8°.

2268. — **Prieuré de Morlange** (Moselle). S. n. Metz, s. d., in-8°, fig.

Extrait de la *Revue d'Austrasie.*

2269. — **Principautés (Les) franques du Levant**, d'après les plus récentes découvertes de la numismatique, par G. SCHLUMBERGER. Paris, 1877, in-8°, fig.

2270. — **Procédés (Les) modernes de la gravure**, par A. DE LOSTALOT. Paris, in-4° anglais, fig.

Ouvrage faisant partie de la *Bibliothèque de l'Enseignement des Beaux-Arts.*

2271. — **Procès-verbaux de l'académie royale de peinture et de sculpture, 1648-1793**, publiés pour la Société de l'art français, d'après les registres originaux conservés à l'École des beaux-arts, par Anatole DE MONTAIGLON. Paris, 1875-1878, 2 vol. in-8°.

2272. — **Procès-verbaux de la Société archéologique d'Eure-et-Loir.**

Voir : *Société archéologique d'Eure-et-Loir.*

2273. — **Procès-verbaux des États-Généraux de 1593**, recueillis et publiés par Auguste BERNARD (de Montbrison). Paris, 1842, in-4°.

Ouvrage faisant partie de la *Collection de documents inédits sur l'Histoire de France* publiés par les soins du Ministre de l'instruction publique.

2274. — **Procès-verbaux et documents de la Commission historique et archéologique de la Mayenne**, de l'origine (1878-1879) à 1893. Laval, 12 vol. grand in-8°, fig.

Publication périodique.

2274 a. — **Profil de la ville de Nancy**, auquel sont jointes les vues et perspectives des portes et lieux plus remarquables d'icelle, par Israël Sylvestre, natif de la mesme ville. Paris, s. d., 13 planches oblongues.

2275. — **Projet de restauration de Notre-Dame de Paris**, rapport adressé à M. le Ministre de la justice et des cultes, par Lassus et Viollet-le-Duc. Paris, 1843, in-4°, fig.

2276. — **Projet d'un orgue et de sa tribune pour la cathédrale de Metz**, s. n. Metz, s. d., in-8°, fig.

Extrait des *Mémoires de l'Académie royale de Metz*, 1842-1843.

2277. — **Projets d'architecture et autres productions de cet art qui ont mérité les grands prix** accordés par l'Académie, par l'Institut national de France et par des jurys du choix des artistes ou du Gouvernement. Paris, 1806, in-folio.

2278. — **Prolégomènes à l'étude de la filiation des formes des fonts baptismaux**, depuis les baptistères jusqu'au xvi° siècle, par Paul Saintenoy. Bruxelles, 1892, in-8°, avec planches.

2279. — **Promenades à travers la vallée du Grand Morin**, Esbly à Mortcerf, par Georges Husson. Paris, 1893, in-8°, avec 144 gravures, 1 planche et 1 carte.

2280. — **Promenades pittoresques à Hyères**, ou notice statistique sur cette ville, ses environs et les îles, par Alph. Denis. Paris, 1833, in-folio, fig.

2281. — **Promenades pittoresques en Touraine**, histoire, légendes, monuments, paysages, par l'abbé C. Chevalier; 180 gravures sur bois d'après Karl Girardet et Français, et une carte du département d'Indre-et-Loire. Tours, 1869, in-8°.

2282. — **Proposition sur la Caisse nationale de prévoyance pour les employés civils**, par Eugène Mounié. Paris, 1878, in-8°.

2283. — **Provence (La), suite au voyage humoristique dans le Midi**, par Louis de Laincel. Avignon et Paris, 1881, in-12, fig.

2284. — **Province de Constantine**, recueil de renseignements pour l'expédition ou l'établissement des Français dans cette partie de l'Afrique septentrionale, par Dureau de la Malle. Paris, 1837, in-8°, planches.

2285. — **Prudhon, sa vie, ses œuvres et sa correspondance**, par Charles Clément. Paris, 1872, in-8° et atlas in-4° contenant 30 compositions du maître, reproduites par Arosa, d'après le procédé Tessié du Mottay.

2286. — **Publications de la Section historique de l'Institut royal grand-ducal de Luxembourg** (ci-devant Société archéologique du grand-duché, vol. XXXI), constitué sous le protectorat de Sa Majesté le roi grand-duc, par arrêté du 24 octobre 1868. Années 1876, 1877 et 1883. Luxembourg, in-8°.

2287. — **Puits funéraires gallo-romains du Bernard** (Vendée), par l'abbé Ferdinand Baudry et Léon Ballereau. La Roche-sur-Yon, 1873, in-8°, fig.

2288. — **Puy-de-Dôme.** Paris, in-8°, avec carte coloriée et gravures.

2289. — **Pyrénées-Orientales.** Paris, in-8°, avec carte coloriée et gravures.

Les deux ouvrages ci-dessus font partie de la collection des *Géographies départementales* d'Adolphe Joanne.

Q

2290. — **Quatre (Les) livres des rois**, traduits en français du xııᵉ siècle, suivis d'un fragment de moralité sur Job et d'un choix de sermons de saint Bernard, publiés par Le Roux de Lincy. Paris, 1841, in-4°.

Ouvrage faisant partie de la *Collection de documents inédits sur l'Histoire de France*, publiés par les soins du Ministre de l'instruction publique.

2291. — **Quatre (Les) paroisses urbaines de Forcalquier et leur union en 1415**, par L. de Berluc-Perussis. Digne, 1888, in-8°.

2292. — **Quelques mots sur les silex mérovingiens de M. Millescamps**, par R. de Maricourt. Senlis, 1881, in-8°.

Extrait des *Mémoires du Comité archéologique de Senlis*.

2293. — **Quelques mots sur les vitraux anciens de l'église paroissiale d'Orbec** (Calvados), par E. Veuclin. Orbec, 1878, in-8°.

2294. — **Quelques notes sur les fouilles du P. de la Croix, à Sanxay** (Vienne), par Joseph Berthelé. Niort, 1882, in-8°.

2295. — **Quelques notes sur l'inscription de Marullius de l'époque gallo-romaine**, admise récemment au musée archéologique de Périgueux, par Eugène MASSOUBRE. Périgueux, 1869, in-8°.

2296. — **Quelques notes sur l'origine des églises du Vivarais**, d'après les anciens cartulaires et d'autres documents, par A. MAZON. Privas, 1891, 2 vol. in-8°.

2297. — **Quelques (De) curiosités inédites ou peu connues du Dauphiné** (Isère). N° 1 : *Le Vitrail du champ*, s. n. (Paul BLANCHET). Lyon-Paris, s. d. (1894), in-4°, avec fig. coloriées.

2298. — **Questions mérovingiennes**, par Julien HAVET. Tome V : *Les origines de Saint-Denis*. Paris, 1890, in-4°.

2299. — **Quicherat (Jules), sa vie et ses travaux**, par Robert DE LASTEYRIE. Paris, 1883, in-8°.

R

2300. — **Raccolta delle piu insigni fabbriche di Roma anticha** (Recueil des monuments les plus remarquables de l'ancienne Rome) **e sue adjacenze** misurate nuovamente e dichiarate dall' architetto Giuseppe VALADIER, illustrate con osservazioni antiquarie da Filippo Aurelio VISCONTI ed incise da Vincenzo FEOLI. Rome, 1810-1826, grand in-folio avec planches gravées.

2301. — **Raffet, sa vie et ses œuvres**, par Auguste BRY, accompagné de 2 portraits de Raffet lithographiés, de 2 eaux-fortes inédites et de 4 fac-similés. Paris, 1861, in-8°.

2302. — **Raphaël d'Urbin et son père Giovanni Santi**, par J.-D. PASSAVANT, édition française refaite, corrigée et considérablement augmentée par l'auteur, sur la traduction de Jules LUNTESCHUTZ, revue et annotée par Paul LACROIX. Paris, 1860, 2 vol. in-8°.

2303. — **Raphaël et l'antiquité**, par F.-A. GRUYER. Paris, 1864, 2 vol. in-8°.

2304. — **Rapport adressé à M. le Ministre de l'instruction publique, des cultes et des beaux-arts**, au nom de la Commission de perfectionnement de la manufacture nationale de Sèvres, par DUC, membre de l'Institut. Paris, 1875, in-4°.

2305. — Rapport adressé à M. le Ministre de l'instruction publique, des cultes et des beaux-arts, sur les Archives nationales pour les années 1876 et 1877, par Alfred Maury. Paris, 1878, in-8°.

2306. — Rapport adressé à M. le Ministre de l'instruction publique et des beaux-arts, au nom de la Commission de la manufacture nationale des Gobelins, par Denuelle. Paris, 1877, in-4°.

2307. — Rapport adressé à M. le Ministre de l'instruction publique et des beaux-arts, au nom de la Commission de perfectionnement de la manufacture nationale de Sèvres, sur les porcelaines modernes qui ont figuré à l'Exposition universelle de 1878, par Lameire. Paris, 1879, in-4°.

2308. — Rapport adressé à M. le Ministre de l'instruction publique et des beaux-arts, au nom de la Commission de perfectionnement de la manufacture nationale de Sèvres, par O. du Sartel. Paris, 1884, in-4°.

2309. — Rapport adressé à M. le Ministre de l'instruction publique et des beaux-arts sur les tapisseries et les tapis modernes qui ont figuré à l'Exposition universelle de 1878, par Denuelle. Paris, 1879, in-4°.

2310. — Rapport adressé à M. le Ministre des travaux publics par la Commission chargée par M. le Ministre de l'intérieur et par M. le Ministre des travaux publics d'examiner la question d'isolement de la Sainte-Chapelle. Paris, 1849, in-4°.

2311. — Rapport adressé à S. E. M. le Ministre d'État sur les restes de l'ancienne cité de Carcassonne, par Viollet-le-Duc. Paris, 1853, in-8°.

2312. — Rapport à la Société d'agriculture, sciences et arts de la Sarthe, au nom de la Commission chargée d'examiner la restauration récente du bas-côté méridional de la nef de la cathédrale du Mans, par Robert Criger. Le Mans, 1883, in-8°, 2 photographies.

2313. — Rapport à la Société d'archéologie d'Avranches sur la verrière de Martigny (Manche), par Mangon Delalande. Avranches, 1843, in-8°.

2314. — **Rapport à M. le Ministre de la justice et des cultes sur les principales églises du département de la Somme**, par H. Dusevel. Amiens, 1837, in-8°.

2315. — **Rapport à M. le Ministre de l'instruction publique sur les monuments historiques des arrondissements de Nancy et de Toul** (département de la Meurthe), accompagné de cartes, plans et dessins, par E. Grille de Beuzelin. Paris, 1837, in-4°, atlas in-folio.

Ouvrage faisant partie de la *Collection de documents inédits* publiés par les soins du Ministre de l'instruction publique.

2316. — **Rapport à M. le Ministre de l'intérieur sur les monuments, les bibliothèques, les archives et les musées des départements de l'Oise, de l'Aisne, de la Marne, du Nord et du Pas-de-Calais**, par L. Vitet. Paris, 1831, in-8°.

2317. — **Rapport à M. le Ministre de l'intérieur sur l'état actuel de l'arc antique d'Orange et des théâtres antiques d'Orange et d'Arles**, par Aug. Caristie. Paris, 1838, grand in-folio, planches.

2318. — **Rapport à M. le Préfet de la Seine sur les fouilles des Célestins**, par A. Thierry. Paris, 1852, in-8°.

2319. — **Rapport à M. le Préfet sur les monuments historiques de la Somme**, par H. Dusevel. Amiens, 1846, in-4°.

2320. — **Rapport au Ministre de l'instruction publique et des beaux-arts sur l'exercice de la profession d'architecte en Italie**, par Achille Hermant. Paris, 1892, in-8°.

2321. — **Rapport au Ministre de l'intérieur sur les monuments historiques**, par P. Mérimée. Paris, 1840, in-4°.

2322. — **Rapport au Ministre de l'intérieur sur les monuments historiques**, par P. Mérimée. Paris, 1846, in-8°.

2323. — **Rapport au nom de la Commission chargée d'examiner la façade de l'église Notre-Dame de Poitiers**, par Lecointre-Dupont. Poitiers, s. d., in-8°.

Extrait des *Mémoires de la Société des antiquaires de l'Ouest*.

2324. — **Rapport au sujet des réparations faites à la grande voûte des arènes de Poitiers**, s. n. Poitiers, 1839, in-8°.

Extrait du *Bulletin de la Société des antiquaires de l'Ouest*.

2325. — **Rapport de la Commission des antiquités du département de la Côte-d'Or**, ayant pour objet la conservation des monuments de l'ancien palais ducal, par Frantin. Dijon, 1852, in-4°.

2326. — **Rapport de la commission nommée par la Société archéologique du midi de la France à l'occasion du projet de reconstruction du Capitole de Toulouse**, par Edw. Barry. Toulouse, s. d., in-4°.

2327. — **Rapport de la commission pour l'isolement de l'église de Notre-Dame de Poitiers**, par Bourgnon de Layre. Poitiers, 1847, in-4°, fig.

2328. — **Rapport d'ensemble sur les monuments historiques du département de la Vienne** (de 1843 à 1850), par de Chergé. Poitiers, 1849, in-8°.

Extrait du *Bulletin de la Société des antiquaires de l'Ouest*.

2329. — **Rapport du projet de modification à apporter dans l'alignement de la rue de Tambour, à Reims**, par Leblan. Reims, 1881, in-4°, fig.

2330. — **Rapport fait par la Commission archéologique d'Arles à son Excellence le Ministre de l'intérieur.** Arles, 1836, in-8°.

2331. — **Rapport présenté à la Commission des antiquités du département de l'Aisne**, par Émile Caron. Laon, 1841, in-8°.

2332. — **Rapport présenté à M. le Ministre des travaux publics par la commission chargée de juger le concours ouvert pour la restauration des vitraux de la Sainte-Chapelle.** Paris, 1847, in-4°.

2333. — **Rapport présenté au conseil supérieur par le directeur de l'École nationale des beaux-arts au commencement de l'année scolaire 1874-1875.** Paris, 1875, in-8°.

2334. — **Rapport relatif à la conservation et à la restauration du Palais des papes (à Avignon)**, présenté par A. Reynard-Lespinasse. Avignon, 1884, in-8°, 1 photographie.

2335. — **Rapports au Ministre de l'instruction publique.** Paris, 1839, in-4°.

Ouvrage faisant partie de la *Collection de documents inédits sur l'Histoire de France*, publiés par les soins du Ministre de l'instruction publique.

2336. — **Rapports au Ministre de l'instruction publique sur la collection des documents inédits de l'histoire de France et sur les actes du Comité des travaux historiques.** Paris, 1874, in-4°.

2337. — **Rapports au roi et pièces.** Paris, 1835, in-4°.

Ouvrage faisant partie de la *Collection de documents inédits sur l'Histoire de France*, publiés par les soins du Ministre de l'instruction publique.

2338. — **Rapports de la sous-commission des grands travaux pour le projet de reconstruction du Capitole de Toulouse.** Toulouse, 1867-1868, in-4°, fig.

2339. — **Rapports et délibération sur les travaux qui s'exécutent en ce moment à l'église Notre-Dame de Dijon**, par Belin. Dijon, août 1865, in-4°.

2340. — **Rapports sur les fouilles d'antiquités faites à Aix** (Bouches-du-Rhône), en 1841, 1842, 1843, 1844, par Rouard. Aix, 1841-1844, in-4°, fig.

2341. — **Rapport sur diverses communications présentées au Comité des travaux historiques**, par Jules Quicherat. Paris, 1880, in-8°, fig.

2342. — **Rapport sur la découverte de peintures murales dans l'église de Saint-Jacques-des-Guérets**, par l'abbé Haugon. Vendôme, 1891, in-8°, fig.

2343. — **Rapport sur la découverte de peintures murales de l'église de Bagnot**, par Henri Baudot.

Extrait de la *Commission des antiquités de la Côte-d'Or*.

2344. — **Rapport sur la découverte du baptistère de Valence et de sa mosaïque**, par de Rostaing. Valence, 1866, in-8°, fig.

2345. — **Rapport sur la découverte d'une grotte sépulcrale dans la butte de Tumiac, le 21 juillet 1853 (Morbihan)**, par Fouquet. Vannes, 1853, in-4°, fig.

2346. — **Rapport sur l'administration du musée de la Société des antiquaires de Picardie, pendant l'année 1838-1839**, par Ch. Dufour. Amiens, 1839, in-8°.

2347. — **Rapport sur la légende internationale des cartes préhistoriques**, par G. de Mortillet et E. Chantre, 1875, in-8°.
Extrait des *Matériaux pour l'histoire primitive et naturelle de l'homme*.

2348. — **Rapport sur le camp de Péran** (Côtes-du-Nord), par Geslin de Bourgogne. Paris, 1867, in-8°, fig.

2349. — **Rapport sur le déplacement du tombeau d'Étienne de Poisieu**, lu devant la Commission des beaux-arts de Vienne (Isère), par T.-C. Delorme, Vienne, 1843, in-8°.

2350. — **Rapport sur les découvertes archéologiques faites aux sources de la Seine**, par Henri Baudot, 1843.
Extrait des *Mémoires de la Commission des antiquités de la Côte-d'Or*.

2351. — **Rapport sur les fouilles exécutées à Vienne (Isère) en 1840 et 1841**, par T.-C. Delorme. Vienne, 1842, in-8°, fig.

2352. — **Rapport sur les fouilles exécutées dans les jardins de l'hospice de Vienne (Isère), pendant les mois de mai, juin et juillet 1838**, par T.-C. Delorme. Vienne, 1842, in-8°.

2353. — **Rapport sur les fouilles faites à Amancey** (Doubs), présenté à la Société libre d'émulation du Doubs, par Percerot. Besançon, 1845, in-4°, fig.

2354. — **Rapport sur les fouilles faites au château de Chauvigny** (Vienne), par l'abbé Auber. Poitiers, 1839, in-8°.
Extrait du *Bulletin de la Société des antiquaires de l'Ouest*.

2355. — **Rapport sur les mesures à prendre pour assurer la conservation des monuments mégalithiques.** Paris, 1881, in-8°.

2356. — **Rapport sur les monuments mégalithiques de la Corse,** par Adrien de Mortillet. Paris, 1893, in-8°, fig.
Extrait des *Nouvelles archives des missions scientifiques et littéraires* (1893).

2357. — **Rapport sur les monuments remarquables de l'arrondissement de Vienne** (Isère), contenant les réponses à une série de questions proposées par l'Académie royale des inscriptions et belles-lettres, par Mermet aîné. Vienne, 1829, in-8°.

2358. — **Rapport sur les restaurations des monuments mégalithiques, au 19 juillet 1883**, par Félix Gaillard. Vannes, 1884, in-8°.

2359. — **Rapport sur les restes des monuments de l'ancienne Chartreuse de Dijon**, par de Saint-Mémin. Dijon, s. d., in-4°.

2360. — **Rapport sur les tapisseries de la cathédrale de Saint-Maurice** (Maine-et-Loire), par Joubert. Angers, s. d., in-8°.

2361. — **Rapport sur les travaux de la Commission de géographie historique de l'ancienne France**, par Auguste Longnon. Paris, 1882, in-8°.

Extrait de la *Revue des Sociétés savantes* (1882).

2362. — **Rapport sur l'état actuel de l'église et de la tour de Bernède, canton de Riscle** (Gers), par de Gavoty. S. l., 1847, in-4°.

2363. — **Rapport sur l'instruction publique**, par de Bordenave d'Abère. Pau, 1877, in-8°.

Extrait des *Procès-verbaux des délibérations du Conseil général des Basses-Pyrénées*.

2363 *a*. — **Rapport sur l'isolement de la Sainte-Chapelle** (à Paris), par Duc et Dommey. Paris, 1849, in-4°, avec plans coloriés.

2364. — **Rapport sur une excursion faite au plateau d'Arlet, près Château-Larcher** (Vienne), par Mangon de la Lande. Poitiers, 1839, in-8°.

Extrait du *Bulletin de la Société des antiquaires de l'Ouest*.

2365. — **Rapport sur une fouille faite à Jublains** (Mayenne) **en 1865**, par le baron de Sarcus. Mayenne, s. d., in-4°, planches.

Extrait des *Mémoires de la Société d'archéologie, sciences, arts et belles-lettres de la Mayenne*.

2366. — **Rapport sur un ouvrage de M. Marchand, intitulé souvenirs historiques sur l'ancienne abbaye de Saint-Benoît-sur-Loire**, par Léon de Buzonnière. Orléans, 1839, in-8°.

Extrait des *Mémoires de la Société royale des sciences, belles-lettres et arts d'Orléans*.

2367. — **Rapport sur un reliquaire en argent de l'église de Mailley et sur un baptistère en pierre sculptée de l'église du Val-Saint-Éloy** (Haute-Saône), par Ch. Dodelier. Vesoul, 1855, in-8°, fig.

Extrait des *Mémoires de la Société d'agriculture, commerce, sciences et arts de la Haute-Saône.*

2368. — **Raretés (Les) qui se voyent dans l'église royale de Saint-Denis**, avec des remarques curieuses, s. n. Paris, 1742, in-12.

2369. — **Réception par l'État du chemin de fer de Périgueux à Brive**, et relation du premier voyage effectué sur cette ligne (31 août 1860), par Eugène Massoubre. Périgueux, 1860, in-8°.

2370. — **Receuille des plus belles veües des maisons royale de France,** designé et gravé par Perelle. Paris, s. d., petit in-folio (sans texte).

2371. — **Recherches archéologiques sur les abbayes de l'ancien diocèse de Paris**, par Hérard :

I. L'abbaye de Maubuisson ;

II. L'abbaye des Vaux-de-Cernay ;

III. L'abbaye Notre-Dame-du-Val ;

IV. L'abbaye de Port-Royal-des-Champs ;

Paris, 1851-1881, 4 vol. in-8°.

2372. — **Recherches critiques, historiques et topographiques sur la ville de Paris,** depuis ses commencemens connus jusqu'à présent, avec le plan de chaque quartier, par le sieur Jaillot, géographe ordinaire du Roi. Paris, 1775, 5 vol. in-8° et atlas in-folio.

2373. — **Recherches de voies romaines autour de Jublains** (Mayenne), par F. Lambert. Mayenne, s. d., in-4°, planches.

Extrait des *Mémoires de la Société d'archéologie, sciences, arts et belles-lettres de la Mayenne.*

2374. — **Recherches épigraphiques :** *Le mausolée de Catherine de Chivré.* — *L'enfeu des Gaultier de Brullon,* avec 5 dessins de T. Abraham et un portrait inédit du voyageur Le Gouz de la Boullaye, par André Joubert, 2° édition. Laval, 1883, in-8°.

2375. — **Recherches historiques et anecdotiques sur la ville de Sens**, par Théodore Tarbé. Paris, 1888, in-4°, fig.

2376. — **Recherches historiques et archéologiques sur la ville d'Issoudun**, par Armand Pérémé. Paris, Issoudun, Châteauroux et Bourges, 1847, in-8°, fig.

2377. — **Recherches historiques et archéologiques sur l'église de Brou**, par J. Baux. Paris, Lyon et Bourg, 1844, in-8°, fig.

2378. — **Recherches historiques et archéologiques sur les églises romanes en Touraine, du VIe au XIe siècle**, texte par les abbés J.-J. Bourassé et C. Chevalier; dessins photo-lithographiques par de Lafollye. Tours, 1869, in-4°.

Extrait des *Mémoires de la Société archéologique de Touraine*.

2379. — **Recherches historiques sur l'abbaye de Breuil-Benoît**, au diocèse d'Évreux. Paris, 1847, in-8°, fig.

2380. — **Recherches historiques sur l'ancienne seigneurie de la Roche-sur-Yon**, nommée ensuite *Bourbon-Vendée* et aujourd'hui *Napoléon-Vendée*, par l'abbé Auber. Poitiers, 1848, in-8°.

Extrait du *Bulletin de la Société des antiquaires de l'Ouest*.

2381. — **Recherches historiques sur la ville d'Alet et son ancien diocèse**, par l'abbé J.-T. Lasserre. Carcassonne, 1877, in-8°.

2382. — **Recherches historiques sur la ville d'Angers, ses monuments et ceux du Bas-Anjou**, par J.-F. Bodin, avec gravures dessinées par l'auteur; 2e édition, revue et considérablement augmentée par P. G. Saumur, 1846, 2 vol. in-8°.

2383. — **Recherches historiques sur la ville de Bergues en Flandre** (Nord), par Louis Debeacker. Bergues, 1849, in-8°, fig.

2384. — **Recherches historiques sur la ville de Reims**, avec le plan, assujetti à ses nouveaux accroissements, embellissements et projets, dédié et présenté au Roi, par Moithey. Paris, 1775, in-4°.

2385. — **Recherches historiques sur la ville de Saumur, ses monuments et ceux de son arrondissement**, par J.-F. Bodin. Saumur, 1845-1846, 2 vol. in-8°, fig.

2386. — Recherches historiques sur le château, les seigneurs et la paroisse de **Menars-lès-Blois** (Loir-et-Cher), par A. Dupré. Blois, 1860, in-8°.

2387. — Recherches historiques sur les enseignes des maisons particulières, suivies de quelques inscriptions murales prises en divers lieux, ornées d'une planche et de 27 sujets gravés sur bois, par E. de la Quérière. Paris et Rouen, 1852, in-8°.

2388. — Recherches historiques sur l'Orléanais, ou essai sur l'histoire, l'archéologie, la statistique des villes, villages, hameaux, églises, chapelles, châteaux forts, abbayes, hôpitaux et institutions de l'Orléanais proprement dit, depuis l'époque celtique jusqu'à nos jours, par l'abbé Patron. Orléans, 1870-1871, 2 vol. in-8°.

2389. — Recherches historiques sur quelques monuments anciens de l'abbaye de Fontevrault, par J.-F. Bodin. Saumur, 1810, in-16.

2390. — Recherches pour servir à l'histoire des arts en Poitou, par Jos. Berthelé. Melle, 1889, in-8°.

2391. — Recherches préhistoriques de 1872 à 1879 dans le département de **Seine-et-Oise**, par P. Guégan. Versailles, 1880, in-8°.

Extrait des Mémoires de la Société des sciences morales, des lettres et des arts de Seine-et-Oise.

2392. — Recherches sur l'abbaye d'Abondance en Chablais (Haute-Savoie), par Léon Charvet, architecte. Lyon, 1863, in-8°, planches.

2393. — Recherches sur la céramique, aperçu chronologique et historique avec marques, monogrammes et planches photoglyptiques d'après le procédé de la maison Goupil (notes d'un collectionneur), par Alphonse Maze. Paris, 1870, in-4°.

2394. — Recherches sur la vie et les ouvrages de Jacques Callot, suite au Peintre-Graveur français de Robert-Dumesnil, par Édouard Meaume. Paris, 1860, 2 vol. in-8°.

2395. — Recherches sur la vie et les ouvrages de quelques peintres provinciaux de l'ancienne France, par Ph. de Chennevière-Pointel. Paris, 1847-1862, 4 vol. in-8°, fig.

2396. — **Recherches sur le commerce, la fabrication et l'usage des étoffes de soie, d'or et d'argent et autres tissus précieux, en Occident, principalement en France, pendant le moyen âge**, par Francisque Michel. Paris, 1852-1854, 2 vol. in-4°.

2397. — **Recherches sur l'église métropolitaine de Cambrai**, par A. Le Glay. Paris et Cambrai, 1825, in-4°, fig.

2398. — **Recherches sur l'emplacement du palais des rois d'Austrasie à Metz**, par Victor Simon. Metz, s. d., in-8°.

2399. — **Recherches sur les antiquités de la ville de Vienne (Isère), métropole des Allobroges, capitale de l'Empire romain dans les Gaules, et les deux royaumes de Bourgogne**, par Nicolas Chorier; nouvelle édition conforme à celle de 1659, revue, corrigée et considérablement augmentée des inscriptions et antiques trouvés jusqu'à ce jour; ornée de figures. Lyon, 1828, in-8°.

2400. — **Recherches sur les artistes châlonnais**, par L. Grignon. Châlons-sur-Marne, 1889, in-8°.

2401. — **Recherches sur les arts et les artistes en Gascogne, au XVIe siècle**, par Prosper Lafforgne. Paris, 1868, in-8°.

2402. — **Recherches sur les Cossard, peintres à Troyes**, par J.-P. Finot. Troyes, 1864, in-8°.

2403. — **Recherches sur les hôtels de l'archevêché de Sens, à Paris**, par Maurice Prou. Sens, 1882, in-8°.

Extrait du *Bulletin de la Société archéologique de Sens*.

2404. — **Recherches sur les origines des églises de Reims, de Soissons et de Châlons**, par L.-W. Ravenez. Paris et Reims, 1885, in-8°, fig.

2405. — **Recherches sur les ruines de Palenqué et sur les origines de la civilisation du Mexique**, par l'abbé Brasseur de Bourbourg. Paris, s. d., petit in-folio.

2406. — **Recherches sur les sépultures des premiers ducs de la maison de Lorraine dans l'abbaye de Sturzelbronn**, par G. Boulangé. Metz, 1854, in-8°, fig.

Extrait de l'*Austrasie, Revue de Metz et de Lorraine* (relié en un seul volume avec le n° 107 a).

2407. — **Recherches sur le tombeau du roi René, duc d'Anjou**, par DE BEAUREGARD. Angers, 1839, in-8°.

Extrait des *Mémoires de la Société d'agriculture, sciences et arts d'Angers*.

2408. — **Recherches sur l'histoire de la peinture sur émail**, dans les temps anciens et modernes et spécialement en France, par L DUSSIEUX. Paris, 1841, in-8°.

2409. — **Recherches sur l'histoire de l'industrie dans la vallée du Surmelin**, par Louis COURAJOD. Épernay, 1868, in-8°.

2410. — **Recherches sur l'origine du blason et en particulier sur la fleur de lis**, par Adalbert DE BEAUMONT, avec 22 planches gravées. Paris, 1853, in-8°.

2411. — **Recherches sur un bas-relief en bronze attribué aux anciennes portes de la cathédrale**, faites à l'occasion de l'établissement de nouveaux vantaux, par G. KLOTZ, avec 2 planches. Strasbourg, 1876, in-8°.

2412. — **Recueil d'anciennes croix du diocèse de Saint-Dié** (Vosges), dessinées et accompagnées de notices, par Ch. FONTAINE. Saint-Dié, 1875, in-folio.

2413. — **Recueil de cent planches extraites de l'« Art pour tous »**, encyclopédie de l'art industriel et décoratif, par Cl. SAUVAGEOT. Paris, 1868, in-folio.

2414. — **Recueil de différents monuments du diocèse de Saint-Dié** (Vosges), autographiés et accompagnés de notices, par Ch. FONTAINE, architecte; 1re partie. Saint-Dié, 1875, in-folio.

2415. — **Recueil de diverses études archéologiques** dans le pays de la Montagne, par MIGNARD. Dijon, 1872, in-8°, avec gravures.

2416. — **Recueil de documents sur l'histoire de Lorraine. Recueil d'inventaires des ducs de Lorraine**, publié par la SOCIÉTÉ D'ARCHÉOLOGIE LORRAINE. Nancy, 1891, in-8°.

2417. — **Recueil de faïences italiennes des XVe, XVIe et XVIIe siècles**, dessiné par Carle DELANGE et C. BORNEMAN et accompagné d'un texte par A. DARCEL et Henri DELANGE. Paris, 1869, in-folio, fig. coloriées.

2418. — **Recueil de gravures pour servir à l'histoire des arts en France**, prouvée par les monuments, publié par Alexandre Lenoir. Paris, 1812, in-folio, fig.

2419. — **Recueil de lettres sur la peinture, la sculpture et l'architecture**, écrites par les plus grands maîtres et les plus illustres amateurs qui aient paru dans ces trois arts, depuis le xv° jusqu'au xviii° siècle, publiées à Rome par Bottari, en 1754, traduites et augmentées de lettres qui ne se trouvent pas dans son recueil et enrichies de notes historiques, par L.-J. Jay. Paris, 1817, in-8°.

2420. — **Recueil de mémoires et documents sur le Forez**, publiés par la Société de la Diana. Vienne, 1873, in-8°, planches.

2421. — **Recueil de monuments inédits, dessinés et publiés sur la ville de Provins**, par G. Bernard. Provins et Paris, 1830, in-4°.

2422. — **Recueil de règlements concernant le service des alignements et des logements insalubres dans la ville de Paris**, dressé sous la direction de M. Alphand, par G. Jourdan. Paris, 1887, in-8°.

2423. — **Recueil des antiquités et monuments marseillois qui peuvent intéresser l'histoire et les arts**, divisé en 5 parties et orné de gravures, par J.-B.-B. Grosson. Marseille, 1783, in-4°.

2424. — **Recueil des antiquités et privilèges de la ville de Bourges** et de plusieurs autres villes capitales du royaume, etc., par Jean Chenu. Paris, 1621, in-4°.

2425. — **Recueil des chartes de l'abbaye de Cluny** (802-1090), formé par Auguste Bernard, complété, revisé et publié par Alexandre Bruel. Paris, 1888, 4 vol. in-4°.

Ouvrage faisant partie de la *Collection de documents inédits sur l'Histoire de France* publiés par les soins du Ministre de l'instruction publique.

2426. — **Recueil des compositions exécutées ou projetées sur les dessins de A. M. Chenavard, architecte**. Lyon, 1860, in-folio (sans texte).

2427. — **Recueil de sculptures gothiques**, dessinées et gravées à l'eau-forte, d'après les plus beaux monuments construits en France, depuis le xi° jusqu'au xv° siècle, par Adams. Paris, 1856-1859, 2 vol. in-4° (sans texte).

2428. — Recueil des fondations et établissements faits par le roi de Pologne, duc de Lorraine et de Bar, qui comprend la construction d'une nouvelle place, au milieu de laquelle est érigée la statue de Louis XV et les bâtiments que Sa Majesté polonaise a fait élever dans la ville de Nancy pour son embellissement. Lunéville, 1762, in-folio, fig.

2429. — Recueil des itinéraires anciens, comprenant l'Itinéraire d'Antonin, la Table de Peutinger et un choix des périples grecs, avec 10 cartes dressées par le colonel LAPIE, publié par le marquis DE FORTIA D'URBAN. Paris, 1845, in-4°.

2430. — Recueil des monuments inédits sur l'histoire du Tiers-État (région du Nord), par Augustin THIERRY. Paris, 1850-1870, 4 vol. in-4°.

Ouvrage faisant partie de la *Collection de documents inédits sur l'Histoire de France* publiés par les soins du Ministre de l'instruction publique.

2431. — Recueil des notices et mémoires de la Société archéologique du département de Constantine, de l'origine (1853) à 1891. Constantine, 26 vol. in-8°, fig. et atlas.

(Manque l'année 1863, tome VII.)

Une table des 20 premiers volumes est contenue dans le tome XXI.

Publication périodique.

2432. — Recueil des œuvres choisies de Jean Cousin, peinture, sculpture, vitraux, miniatures, gravures à l'eau-forte et sur bois, reproduites en fac-similé par ADAM et SAINT-PILINSKI, Aug. RACINET, LEMAIRE, DURAND et DUJARDIN. 41 planches, dont 4 en couleurs, publiées avec une introduction par Ambroise FIRMIN-DIDOT. Paris, 1873, in-folio.

2433. — Recueil des pierres tombales des églises et couvents de Châlons-sur-Marne, publié par A. et Ed. DE BARTHÉLEMY. Paris, 1888, in-8°.

2434. — Recueil des plans, profils et élévations de plusieurs palais, châteaux, églises, sépultures, grottes et hostels bâtis dans Paris et aux environs, avec beaucoup de magnificence, par les meilleurs architectes du royaume, desseignez, mesurez et gravez par Jean MAROT, architecte parisien. Paris, s. d., in-4°, avec planches.

2435. — **Recueil d'estampes relatives à l'ornementation des appartéments aux XVIᵉ, XVIIᵉ et XVIIIᵉ siècles**, publiées sous la direction de H. Destailleur, architecte, avec un texte explicatif, gravées en fac-similé par R. Pfnor, Carresse et Riester, d'après les compositions de du Cerceau, Le Pautre, Berain, Daniel Marot, Meissonnier, La Londe, etc. Paris, 1863-1871, 2 vol. in-folio.

2436. — **Recueil d'objets d'orfèvrerie à l'usage du culte**, fabriqués par L. Bachelet, quai des Orfèvres, 58, à Paris. S. n., s. d., in-8°.

2437. — **Recueil d'ornements d'après les maîtres les plus célèbres des XVᵉ, XVIᵉ, XVIIᵉ et XVIIIᵉ siècles**, reproduits par les procédés de l'héliogravure de Édouard Baldus. Paris, 1869, in-folio (sans texte).

2438. — **Recueil historique, chronologique et topographique des archevêchez, évêchez, abbayes et prieurés de France, tant d'hommes que de filles**, le tout distribué par diocèse et enrichi de 18 cartes géographiques, avec les armes des archevêques, par dom Beaunier, religieux bénédictin. Paris, 1726, 2 vol. in-4°.

2439. — **Recueil varié de plans et façades**, motifs pour maisons de ville et de campagne, établissements publics et particuliers, 63 planches, par Charles Normand. Paris, 1857, in-folio oblong.

2440. — **Réfectoire (Le) du couvent des Augustins et le musée de Toulouse**, par Esquié. Toulouse, s. d., in-8°, fig.

Extrait des *Mémoires de l'Académie impériale des sciences de Toulouse*.

2441. — **Réflexions à l'occasion des ossements d'animaux trouvés sous les débris d'un dolmen, à Mavaux** (Vienne), par Mangon de la Londe. Poitiers, 1839, in-8°.

Extrait du *Bulletin de la Société des antiquaires de l'Ouest*.

2442. — **Régime administratif et financier des communes**, ou Résumé pratique des règles de la législation et de la jurisprudence en matière d'administration communale, suivi du recueil des instructions du Ministre de l'intérieur sur la comptabilité et les autres parties de ce service, par H.-J.-B. Davenne. Paris, 1844, in-8°.

2443. — **Registres des délibérations du Bureau de la ville de Paris**, publié par les soins du Service historique. Le texte du tome Iᵉʳ (1499-

1526) est édité et annoté par François Bonnardot. Le texte des 4 volumes suivants (1527-1572) est édité et annoté par Alexandre Tuetey. Paris, 1883-1892, 6 vol. in-4°.

> Ouvrage faisant partie de l'*Histoire générale de Paris*.

2444. — **Règlement de l'École nationale de dessin et de mathématiques pour l'application des beaux-arts à l'industrie.** Paris, 1874, in-4°.

2445. — Règlement sur la comptabilité publique, pour servir à l'exécution, en ce qui concerne le département de l'Intérieur, de l'ordonnance royale du 31 mai 1838. Paris, 1841, in-8°.

2446. — **Règlement sur la comptabilité publique**, pour servir à l'exécution, en ce qui concerne les dépenses des services des Beaux-Arts, du décret du 31 mai 1862. Paris, 1867, in-4°.

2447. — **Reims.** Essais historiques sur ses rues et ses monuments, par Prosper Tarbé. Ouvrage orné de planches dessinées et lithographiées par J.-J. Maquart. Reims, 1844, in-4°.

2448. — **Reims pendant la domination romaine**, d'après les inscriptions, avec une dissertation sur le tombeau de Jovin, par Ch. Loriquet. Reims, 1860, in-8°, fig.

2449. — **Relation d'une visite du Congrès archéologique de France à Chancelade, Château-l'Évêque, Brantôme et Bourdeilles**, par Eugène Massoubre. Périgueux, 1858, in-8°.

> Extrait des *Annales de la Société d'agriculture, sciences et arts de la Dordogne*, tome XIX.

2450. — **Relations des ambassadeurs vénitiens sur les affaires de France au XVIe siècle**, recueillies et traduites par N. Tommases. Paris, 1838, 2 vol. in-4°.

> Ouvrage faisant partie de la *Collection de documents inédits sur l'Histoire de France* publiés par les soins du Ministre de l'instruction publique.

2451. — **Relations de voyages en Orient**, de 1830 à 1838, par Aucher-Éloy, revues et annotées par le comte Jaubert. Paris, 1843, 2 vol. in-8°.

2452. — **Relevé des documents intéressant le département de Seine-et-Marne**, conservés dans les bibliothèques communales de

Meaux, Melun et Provins, à la Bibliothèque nationale à Paris, aux Archives nationales et aux archives des Ministères des finances et des travaux publics; recueillis sous les auspices du Conseil général par l'archiviste du département. Fontainebleau, 1883, in-4°.

2453. — **Reliquaire (Le) de Saint-Vivien**, à Bruyères (Seine-et-Oise), par l'abbé Marsaux. Pontoise, 1888, in-8°, fig.

2454. — **Reliquiæ, ou ce qui reste du couvent des Capucins de Cavaillon** (Vaucluse), recueilli et augmenté d'un prologue et de notes, par J. Valère-Martin. Avignon, 1878, in-8°.

2455. — **Remarques sur deux anciennes rues d'Amiens**, par H. Dusevel. Amiens, s. d., in-8°.

2456. — **Renaissance (La) dans le Vexin et dans une partie du Parisis**, à propos de l'ouvrage de M. Palustre : *La Renaissance en France*, par Louis Regnier. Pontoise, 1886, in-4°, fig.

2457. — **Renaissance (La) en France**, par Léon Palustre, dessins et gravures sous la direction de Eugène Sadoux. Paris, 1879-1885, 3 vol. in-folio.

2458. — **Renaissance (La) monumentale en France**, spécimens de composition et d'ornementation architectoniques, empruntés aux édifices construits depuis le règne de Charles VIII jusqu'à celui de Louis XIV, par A. Berty. Paris, 1864, 2 vol. petit in-folio.

2459. — **René Dardel (1796-1871)**, biographie par Léon Charvet. Lyon, 1873, grand in-8°.

Voir : *Biographies d'architectes*, n° 314.

2460. — **Renty-en-Artois, son vieux château et ses seigneurs** (Pas-de-Calais), par Henri de Laplane. Saint-Omer, 1858, in-8°, fig.

2461. — **Réorganisation de l'École impériale des Beaux-Arts. — Documents officiels.** Paris, 1864, in-8°.

Extraits du *Moniteur universel*.

2462. — **Répertoire archéologique de la France**, publié par ordre du Ministre de l'instruction publique et sous la direction du Comité des travaux historiques et des sociétés savantes. 7 vol. in-4°.

Aube. — Rédigé sous les auspices de la Société d'agriculture, sciences et belles-lettres de ce département, par d'Arbois de Jubainville. Paris, 1861.

Morbihan. — Rédigé sous les auspices de la Société polymathique de ce département, par Rosenzweig. Paris, 1863.

Nièvre. — Rédigé sous les auspices de la Société nivernaise des lettres, sciences et arts, par le comte de Soultrait. Paris, 1875.

Oise. — Rédigé sous les auspices de la Société académique d'archéologie, sciences et arts de ce département, par Emmanuel Woillez. Paris, 1862.

Seine-Inférieure. — Rédigé sous les auspices de l'Académie des sciences, belles-lettres et arts de Rouen, par l'abbé Cochet. Paris, 1871.

Tarn. — Rédigé sous les auspices de la Société littéraire et scientifique de ce département établie à Castres, par Hippolyte Crozes. Paris. 1865.

Yonne. — Rédigé sous les auspices de la Société des sciences historiques et naturelles de ce département, par Max. Quantin. Paris, 1886.

Ouvrage en cours de publication.

2463. — **Répertoire archéologique de l'arrondissement de Reims**, publié sous les auspices de l'Académie de Reims. 1er fascicule : *Communes rurales des cantons de Reims*. 2e fascicule : *Canton d'Ay*, par Givelet, Jadart et Demaison. Reims, 1889-1892, 3 vol. in-8°, fig.

2464. — **Répertoire archéologique de l'arrondissement de Soissons. — Canton de Braine**, par Stanislas Prioux. Soissons, 1863, in-8°.

2465. — **Répertoire archéologique du canton de Roulans** (Doubs), par Jules Gauthier. Besançon, 1889, in-8°.

2466. — **Répertoire du droit administratif**, par Léon Béquet, avec le concours de Paul Dupré, publié depuis 1892 sous la direction de E. Laferrière. Paris, 1883-1892, 10 vol. in-4°.

Ouvrage en cours de publication.

2467. — **Répertoire historique de la Haute-Marne**, contenant la nomenclature des ouvrages, articles, dissertations et documents imprimés concernant l'histoire de ce département. 1re partie : *Bibliographie*, par Alp. Roserot. Arcis-sur-Aube, 1892, in-8°.

Extrait de la *Revue de Champagne et de Brie*.

2468. — **Représentation au naturel de Fontaine-Bleau**, maison de plaisance de Sa Majesté très chrétienne de France et de Navarre, avec tous ses embellissements particuliers mis en lumière, par Corneille Danckerts. Amsterdam; s. d., in-folio oblong (sans texte).

2469. — **Restauration (La) artistique de l'hôtel de Pincé**, par André JOUBERT. Angers, 1886, in-8°, avec 4 gravures.

2470. — **Restauration de la Basilique Ulpienne**, par LESUEUR; 6 planches. Paris, 1877, in-folio.

2471. — **Restauration de la cathédrale de Saint-Florentin** (Yonne), mémoire, par Felix PIGEORY. Paris, 1849, in-4°.

2472. — **Restauration de la colonne Trajane**, par PERCIER. 13 planches. Paris, 1877, in-folio.

2473. — **Restauration de la flèche de Caudebec**, 1883-1886, s. n. (l'abbé ANDRIEU). Rouen, 1888, in-8°, fig.

2474. — **Restauration de l'ancienne cathédrale de Sisteron** (Basses-Alpes), procès-verbal du conseil de fabrique, par JOUBERT. Sisteron, 1851, in-8°.

2475. — **Restauration de l'église Saint-Remi de Reims**, par CARTERET. Reims, 1847, in-8°.

2476. — **Restauration de l'hôtel de ville de la Rochelle**. La Rochelle, 1872, in-8°.

Extrait du Registre des délibérations du conseil municipal.

2477. — **Restauration des temples de Pæstum**, par LABROUSTE, 18 planches. Paris, 1877, in-folio.

2478. — **Restauration des Thermes de Dioclétien**, par Édmond PAULIN. 13 planches, dont une en couleurs. Paris, 1890, in-folio.

2479. — **Restauration des vitraux de l'église de Solre-le-Château** (Nord), par Eugène HUCHER. Tours, s. d., in-8°, fig.

2480. — **Restauration d'Olympie**, l'histoire, les monuments, le culte et les fêtes, par Victor LALOUX et Paul MONCEAUX. Paris, 1889, in-folio, avec de nombreuses gravures et planches dans le texte et hors texte.

2481. — **Restauration du temple de Jupiter Panhellénien à Égine**, par Charles GARNIER, 13 planches, dont 6 en couleurs. Paris, 1884, in-folio.

2482. — Restauration du temple de la **Pudicité**, par Dubut; du temple de **Vesta**, par Coussin, 8 planches. Paris, 1879, in-folio.

2483. — Restauration du temple de **Marc-Aurèle** (Temple de Neptune), par A. Villain, 7 planches. Paris, 1881, in-folio.

2484. — Restauration du tombeau de La Hire et de l'octogone de **Montmorillon** (Vienne), par Nouveau. Paris, 1839, in-8°.

Extrait du *Bulletin de la Société des antiquaires de l'Ouest*.

2485. — Restauration du vitrail de **Beillé** (Sarthe), aux armes de Montmorency-Bois-Dauphin, par Eugène Hucher. S. l., s. d., in-8°, fig.

2486. — Restauration et agrandissement du **Palais de Justice de Dijon**, par Félix Vionnois. Paris, 1878, in-folio et planches.

2487. — **Restaurations des monuments antiques par les architectes pensionnaires de l'Académie de France à Rome**, depuis 1788 jusqu'à nos jours, publiées avec les mémoires explicatifs des auteurs sous les auspices du Gouvernement français.

Voir: N°ˢ 2470, 2472; 2477, 2478, 2481 à 2483.

2488. — Restes mortels des comtes de **Champagne**, par l'abbé Lalore. Arcis-sur-Aube, 1882, in-8°, avec planches.

2489. — Restitution conjecturale du **Dêmos de Parrhasius**, d'après la description de Pline, par Quatremère de Quincy. Paris, 1828, in-8°, fig.

2490. — Restitution du bûcher d'**Héphestion**, décrit par Diodore de Sicile, ou dissertation sur la manière de restituer ce monument dans un système tout à fait différent de celui de M. Caylus, avec 2 planches, par Quatremère de Quincy. Paris, 1828, in-4°.

2491. — Restitution du char funèbre qui transporta de Babylone en Égypte le corps d'**Alexandre**, d'après la description de Diodore de Sicile, par Quatremère de Quincy. Paris, 1828, in-4°, fig.

2492. — Restitution du temple d'**Empédocle**, à **Sélinonte**, ou l'architecture polychrome chez les Grecs, par J.-J. Hittorf. Paris, 1851, in-4°, atlas in-folio.

2493. — **Réunion des sociétés des Beaux-Arts des départements à la Sorbonne**, de l'origine (1877) à 1894. Paris, 18 vol. grand in-8°, fig.

Publication périodique.

2494. — **Revue archéologique**, ou recueil de documents et de mémoires relatifs à l'étude des monuments, à la numismatique et à la philologie de l'antiquité et du moyen âge, publiés par les principaux archéologues français et étrangers et accompagnés de planches gravées d'après les monuments originaux. Paris, 1re série, 1844-1860, 34 vol. in-8°, fig.; nouvelle série, 1860-1879, 38 vol. in-8°, fig.; 3e série, 1883-1894, 24 vol. in-8°, fig.

Publication périodique.

2495. — **Revue archéologique du midi de la France**, recueil de notes, mémoires, documents relatifs aux monuments de l'histoire et des beaux-arts dans les pays de la langue d'oc, publiée sous la direction de Bruno Dusan. Toulouse, 1866-1867, 2 vol. in-4°, fig.

2496. — **Revue artistique et littéraire**, publiée sous la direction de Louis Auvray. Paris, 1860-1870, 18 vol. in-8°.

2497. — **Revue contemporaine**, 2e série, tomes XXXI à LX. Paris, 1863-1867, 30 vol. in-8°.

2498. — **Revue de l'art chrétien**, publiée sous la direction d'un comité d'artistes et d'archéologues; de l'origine (1857) à 1894. Lille et Paris, 45 vol. in-8° et in-4°, fig.

Publication périodique.

2499. — **Revue des arts décoratifs**, contenant le bulletin officiel de l'Union centrale des arts décoratifs; de l'origine (1880-1881) à 1893-1894, 14 vol. in-4°, fig.

Publication périodique.

2500. — **Revue des Pyrénées et de la France méridionale**, de l'origine (1889) à 1892. Toulouse, 4 vol. grand in-8°, fig.

Publication périodique.

2501. — **Revue des sociétés savantes des départements**, publiée sous les auspices du Ministère de l'instruction publique et des beaux-arts, de l'origine (1856) à 1882. Paris, 50 vol. grand in-8°, fig., dont 1 vol. de tables.

Voir les n°⁸ 326, 327, 353 à 355, qui sont le commencement de la publication ci-dessus, et les n°⁸ 357 et 359, qui en sont la suite.

2502. — **Revue du bas Poitou**, de l'origine (1888) à 1893. Fontenay-le-Comte, 6 vol. grand in-8°, fig.

Publication périodique.

2503. — **Revue du Centre**; littérature, histoire, archéologie, sciences, statistique et beaux-arts. Châteauroux, 1879, in-8°, fig.

2504. — **Revue générale de l'architecture et des travaux publics**, journal des architectes, des ingénieurs, des archéologues, des industriels et des propriétaires, publié sous la direction de César DALY, architecte. Paris, 1840-1880, 37 vol. in-4° et 1 vol. de table (1840-1870).

2505. — **Revue historique.** Paris, 1877-1880, 4 vol. in-8°.

2506. — **Revue historique de la noblesse**, fondé par André BOREL D'HAUTERIVE et publiée sous la direction de A. DE MARTRES. Paris, 1843-1848, 4 vol. grand in-8°, fig.

2507. — **Revue historique et archéologique du Maine**, de l'origine (1876) à 1893. Le Mans, 34 vol. grand in-8°, fig.

Publication périodique.

2508. — **Revue pittoresque des monuments qui décoraient autrefois la ville de Bruges et qui n'existent plus aujourd'hui**, par J. GAILLARD. Bruges, 1850, in-4°, fig.

2509. — **Revue universelle des arts**, par Paul LACROIX (bibliophile Jacob); 1ʳᵉ et 2ᵉ années. Paris, 1855-1856, 4 vol. in-8°.

2510. — **Rhône.** Paris, in-8°, avec carte coloriée et gravures.

Ouvrage faisant partie de la collection des *Géographies départementales* d'Adolphe JOANNE.

2511. — **Ricochets archéologiques dans le département de la Gironde. Esquisse de monuments**, par Léo DROUYN. Paris et Caen, 1858, in-8°, fig.

Extrait du *Bulletin monumental* publié à Caen par DE CAUMONT.

2512. — **Roi (Le) René**, sa vie, son administration, ses travaux artistiques et littéraires, d'après les documents inédits des archives de France et d'Italie, par A. Lecoy de la Marche. Paris, 1875, 2 vol. in-8°.

2513. — **Roman (Le) en vers de très excellent, puissant et noble homme Girart de Rossillon, jadis duc de Bourgoigne**, publié pour la première fois, d'après les manuscrits de Paris, de Sens et de Troyes, avec de nombreuses notes philologiques et 9 dessins dont 6 chromolithographiés, suivi de l'histoire des premiers temps féodaux par Mignard. Paris et Dijon, 1858, grand in-8°.

2514. — **Rome souterraine**, résumé des découvertes de M. de Rossi dans les catacombes romaines, par J. Spencer Northcote et W.-R. Brownlow, traduit de l'anglais, avec des additions et des notes par Paul Allard, et précédé d'une préface par de Rossi; ouvrage illustré de 70 vignettes, de 20 chromolithographies et d'un plan du cimetière de Calliste. Paris, 1872, in-8°.

2515. — **Rotonde (La) de Rieux-Minervois** (Aude), mémoire lu à la Société des arts et sciences de Carcassonne, par Jouy de Veyl. Carcassonne, 1869, in-8°, fig.

2516. — **Rouen, église Saint-Vincent**, monographie archéologique et descriptive, par l'abbé Edmond Renaud, illustrations et photogravures de E. et A. Marguery. Rouen, 1885, in-8°.

2517. — **Rouen illustré**, par P. Allard, l'abbé A. Loth, vicomte R. d'Estaintot, Paul Baudry, N. Beaurain, J. Adeline, J. Félix, L. Palustre, de Beaurepaire, F. Bouquet; introduction par Charles Deslys; 24 eaux-fortes par Jules Adeline, Brunet-Debaisne, E. Nicolle et H. Toussaint. Rouen, 1884, in-folio.

2518. — **Rouen, ses monuments et leurs souvenirs historiques**, par Lucien d'Hura, illustré par de Bérard, Bordèse, Clerget, Deroy, etc. Paris, 1877, in-4°.

2519. — **Rubens et l'École d'Anvers**, par Alfred Michiels. Paris, 1854, in-8°.

2520. — **Rues (Les) de Dijon**, leurs dénominations anciennes et nouvelles avec des notes historiques et biographiques suivies d'un guide-itinéraire, avec gravures et plans, par Ph. Milsand. Paris et Dijon, 1874, in-12.

2521. — **Rues (Les) d'Étampes et ses monuments**, histoire, archéologie, chronique, géographie, biographie, bibliographie, avec documents inédits, plans, cartes et figures pouvant servir de supplément et d'éclaircissement aux antiquités de la ville et du duché d'Étampes, de Dom Basile Fleureau, par Léon Marquis, et avec préface par V.-A. Malte-Brun. Étampes, 1881, in-8°.

2522. — **Rues (Les) et les environs de Paris**, par ordre alphabétique (avec un plan des 20 quartiers de Paris en 1745). Paris, 1757, petit in-8°.

2523. — **Ruines (Les) de Coucy** (Aisne), par Théophile Grégoire. Coucy, 1846, in-18.

2524. — **Ruines (Les) de Pœstum ou de Posidonia**, mesurées et dessinées sur les lieux, par C.-M. de Lagardette. Paris, an VII (1799), in-folio.

2525. — **Ruines (Les) de Pompéi**, par Mazois, architecte. Paris, 1824-1838, 4 vol. in-folio, avec planches gravées.

2526. — **Ruines historiques de la France; châteaux et abbayes**, par Alexandre de Lavergne. Paris, 1860, in-12.

S

2527. — **Sacre (Le) de Louis XV**. Grand in-folio (sans texte).
Chalcographie du Louvre.

2528. — **Sacres de Napoléon Ier et de Charles X**. Grand in-folio (sans texte).
Chalcographie du Louvre.

2529. — **Saint-Andéol et son culte** (Ardèche), par l'abbé Onésime Mirabel. Paris, 1868, in-12, fig.

2530. — **Saint-André-de-la-Ville, église paroissiale de Rouen supprimée en 1791**, avec 2 planches gravées sur cuivre, par E. de la Quérière. Rouen et Paris, 1862, in-4°.

2531. — **Saint-André-des-Arcs** (une église disparue), par l'abbé Bouillet. Paris, 1890, in-8°, fig.
Extrait des *Notes d'art et d'archéologie*.

2532. — Saint-Bernard et le château de Fontaines-lès-Dijon, étude historique et archéologique par l'abbé Chomton. Dijon, 1891-1895, 3 vol. in-8°, avec de nombreuses figures dans le texte et hors texte.

2533. — Saint-Bertrand de Comminges et Valcabrère (Haute-Garonne), par Jules de Laurière. Tours, 1875, in-8°, fig.

2534. — Saint-Cande-le-Jeune, église paroissiale de Rouen supprimée en 1791, avec une planche gravée sur cuivre, par E. de la Quérière. Rouen et Paris, 1858, in-4°.

2535. — Saint-Désiré (Allier), par L. Desrosiers. Moulins, s. d., in-4°, fig.

2536. — Sainte-Marie d'Auch, atlas monographique de cette cathédrale, par l'abbé F. Caneto. Paris, 1857, in-folio, fig.

2537. — Saint-Émilion, son histoire et ses monuments (Gironde), par J. Guadet. Paris, 1841, in-8°.

2538. — Sainte-Quitterie du Mas et sa crypte, s. n., s. l., s. d., in-8°, fig.

2539. — Saint-Eustache, histoire et visite de l'église, par l'abbé Koenig, eaux-fortes de Chauvet. Paris-Auteuil, 1878, in-8°.

2540. — Saint-Laurent, église paroissiale de Rouen supprimée en 1791, par E. de la Quérière. Rouen, 1866, in-4°.

2541. — Saint-Martin-sur-Renelle, ancienne église paroissiale de Rouen, supprimée en 1791, par E. de la Quérière, avec trois planches gravées sur cuivre. Rouen, Paris et Caen, 1860, in-4°.

2542. — Saint-Maur-des-Fossés, villa Bourières, par l'abbé Pascal. Paris, 1858, in-8°, fig.

2543. — Saint-Remi de Reims, dalles du XIIIe siècle, par Prosper Tarbé. Reims, 1847, in-folio, fig.

2544. — Saint-Suaire (Le) de Cadouin (Dordogne), par E. V. Périgueux, 1854, in-8°.

2545. — Saint-Urbain de Troyes, par Albert Babeau. Troyes, 1891, in-8°, fig.

2546. — **Salle (La) des Thèses de l'Université d'Orléans**, par Boucher de Molandon, dessins de Ch. Pensée. Orléans, 1869, in-8°, fig.

2547. — **Salle (La) des thèses de l'Université d'Orléans** (ancienne librairie), suivie d'une description succincte de l'Exposition rétrospective de 1884, par Edmond Michel. Orléans, 1884, in-16.

Mémoire lu à la Sorbonne en avril 1869.

2548. — **Salon de 1851 : Études archéologiques. — Abbaye de Maubuisson** (Seine-et-Oise), par Hérard. Paris, 1851, in-8°.

Voir n° 2371.

2549. — **Salon de 1852 : Études archéologiques sur les abbayes de l'ancien diocèse de Paris. — Les Vaux de Cernay** (Seine-et-Oise), par Hérard. Paris, 1852, in-8°.

Voir : N°' 2371 et 2772.

2550. — **Salon de 1861**, reproductions photographiques par Richebourg. Paris, in-folio oblong.

2551. — **Salons de 1864, 1865, 1866, 1867, 1868 et 1872**, tableaux commandés ou acquis par l'Administration des beaux-arts, reproductions photographiques par Michelez. 6 vol. in-folio.

2552. — **Salons (1872-1879)**, avec une préface d'Eugène Spuller et un portrait à l'eau-forte par Bracquemond, par Castagnary. Paris, 1892, 2 vol. in-12.

2553. — **Saône-et-Loire.** Paris, in-8°, avec carte coloriée et gravures.

2554. — **Sarthe.** Paris, in-8°, avec carte coloriée et gravures.

Les deux ouvrages ci-dessus font partie de la collection des *Géographies départementales* d'Adolphe Joanne.

2555. — **Sault avant l'histoire**, étude sur les pointes de flèche en bronze, par Roger Vallentin. Avignon, 1887, in-8°, fig.

2556. — **Saumur et ses environs**, par G. d'Espinay. Angers, 1878, in-8°, fig.

Voir : *Notices archéologiques* n° 1966.

2557. — **Savoie.** Paris, in-8°, avec carte coloriée et gravures.

Ouvrage faisant partie de la collection des *Géographies départementales* d'Adolphe Joanne.

2558. — **Sceaux (Les)**, par Lecoy de la Marche. Paris, in-4° anglais, fig.
Ouvrage faisant partie de la *Bibliothèque de l'Enseignement des Beaux-Arts*.

2559. — **Sculpteurs (Les) de Lyon du XIVᵉ au XVIIIᵉ siècle**, par Natalis Rondot. Lyon et Paris, 1884, in-8°.

2560. — **Sculpteurs (Les) italiens**, par Charles C. Perkins. Édition française, revue, augmentée et ornée d'un album contenant 80 eaux-fortes gravées par l'auteur, et 35 gravures sur bois dans le texte, d'après ses dessins et des photographies. Ouvrage traduit de l'anglais par Ch.-Ph. Haussoullier. Paris, 1869, 2 vol. in-8° et album in-4°.

2561. — **Sculpteurs (Les) Levray, Langueneux, Veyrier, Turreau dit Toro, Maucan (1639-1761)**, par Ch. Ginoux. Paris, 1890, in-8°.

2562. — **Sculpture antique**. In-folio (sans texte).
Chalcographie du Louvre.

2563. — **Sculpture (La) antique**, par P. Paris. Paris, in-4° anglais, fig.
Ouvrage faisant partie de la *Bibliothèque de l'Enseignement des Beaux-Arts*.

2564. — **Sculpture (De la) antique et moderne**, par Louis et René Ménard. Paris, 1867, in-8°.

2565. — **Sculpture (La) égyptienne**, par Émile Soldi, édition illustrée de gravures dans le texte. Paris, 1876, grand in-8°.

2566. — **Sculpture ethnographique, marbres et bronzes d'après divers types des races humaines**, par Charles Cordier, photographies par Marville. Paris, s. d., gr. in-4°, fig. (sans texte).

2567. — **Sculpture (La) et les arts plastiques au pays de Liège et sur les bords de la Meuse**, par Jules Helbig. Bruges, 1890, in-4°, avec planches dans le texte et hors texte.

2568. — **Sculpture (La) française au moyen âge et à la Renaissance**, ouvrage publié sous la direction de A. de Baudot, comprenant environ 400 motifs photographiés par Mieusement. Paris, 1881, in-folio.

2568 a. — **Sculpture (La) française depuis le XIVᵉ siècle**, par L. Gonse. Paris, 1895, 1 vol. grand in-4°, avec 150 gravures, dont 32 hors texte.

2569. — **Sculptures décoratives**, motifs d'ornementation recueillis en France, Allemagne, Italie et Espagne, dans les plus beaux monuments du xiie au xvie siècle, texte par Daniel Ramée, dessins par Asselineau. Paris, 1864, 2 vol. in-folio.

2570. — **Sculptures (Les) de l'église abbatiale de Solesmes**, par le R. P. dom M. de la Tremblaye. Solesmes, 1892, in-folio, avec planches et fig.

Voir : *Solesmes*.

2571. — **Sculptures lapidaires et signes gravés sur dolmens dans le Morbihan**, par le Dr de Closmadeuc. Vannes, 1873, in-8°, fig.

2572. — **Sébastien Serlio** (1475-1554), biographie par Léon Charvet, architecte. Lyon, 1869, in-8°, fig.

Voir : *Biographies d'architectes*, n° 314.

2573. — **Seine.** Paris, in-8°, avec carte coloriée et gravures.

Ouvrage faisant partie de la collection des *Géographies départementales* d'Adolphe Joanne.

2574. — **Seine (La).** — **Le Bassin parisien aux âges antéhistoriques**, par E. Belgrand. Paris, 1869, 3 vol. in-4° dont 2 de planches.

Ouvrage faisant partie de l'*Histoire générale de Paris*.
Voir : *Le bassin parisien*.

2575. — **Seine-et-Marne.** Paris, in-8°, avec carte coloriée et gravures.

2576. — **Seine-et-Oise.** Paris, in-8°, avec carte coloriée et gravures.

2577. — **Seine-Inférieure.** Paris, in-8°, avec carte coloriée et gravures.

Les trois ouvrages ci-dessus font partie de la collection des *Géographies départementales* d'Adolphe Joanne.

2578. — **Seine-Inférieure (La) historique et archéologique**, époques gauloise, romaine et franque, avec une carte archéologique de ces trois périodes, par l'abbé Cochet. Paris, 1864, in-4°.

2579. — **Sépultures (Les) des Plantagenets à Fontevrault** (1189-1867), Maine-et-Loire, par Louis Courajod. Paris, 1867, in-4°.

2580. — **Sépultures gauloises, romaines, franques et normandes**, faisant suite à la **Normandie souterraine**, par l'abbé Cochet. Paris, 1857, in-8°, fig.

2581. — **Sépultures (Des) nationales** et particulièrement de celles des rois de France, par Legrand d'Aussy, suivi des funérailles des rois, reines, princes et princesses de la monarchie française, depuis son origine jusques et y compris celle de Louis XVIII, par de Roquefort. Paris, 1824, in-12.

2582. — **Sérapéum (Le) de Memphis**, découvert et décrit par Aug. Mariette. Paris, 1857, in-folio, fig.

2582 *a*. — **Serenissimis potentissimis, Belgicæ Liberæ ac fœderatæ ordinibus**, Augustissimis Patriæ Patribus, Libertatis avitæ vindicibus piis, felicibus, inclytis terra marique semper victoribus et triumphatoribus *Theatrum urbium regionum fœderatarum* nec non civitatum et munimentorum, ex adjacentibus aut in unionem, aut in protectionem susceptorum, labore multo, multo ære a se collectum, in perpetui cultus, monumentum Dat Dicat Dedicat Joannes Blaeu, Guilhelmi filius. Amstelædamensis, s. d., in-folio, fig.

Voir n° 2209.

2583. — **Serrurerie du moyen âge**, les ferrures des portes par Raymond Bordeaux, avec dessins par Henri Gerente et G. Bouet. Oxford et Paris, 1858, in-4°, fig.

2584. — **Servis (Laurentii Pignorii Patavini de)**, etc.

Voir : *Pignorii*, etc., n° 2206.

2585. — **Siège de Saint-Quentin et bataille de Saint-Laurent en 1557**, avec un plan de la ville de Saint-Quentin en 1557; une carte géographique de la bataille Saint-Laurent; un fac-similé de la vue (à vol d'oiseau) de la prise de Saint-Quentin, par Gérome Cock, peintre du roi d'Espagne Philippe II, et plusieurs gravures sur bois, par Ch. Gomart. Saint-Quentin, 1859, in-8°.

2586. — **Siège (Le) du château de Madaillan** (Lot-et-Garonne), par le maréchal Blaise de Montluc (1572-1575) par G. Tholin. Agen, 1872, in-8°.

2587. — **Sièges et batailles**, 2 vol. in-folio (sans texte).

Chalcographie du Louvre.

2588. — **Sigillographie du Maine**, précédée d'un aperçu général sur la sphragistique, par E. Hucher. Paris et Caen, 1852, in-8°, fig.

Extrait du *Bulletin monumental* publié à Caen, par de Caumont.

2589. — **Silex taillés trouvés dans différentes exploitations à Le Cateau (Nord) et environs en 1891-1892**, résumé d'archéologie préhistorique; étude comparative par E. Scalabrino. Le Cateau, 1891, in-8°, fig.

2590. — **Simart**, statuaire, membre de l'Institut, étude sur sa vie et sur son œuvre, par Gustave Eyriès. Paris, s. d., in-8°.

2591. — **Six vues et détails dessinés à Athènes, en MDCCCXLIII**, par A.-M. Chenavard. Lyon, 1858, in-folio, planches.

2592. — **Sketches in Denmark, Sweden, Lapland and Norway** (Vues de Danemark, de Suède, de Laponie et de Norwège), by vicomte Adalbert de Beaumont. Londres, 1840, in-folio, fig. coloriées.

2593. — **Société archéologique d'Eure-et-Loir.**

Mémoires, de l'origine (1858) à 1885. Chartres, 8 vol. in-8°, fig.

Procès-verbaux, de l'origine (1861) à 1892. Chartres, 8 vol in-8°, fig.

Publications périodiques.

2594. — **Société archéologique et historique de l'Orléanais.**

Mémoires, de l'origine (1851) à 1892. Orléans, 24 vol. grand in-8°, fig. et atlas in-4°.

Bulletin, de l'origine (1848) à 1893. Orléans, 10 vol. grand in-8°.

Publications périodiques.

2595. — **Société d'archéologie lorraine.**

Mémoires, de l'origine (1850) à 1893. Nancy, 43 vol. in-8°, fig.

Journal, de l'origine (1852) à 1893. Nancy, 42 vol. in-8°, fig.

Publications périodiques.

2596. — **Société de l'histoire de Paris et de l'Ile-de-France.**

Mémoires, de l'origine (1875) à 1894. Paris, 21 vol. in-8°.

Bulletin, de l'origine (1874) à 1894. Paris, 21 vol. in-8°.

Publications périodiques.

2597. — **Société des amis des monuments parisiens** (*Bulletin* de la), de l'origine (1885) à 1889. Paris, 4 vol. in-8°, fig.

2598. — **Société des antiquaires de l'Ouest.**

Mémoires, de l'origine (1835) à 1893. Poitiers, 56 vol. grand in-8°, fig. et atlas in-4°.

Bulletin, de l'origine (1834-1837) à 1886-1888. Poitiers 18 vol. grand in-8°.

Publications périodiques.

2599. — **Société des antiquaires de Normandie.**

Mémoires, de l'origine (1825) à 1892. Caen, 31 vol. in-8° et in-4°, fig. avec atlas in-4° oblong.

Bulletin, de l'origine (1860) à 1891. Caen, 15 vol. in-8°.

Publications périodiques.

2600. — **Société des antiquaires de Picardie.**

Mémoires, de l'origine (1838) à 1890. Amiens, 31 vol. in-8°, fig. et atlas.

Bulletin, de l'origine (1841) à 1880-1883. Amiens, 14 vol. in-8°.

Documents, 1842-1892. Amiens, 13 vol. in-4°.

Album archéologique, 1886-1892, 7 fascicules.

Publications périodiques.

2601. — **Société des sciences naturelles et d'antiquités de la Creuse**, procès-verbal de la séance du 13 février 1843. Guéret, 1843, in-8°.

2602. — **Société française d'archéologie pour la conservation et la description des monuments historiques.**

Bulletin monumental, de l'origine (1835) à 1894. Caen, 59 vol. in-8°, fig.

Congrès archéologiques de France, sessions tenues de 1844 à 1890. Caen, 47 vol. in-8°, fig.

Publications périodiques.

2603. — **Société impériale et centrale des architectes. Conférence internationale**, juillet 1867. Paris, 1867, in-8°.

2604. — Société impériale et centrale des architectes, statuts, règlements. Paris, 1868, in-8°.

2605. — Société (La), l'école et le laboratoire d'anthropologie de Paris, à l'Exposition universelle de 1889, palais des Arts libéraux, instruction publique. Paris, 1889, in-8°.

2606. — Société nationale des antiquaires de France.
Mémoires, de l'origine (1817) à 1893. Paris, 54 vol. in-8°, fig.
Bulletin, de l'origine (1817) à 1893. Paris, 54 vol. in-8°, fig.
Publications périodiques.
Voir : *Table alphabétique* et *Mémoires de l'académie celtique*.

2606 a. — Société nationale des Beaux-Arts. Catalogue des ouvrages de peinture, sculpture, dessins, gravure, achitecture et objets d'art exposés au Champ de Mars, salons de 1894 et 1895. Évreux, 2 vol. in-12.
Voir n° 460.

2607. — Soixante vues des plus beaux palais, monuments et églises de Paris, cathédrales et châteaux de France, gravées par Couché fils, et dessinées sous sa direction, avec leurs explications tirées des meilleurs auteurs, par Lagier de Vaugelas. Paris, s. d., in-8°.

2608. — Solesmes. Les sculptures de l'église abbatiale (1496-1553). — Reproductions, état de la question d'origine, par le R. P. Dom M. de la Tremblaye. Solesmes, 1892, in-folio, avec planches et fig.
Voir : *Sculptures de l'église abbatiale*, n° 2570.

2609. — Somme. Paris, in-8°, avec carte coloriée et gravures.
Ouvrage faisant partie de la collection des *Géographies départementales* d'Adolphe Joanne.

2610. — Sophronyme Loudier, bio-bibliographie, par Louis Gerdebat. Paris, 1879, in-12.

2611. — Sorbonne (La), ses origines, sa bibliothèque, les débuts de l'imprimerie à Paris et la succession de Richelieu, d'après des documents inédits, par Alfred Franklin. Paris, 1875, in-8°, fig.

2612. — Sources (Les) de l'histoire du Bas-Berry aux Archives nationales, répertoire des documents concernant le département de l'Indre (xi°-xviii° siècles), dressé par Eugène Hubert. Paris, 1893, in-8°.

2613. — **Souvenirs artistiques du siège de Paris** (1870-1871), eaux-fortes par Maxime Lalanne. Paris, s. d., in-folio, sans texte.

2614. — **Souvenirs de France**, vues monumentales et costumes dessinés d'après nature, par Adolphe d'Hastrel. Paris, s. d., in-folio.

2615. — **Souvenirs de la monarchie autrichienne**; 1re partie : *Hongrie*; 2° partie : *Croatie, Slavonie, Frontières militaires*; suite de dessins d'après nature, gravés à l'eau-forte, par Théodore Valerio. Paris (1854-1855), in-folio (sans texte).

2616. — **Souvenirs du musée des monuments français**, collection de 40 dessins perspectifs gravés au trait, représentant les principaux aspects sous lesquels on a pu considérer tous les monuments réunis dans ce musée, dessinés par J.-E. Biet, et gravés par Normand père et fils, avec un texte explicatif par J.-P. Brès. Paris, 1821, in-folio.

2617. — **Souvenirs du vieux Paris**, exemples d'architecture de temps et de styles divers, 30 vues dessinées d'après nature par le comte T. Turpin de Crissé, avec des notices historiques et descriptives par Mme la princesse de Craon, Mme la comtesse de Meulan, etc. Paris, 1836, in-folio.

2618. — **Souvenirs historiques des résidences royales de France; palais de Fontainebleau**, par J. Vatout. Paris, s. d., in-8°.

2619. — **Souvenirs historiques sur l'ancienne abbaye de Saint-Benoît-sur-Loire** (Loiret), rappelant successivement tous les événements remarquables qui s'y sont passés depuis douze siècles, etc., suivis d'une description de l'état actuel de la ville et de l'église de Saint-Benoît, par L.-R. Marchand. Orléans, 1838, in-8°, fig.

2620. — **Souvenirs numismatiques de la Révolution de 1848**, recueil complet des médailles, monnaies, jetons, qui ont paru en France, depuis le 22 février jusqu'au 30 décembre 1848. Paris, s. d., in-4°, fig.

2621. — **Souvenirs sur Th. Rousseau**, par Alfred Sensier. Paris, 1872, grand in-8°.

2622. — **Specimens of the architectural antiquities of Normandy** (Spécimens d'antiquités architecturales de la Normandie), par Pugin et J. Le Keux. Londres, s. d., in-4°, fig.

2623. — **Spicilegium Solesmense**, complectens sanctorum Patrum scriptorumque ecclesiasticorum anecdota hactenus opera, selecta e græcis orientalibusque et latinis codicibus, publici juris facta, curante domno J.B. Pitra. Parisiis, 1852-1858, 4 vol. in-4°, fig.

2624. — **Stalles (Les) de la cathédrale d'Amiens**, par Jourdain et Duval. Amiens, 1844, in-8°, fig.
Extrait des *Mémoires de la Société des antiquaires de Picardie.*

2625. — **Stalles de la cathédrale de Rouen**, par E.-Hyacinthe Langlois, ornées de 13 planches gravées, avec une notice sur la vie et les travaux de E.-H. Langlois, par Ch. Richard, et un portrait gravé par Brevière. Rouen, 1838, in-8°.

2626. — **Stalles de l'Isle-Adam et de Presles**, par l'abbé Marsaux. Pontoise, 1889, in-8°.

2627. — **Stalles (Les) et les clôtures du chœur de la cathédrale d'Amiens**, par les chanoines Jourdain et Duval, avec 18 planches lithographiées. Amiens, 1867, in-8°.

2628. — **Statistique du département de la Charente-Inférieure**, par A. Gautier. La Rochelle, 1839, in-4°, planches.

2629. — **Statistique du département des Bouches-du-Rhône**, par le comte de Villeneuve, publiée d'après le vœu du conseil général du département. Marseille, 1821-1834, 4 vol. in-4°, atlas in-folio.

2630. — **Statistique du département du Gard**, par Hector Rivoire, publiée sous les auspices du baron de Jessaint et de MM. les membres du Conseil général du département. Nîmes, 1842, 2 vol. in-4°, fig.

2631. — **Statistique historique de l'arrondissement de Dôle**, par Armand Marquiset. Besançon, 1841, 2 vol. in-8°, avec planches lithographiées.

2632. — **Statistique monumentale de la Charente**, par J.-H. Michon, dessins et plans par Zadig Rivaud, Jules Geynet, de Lafargue, Tauzia, Paul Abadie et Ed. Fabvre. Paris et Angoulême, 1844, in-4°.

— 263 —

2633. — **Statistique monumentale de Paris**, par Albert Lenoir. Paris, 1867, in-4°, atlas in-folio en 2 volumes.

Ouvrage faisant partie de la *Collection de documents inédits sur l'Histoire de France* publiés par les soins du Ministre de l'instruction publique.

2634. — **Statistique monumentale du Calvados**, par de Caumont. Paris et Caen, 1846-1867, 5 vol. in-8°, fig.

2635. — **Statistique monumentale du département de l'Aube**, par Ch. Fichot, accompagnée de chromolithographies, de gravures à l'eau-forte et de dessins sur bois dessinés et gravés par l'auteur. Paris et Troyes, 1881, grand in-8°.

En cours de publication.

2636. — **Statistique monumentale du département du Cher**, texte et dessins par A. Buhot de Kersers. Ouvrage illustré de cartes et de planches gravées à l'eau-forte. Paris, 1875-1893, 7 vol. in-4°.

En cours de publication.

2637. — **Statistique monumentale du département du Pas-de-Calais**, publiée par la Commission des antiquités départementales. Arras, 1850-1873, 3 vol. in-4°, fig.

En cours de publication.

2638. — **Statistique monumentale du département du Puy-de-Dôme**, par J.-B. Bouillet. Clermont-Ferrand, 1846, in-8° et atlas in-folio oblong.

2639. — **Statues (Les) de l'Hôtel de ville de Paris**, par Georges Veyrat; préface de Jules Claretie, illustrations de Caucanier et Gaston Mauber, Paris, 1892, in-8°, fig.

2640. — **Styles (Les) français**, par Lechevalier-Chevignard. Paris, in-4° anglais, fig.

Ouvrage faisant partie de la *Bibliothèque de l'Enseignement des Beaux-Arts*.

2641. — **Suite aux mélanges d'archéologie**, rédigés et recueillis par les auteurs des *Vitraux de Bourges* (les PP. Ch. Cahier et Arth. Martin, de la Compagnie de Jésus), publiée par le survivant (Ch. Cahier). Première série : *Carrelages et tissus*. Paris, 1868, 2 vol. grand in-4°, fig. coloriées.

2642. — **Sully, son château, son ancienne baronnie et ses seigneurs** (Loiret), par le docteur Boullet. Orléans, 1869, in-8°, fig.

2643. — **Supercheries littéraires dévoilées**, galerie des écrivains français de toute l'Europe qui se sont déguisés sous des anagrammes, des astéronymes, des cryptonymes, des initialismes, des noms littéraires, des pseudonymes facétieux ou bizarres, etc., par J.-M. Quérard, 2ᵉ édition, conservée, augmentée, publiée par Gustave Brunet et Pierre Jannet. Paris, 1869, 3 vol. in-8°.

Voir : *Dictionnaire des ouvrages anonymes*, par A. Barbier.

2644. — **Supplément à l'inventaire des monuments mégalithiques du département d'Ille-et-Vilaine**, par P. Béziers. Rennes, 1886, in-8°.

2645. — **Syrie centrale.** — **Architecture civile et religieuse du Iᵉʳ au VIIᵉ siècle**, par le comte Melchior de Vogüé. Paris, 1865, 2 vol. grand in-8°.

T

2646. — **Table alphabétique des publications de l'Académie celtique et de la Société des antiquaires de France** (1807 à 1889), rédigée sous la direction de Robert de Lasteyrie par Maurice Prou. Paris, 1894, in-8°.

Voir : *Mémoires de l'Académie celtique* et *Société nationale des antiquaires de France*.

2647. — **Table analytique et synthétique du Dictionnaire raisonné de l'architecture française du XIᵉ au XVIᵉ siècle**, par Viollet-le-Duc, par Henri Sabine. Paris, 1889, in-8°.

2648. — **Tableau archéologique de l'arrondissement du Havre**, par Ch. Rœssler. Le Havre, 1866, in-8°, fig.

2649. — **Tableau chronologique des monuments historiques du département de Tarn-et-Garonne**, par le baron Chaudruc de Crazannes. Montauban, 1838, in-18.

Extrait de l'*Annuaire de Tarn-et-Garonne*.

2650. — **Tableau de Paris**, par Mercier. Amsterdam, 1782-1888, 12 vol. in-8°.

2651. — **Tableau des abbayes et des monastères d'hommes en France**, à l'époque de l'édit de 1768, relatif à l'assemblée générale du clergé. *Liste des abbayes royales de filles; distribution, suivant l'ordre alphabétique, des diocèses anciens*, par PEIGNÉ-DELACOURT. Arras et Paris, 1875, in-4°, cartes.

2652. — **Tableau historique et pittoresque de Paris**, depuis les Gaulois jusqu'à nos jours, par J.-B. DE SAINT-VICTOR. Paris, 1808-1811, 3 vol. in-4°, fig.

2653. — **Tableau indicatif des communes qui, par suite du traité de 1871, ont été séparées du territoire français.** 1871, in-8°.

2654. — **Tableaux (Les) des inconnus au Musée de Troyes**, par LE BRUN-DALBANNE. Troyes, 1873, in-8°.

2655. — **Tableaux et dessins** choisis dans le Musée universel et dans les maîtres anciens et contemporains. Paris; s. d., in-folio; planches.

2656. — **Tableaux (Les), vases sacrés et autres objets précieux appartenant aux églises abbatiales, collégiales et paroissiales, chapelles des couvents**, etc., **de Douai et de son arrondissement**, au moment de la Révolution, par Louis DECHRISTÉ. Douai, 1877, in-8°.

2657. — **Table générale des artistes ayant exposé aux Salons du XVIIIe siècle**, suivie d'une table de la bibliographie des Salons, précédée de notes sur les anciennes expositions et d'une liste raisonnée des Salons de 1801 à 1873, par Y.-J. GUIFFREY. Paris, 1873, in-12.

2658. — **Tablettes chronologiques de l'histoire du château et de la ville de Loches**, par Ad. DE PIERRES. Paris, 1843, in-4°, fig.

2659. — **Tablettes historiques de l'Auvergne**, etc., par G.-B. BOUILLET. Clermont-Ferrand, 1840-1847, 8 vol. in-8°.

2660. — **Tablettes (Les) historiques de Troyes**, depuis les temps anciens jusqu'à l'année 1855, par Amédée AUFAUVRE. Troyes et Paris, 1858, in-8°.

2661. — **Tapisserie (La)**, par Eug. MÜNTZ. Paris, in-4° anglais, fig.
Ouvrage faisant partie de la *Bibliothèque de l'Enseignement des Beaux-Arts.*

2662. — **Tapisseries de la cathédrale de Reims** : *Histoire du roi Clovis* (xve siècle), *Histoire de la Vierge* (xvie siècle), reproductions en héliogravure, texte par Ch. LORIQUET. Paris et Reims, 1882, grand in-4°.

2663. — **Tapisseries (Les) de Notre-Dame de Reims**, description précédée de l'histoire de la tapisserie dans cette ville, d'après des documents inédits, par Ch. LORIQUET. Reims, 1876, in-12.

2664. — **Tapisseries du XVIe siècle et trésor de la cathédrale de Reims.** — **Tapisseries de l'église Saint-Remi, à Reims**, reproductions photographiques par A. MARGUET et A. DAUPHINOT, 2 vol. in-folio.

2665. — **Tarn.** Paris, in-8°, avec carte coloriée et gravures.

2666. — **Tarn-et-Garonne.** Paris, in-8°, avec carte coloriée et gravures.

Les deux ouvrages ci-dessus font partie de la collection des *Géographies départementales* d'Adolphe JOANNE.

2667. — **Tavole illustrative del duomo di Milano** (Album illustré de la cathédrale de Milan), corredate della relativa descrizione per opera di Ernesto SERGENT. Milano, 1856, grand in-folio.

2668. — **Temple (Le) d'Auguste et la nationalité gauloise**, par Aug. BERNARD. Lyon, 1863, grand in-4°, fig.

2669. — **Temple (Le) de Jérusalem**, monographie du Haram-ech-Chérif, suivie d'un essai sur la topographie de la ville sainte, par le comte Melchior de VOGÜÉ. Paris, 1864, in-folio, fig.

2670. — **Temple (Le) de Jérusalem et la maison du Bois-Liban**, restitués d'après Ézéchiel et le *Livre des Rois*, par Charles CHIPIEZ et Georges PERROT. Paris, 1889, in-folio, fig.

2671. — **Temple (Le) du Châtelet d'Andance** (Ardèche), août 1884 à février 1885, par L.-B. MOREL. Lyon, 1885, in-8°, fig.

2672. — **Tente (La) de Charles le Téméraire replacée au palais ducal de Nancy.** Nancy, 1861, in-8°.

Extrait du *Journal de la Société d'archéologie et du Comité du Musée lorrain*.

2673. — **Terres (Les) émaillées de Bernard Palissy, inventeur des rustiques figulines**, étude sur les travaux du maître et de ses continuateurs, suivie du catalogue de leurs œuvres, par A. TAINTURIER. Paris, 1863, in-8°, fig.

2674. — **Texte explicatif de la carte géologique provisoire au $\frac{1}{800\,000}$ des provinces d'Alger et d'Oran**, par A. POMEL et J. POUYANNE. Alger, 1882, in-8°.

2675. — **Texte explicatif de la carte géologique provisoire au $\frac{1}{800\,000}$ du département de Constantine**, par J. TISSOT. Alger, 1881, in-8°.

2676. — **Textile fabrics**; a descriptive catalogue of the collection of church-vestments, dresses, silk stuffs, needlework and tapestries forming that section of the South Kensington museum (Étoffes et tissus; catalogue descriptif de la collection de vêtements sacerdotaux, habillements, soieries, ouvrages à l'aiguille et tapisseries compris dans cette section au musée de South Kensington), by the very rev. Daniel ROCK. London, 1870, grand in-8°, fig. coloriées.

2677. — **Théâtre (Le)**, par Charles GARNIER. Paris, 1871, in-8°.

2678. — **Théâtre (Le) de la guerre en Allemagne**, ou représentation des principales villes qui sont en Allemagne, avec leurs fortifications, etc., par DE FER, album de planches gravées. Paris, 1698, in-folio.

2679. — **Théâtre (Le) des antiquitez de Paris**, où il est traicté de la fondation des églises et chapelles de la cité, université, ville et diocèse de Paris, etc., divisé en quatre livres, par le R. P. F. Jacques DU BREUL, parisien, religieux de Sainct Germain des Prez. Paris, 1612, petit in-4°, fig.

2680. — **Théâtre des instruments mathématiques et méchaniques**, de Jacques BESSON, dauphinois, docte mathématicien. Lyon, 1579, in-folio.

2681. — **Théophile, prêtre et moine**, essai sur divers arts, publié par le comte Ch. DE L'ESCALOPIER, et précédé d'une introduction par J.-M. GUICHARD. Paris, 1843, in-4°.

2682. — **Théorie de l'ornement**, par J. BOURGOIN, ouvrage accompagné de 330 motifs d'ornements gravés sur acier et de nombreuses figures intercalées dans le texte. Paris, 1873, grand in-8°.

2683. — **Théorie des proportions appliquées dans l'architecture depuis la 12ᵉ dynastie des rois égyptiens jusqu'au XVIᵉ siècle**, découverte et publiée par Émeric Henszlmann. Paris, 1860, in-4°.

2684. — **Théorie des proportions en architecture. — La Grèce et ses colonies**, par P. Faure. Paris, 1892, album de planches gravées.

2685. — **Théorie pratique de la perspective**, étude à l'usage des artistes peintres, par V. Pellegrin. Paris, 1870, in-12, fig.

2686. — **Thermes (Les) de Vésone**, ou la description des substructions récemment mises à découvert à Périgueux, par l'abbé Audierne. Périgueux, 1857, in-8°.

2687. — **Thiérache (La). — Bulletin de la Société archéologique de Vervins**, de l'origine (1873) à 1889. Vervins, 13 vol. in-4°, fig.

Publication périodique.

2688. — **Timgad, une cité africaine sous l'Empire romain**, par E. Boeswillwald et R. Cagnat, ouvrage accompagné de plans et de dessins exécutés par les soins du Service des monuments historiques de l'Algérie et publié sous le patronage du Ministère de l'instruction publique et des beaux-arts. 1ʳᵉ et 2ᵉ livraisons. Paris, 1891-1892, in-4°, fig.

Ouvrage en cours de publication.

2689. — **Tintinnabulis** (Hieronymi Magii Anglarensis De).

Voir : *Magii* (*H. T.*, etc.), n° 1562.

2690. — **Toiles peintes et tapisseries de la ville de Reims**, 32 planches reproduisant les principales scènes des mystères du xvᵉ siècle, dessinées et gravées par Casimir Leberthais, accompagnées du texte des mystères avec des explications historiques par Louis Paris. Paris, 1843 (texte), in-4°; atlas, s. d., grand in-folio.

2691. — **Tombeau (Le) de Charles d'Anjou, comte du Maine, à la cathédrale du Mans et le sculpteur Francesco Laurana**, par Henri Chardon. Paris, Le Mans, s. d., in-8°, planches photographiées.

2692. — **Tombeau (Le) de Childéric Iᵉʳ, roi des Francs**, restitué à l'aide de l'archéologie et des découvertes récentes faites en France, en Suisse, en Allemagne et en Angleterre, par l'abbé Cochet. Paris, 1859, in-8°, fig.

2693. — **Tombeau de Girard Blassel, abbé de Dommartin**, description d'un monument du xiv° siècle, par le baron Albéric de Calonne. Arras, 1877, in-4°.

2694. — **Tombeau (Le) de Jovin**, à Reims, par Ch. Loriquet, 3° édit. Reims, 1880, in-8°, fig.

2695. — **Tombeau de Louis XII**, dit *le Père du peuple*, dessiné, gravé et publié par E.-F. Imbard. Paris, 1815, in-folio.

2696. — **Tombeau (Le) du cardinal de Tulle, à Saint-Germain-les-Belles**, par René Fage. Limoges, 1885, in-8°.

2697. — **Tombeau gallo-romain découvert à Saintes** (Charente-Inférieure), en novembre 1871, mémoire de l'abbé P.-Th. Grasilier. Paris, 1873, in-8°, fig.

Extrait de la *Revue archéologique*.

2698. — **Tombeaux de la cathédrale de Rouen**, par A. Deville, 3° édit., considérablement augmentée, avec 36 planches de J. Adeline, Bosredon et Guillaumot, gravées à l'eau-forte ou au trait d'après les dessins de l'auteur; revue et publiée, avec notes et additions nombreuses, par F. Bouquet. Paris, in-4°, 1881.

2699. — **Tombeaux (Les) de l'église de Saint-Dizier** (Haut-Rhin), par Anatole de Barthélemy. Belfort, s. d., in-8°, fig.

2700. — **Tombe (La) basque**, étude des monuments et usages funéraires des Euskariens, par Henri O'Shea. 12 eaux-fortes de Ferdinand Corrèges. Paris, 1889, in-8°.

2701. — **Tombes et objets divers découverts dans l'église Notre-Dame de Paris, lors de la reconstruction du chœur en 1669.** Petit in-folio (sans texte).

Chalcographie du Louvre.

2702. — **Topographia Galliæ**, dat is leu algemeene naeukeurighe Landt eu Plaets-beschrijvinghe van het machtige Koninckrijck Vranckryck. Amsterdam, 1660-1663, 4 vol. in-4°, fig.

2703. — **Topographie historique de la ville et du diocèse de Troyes**, par Courtalon-Delaistre. Troyes, 1783, 3 vol. in-8°.

2704. — **Topographie historique du département de l'Ain**, ou notices sur les communes, les hameaux, les paroisses, les abbayes, les prieurés, les monastères de tous ordres, les chapelles rurales, les établissements des templiers, des chevaliers de Saint-Jean de Jérusalem, les terres titrées, les simples fiefs, les châteaux, etc., les anciennes provinces de Bresse, Bugey, Dombes, Valromey, pays de Gex et Franc-Lyonnais, accompagnée d'un précis de l'histoire du département depuis les temps les plus reculés jusqu'à la Révolution, par M.-C. Guigue. Trévoux, 1875, in-4°.

2705. — **Topographie historique du Vieux Paris** :

I. *Région du Louvre et des Tuileries*, par Ad. Berty et H. Legrand. Paris, 1866-1868, 2 vol. in-4°, fig.

II. *Région du bourg Saint-Germain*, par Tisserand. Paris, 1876, in-4°, fig.

III. *Région du faubourg Saint-Germain*, ouvrage commencé par feu A. Berty, continué et complété par L. M. Tisserand. Paris, 1882, in-4°, fig.

IV. *Région occidentale de l'Université*, par A. Berty et L.-M. Tisserand. Paris, 1887, in-4°, fig.

Ouvrage faisant partie de l'*Histoire générale de Paris*.

2706. — **Toscane (La) au moyen âge**, architecture civile et militaire, par Georges Rohault de Fleury. Paris, 1870-1873, 2 vol. in-folio, planches.

2707. — **Toscane (La) et le midi de l'Italie**, notes de voyage, études et récits par F.-B. de Marcey. Paris, s. d., 2 vol. in-8°.

2708. — **Toulouse** : Histoire. — Archéologie monumentale. — Facultés. — Académies. — Établissements municipaux. — Institutions locales. — Sciences. — Beaux-arts. — Agriculture. — Commerce. — Région pyrénéenne. Toulouse, 1887, in-8°.

Publication de la ville de Toulouse.

2709. — **Toulouse chrétienne** : *Histoire de la paroisse Notre-Dame de la Dalbade*, par l'abbé R.-C. Julien. Toulouse, 1891, in-8°, fig.

2709 a. — **Toulouse chrétienne** : *L'église Saint-Étienne*, cathédrale de Toulouse, par Jules DE LAHONDÈS, ouvrage orné de 14 gravures hors texte, d'après des photographies et les dessins de J. DE LAHONDÈS, et de 2 plans. Toulouse, 1890, in-8°.

2710. — **Toulouse monumentale et pittoresque**, par J. M. CAYLA et Cléobule PAUL. Toulouse, s. d., in-4°, avec planches lithographiées.

2711. — **Touraine (La) ancienne et moderne**, par Stanislas BELLANGER, avec une préface de l'abbé ORSINI, illustrée par Th. FRÈRE, BRÉVIÈRE. LACOSTE aîné, L. NOËL, MAUDUISON, ENGELMANN et GRAF, Ernest MEYER, GINIEZ, DE BAR, etc. Paris, 1845, in-8°.

2712. — **Tour de Montaner, château de Pau, cathédrale de Bayonne, église de Lescar, église de Morlaas** (Basses-Pyrénées). S. n., s. l., s. d., in-4°.

2713. — **Tour (La) de Philippe le Bel à Villeneuve-lez-Avignon**, par L. DUHAMEL. Avignon, 1879, in-8°, fig.

2714. — **Tour (La) de Saint-Jacques-la-Boucherie**, ou mémoire historique, archéologique et critique sur ce monument et sur sa restauration, par N.-M. TROCHE. Paris, 1857, in-8°.

2715. — **Tour de Solidor à Saint-Servan** (Ille-et-Vilaine), état actuel et restitution au xiv° siècle de la tour et de ses abords, par Albert BALLU. Paris, 1886, in-4°, fig.

2716. — **Tour (La) Saint-Jacques de Paris**, par le docteur BRIOIS. Paris, 1864, 3 vol. in-8°, fig.

2717. — **Tours archéologique**, histoire et monuments, par Charles DE GRANDMAISON. Paris, 1879, in-8°, fig.

2718. — **Tours (Les) de la Rochelle**, par JOURDAN, édition illustrée de 15 gravures à l'eau-forte par COUNEAU. La Rochelle, 1886, in-4°.

2719. — **Traité complet de la peinture**, par PAILLOT DE MONTABERT. Paris, 1829-1851, 9 vol. in-8° et atlas in-4°.

2720. — **Traité de la gravure à l'eau-forte**, texte et planches par Maxime LALANNE. Paris, 1866, in-8°.

Voir : *Nouveau traité de la gravure à l'eau-forte*, par MARTIAL.

2721. — Traité de la police, où l'on trouvera l'histoire de son établissement, les fonctions et les prérogatives de ses magistrats, toutes les loix et tous les règlements qui la concernent : on y a joint une description historique et topographique de Paris et huit plans gravez qui représentent son ancien état et ses divers accroissemens, par M. DE LA MARE, conseiller-commissaire du Roy au Châtelet de Paris. Paris, 1705-1738, 4 vol. gr. in-4°.

2722. — Traité de l'application du fer, de la fonte et de la tôle dans les constructions civiles, industrielles et militaires, par C.-L.-G. ECK, suivi d'un mémoire sur la construction de nouveaux planchers destinés à rendre les bâtiments incombustibles, par feu P.-D. BAZAINE, lieutenant-général du génie, avec 80 planches par HIBON et Ad. LEBLANC. Paris, 1841, in-folio.

2723. — Traité de la réparation des églises ; principes d'archéologie pratique, par Raymond BORDEAUX, avec 90 figures intercalées dans le texte. Évreux, 1862, in-8°.

2724. — Traité de perspective pratique, destiné aux artistes et à l'enseignement de la perspective dans les cours de dessin, par Alphonse SIMIL. Paris, Morel, 1881, in-folio.

2725. — Traité des constructions rurales, contenant : vues, plans, coupes, élévations, détails et devis des bâtiments de ferme, par H. DELFORGE. Liège, s. d., in-folio.

2726. — Traité des constructions rurales et de leur disposition, suivi de détails sur les modes d'exécution et terminé par une bibliographie spéciale, par Louis BOUCHARD. Paris, s. d., 2 vol. in-4°, fig.

2727. — Traité des premiers éléments d'architecture à l'usage des ouvriers en bâtiments et de tous ceux qui se destinent à l'art de construire, par DEMONT. Paris, 1840, in-4°, fig.

2728. — Traité d'iconographie chrétienne, par Mgr BARBIER DE MONTAULT. Paris, 1890, 2 vol. in-8°.

2729. — Traité élémentaire pratique d'architecture, ou étude des cinq ordres d'après Jacques BAROZZIO DE VIGNOLE, ouvrage divisé en 72 planches, etc., composé, dessiné et mis en ordre par J.-A. LEVEIL, architecte, et gravé sur acier par HIBON. Paris, s. d., in-4°.

2730. — **Traité pratique de la construction, de l'ameublement et de la décoration des églises selon les règles canoniques et les traditions romaines**, par Mgr Barbier de Montault. Paris, 1877, 2 vol. in-8°.

2731. — **Traité pratique des brevets d'invention, dessins, modèles et marques de fabrique, noms commerciaux, enseignes et autres désignations d'établissements et produits industriels, comprenant la législation étrangère et les traités internationaux**, par Is. Schmoll. Paris, 1867, in-8°.

2732. — **Travail (Le) et l'industrie de la construction, recherches et considérations sur leurs conditions économiques dans le passé, le présent et l'avenir**, par P. C. M. Sauvage, précédés d'une préface par Viollet-le-Duc. Paris, 1875, in-8°.

2733. — **Travaux (Les) publics de la France : routes et ponts, chemins de fer, rivières et canaux, ports de mer, phares et balises**, par MM. les Ingénieurs des ponts et chaussées, Félix Lucas, Ed. Collignon, H. de Lagrené, Voisin, Rey, E. Allard. Ouvrage publié sous les auspices du Ministère des travaux publics, sous la direction de Léon Reynaud. Paris, 1876, 5 vol. in-folio, avec planches gravées.

2734. — **Treizième (Le) siècle artistique**, par A. Lecoy de la Marche. Lille, 1889, in-8°, fig.

2735. — **Trésor (Le) de Chartres (1310-1793)**, par F. de Mély. Paris, 1886, in-8°, avec planches.

2736. — **Trésor de l'abbaye de Saint-Maurice d'Agaune**, décrit et dessiné par Ed. Aubert. Paris, 1872, 2 vol. gr. in-4°.

2737. — **Trésor (Le) de l'abbaye royale de Saint-Denis en France**, s. n. Paris, 1730, in-12.

2738. — **Trésor (Le) de la cathédrale de Nevers, anciens inventaires de ses livres, de ses joyaux et de ses ornements**, par l'abbé Boutillier. Nevers, 1888, in-8°.

2739. — **Trésor (Le) de la cathédrale de Reims**, photographie par Marguet et Dauphinot, texte par l'abbé Cerf. Paris, 1867, in-4°.

2740. — **Trésor de la cathédrale de Sens, inventaire dressé en 1885**, par G. Julliot. Sens, 1886, in-8°.

2741. — **Trésor (Le) de la Chartreuse de Bordeaux**, par Alfred DE LANÇON. Bordeaux, 1866, in-8°.

2742. — **Trésor (Le) de la collégiale de Notre-Dame de Lens au XVe siècle** (Pas-de-Calais), par Jules-Marie RICHARD. Arras, 1876, in-8°, fig.

2743. — **Trésor (Le) de la curiosité**, tiré des catalogues de vente de tableaux, dessins, estampes, livres, marbres, bronzes, ivoires, terres cuites, vitraux, médailles, armes, porcelaines, meubles, émaux, laques et autres objets d'art, avec diverses notes et notices historiques et biographiques, par Charles BLANC. Paris, 1857-1858, 2 vol. in-8°, fig.

2744. — **Trésor (Le) de la Sainte-Chapelle de Dijon**, d'après ses anciens inventaires, par Jules D'ARBAUMONT et le docteur Louis MARCHANT. Dijon, 1887, in-4°, fig.

2745. — **Trésor de l'église de Conques** (Aveyron), dessiné et décrit par Alfred DARCEL. Paris, 1861, in-4°, fig.

2746. — **Trésor (Le) de Notre-Dame de Chartres**, rapport à M. le Ministre de l'intérieur sur les archives de l'ancien chapitre de la cathédrale de Chartres, par Auguste de SANTEUL. Chartres, 1841, petit in-4°, fig.

2747. — **Trésor du jardin de la préfecture, à Rennes**, époque gallo-romaine. Notices et description par Lucien DECOMBE. Rennes, 1882, in-8°.

2748. — **Trésor (Le) sacré de la cathédrale d'Arras**, histoire et description des reliques, etc., par l'abbé van DRIVAL. Arras, 1867, in-8°.

2749. — **Trésor (Le) sacré**, ou inventaire des saintes reliques et autres joyaux qui se voyent en l'église et au trésor de l'abbaye royale de Saint-Denis, en France, etc., par dom Germain MILLET. Paris, 1636, in-12.

2750. — **Trésors (Les) de la Provence, exposés à Marseille en 1861**, écoles italienne, espagnole, allemande, flamande, hollandaise et française, par Marius CHAUMELIN. Paris et Marseille, 1862, in-8°.

2751. — **Trésors d'art exposés à Manchester en 1857**, et provenant des collections royales, des collections publiques et des collections particulières de la Grande-Bretagne, par W. Burger. Paris et Londres, 1857, in-12.

2752. — **Trésors des églises de Reims**, par Prosper Tarbé, ouvrage orné de planches dessinées et lithographiées par J.-J. Maquart. Reims, 1843, in-4°.

2753. — **Troyes et ses environs**, guide historique et topographique, par Amédée Aufauvre. Troyes et Paris, 1860, in-12, fig.

2754. — **Tumulus (Les) de la Boixe** (Charente), rapport présenté à la Société archéologique et historique de la Charente au nom de la Commission des fouilles, par Chavet et Lièvre. Angoulême, 1878, in-8°, fig.

Extrait du *Bulletin de la Société archéologique et historique de la Charente*, 1877.

2755. — **Types d'architecture gothique**, empruntés aux édifices les plus remarquables construits en Angleterre, pendant les xii°, xiii°, xiv°, xv° et xvi° siècles, et représentés en plans, élévations, coupes et détails géométraux, par A.-W. Pugin, traduit de l'anglais par L. Delobel; la partie graphique revue par Godefroid Umé. Paris et Liège, 1851-1867, 3 vol. in-4°.

2756. — **Tyrol (Le) et le nord de l'Italie**, journal d'une excursion dans ces contrées en 1830, par Frédéric Mercey; ouvrage accompagné de 15 sujets de paysage dessinés d'après nature, et gravés à l'eau-forte, par l'auteur du journal. Paris, 1845, 2 vol. in-8°.

U

2757. — **Un bas-relief de l'ancien couvent des cordeliers de Troyes et le sculpteur Jubert**, par Albert Babeau. Troyes, 1887, in-8°, fig.

2758. — **Un château gascon au moyen âge.** Étude archéologique sur le château de Madaillan (Lot-et-Garonne), son histoire, ses transformations et son siège en 1575 par le maréchal Blaise de Montluc, avec 6 planches par G. Tholin et P. Benouville. Paris et Agen, 1887, in-8°.

2759. — Un dernier mot sur les deux planches représentant les grandes armoiries de Bourgogne, par Alexandre PINCHART. Bruxelles, in-8°.

Extrait des *Bulletins de l'Académie royale de Belgique*, 2ᵉ série, t. LXVI, n° 8, août 1878.

2760. — Une corporation d'arts et métiers à Troyes. Les tondeurs de grandes forces, par Albert BABEAU. Troyes, 1883, in-8°.

2761. — Une maison du XVIᵉ siècle à décoration polychrome, à Caen, par E. DE ROBILLARD DE BEAUREPAIRE. Caen, 1887, in-8°, fig.

2762. — Une série d'explorations à Plouhinec. — Le tumulus du Griguen. — Les dolmens de Kerounaren, de Beg-en-Havre et du Mané-Bras, par Félix GAILLARD, avec 7 planches. Vannes, 1884, in-8°.

2763. — Union centrale des beaux-arts appliqués à l'industrie, cinquième exposition, 1876. Catalogue des monuments historiques, vues de l'ancien Paris. — Histoire de la tapisserie, de Louis XIV à nos jours. Paris, 1876, in-12.

2764. — Universal catalogue of books on arts, etc.

Voir : *Catalogue (universal)*.

2764 a. — Uzeste et Clément V, par l'abbé BRUN, BERCHON et BRUTAILS. Bordeaux, 1894, grand in-8°, fig.

V

2765. — Vallée (La) d'Aoste, par Édouard AUBERT. Paris, 1860, grand in-4°, fig.

2766. — Vandalisme (Le) archéologique en Algérie, par Paul PALLARY. Paris, 1894, in-8°.

2767. — Vandalisme (Du) et du catholicisme dans l'art, fragments, par le comte DE MONTALEMBERT. Paris, 1839, in-8°, fig.

2768. — Var. Paris, in-8°, avec carte coloriée et gravures.

Ouvrage faisant partie de la collection des *Géographies départementales* d'Adolphe JOANNE.

2769. — **Variétés bordeloises ou essai historique et critique sur la topographie ancienne et moderne du diocèse de Bordeaux**, par l'abbé BAUREIN. Bordeaux, 1876, 4 vol. in-8°.

2770. — **Variétés girondines ou essai historique et archéologique sur la partie du diocèse de Bazas renfermée entre la Garonne et la Dordogne**, par Léo DROUYN. Bordeaux, 1878, 2 vol. in-8°, fig.

2771. — **Vaucluse**. Paris, in-8°, avec carte coloriée et gravures.

Ouvrage faisant partie de la collection des *Géographies départementales* d'Adolphe JOANNE.

2772. — **Vaux (Les) de Cernay** (Seine-et-Oise), études archéologiques, par HÉRARD. Paris, 1852, in-8°.

Voir n°˚ 2371 et 2549.

2773. — **Vendée**. Paris, in-8°, avec carte coloriée et gravures.

Ouvrage faisant partie de la collection des *Géographies départementales* d'Adolphe JOANNE.

2774. — **Vendée (La)**, par le baron DE WISMES, 40 vues avec un texte explicatif. Nantes et Paris, 1845-1848, in-folio.

2775. — **Venise, histoire, arts, industrie, la ville, la vie**, par Charles YRIARTE; ouvrage orné de 400 gravures. Paris, 1877, grand in-4°.

2775 a. — **Verheerlykt vlaandre**, etc. (les Flandres illustrées), par Antoni SANDERUS. Leyde, Rotterdam, la Haye, 1735, 3 vol. in-folio, avec planches, reliés en 2 tomes.

Voir : *Flandria illustrata.*

2776. — **Vermandois (Le)**, revue d'histoire locale, beaux-arts et littérature. Saint-Quentin, 1873-1877, 5 vol. in-8°.

2777. — **Verrerie (La) de Portieux**, origine et histoire, par A. FOURNIER. Paris, 1886, in-8°.

2778. — **Verrerie (De la) et des vitraux peints dans l'ancienne province de Bretagne**, par Auguste ANDRÉ. Rennes, 1878, in-8°.

2779. — **Verrerie (La) et les gentilshommes verriers de Nevers**, avec un appendice sur les verreries du Nivernais, par l'abbé BOUTILLIER. Nevers, 1885, in-8°, fig.

2780. — **Verreries (Les) de la Normandie, les gentilshommes et artistes verriers normands,** par O. Le Vaillant de la Fieffe. Rouen, 1873, in-8°.

2781. — **Verrières du chœur de l'église métropolitaine de Tours,** dessinées et publiées par J. Marchand, texte par Bourassé et Manceau, chanoines de Tours. Paris et Tours, 1849, in-folio, fig. coloriées.

2782. — **Verriers (Les) dans le Lyonnais et le Forez,** par Pierre Pelletier. Paris, 1887, in-8°.

2783. — **Vichy et ses environs,** par Louis Piesse; ouvrage contenant 1 carte, 1 plan et 47 vignettes. Paris, 1875, in-12, fig.

Ouvrage faisant partie de la collection des *Guides Joanne.*

2784. — **Vicissitudes, heur et malheur du Vieil-Hesdin** (Pas-de-Calais), par B. Dauvin. Saint-Paul, 1866, in-8°, fig.

2785. — **Victor Louis,** architecte du théâtre de Bordeaux, sa vie, ses travaux et sa correspondance, 1731-1800, par Charles Marionneau, avec un portrait du maître, des reproductions de gravures et de dessins inédits et le fac-similé d'une lettre autographe. Bordeaux, 1881, in-8°.

2786. — **Vie (La) et les œuvres de Jean-Baptiste Pigalle, sculpteur,** par P. Tarbé. Paris, 1859, in-8°.

2787. — **Vie (La) et l'œuvre de Chintreuil,** par A. de la Fizelière, Champfleury et F. Henriet; 48 eaux-fortes par Martial, Beauverie, Taiée, Ad. Lalauze, Saffray, Selle, Paul Roux. Paris, 1874, in-4°.

2788. — **Vie (La) et l'œuvre de Jean Bellegambe,** par C. Dehaisnes. Lille, 1890, in-8°, fig.

2789. — **Vie (La) et l'œuvre de Jean Bologne,** par Abel Desjardins, d'après les manuscrits inédits recueillis par Foucques de Vagnonville. Paris, 1883, in-folio, avec planches en héliogravure et vignettes intercalées dans le texte.

2790. — **Vieil (Le) Amiens,** dessiné d'après nature, par Aimé et Louis Duthoit, autographié par Louis Duthoit. Amiens, 1874, in-4°.

2791. — **Vieil (Le) Arras,** ses faubourgs, sa banlieue et ses environs, souvenirs archéologiques et historiques, par C. Le Gentil, avec eaux-fortes par J. Boutry. Arras, 1877, in-8°.

2792. — **Vie militaire et religieuse au moyen âge et à l'époque de la Renaissance**, par Paul Lacroix (bibliophile Jacob); ouvrage illustré de 14 chromolithographies exécutées par F. Kellerhoven, Regamey et L. Allard, et de 410 figures sur bois, gravées par Huyot père et fils. Paris, 1873, in-4°.

2793. — **Vienne.** Paris, in-8°, avec carte coloriée et gravures.

Ouvrage faisant partie de la collection des *Géographies départementales* d'Adolphe Joanne.

2794. — **Vienne et Lyon gallo-romains**, villes antiques, par Hippolyte Bazin. Paris, 1891, in-8°, avec gravures et cartes.

2795. — **Vies des peintres, sculpteurs et architectes**, par Giorgio Vasari, traduites et annotées par Léopold Leclanché et commentées par Jeanron et L. Leclanché. Paris, 1841-1842, 10 vol. in-8°, fig.

Incomplet.

2796. — **Vieux (Le) Périgueux**, album de 20 gravures à l'eau-forte, par Léon Gaucherel et Jules de Verneilh, avec un texte par J. de Verneilh. Paris, 1867, in-folio.

2797. — **Vieux (Le) Vendôme, le vieux Blois et le vieux Moulins**, eaux-fortes, par A. Queyroy. Paris, s. d., in-folio (sans texte).

2798. — **Vignole centésimal, ou les règles des cinq ordres d'architecture** de J. Barozzio de Vignole établies sur une division du module en harmonie avec le système actuel de mesures, suivi du tracé des moulures, etc., par F.-A. Renard, architecte, avec planches gravées sur acier par Guiguet. Paris, 1842, grand in-8°.

2799. — **Vignole (Le) des architectes et des élèves en architecture**, ou nouvelle traduction des règles des cinq ordres d'architecture de Jacques Barozzio de Vignole, suivie d'une méthode abrégée du tracé des ombres dans l'architecture, etc., par Charles Normand. Paris, 1836-1842, 2 vol. in-4°, fig.

2800. — **Ville de Bordeaux, monuments historiques, porte du Caillau ou du Palais**, relevé de l'état actuel et étude de la Restauration, par Charles Durand. Bordeaux, 1882, in-folio, avec planches.

2801. — **Ville (La) gallo-romaine de Beauclair**, commune de Voingt, près d'Herment (Puy-de-Dôme), fouilles et découvertes par Ambroise

Tardieu et François Boyer; ouvrage orné d'une carte, de plans, etc. Herment et Clermont-Ferrand, 1882, in-4°.

2802. — **Viollet-le-Duc et son œuvre dessiné**, par Claude Sauvageot. Paris, 1880, in-4°, fig.

2803. — **Visite (Une) au mont Saint-Michel**, notes historiques et archéologiques sur Avranches, Pontorson et l'abbaye du mont Saint-Michel, par Auguste Leburton. Paris, 1875, in-12.

2804. — **Vitrail (Le) absidal de Notre-Dame de la Cour**, commune de Lantic (Côtes-du-Nord), par Eug. Hucher. Tours, 1879, in-8°, planches.

Extrait du *Bulletin monumental*.

2805. — **Vitrail de l'église du collège de Courdemanche** (Sarthe), attribué à Jean de la Mothe ou à son frère l'abbé de Saint-Prix; restauré par Eugène Hucher. Tours et le Mans, 1883, in-8°, planches.

Extrait du *Bulletin monumental*.

2806. — **Vitrail (Le) royal de l'église Notre-Dame de Saint-Lô** (Manche), restauré à la manufacture de vitraux peints du Carmel du Mans, par Édouard Rathouis, sous la direction de Eugène Hucher. Paris, le Mans et Saint-Lô, 1873, in-8°, fig.

2807. — **Vitraux**, par Prosper Lafaye. Paris, 1851, in-4°.

2807 a. — **Vitraux (Les)**, par Olivier Merson. Paris, in-4° anglais, fig.

Ouvrage faisant partie de la *Bibliothèque de l'Enseignement des Beaux-Arts*.

2808. — **Vitraux (Les) de la cathédrale de Laon**, par A. de Florival et E. Midoux, ouvrage accompagné de nombreuses gravures. Paris, 1882, in-4°.

2809. — **Vitraux de la Sainte-Chapelle**, avant la restauration, dessins exécutés sous la direction de E. Boeswillwald. 20 vol. grand in-folio.

2810. — **Vitraux de l'église Sainte-Clotilde**, composés et dessinés par Auguste Galimard et photographiés par E. Baldus. Paris, 1853, in-folio (sans texte).

2811. — **Vitraux (Les) de l'église Saint-Martin de Groslay**, par l'abbé Marsaux. Pontoise, 1889, in-8°.

2812. — **Vitraux (Les) de Longueval** (Aisne) et les objets d'art dans les églises rurales; lecture de Charles Givelet à l'académie de Reims. Reims, 1882, in-8°.

Extrait des *Travaux de l'Académie*.

2813. — **Vitraux (Les) du chœur de la cathédrale d'Évreux**, publication de la Société des amis des arts du département de l'Eure; album de 13 planches (phototypies). Évreux, 1893, in-8°.

2814. — **Vitraux du Grand-Andely** (Eure), par Édouard Didron. Paris, 1863, in-4°, fig.

2815. — **Vitraux (Les); statues et tableaux de l'église Notre-Dame de Beaufort**, par Joseph Denais. Beaufort et Angers, 1890, in-8°.

2816. — **Viva delineatio ac descriptio omnium prœliorum, obsidionum, aliarumque rerum memoratu dignarum, quæ, durante bello adversus Hispaniarum Regem in Belgii Provinciis, sub ductu et moderamine Guilelmi et Mauritii III. Auraicorum, etc., principum auspiciis potentissimorum ordinum generalium gestœ sunt.** Amstelodami, 1622, in-4° oblong.

2817. — **Voies (Les) antiques de la région du Rhône**, par Charles Lenthéric. Avignon; 1882, in-8°, planches.

2818. — **Voies (Les) antiques du Lyonnais, du Forez, du Beaujolais, de la Bresse, de la Dombes, du Bugey et de la partie du Dauphiné, déterminées par les hôpitaux du moyen âge**, mémoire accompagné d'une carte des voies antiques et d'un extrait de la carte de Peutinger, par M.-C. Guigue. Lyon, 1877, in-8°.

2819. — **Vosges.** Paris, in-8°, avec carte coloriée et gravures.

Ouvrage faisant partie de la collection des *géographies départementales* d'Adolphe Joanne.

2820. — **Vosges (Les)**, par J.-J. Bellel, 20 dessins d'après nature, lithographiés par J. Laurens, texte descriptif par Th. Gautier. Paris, 1869, in-folio.

2821. — **Vosges (Les) avant l'histoire**, étude sur les traditions, les institutions, les usages, les idiomes, les armes, les ustensiles, les habitations, les cultes, les types de race des habitants primitifs de ces montagnes; résumé de leurs travaux découverts, décrits, dessinés et gravés par Félix Voulot. Paris et Mulhouse, 1875, in-4°, fig.

2822. — **Voûtes (Les) de l'abbaye aux hommes à Caen**, par Ruprich-Robert. Caen, 1861, in-8°, fig.

2823. — **Voyage à pied sur les bords de la Garonne**, par Léo Drouyn. Auch, 1858, in-8°.

Extrait de la *Revue d'Aquitaine*.

2824. — **Voyage archéologique et historique dans l'ancien comté de Bigorre**, par Cénac-Moncaut. Tarbes et Paris, 1856, in-8°.

2825. — **Voyage archéologique et pittoresque dans le département de l'Aube et dans l'ancien diocèse de Troyes**, publié sous la direction de A.-F. Arnaud. Troyes, 1837, in-4°, fig.

2826. — **Voyage autour de la mer Morte et dans les terres bibliques**, exécuté, de décembre 1850 à avril 1851, par F. de Saulcy, publié sous les auspices du Ministère de l'instruction publique. Paris, 1853, 2 vol. in-8° et atlas in-4°.

2827. — **Voyage autour du Monde, Australie, Java, Siam, Canton, Pékin, Yeddo, San-Francisco**, par le comte de Beauvoir. Paris, 1873, in-4°, fig.

2828. — **Voyage aux deux Nils** (Nubie, Kordofan, Soudan oriental), exécuté de 1860 à 1864 par ordre de l'Empereur, par Guillaume Lejan. Paris, s. d., grand in-4° et atlas in-folio.

2829. — **Voyage dans les départements de la France**, enrichi de tableaux géographiques et d'estampes par J. La Vallée, Louis Brion père et Louis Brion fils. Paris, 1794, 8 vol. in-8°.

2830. — **Voyage dans les départements du midi de la France**, par Aubin-Louis Millin. Paris, 1807-1811, 4 vol. in-8° et atlas in-4°.

2831. — **Voyage de la Haute-Égypte**, observations sur les arts égyptiens et arabes, par Charles Blanc, avec 80 dessins par Firmin Delangle. Paris, 1876, in-8°, fig.

2832. — **Voyage de Lister à Paris, en MDCXCVIII**, traduit pour la première fois, publié et annoté par la Société des bibliophiles françois; on y a joint des extraits des ouvrages d'Evelyn relatifs à ses voyages en France de 1648 à 1661. Paris, 1873, in-8°.

2833. — **Voyage de Paris à la mer par Rouen et le Havre**, description historique des villes, bourgs, villages et sites sur le parcours du chemin de fer et des bords de la Seine; orné de 75 gravures et 7 vignettes, et de 4 cartes et plans. Paris, s. d., in-8°.

2834. — **Voyage de S. M. Louis-Philippe, roi des Français, au château de Windsor**, par Édouard PINGRET. Paris et Londres, 1846, in-folio, fig.

2835. — **Voyage d'exploration à la mer Morte, à Pétra et sur la rive gauche du Jourdain**, par le duc DE LUYNES; œuvre posthume publiée par ses petits-fils sous la direction du comte DE VOGÜÉ. Paris, s. d., 3 vol. grand in-4° et atlas.

2836. — **Voyage d'un amateur en Angleterre**, 4° édition, avec une préface nouvelle et des suppléments, par A. MICHIELS. Paris, 1872.

2837. — **Voyage en Abyssinie**, dans les provinces du Tigré, du Samen et de l'Amhara, par FERRET et GALINIER. Paris, 1847-1848, 3 vol. in-8° et atlas in-folio.

2838. — **Voyage en Bretagne-Finistère**, précédé d'une notice sur la Bretagne au XIX° siècle, par Édouard VALLIN, 4 gravures et 1 carte. Paris, 1859, in-12, fig.

2839. — **Voyage en Orient, Grèce, Turquie, Égypte**, par A. REGNAULT. Paris, 1855, in-8°.

2840. — **Voyage historique de Paris à Chartres**, par A. MOUTIÉ. Chartres, 1851, in-8°, fig.

2841. — **Voyage paléographique dans le département de l'Aube**, rapport à M. le Préfet, par H. D'ARBOIS DE JUBAINVILLE. Troyes, 1855, in-8°.

2842. — **Voyage pittoresque à travers l'isthme de Suez**, par Marius FONTANE; 25 grandes aquarelles d'après nature par RIOU, lithographiées en couleur par Eugène CICERI. Paris, s. d. in-folio.

2843. — **Voyage pittoresque dans le Bocage de la Vendée, ou vues de Clisson et de ses environs**, dessinées d'après nature et publiées par C. THIENON, peintre, gravées à l'*aqua-tinta* par PIRINGER, précédées d'une notice historique sur la ville et le château de Clisson. Paris, 1817, in-4°.

2844. — **Voyage pittoresque de la France**, avec la description de toutes ses provinces, ouvrage national dédié au roi et orné d'un grand nombre de gravures, exécutées avec le plus grand soin, d'après les dessins des meilleurs artistes, par une Société de gens de lettres. Paris, 1781-1796, 12 vol. grand in-folio.

Voir : *Description générale et particulière de la France*, n° 709.

2845. — **Voyage pittoresque de Paris**, ou indication de ce qu'il y a de plus beau dans cette grande ville, en peinture, sculpture et architecture, par D*** (Dargenville). Paris, 1765, in-12, fig.

2846. — **Voyage pittoresque des environs de Paris**, ou description des maisons royales, châteaux et autres lieux de plaisance situés à 15 lieues aux environs de cette ville, par D*** (Dargenville). Paris, 1779, in-12.

2847. — **Voyage pittoresque en Bourgogne** (Côte-d'Or et Saône-et-Loire), par Maillart de Chambure. Dijon, 1833, 2 vol. in-folio, fig.

2848. — **Voyage pittoresque en Sicile**, dédié à S. A. R. madame la Duchesse de Berry, par J.-F. d'Osterwald. Paris, 1822-1826, 2 vol. in-folio, fig.

2849. — **Voyage pittoresque et archéologique dans la province d'Yucatan** (Amérique centrale), pendant les années 1834 et 1836, par Frédéric de Waldeck, dédié à la mémoire de feu le vicomte de Kingsborough. Paris et Londres, 1838, in-folio, avec planches gravées et fig. coloriées.

2850. — **Voyage pittoresque et historique dans les comtés du Perche et d'Alençon**, par Duplat et Patu de Saint-Vincent. Mortagne, s. d., petit in-folio oblong, fig.

2851. — **Voyages de Paul Béranger dans Paris**, après 45 ans d'absence. Paris, 1819, 2 vol. in-12, avec fig.

2852. — **Voyages pittoresques et romantiques dans l'ancienne France**, par Ch. Nodier, J. Taylor et Alph. de Cailleux. Paris,

1820-1864, 19 vol. grand in-folio, fig. dans le texte et planches lithographiées hors texte.

Normandie, 1re partie, 1820-1825, 2 vol.; 2e partie, 1864, 1 vol.

Franche-Comté, 1825, 1 vol.

Auvergne, 1829-1833, 2 vol.

Languedoc, 1833-1837, 4 vol.

Picardie, 1835-1845, 3 vol.

Bretagne, 1845-1846, 2 vol.

Dauphiné, 1854, 1 vol.

Champagne, 1857, 2 vol.

Bourgogne, 1863, 1 vol.

2853. — **Voyageur (Le) à Paris**, précédé d'un plan et d'une dissertation sur l'origine de Paris (abrégé du *Guide des amateurs et étrangers voyageurs à Paris*, par Thiéry). Paris, 1790, in-12.

Voir n° 1168.

2854. — **Vray (Le) pourtraict naturel de la ville, cité, université, et faubourgz de Paris**, fac-similé d'un plan publié vers 1552 par Olivier Truschet et Germain Hoyau, nouvellement découvert à Bâle par le docteur Sieber. 8 feuilles.

Publication de la *Société de l'Histoire de Paris et de l'Ile-de-France*.
Voir : *Notice sur un plan de Paris du XVIe siècle*.

2855. — **Vue (Une) intérieure de l'ancien Saint-Pierre de Rome, au milieu du XVe siècle**, peinte par Jean Foucquet, par Paul Durrieu. Rome 1892, in-8°, avec gravures.

Extrait des *Mélanges G. B. de Rossi*.

2856. — **Vues de châteaux et maisons royales de France.** 2 vol. grand in-folio (sans texte).

Chalcographie du Louvre.

2857. — **Vues de Paris et de ses monuments**, églises, abbayes, palais, fontaines, hôtels, etc., collection de gravures anciennes réunies en 13 vol. in-folio.

Voir : *Monuments de Paris*.

2858. — **Vues de Provins**, dessinées et lithographiées, en 1822, par plusieurs artistes, avec un texte par M. D. (Alex. DU SOMMERARD). Paris, 1822, in-4°.

2859. — **Vues des sites les plus célèbres de la Grèce antique**, dessinées sur nature et gravées à l'eau-forte, par Théodore ALIGNY. Paris, 1845, grand in-folio.

2860. — **Vues d'Italie, de Sicile et d'Istrie**, par A.-M. CHENAVARD. Lyon, 1861, in-folio (sans texte).

2861. — **Vues (Quatre) pittoresques de la vieille église de Soulac**, ensevelie sous les sables qui bordent la mer (Gironde-Médoc), notice historique et descriptive de ce vieux monument, par E. BONNORE, architecte. Bordeaux, s. d., in-4°.

2862. — **Vues pittoresques des cathédrales de France**: Albi, Amiens, Arles, Autun, Auxerre, Chartres, Dijon, Orléans, Paris, Reims, Senlis, Sens, Strasbourg, dessinées et lithographiées par CHAPUY, avec texte historique et descriptif. Paris, 1826-1829, petit in-folio.

2863. — **Vues pittoresques et perspectives des salles du Musée des monuments français**, planches par RÉVILLE et LAVALLÉE; texte par ROQUEFORT. Paris, 1816, in-folio.

2864. — **Vues, plans et profils de villes de France**. In-folio.

Chalcographie du Louvre.

W

2865. — **Widdeville**, histoire et description, par le comte DE GALARD. Paris, 1874, grand in-8°.

2866. — **Wilhelma (La)**, villa mauresque de S. M. le roi Guillaume de Wurtemberg, exécutée d'après les plans et sous la direction de L. DE ZANTH. Paris, 1855, in-folio, fig. coloriées.

2867. — **Works of Art in the collections of England** (Les ouvrages d'art dans les collections de l'Angleterre), drawn by Édouard LIÈVRE, and engraved by BRACQUEMOND, COURTRY, FLAMENG, GREUX, LE RAT, LHERMITE, J. LIÈVRE, MUZELLE, RAJON, RANDALL and VALENTIN. London, s. d., in-folio.

Y

2868. — **Yonne.** Paris, in-8°, avec cartes coloriées et fig.

    Ouvrage faisant partie de la collection des *géographies départementales* d'Adolphe JOANNE.

2869. — **Yonne (L') préhistorique**, par Philippe SALMON et le docteur FICATIER. Paris, 1889, in-8°.

TABLE ALPHABÉTIQUE

PAR

NOMS DE PAYS ET DE LOCALITÉS

RENVOYANT

AUX NUMÉROS D'ORDRE DU CATALOGUE.

A

Abbeville (Somme), 718, 739, 892.
Abondance (Haute-Savoie), 2392.
Abyssinie, 2837.
Acarnanie, 1730.
Afrique, 991.
Agen (Lot-et-Garonne), 943, 1387.
Agenais, 1011.
Aigre (Charente), 1045.
Aigues-Mortes (Gard), 1115, 2000.
Aiguilhe (Haute-Loire), 2190.
Ain, 27, 2704.
Aisne, 28, 116, 802, 1452, 1758, 1984, 2316, 2331.
Aix (Bouches-du-Rhône), 2340.
Ajaccio (Corse), 2061.
Albi (Tarn), 474, 475, 1244, 1689, 1712, 1933, 2862.
Alen ou Alem (Tarn-et-Garonne), 1993.
Alençon (Orne), 823, 1658, 2044, 2124, 2245, 2850.
Alet (Aude), 2381.
Alger, 856, 932.
Alger (Département d'), 2674.
Algérie, 50, 51, 1046, 1440, 1472, 1767, 1768, 2766.
Alise (Côte-d'Or), 1036.

Allemagne, 1812, 2569, 2678.
Allemagne (Sud-Ouest de l'), 1647.
Allier, 52, 53.
Alpes-Maritimes, 57, 105, 1471.
Alsace, 58, 110, 234, 349.
Alsace-Lorraine, 215.
Amancey (Doubs), 2353.
Amboise (Indre-et-Loire), 961, 1115.
Amfreville (Manche), 527.
Amhara (Abyssinie), 2837.
Amiens (Somme), 475, 654, 678, 1115, 1270, 1932, 2068, 2080, 2098, 2246, 2264, 2624, 2627, 2790, 2862.
Amsterdam, 1659.
Ancy-le-Franc (Yonne), 525.
Andance (Ardèche), 2671.
Andelis [Les] (Eure), 1281.
Andely [Grand-] (Eure), 2814.
Anet (Eure-et-Loir), 1361, 1718.
Angers (Maine-et-Loire), 85, 86, 87, 461, 559, 676, 1115, 1359, 1462, 1744, 1804, 1875, 1966, 1967, 1968, 1969, 2249, 2360, 2382, 2469.
Angleterre, 84, 168, 171, 303, 1732,

— 290 —

1797, 1813, 1826, 2755, 2836, 2867.
Anjou, 88, 549, 1565.
Anse (Rhône), 651.
Anvers, 1074.
Aoste, 2765.
Aquitaine, 1800.
Arabie Pétrée, 2092.
Arcachon (Gironde), 1500 a.
Ardèche, 183.
Ardennes, 184, 185, 1471.
Ardre (Pas-de-Calais), 542.
Argenton (Indre), 1982.
Ariège, 187.
Arles (Bouches-du-Rhône), 23, 188, 475, 551, 1001, 1470, 2045, 2317, 2330, 2862.
Arménie, 2091.
Arques (Seine-Inférieure), 705, 1334, 1978.
Arras (Pas-de-Calais), 194, 950, 2748, 2791.
Artois, 893, 1254, 1564.
Asie Mineure, 1255.
Assyrie, 1255.
Athènes, 23, 1524, 2171, 2591.
Aubazine (Corrèze), 874, 1331.

Aube, 46, 269, 799, 802, 1135, 1386, 1609, 2236, 2462, 2635, 2825, 2841.
Aubiac (Lot-et-Garonne), 2010.
Auch (Gers), 679, 2536.
Aude, 270, 711.
Aulnay (Charente-Inférieure), 993.
Aumale (Seine-Inférieure), 1271.
Aunis, 217, 2149.
Aurillac (Cantal), 1673.
Australie, 2827.
Autun (Saône-et-Loire), 272, 273, 396, 475, 514, 638, 925, 953, 1115, 1272, 1292, 1622, 2862.
Auvergne, 70, 274, 275, 1159, 1471, 1849, 2659, 2852.
Auvergne (Basse-), 790.
Auxerre (Yonne), 475, 1224, 1461, 1604, 2862.
Avallon (Yonne), 276.
Avallonnais, 276.
Aveyron, 277, 1964.
Avignon (Vaucluse), 144, 278, 398, 1115, 1174, 1903, 1906 a, 2334.
Avranches (Manche), 2803.
Avranchin (L'), 279.
Ay (Marne), 2463.

B

Bagnot (Côte-d'Or), 2343
Bar-sur-Aube (Aube), 31.
Basses-Alpes, 285.
Basses-Pyrénées, 286, 802.
Bastie-d'Urfé [La] (Loire), 504.
Bauzac (Haute-Loire), 641.
Bavai (Nord), 2038.
Bavière, 1826.
Bayeux (Calvados), 15, 289, 462, 957, 1424, 1634.
Bayonne (Basses-Pyrénées), 2712.
Bazas (Gironde), 2770.
Béarn, 239, 290, 2225.
Beauclair (Puy-de-Dôme), 2801.
Beaufort (Maine-et-Loire), 2815.
Beaujolais, 2818.

Beaulieu (Corrèze), 389, 869.
Beaumesnil (Eure), 486.
Beaune (Côte-d'Or), 1206, 1498.
Beauvais (Oise), 328, 670, 696, 697, 739, 1020, 1234, 1590, 1868, 1876, 1936.
Beauvoisis, 137 a.
Beillé (Sarthe), 2485.
Belgique, 185, 238, 295, 479, 1247 a, 1571, 1574, 1813, 1826, 2150, 2209, 2582 a, 2816.
Belgique (Midi de la), 238.
Belleville-sur-Saône (Rhône), 2261.
Bénissons-Dieu [La] (Loire), 3.
Bergues (Nord), 2001, 2383.
Bernard (Vendée), 2287.

Bernay (Eure), 1873, 1917.
Bernède (Gers), 2362.
Berry, 970, 1332, 1973.
Berry (Bas-), 2612.
Berthonville (Eure), 1637.
Besançon (Doubs), 298, 2031 a.
Béziers (Hérault), 337.
Bielle (Basses-Pyrénées), 1789.
Bigorre (Comté de), 2824.
Birac (Gironde), 1691.
Blaisois, 528.
Blanc [Le] (Indre), 1333.
Blois (Loir-et-Cher), 318, 487, 488, 962, 1115, 1335, 1350, 2797.
Bocage (Vendée), 2843.
Bois de la Motte [Le] (Côtes-du-Nord), 1951.
Bois-Sir-Amé (Cher), 1863.
Boissy-Saint-Léger (Seine-et-Oise), 1812.
Boixe [La] (Charente), 2754.
Bonaguil (Lot-et-Garonne), 489.
Bonneval (Eure-et-Loir), 1198.
Bonport (Eure), 1988.
Bordeaux (Gironde), 319, 689, 881, 947, 971, 1115, 1151, 1273, 1320, 1500 a, 1864, 2025, 2035, 2741, 2769, 2800.
Bouches-du-Rhône, 320, 2629.
Bouillac (Gironde), 2011.
Boulogne (Pas-de-Calais), 1437, 1947, 1949.
Bourbon-l'Archambault (Allier), 490.
Bourbonnais, 67, 708.

Bourbonne-les-Bains (Haute-Marne), 308, 1983.
Bourdeilles (Dordogne), 2449.
Bourg (Ain), 1891.
Bourges (Cher), 441, 463, 698, 912, 1115, 1165, 1594, 1681, 1764, 2199, 2424.
Bourget [Le] (Savoie), 523.
Bourgogne, 216, 710, 844, 1116, 1471, 1602, 2759, 2847, 2852.
Bourg-Saint-Andéol (Ardèche), 900, 1955, 2529.
Bousbecque (Nord), 1206 a, 2219 b.
Boussac (Creuse), 1862.
Brabant, 540 a.
Braine (Aisne), 1207, 1693, 2464.
Brantôme (Dordogne), 1939, 2449.
Bresse, 2704, 2818.
Bressuire (Deux-Sèvres), 2003.
Brest (Finistère), 329.
Bretagne, 81, 792, 1353, 1471, 1743, 2174, 2223, 2778, 2852.
Breuil-Benoît (Eure), 2379.
Brie, 1605, 2224.
Brionnais, 250.
Briquebec (Manche), 491, 1770.
Brive ou Brive-la-Gaillarde (Corrèze), 1040, 1208.
Brou (Ain), 80, 611, 1115, 1356, 1714, 2028, 2377.
Bruges, 1457, 2508.
Bruxelles, 2150.
Bruyères (Seine-et-Oise), 2453.
Bugey, 2818.
Bulles (Oise), 680.

C

Cadouin (Dordogne), 2544.
Caen (Calvados), 63, 367, 739, 885, 886, 963, 1995, 1996, 1997, 1999, 2076, 2761, 2822.
Cahors (Lot), 1363, 1527, 1599.
Caire (Le), 39, 368.
Calvados, 370, 371, 728, 1839, 2634.
Cambodge, 246.

Cambrai (Nord), 233, 1201, 2397.
Canourgue [La] (Lozère), 2016.
Cantal, 373, 793.
Canton, 2827.
Carcassonne (Aude), 400, 554, 1115, 1175, 2311.
Carnac (Morbihan), 1104, 1107, 1652, 1773.

Carpentras (Vaucluse), 1209, 1696.
Cassel (Nord), 1735.
Castelnau-Bretennous (Lot), 492, 1013.
Castel-Sarrasin (Tarn-et-Garonne), 612, 1918.
Catalogne, 2232.
Cateau [Le] (Nord), 2589.
Caudebec (Seine-Inférieure), 2473.
Cavaillon (Vaucluse), 2454.
Cayac (Gironde), 1909.
Ceffonds (Haute-Marne), 863.
Celle [La] (Var), 2023.
Cerdagne (Comté de), 2233.
Cernay (Seine-et-Oise), 992, 2371, 2549, 2772.
Chabenet (Indre), 1982.
Chaise-Dieu [La] (Haute-Loire), 40.
Chaldée, 2205.
Châlons-sur-Marne (Marne), 719, 810, 1274, 1275, 1927, 2400, 2404, 2433.
Chalon-sur-Saône (Saône-et-Loire), 481, 1621.
Chalucet (Haute-Vienne), 493.
Chambly (Oise), 1697.
Chambord (Loir-et-Cher), 494, 668, 730, 1115, 1919.
Champ [Le] (Isère), 2297.
Champagne, 257, 1605, 2247, 2852.
Chancelade (Dordogne), 2449.
Chantilly (Oise), 1115, 2111.
Chapelle-de-Toutes-Aides [La] (Mayenne), 1029.
Chapelle-la-Reine [La] (Seine-et-Marne), 548.
Chapelle-Saint-Robert [La] (Dordogne), 2012.
Chapelles-Bourbon [Les] (Seine-et-Marne), 1240.
Charente, 334, 483, 1045, 2632.
Charente-Inférieure, 484, 1654, 2628.
Charenton (Seine), 1312.
Charité-sur-Loire [La] (Nièvre), 1391.
Charlieu (Loire), 250, 485, 1094.
Charly (Cher), 2188.
Charly-sur-Marne (Aisne), 1210.
Chartres (Eure-et-Loir), 393, 425, 464, 465, 475, 671, 717, 840, 862, 1115, 1211, 1682, 1683, 2062, 2735, 2746, 2840, 2862.
Chasselay (Rhône), 1979.
Chassey (Saône-et-Loire), 1879.
Chastellux (Yonne), 525.
Châteaubrun (Indre), 1982.
Châteaudun (Eure-et-Loir), 495.
Château-Gaillard (Eure), 1339.
Château-Gontier (Mayenne), 524.
Château-Larcher (Vienne), 2364.
Château-l'Évêque (Dordogne), 2449.
Château-Renard (Loiret), 1980.
Châteauroux (Indre), 1214.
Châtellerault (Vienne), 1212.
Châtillon-d'Azergues (Rhône), 496.
Châtillon-sur-Seine (Côte-d'Or), 45, 136.
Chaumes-en-Brie (Seine-et-Marne), 14.
Chaumont (Haute-Marne), 1367, 1937.
Chaumont-sur-Loire (Loir-et-Cher), 1920.
Chauvigny (Vienne), 1972, 2354.
Chazaloux (Puy-de-Dôme), 1653.
Chelles (Seine-et-Marne), 1.
Chenonceaux (Indre-et-Loire), 498, 1115.
Cher, 534, 1366, 2636.
Chevreuse (Seine-et-Oise), 535, 1679.
Chezy-sur-Marne (Aisne), 1910.
Chicago, 1063.
Chilly-Mazarin (Seine-et-Oise), 1981.
Chine, 536.
Chinon (Indre-et-Loire), 1650.
Choisy-au-Bac (Oise), 1915.
Chypre, 1028.
Cilicie, 1439.
Cintheaux (Calvados), 1882.
Civrai (Vienne), 1417.
Clairmarais (Pas-de-Calais), 16.
Clermont (Oise), 556.
Clermont-Ferrand (Puy-de-Dôme), 555, 1276.
Cléry (Loiret), 1213.
Clisson (Loire-Inférieure), 2843.
Cluny (Saône-et-Loire), 562, 952, 2425.

Cologne, 466.
Comminges (Le), 1856.
Compiègne (Oise), 597, 598, 831, 1348, 1400.
Couches (Eure), 883.
Conflant (Comté de), 2233.
Conques (Aveyron), 2745.
Constantine (Algérie), 427.
Constantine (Département de), 2284, 2431, 2675.
Copenhague, 1838.
Corbeil (Seine-et-Oise), 1708.
Corbeny (Aisne), 1958.
Corbie (Somme), 889.
Cordoue, 1742.
Corlay (Côtes-du-Nord), 500.
Cornouaille, 1110.
Corrèze, 350, 620.

Corse, 621, 1471, 1850, 2356.
Côte-d'Or, 628, 1602, 1608, 2415, 2847.
Côtes-du-Nord, 629, 1455.
Coucy (Aisne), 500 a, 699, 1115, 1959, 2042, 2523.
Couhé-Vérac (Vienne), 1417.
Couptrain (Mayenne), 631.
Courbessac (Gard), 1096.
Courdemanche (Sarthe), 2805.
Courtozzé (Loir-et-Cher), 2267.
Coutances (Manche), 1235.
Coutras (Gironde), 2197.
Couture [La] (Pas-de-Calais), 688.
Couzières (Indre-et-Loire), 2004.
Crest (Drôme), 1355.
Creuse, 44, 635, 796, 1533, 2601.
Crozant (Creuse), 1982.

D

Danemark, 609, 2592.
Darnay (Vosges), 816.
Darnétal (Seine-Inférieure), 1878.
Dauphiné, 42, 127, 177, 1248, 1471, 2818, 2852.
Dax (Landes), 1866, 1916.
Denderah, 659.
Déols (Indre), 1214.
Der [Le] (Haute-Marne), 1672 a.
Deux-Sèvres, 746, 1777.
Dieppe (Seine-Inférieure), 895, 1313, 1956.
Dijon (Côte-d'Or), 447, 475, 729, 744, 808, 926, 956, 1115, 1405, 1710, 2122, 2325, 2339, 2359, 2486, 2520, 2744, 2862.

Dinan (Côtes-du-Nord), 809, 1707, 1948
Divonne (Savoie), 374.
Dol (Ille-et-Vilaine), 958, 1150.
Dôle (Jura), 2631.
Dombes, 2704, 2818.
Domfront (Orne), 835, 1215.
Dommartin (Somme), 2693.
Donon (Vosges), 1643.
Dordogne, 802, 838, 1418, 2037.
Douai (Nord), 1337, 2038, 2656.
Double [La] (Dordogne), 1041.
Doubs, 839.
Doué-la-Fontaine (Maine-et-Loire), 1872.
Dourdan (Seine-et-Oise), 546.
Dreux (Eure-et-Loir), 1291.
Drôme, 341, 802, 843, 1633.

E

Ébreuil (Allier), 1285.
Échenay (Haute-Marne), 497.
Écouen (Seine-et-Oise), 501, 1115, 2111.
Égine, 2481.

Égypte, 139, 368, 681, 902, 903, 1112, 1255, 1258, 1748, 2095, 2148.
Égypte (Haute-), 368, 2831.
Entrain (Nièvre), 1305.

— 294 —

Épinal (Vosges), 868, 1442.
Époisses (Côte-d'Or), 1635 a.
Erdeven (Morbihan), 740, 1773.
Esbly (Seine-et-Marne), 2279.
Espagne, 1819, 2569.
Essarois (Côte-d'Or), 1392.
Essomes (Aisne), 1931.
Étampes (Seine-et-Oise), 887, 964, 983, 1541, 1950 a, 2521.
Étrurie, 140.

Eu (Seine-Inférieure), 518.
Eure, 795, 802, 1032, 1839.
Eure-et-Loir, 802, 1033, 1611, 2272, 2593.
Europe, 158.
Europe (Nord de l'), 2034.
Europe (Nord-ouest de l'), 1845.
Évreux (Eure), 156, 561, 1047, 1433, 1989, 2813.

F

Falaise (Calvados), 502.
Fécamp (Seine-Inférieure), 430, 857, 1923.
Ferrières (Loiret), 1081.
Ferté-Bernard [La] (Sarthe), 1242.
Ferté-Milon [La] (Aisne), 1941.
Finistère, 421, 1085, 2838.
Flandre, 1086, 1254, 1459, 2275 a.
Flaran (Gers), 2.
Florence, 1122, 2116.
Foix (Province de), 2225.
Folleville (Somme), 721, 2048.
Fondremand (Haute-Saône), 1698.
Fontainebleau (Seine-et-Marne), 724, 820, 1091, 1115, 1123, 1163, 1723, 2468, 2618.
Fontaine-l'Abbé (Eure), 745.
Fontaines-lès-Dijon (Côte-d'Or), 2532.
Fontevrault (Maine-et-Loire), 2389, 2579.
Fontgombaud (Indre), 13.
Forcalquier (Basses-Alpes), 2291.
Forez, 1092, 1692, 2420, 2782, 2818.
France, 120, 124, 169, 193, 198, 247, 300, 301, 303, 304, 306, 311, 347, 378 à 384, 388, 529, 530, 539, 608, 624, 632, 655, 709, 780, 781, 785, 786, 788, 802, 985, 1015, 1039, 1084, 1115, 1116, 1117, 1118, 1172, 1173, 1216, 1217, 1259, 1329, 1340, 1380, 1390, 1435, 1448, 1454, 1464, 1473, 1624, 1626, 1745, 1746, 1750, 1755, 1757, 1814, 1815, 2073, 2074, 2075, 2081, 2142, 2183, 2189, 2222, 2370, 2418, 2438, 2457, 2458, 2462, 2526, 2569, 2602, 2606, 2607, 2614, 2702, 2733, 2829, 2844, 2856, 2864.
France (Centre de la), 1471, 1620, 2503.
France (Midi de la), 38, 175, 204, 266, 685, 1016, 1526, 1790, 1847, 2283, 2495, 2500, 2830.
France (Nord de la), 238, 898.
France (Ouest de la), 632, 1016, 1617, 1848, 2149, 2598.
France (Sud-Ouest de la), 977.
Franche-Comté, 1119, 2852.
Fréjus (Var), 1218.

G

Gaillac (Tarn), 1727.
Gaillon (Eure), 601.
Gand (Belgique), 1221.
Gard, 411, 802, 1127, 2630.
Gargilesse (Indre), 1982.
Gascogne, 2401.

Gassicourt (Seine-et-Oise), 1883.
Gatine, 1128.
Gâtinais, 1377.
Gaule, 302, 356, 1448.
Gellone (Hérault), 69.
Gennes (Maine-et-Loire), 1108.
Gers, 1137.
Gex (Pays de), 2704.
Gironde, 148, 526, 592, 593, 1111, 1139, 2511.
Gisors (Eure), 739.
Gorre (Haute-Vienne), 2054.
Grande-Bretagne, 656.
Grande-Sauve [La] (Gironde), 33, 1423.

Graville-Sainte-Honorine (Seine-Inférieure), 1161.
Grèce, 141, 1112, 1255, 1260, 1266, 1748, 2684, 2859.
Grenade (Espagne), 1742.
Grenade (Haute-Garonne), 1871.
Grenoble (Isère), 402, 1938, 1990, 2143.
Groslay (Seine-et-Oise), 2811.
Guarrazar, 704.
Guéret (Creuse), 1093.
Guienne, 1179, 1180.
Guines (Pas-de-Calais), 542.
Guiry (Seine-et-Oise), 73 a.

H

Hainaut (Belgique), 1254.
Ham (Somme), 1183, 2049.
Hautecombe (Savoie), 714.
Hautefort (Dordogne), 522.
Haute-Garonne, 1184.
Haute-Loire, 1185, 1651, 1759.
Haute-Marne, 1186, 2467.
Haute-Saône, 1188.
Haute-Savoie, 1189, 1190.
Hautes-Alpes, 802, 1187, 1771.
Hautes-Pyrénées, 1191.
Haute-Vienne, 686, 1192.

Haut-Rhin, 802.
Havre [Le] (Seine-Inférieure), 896, 1194, 1195, 1510, 2648, 2833.
Haye-Traversière [La] (Mayenne), 1029.
Heidelberg, 1719.
Hérault, 802, 1197.
Hesdin [Vieil] (Pas-de-Calais), 2784.
Hohkœnigsbourg (Alsace), 504.
Hollande, 295, 1574, 1813, 1826.
Honfleur (Calvados), 2019.
Hurepoix, 1377.
Hyères (Var), 2280.

I

Île-de-France, 340, 1614, 2226, 2596.
Îles anglaises, 1471.
Ille-et-Vilaine, 1415, 1456, 2644.
Impernal (Lot), 1649.
Inde, 1751.
Indre, 794 a, 944, 1419, 2612.
Indre-et-Loire, 784, 1420.
Irlande, 656.
Isère, 1432, 1465, 1771.
Iseure-lès-Moulins (Allier), 1884.

Isle-Adam [L'] (Seine-et-Oise), 2043, 2626.
Issoudun (Indre), 1986, 2376.
Istrie, 2860.
Italie, 155, 552, 650, 1015, 1467, 1760, 1859, 2152, 2320, 2569, 2860.
Italie (Midi de l'), 2707.
Italie (Nord de l'), 1394, 1395, 2756.
Izernore (Ain), 978.

J

Japon, 1476.
Java, 2827.
Jérusalem, 39, 1480, 2669, 2670.
Joinville (Haute-Marne), 2005.
Jouarre (Seine-et-Marne), 642.
Jouy (Aisne), 2057.

Jublains (Mayenne), 2365, 2373.
Judée, 1255.
Jumièges (Seine-Inférieure), 1227.
Jura, 901, 1499.
Jurançon (Basses-Pyrénées), 1789.

K

Kerlescan (Morbihan), 833.
Kermaria-an-Isquit (Côtes-du-Nord), 646, 1115.

Kordofan, 2828.
Kurtea d'Argis (Valachie), 316, 876.

L

Lambèse (Constantine, Algérie), 1021, 1740.
Landes, 1502.
Langlais (Indre-et-Loire), 1911.
Langres (Haute-Marne), 1623.
Languedoc, 2227, 2852.
Lantic (Côtes-du-Nord), 2804.
Laon (Aisne), 121, 330, 473, 946, 1115, 1277, 2808.
Laponie, 2592.
Larressingle (Gers), 1506.
Laval (Mayenne), 1853.
Lavardin (Loir-et-Cher), 2006.
Lavaur (Tarn), 1694.
Lens (Pas-de-Calais), 2742.
Lescar (Basses-Pyrénées), 2712.
Libourne (Gironde), 1300.
Liège, 2567.
Ligugé (Vienne), 1641.
Lille (Nord), 408, 426, 591, 1182, 1904, 2096.
Limoges (Haute-Vienne), 467, 1055, 1056, 1596 a, 2109, 2120.
Limousin, 1393, 1582.
Lisieux (Calvados), 1886.
Loches (Indre-et-Loire), 2658.

Loire, 1471, 1544, 1545.
Loiret, 1547, 1642.
Loir-et-Cher, 1548.
Loire-Inférieure, 750, 1546.
Londres, 1060, 1061, 1064.
Longpont (Seine-et-Oise), 399, 2193 a.
Longueval (Aisne), 2812.
Loré (Mayenne), 1029.
Lorraine, 322, 1486, 1613, 2416, 2595.
Lot, 43, 630, 815, 1549.
Lot-et-Garonne, 973, 1550.
Lozère, 1554.
Luchen ou Lucheux (Somme), 506, 1026.
Lusarches (Seine-et-Oise), 1114.
Lusignan-Grand (Lot-et-Garonne), 1556.
Luxembourg (Grand-duché de), 295, 2286.
Luxeuil (Haute-Saône), 1287.
Lyon, 979, 996, 1115, 1381, 1429, 1555, 1557, 1558, 1684, 1709, 1724, 1790, 2178, 2219, 2559, 2794.
Lyonnais, 2704, 2782, 2818.

M

Mâcon (Saône-et-Loire), 174.
Madaillan (Lot-et-Garonne), 2586, 2758.
Maguelonne (Hérault), 859.
Maine, 1565, 2507, 2588.
Maine-et-Loire, 590, 794, 1566, 1765.
Maintenon (Eure-et-Loir), 1115.
Manche, 1576, 1839.
Manchester, 2751.
Manonville (Meurthe-et-Moselle), 1578.
Mans [Le] (Sarthe), 200, 237, 369, 429, 614, 875, 998, 1176, 1293, 1496, 1568, 1867, 2312, 2691.
Mantes (Seine-et-Oise), 119, 543.
Marchais (Sarthe), 507.
Marcoussis (Seine-et-Oise), 1302.
Margerie (Marne), 864.
Marly-le-Roi (Seine-et-Oise), 508, 643.
Marne, 802, 1589, 2316.
Marseille (Bouches-du-Rhône), 394, 418, 456, 1278, 1905, 2066, 2423.
Martigny (Manche), 2313.
Martres (Haute-Garonne), 1099.
Maubuisson (Seine-et-Oise), 4, 5, 2371, 2548.
Mausle (Charente), 1045.
Mauvezin (Lot-et-Garonne), 2008.
Mavaux (Vienne), 2441.
Mayence, 2030.
Mayenne, 802, 1591, 1855, 2274.
Meaux (Seine-et-Marne), 1921.
Melun (Seine-et-Marne), 1357.
Memphis, 2582.
Menars-lès-Blois (Loir-et-Cher), 2386.
Merlandes (Dordogne), 1924, 2027.
Mésopotamie, 1043.
Metz (Lorraine), 1364, 1885, 2276, 2398.
Meudon (Seine-et-Oise), 1115.
Meulan (Seine-et-Oise), 2239.
Meurthe, 596, 802.
Meurthe-et-Moselle, 1665.

Meuse, 137, 802, 1666.
Mexique, 1321.
Mézières-en-Brenne (Indre), 1667.
Milan, 2667.
Moissac (Tarn-et-Garonne), 1002, 1516, 1517.
Montal (Lot), 509.
Montaner (Basses-Pyrénées), 2712.
Montans (Tarn), 1428.
Montauban (Tarn-et-Garonne), 1929, 1975, 2240.
Montbéliard (Doubs), 1615.
Montbrison (Loire), 1646, 1692.
Montélimar (Drôme), 195.
Montfort-l'Amaury (Seine-et-Oise), 1728, 2259.
Monthureux (Vosges), 1442.
Montjustin (Haute-Saône), 2007.
Montlhéry (Seine-et-Oise), 1729.
Montmajour (Bouches-du-Rhône), 6.
Montmédy (Meuse), 74.
Montmorency (Seine-et-Oise), 1369, 1469, 2111.
Montmorillon (Vienne), 2484.
Montpellier (Hérault), 1610.
Montreuil-Bellay (Maine-et-Loire), 1077.
Mont-Saint-Éloi (Pas-de-Calais), 11.
Mont-Saint-Michel (Manche), 165, 280, 669, 1115, 1345, 1362, 1731, 1914, 2803.
Mont-Saint-Michel (Morbihan), 1097, 1105.
Montsalvy (Cantal), 1993.
Morbihan, 348, 414, 802, 1780, 1781, 2462, 2571.
Moret-sur-Loing (Seine-et-Marne), 104.
Morimond (Haute-Marne), 1219.
Morinie (La), 927, 1616.
Morlaas (Basses-Pyrénées), 1782, 2712.
Morlange (Moselle), 2268.
Morley (Meuse), 818.
Mortcerf (Seine-et-Marne), 2279.
Mortemer (Vienne), 2050.

Morvan, 1471.
Moscou, 672.
Moselle, 107 a, 802, 931, 1852 a, 2406.
Motte-au-Bois [La] (Nord), 505.
Moulins (Allier), 468, 2063, 2797.

Mozat (Puy-de-Dôme), 1228.
Mulhouse (Haut-Rhin), 439.
Munich, 1052.
Murcens (Lot), 1649.
Murviel (Hérault), 1798.
Myrina, 852.

N

Najac (Aveyron), 509 a.
Nancy (Meurthe-et-Moselle), 589, 1057, 1384, 1570, 1685, 2145, 2274 a, 2315, 2428, 2672.
Nantes (Loire-Inférieure), 435, 1203, 1304, 1825.
Narbonne (Aude), 432, 700.
Nesle (Somme), 667.
Neuvy-en-Sullias (Loiret), 1644.
Neuvy-Pailloux (Indre), 981.
Nevers (Nièvre), 442, 595, 940, 1080, 1674, 1686, 2738, 2779.
Nièvre, 802, 1630, 1831, 1832, 2462.
Nimes (Gard), 109, 433, 673, 803, 817, 972, 1115, 1164, 1279, 1314, 1358, 1526, 1833, 1942, 1998.
Ninive, 1834.
Nivernais, 1835.
Nord, 328 a, 1471, 1837, 2316.
Normandie, 146, 171, 344, 566, 1389, 1471, 1583, 1618, 1801, 1839, 1840, 1841, 2580, 2599, 2622, 2780, 2852.
Normandie (Basse-), 2076.
Normandie (Haute-), 712.
Notre-Dame-du-Val (Seine-et-Oise), 2371.
Norvège, 2592.
Noyon (Oise), 111, 1023, 1703.
Nubie, 903, 2148, 2828.

O

Obasine (Corrèze), 874, 1331.
Obernai (Bas-Rhin), 1962.
Oise, 1880, 2118, 2258, 2316, 2462.
Oisseau (Mayenne), 1029.
Oisy (Pas-de-Calais), 637.
Oloron (Basses-Pyrénées), 1934, 1935.
Olympie, 2480.
Oran (Département d'), 2674.
Orange (Vaucluse), 1739, 1741, 2045, 2317.
Orange (Principauté d'), 278, 2228.
Orbais (Marne), 1225, 1522, 2173.
Orbec (Calvados), 2293.

Orient, 39, 142, 2451, 2839.
Orléanais, 335, 1612, 2388, 2594.
Orléans (Loiret), 34, 115, 438, 475, 482, 1054, 1115, 1193, 1200, 1295, 1354, 1436, 1639, 1716, 1953, 2053, 2108, 2130, 2131, 2546, 2547, 2862.
Orne, 662, 1839, 2132.
Orvieto, 1688.
Oudon (Loire-Inférieure), 2139.
Ourscamp (Oise), 1220.
Outremécourt (Haute-Marne), 2140.

P

Pairé (Vienne), 1857.
Palenqué, 2405.
Palestine, 903, 2092, 2176.
Paris (Ouvrages généraux), 55, 56, 73, 78, 94, 122, 123, 129, 160, 190, 262, 263, 265, 340, 401, 409, 550, 644, 657, 677, 683, 715, 725, 749, 789, 814, 821, 848, 899, 918, 966, 982, 984, 999, 1003, 1067, 1069, 1070, 1071, 1072, 1087, 1134, 1160, 1168, 1280, 1288, 1289, 1290, 1306, 1365, 1376, 1383, 1449, 1463, 1468, 1564, 1614, 1638, 1660, 1753, 2026, 2059, 2078, 2082, 2083, 2085, 2153 à 2170, 2211 à 2216, 2220, 2221, 2262, 2372, 2422, 2434, 2443, 2522, 2596, 2597, 2607, 2613, 2617, 2633, 2650, 2652, 2679, 2705, 2721, 2832, 2845, 2851, 2853, 2854, 2857.
Paris (Monographies), 37, 126, 132, 133, 134, 186, 253, 288, 397, 404, 475, 495, 674, 674 a, 675, 707, 828, 866, 873, 879, 945, 959, 997, 1031, 1115, 1120, 1162, 1196, 1231, 1263, 1296, 1303, 1310, 1349, 1351, 1397, 1398, 1399, 1401, 1402, 1403, 1404, 1406, 1552, 1553, 1561, 1699, 1704, 1715, 1722, 1752, 1842, 1877, 1925, 1943, 1944, 1957, 1961, 1974, 1989 a, 1994, 2021, 2024, 2046, 2065, 2090, 2134, 2146, 2191, 2193, 2275, 2310, 2318, 2332, 2403, 2531, 2539, 2611, 2639, 2701, 2714, 2716, 2809, 2810, 2862.
Paris (Environs de), 387, 789, 922, 923, 2084, 2162, 2217, 2434, 2522, 2846.
Parisis, 2456.

Pas-de-Calais, 791, 929, 1030, 2172, 2316, 2637.
Pau (Basses-Pyrénées), 510, 511, 1115, 1950, 2712.
Pays-Bas, 844.
Pékin, 2827.
Péran (Côtes-du-Nord), 2348.
Perche (Comté du), 2850.
Périgord, 346, 2126, 2196.
Périgueux (Dordogne), 113, 428, 647, 1247, 2197, 2796.
Pern (Lot), 819.
Péronne (Somme), 1249.
Perpignan (Pyrénées-Orientales), 457.
Perse, 1255, 1775.
Perthes (Haute-Marne), 2195.
Pesmes (Haute-Saône), 1636.
Petra, 2835.
Peurichard (Charente-Inférieure), 372.
Phénicie, 1255.
Philadelphie, 1062.
Philippeville (Algérie), 431.
Picardie, 305, 345, 824, 893, 1004, 1619, 1970, 2203, 2229, 2600, 2852.
Pierrefonds (Oise), 512, 512 a, 706, 1115, 1766.
Pise, 1754.
Plouharnel (Morbihan), 1006, 1773.
Plouhinel (Morbihan), 2762.
Pœstum, 995, 2477, 2524.
Poitiers (Vienne), 61, 191, 1109, 1115, 1236, 1603, 2323, 2324, 2327.
Poitou, 128, 212, 933, 937, 2149, 2175, 2230, 2235, 2390.
Poitou (Bas-), 558, 2502.
Poitou (Haut-), 834.
Pompéi, 2525.
Poncé (Sarthe), 2192.
Pontigny (Yonne), 7.
Pontoise (Seine-et-Oise), 1706.
Pontorson (Manche), 2803.

Portieux (Vosges), 2777.
Portugal, 1737, 1836.
Port-Royal-des-Champs (Seine-et-Oise), 8, 2253, 2371.
Prades (Pyrénées-Orientales), 1307.
Presles (Seine-et-Oise), 2626.
Provins (Seine-et-Marne), 79, 1308, 2421, 2858.

Provence, 1471, 2231, 2283, 2750.
Puy [Le] (Haute-Loire), 72, 117.
Puy-de-Dôme, 100, 790, 2638, 2888.
Puy-de-Val (Corrèze), 513.
Pyrénées, 125, 1430, 1471, 2500.
Pyrénées-Orientales, 331, 2289.

Q

Quatremares (Seine-Inférieure), 652.
Quatre-Vaux (Côtes-du-Nord), 1734.
Quentowic (Pas-de-Calais), 1037.

Quercy, 43, 960.
Quimper (Finistère), 1687.

R

Rambouillet (Seine-et-Oise), 1952.
Ratisbonne, 949.
Redon (Ille-et-Vilaine), 391.
Reims (Marne), 36, 176, 420, 469, 475, 645, 716, 722, 890, 965, 1058, 1115, 1269, 1360, 1680, 1787, 2022, 2029, 2064, 2329, 2384, 2404, 2447, 2448, 2463, 2475, 2543, 2662, 2663, 2664, 2690, 2694, 2739, 2752, 2862.
Rennes (Ille-et-Vilaine), 71, 459, 2747.
Renty (Pas-de-Calais), 2460.
Réole [La] (Gironde), 741.
Revigny (Meuse), 1700.
Rhône, 2510.
Rieux-Minervois (Aude), 2515.
Rivière (Indre-et-Loire), 2041.
Roanne (Loire), 1431.
Roc-Amadour (Lot), 1204.
Roche [La] (Seine-et-Oise), 390, 1690.

Rochelle [La] (Charente-Inférieure), 1504, 1505, 2476, 2718.
Rochefoucauld [La] (Charente), 2099.
Roche-sur-Yon [La] (Vendée), 2380.
Rodez (Aveyron), 1237, 1881.
Romans (Drôme), 1109.
Rome, 21, 103, 244, 283, 405, 821, 1112, 1524, 1783, 1786, 1818, 2218, 2300, 2470, 2472, 2478, 2482, 2483, 2514, 2855.
Rouen (Seine-Inférieure), 22, 434, 613, 713, 720, 723, 726, 739, 1115, 1233, 1294, 1385, 1852, 1912, 1928, 1930, 1987, 2020, 2070, 2097, 2516 à 2518, 2530, 2534, 2540, 2541, 2625, 2698, 2833.
Roulans (Doubs), 2465.
Roussillon, 2233.
Roye (Somme), 865.
Rueil (Seine-et-Oise), 515.
Russie, 1813.

S

Saffré (Loire-Inférieure), 1451.
Saint-Amand-de-Boixe (Charente), 882, 1045.
Saint-Amand-en-Févèle (Nord), 1286.
Saint-Antoine-de-Pade-lez-Nantes (Loire-Inférieure), 1913.
Saint-Antonin (Tarn-et-Garonne), 1115.
Saint-Astier (Dordogne), 1945.
Saint-Benoist-sur-Loire (Loiret), 1229, 1441, 2366, 2619.
Saint-Bertrand de Comminges (Haute-Garonne), 951, 2533.
Saint-Brieuc (Côtes-du-Nord), 81.
Saint-Calais (Sarthe), 1309.
Saint-Chamond (Loire), 861.
Saint-Christophe-du-Jambet (Sarthe), 1427.
Saint-Claude (Jura), 1226.
Saint-Cloud (Seine-et-Oise), 643.
Saint-Cyr (Var), 1640.
Saint-Denis (Seine), 547, 867, 880, 1222, 1223, 1230, 1469, 1703 a, 2036, 2298, 2368, 2737, 2749.
Saint-Désiré (Allier), 2013, 2535.
Saint-Dié (Vosges), 2412, 2414.
Saint-Dizier (Haut-Rhin), 2699.
Saint-Émilion (Gironde), 2537.
Saint-Étienne (Loire), 242.
Saint-Étienne-du-Vauvrai (Eure), 2060.
Saint-Fargeau (Yonne), 525.
Saint-Florentin (Yonne), 694, 2471.
Saint-Genitor du Blanc (Indre), 1024.
Saint-Georges de Bocherville (Seine-Inférieure), 948.
Saint-Germain-en-Laye (Seine-et-Oise), 1695.
Saint-Germain-en-Laye (Environs de), 2234.
Saint-Germain-les-Belles (Haute-Vienne), 2696.
Saint-Gilles (Gard), 1311.
Saint-Guillem-du-Désert (Hérault), 69.
Saint-Jacques-des-Guérets (Loir-et-Cher), 2342.
Saint-Léonard (Mayenne), 1645.
Saint-Lô (Manche), 2806.
Saint-Lucien (Oise), 1232.
Saint-Macaire (Gironde), 2014.
Saint-Marcel (Indre), 1982.
Saint-Mars (Indre-et-Loire), 2207.
Saint-Martin-aux-Bois (Oise), 2015.
Saint-Maur-des-Fossés (Seine), 1312, 2542.
Saint-Maurice d'Agaune, 2736.
Saint-Maximin (Var), 537, 2017, 2023.
Saint-Mihiel (Meuse), 1761.
Saint-Nicolas-de-Port (Meurthe-et-Moselle), 1170, 2018.
Saint-Omer (Pas-de-Calais), 17, 392, 1169, 1388, 1466.
Saint-Privat-du-Gard (Gard), 516.
Saint-Pierre-Quiberon (Morbihan), 1773.
Saint-Quentin (Aisne), 582, 2585.
Saint-Révérien (Nièvre), 1648.
Saint-Riquier (Somme), 718, 858.
Saint-Sauveur-le-Vicomte (Manche), 1338.
Saint-Savin (Hautes-Pyrénées), 738.
Saint-Savin (Vienne), 12, 2040.
Saint-Servan (Ille-et-Vilaine), 2715.
Saint-Sulpice-de-Favières (Seine-et-Oise), 870, 1702.
Saint-Vaast (Nord), 9.
Sainte-Quitterie-du-Mas (Lot-et-Garonne), 2538.
Saintes (Charente-Inférieure), 217, 1000, 1992, 2697.
Saintonge, 217, 933, 2149.
Samen, 2837.
San-Francisco, 2827.
Santonie, 1654.
Sanxay (Vienne), 112, 1601, 2294.
Saône-et-Loire, 2553, 2847.
Sarbazan (Landes), 557.
Sarthe, 825, 1017, 1176, 2554.

Sault (Vaucluse), 2555.
Saumur (Maine-et-Loire), 1966, 2385, 2556.
Savigny (Rhône), 395.
Savoie, 684, 1471, 2123, 2127, 2180, 2557.
Séez (Orne), 470, 955.
Seine, 386, 2573, 2574.
Seine-et-Marne, 1756, 2452, 2575.
Seine-et-Oise, 2391, 2576.
Seine-Inférieure, 1839, 1852, 2577, 2578.
Sélinonte, 2492.
Senlis (Oise), 475, 605, 2033, 2862.
Senonais, 1377.
Sens (Yonne), 436, 471, 1940, 2375, 2740, 2862.
Serraz [La] (Savoie), 374.
Serviès-en-Val (Aude), 1635.
Sescas (Gironde), 1701.
Séville, 1742.
Sèvres (Seine-et-Oise), 731.
Siam, 2827.
Sicile, 167, 2848, 2860.

Sidon, 1828.
Silfiac (Morbihan), 1733.
Sillé-le-Guillaume (Sarthe), 2052.
Sisteron (Basses-Alpes), 872, 1319, 2474.
Six-Fours (Var), 92.
Soissons (Aisne), 93, 121, 172, 336, 2404.
Solesmes (Sarthe), 2570, 2608, 2623.
Solre-le-Château (Nord), 2479.
Somme, 661, 1518, 1523, 2314, 2319, 2609.
Soudan oriental, 2828.
Soulac (Gironde), 2861.
Souterraine [La] (Creuse), 1954.
Strasbourg (Alsace), 475, 732, 739, 871, 2411, 2862.
Sturzelbronn (Moselle), 2406.
Suède, 2592.
Suez, 2842.
Sully (Loiret), 1720, 2642.
Suze, 24.
Sydney, 1053.
Syrie, 903, 1028, 2176, 2645.

T

Talant (Côte-d'Or), 517.
Tanlay (Yonne), 525.
Tarascon (Bouches-du-Rhône), 1749.
Tarn, 703, 1727, 2665.
Tarn-et-Garonne, 332, 1006, 2649, 2666.
Tauroentum (Var), 1640.
Tébessa [Constantine] (Algérie), 1740.
Teste [La] (Gironde), 1500 a.
Thiénans (Haute-Saône), 2056.
Thiérache (La), 2687.
Thinic (Morbihan), 1103.
Tigré, 2837.
Timgad [Constantine] (Algérie), 1740, 2688.
Toscane, 2706, 2707.
Toul (Meurthe-et-Moselle), 1282, 1926, 2315.
Toulouse (Haute-Garonne), 258, 410, 440, 606, 701, 878, 884, 1711, 1860, 1861, 1874, 2009, 2055, 2326, 2338, 2440, 2708, 2709, 2709 a, 2710.
Touraine, 256, 784, 827, 832, 1330, 2281, 2378, 2711.
Tournai, 1012.
Tours (Indre-et-Loire), 35, 284, 581, 1101, 1328, 1596, 1705, 2047, 2717, 2781.
Trianon [Versailles] (Seine-et-Oise), 2144, 2201.
Troyes (Aube), 68, 77, 313, 437, 478, 567, 602, 616, 666, 826, 841, 888, 891, 976, 986, 1124, 1157, 1386, 1475, 1600, 1808, 1865, 1991, 2038, 2179, 2545, 2654, 2660, 2703, 2753, 2757, 2760.

Tulle (Corrèze), 790 a.
Tumiac (Morbihan), 2345.
Tunis, 1799.

Tunisie, 990.
Turquie, 2839.
Tyrol, 2756.

U

Ugernum (Gard), 1010.
Uzès (Gard), 640.

Uzeste (Gironde), 2002, 2764 a.
Uxellodunum (Lot), 1649.

V

Valcabrère (Haute-Garonne), 2533.
Valence (Drôme), 472, 2344.
Valenciennes (Nord), 1352, 1379, 2250.
Valmagne (Hérault), 10.
Valromey, 2704.
Val-Saint-Éloy (Haute-Saône), 2367.
Vannes (Morbihan), 1341.
Var, 2768.
Varey (Ain), 1336.
Varzy (Nièvre), 1717.
Vaucluse, 358, 1607, 2771.
Vaucluse (Doubs), 1725.
Vauhallan (Seine-et-Oise), 2194.
Vaux-le-Vicomte (Seine-et-Marne), 519.
Velay, 70.
Vendée, 48, 1851, 2235, 2773, 2774.
Vendôme (Loir-et-Cher), 1869, 2797.
Vendômois, 1199.
Venise, 282, 2775.
Verdun (Meuse), 860.
Vermandois, 2776.
Verneuil (Indre), 1922.
Vernon (Eure), 1283.
Versailles (Seine-et-Oise), 499, 520, 521, 643, 1115, 1125, 1908, 2144.

Versailles (Environs de), 385.
Vertaut (Côte-d'Or), 1098.
Vervins (Aisne), 333.
Vésone (Dordogne), 113, 928, 1102, 2686.
Vexin, 2456.
Vézelay (Yonne), 1115, 1171.
Vichy (Allier), 114, 2783.
Vienne (Isère), 615, 702, 1284, 1778, 2351, 2352, 2357, 2399, 2794.
Vienne (Département de la), 802, 2328, 2793.
Vienne (Autriche), 1075, 1076.
Vieu (Ain), 2031.
Villars (Puy-de-Dôme), 1653.
Villebon (Eure-et-Loir), 1115.
Villeneuve-lès-Avignon (Gard), 2713.
Ville-sur-Haine [Hainaut] (Belgique), 1736.
Villiers (Orne), 1788.
Vincennes (Seine), 643, 1115, 1312.
Vitré (Ille-et-Vilaine), 1494.
Vivarais, 900, 1774, 2296.
Vosges, 664, 1471, 1655, 2819, 2820, 2821.
Voûte-Chilhac [La] (Haute-Loire), 877.
Vouziers (Ardennes), 924.

W

Wassy (Haute-Marne), 1946.
Wideville (Seine-et-Oise), 1721, 2865.

Wiesbaden, 2030.
Windsor, 2834.

X

Xaintrailles (Lot-et-Garonne), 1022.

Y

Yeddo, 2827.
Yonne, 101, 695, 751, 802, 2868, 2869.

Yucatan, 2849.
Yvetot (Seine-Inférieure), 897, 1007.

Z

Zélande, 541.

TABLE ALPHABÉTIQUE

PAR

NOMS D'AUTEURS

RENVOYANT

AUX NUMÉROS D'ORDRE DU CATALOGUE.

A

Abadie (Paul), 2632.
Abbadie (J.), 738.
About (Édmond), 2102.
Abraham (Tancrède), 86, 298, 525.
Achard (Paul), 1174.
Adams, 2427.
Adeline (Jules), 1528, 2517.
Advielle (Victor), 698.
Albanis Beaumont (J.-F.), 684.
Albiousse (Lionel d'), 640.
Alleaume, 840.
Allemagne (Henri-René d'), 1343.
Alexandre (Arsène), 1256.
Aligny (Théodore), 2859.
Alis, 2008.
Allard (E.), 2733.
Allard (L.), 2792.
Allard (Paul), 2514, 2517.
Allier (Ach.), 67.
Allou, 1921.
Allou (C.-N.), 686.
Amand-Durand, 846.
Amaury-Duval, 1681.
Amé (Em.), 377.
André (Auguste), 459, 2778.
André (Jules), 86.

Andréoli (E.), 1696.
Andrieu, 2473.
Androuet du Cerceau (J.), 130, 131, 145, 533, 1039, 1513, 1663, 2105, 2435.
Anselme, 1373.
Antonins (Les) de Troyes, 2032.
Appell (J.-W.), 1776.
Appelles, 1215.
Arbaumont (Jules d'), 956, 2744.
Arbellot, 467.
Arbois de Jubainville, 2247, 2265, 2462, 2841.
Armaillé (Comte d'), 1326.
Arman (Alex.), 2061.
Armbruster (F.), 1809.
Armelhault (J.), 2104.
Arnaud (A.-F.), 2039, 2825.
Arnaud (Ch.), 1777.
Arnauld (E.), 1355.
Artaud (F.-M.), 1558, 1790.
Asselineau, 1664, 2569.
Assier (Alex.), 257, 602, 2062.
Aubenas (J.-A.), 1218.
Auber, 1236, 1368, 2354, 2380.
Aubert (Ed.), 2736, 2765.

Aucapitaine (Henri), 1862.
Aucher-Éloy, 2451.
Audiat (Louis), 297, 934.
Audierne, 928, 1247, 1418, 1792, 1924, 1939, 1945, 2037, 2126, 2196, 2686.
Audiffret (Comte G. d'), 92.
Aufauvre (Am.), 46, 1756, 2660, 2753.

Auguin (Ed.), 1057, 1685.
Aurès (A.), 995.
Auriac (Eugène d'), 1244.
Auvray (Louis), 777, 2102, 2496.
Avenel, 1521.
Aymard, 72, 117, 641, 877.
Ayzac (Félicie d'), 1222.

B

Babeau (Alb.), 68, 77, 836, 888, 976, 1124, 1475, 1532, 1854, 2545, 2757, 2759.
Babelon (Ernest), 142, 1156.
Bachelet (L.), 2436.
Bachelet (Th.), 776, 778.
Badel (Émile), 322, 1170.
Badin, 1135.
Baecker (L. de), 505, 898.
Baedeker (K.), 295.
Bagard, 1926.
Bal (L.-C.), 741.
Baldus (E.), 130, 131, 533, 1663, 2144, 2146, 2437, 2810.
Ballereau (Léon), 2287.
Ballu (Albert), 1740, 2715.
Ballu (Th.), 1699, 1704.
Ballyhier (L. de), 598.
Baltard (L.-P.), 1223.
Baltard (V.), 583, 1123.
Baluze, 1370.
Bance, 1745.
Bapst (G.), 1115.
Baraban (V.), 1023.
Barante (De), 547.
Barat, 1835.
Barbat (L.), 1275.
Barbaud (Raymond), 2003.
Barbey de Jouy (Henri), 691, 692, 1133, 1897.
Barbier (Ant.-Alex.), 768.
Barbier (Olivier), 768.
Barbier de Montault (X.), 1596 a, 2728, 2730.
Barges (J.-J.-L.), 2051.

Barqui (F.), 169.
Barraud, 696, 697, 1590, 1868, 1876.
Barrière, 1387.
Barrière-Flavy (C.), 1016.
Barry (Edw.), 2326.
Barthélemy (A. de), 81, 500, 924, 2433, 2699.
Barthélemy (Édouard de), 810, 1274, 1491, 1958, 2433.
Bartolini (L.), 1122.
Basilewski, 565.
Batissier (Louis), 904, 1116.
Bauchal (Ch.), 1552, 2065, 2067.
Baudiau (J.-F.), 1305.
Baudot (A. de), 894, 914, 1131, 2568.
Baudot (Henri), 2343, 2350.
Baudrillart (H.), 1344.
Baudry (Ferdinand), 1625, 2287.
Baudry (Paul), 2517.
Baugier, 1777.
Baurein, 2769.
Baux (Jules), 1891, 2377.
Baye (baron J. de), 1421.
Bayet, 199, 2257.
Bazaine (P.-D.), 2722.
Bazin (Hippolyte), 1833, 2794.
Bazin de Gribeauval (Ch.), 721.
Beaudoin (H.), 955.
Beaudrain (N.), 2517.
Beaulieu (De), 2232, 2233.
Beaulieu (E.), 114, 911.
Beaumont (vicomte Adalbert de), 2410, 2592.
Beaunier, 2438.

Beaurepaire (Ch. de), 1839, 1852, 2070, 2407, 2517.
Beauvoir (Comte), 2827.
Beeverell (J.), 656.
Bégin (E.-A.), 1364.
Béguillet, 709, 710.
Bégule (Lucien), 996, 1684.
Belgrand (E.), 287, 2574.
Belin, 2339.
Bellaguet (L.), 547.
Bellanger, 1961.
Bellanger (Ernest), 86.
Bellanger (Stanislas), 2711.
Bellegambe (Jean), 2788.
Bellel (J.-J.), 2820.
Belleuvre (P.), 86.
Belleval (L.-C. de), 858.
Belleyme, 383.
Bellier de la Chavignerie (Émile), 548, 777.
Bellori (G.-P.), 103.
Bénard (P.), 582.
Bénédite (Léonce), 352.
Benois (N.), 1688.
Benoist (F.), 1839.
Benoit, 545.
Benoit (D.-P.), 1226.
Benouville (Léon), 1020.
Benouville (P.), 2, 1506, 2758.
Béquet (Léon), 2466.
Berain, 2134, 2435.
Béranger (Paul), 2851.
Bérard (A.), 752.
Bérard (De), 2518.
Berbrugger, 51.
Berchon, 2764 a.
Berluc-Perussis (L. de), 2291.
Bernard (Auguste), 395, 2273, 2425, 2668.
Bernard (G.), 2421.
Bernin, 1493.
Bertall, 1406.
Berthelé (Joseph), 82, 558, 2294, 2390.
Bertolotti (A.), 244.
Berton de Saint-Quentin (Pierre), 2204.
Bertrand (Alexandre), 135, 476, 1843.

Bertrand (Louis), 431.
Bertrand de Beuvron (H. de), 2024.
Berty (Ad.), 145, 761, 2458, 2705.
Bescherelle aîné, 756.
Besson, 298.
Besson (Jacques), 2680.
Beulé, 1260.
Bézier (P.), 1456, 2644.
Bézier-la-Fosse (H.), 1707.
Bezzuoli (J.), 1122.
Biais (Émile), 2099.
Bida, 1538.
Biémont (René), 2130.
Biet (J.-E.), 539, 2616.
Bigot (V.), 1198.
Bilhard (René et Paul), 768.
Billion (E.), 642.
Bing (S.), 1476.
Bion de Marlavagne (L.), 1237.
Bishop (Edmond), 303.
Blacas (duc de), 687.
Blaeu (Jean), 2209, 2582 a.
Blais (Auguste), 1917.
Blanc (Charles), 205, 235, 365, 626, 1144, 1322, 1425, 2110, 2743.
Blancard (Louis), 1410.
Blanche (Alf.), 775.
Blanchère (R. de la), 579.
Blanchet (Paul), 2297.
Blandot, 1571.
Bleynie de Châteauvieux (F.-E.), 1653.
Blondel (J.-F.), 160.
Bocher (E.), 2104.
Bodin (J.-F.), 2382, 2385, 2389.
Bodmer (K.), 1827.
Bœswillwald (E.), 2688, 2809.
Boissieu (Alph. de), 1429.
Boissieu (M. de), 861.
Boitel (Léon), 1557.
Bologne (Jean), 2789.
Bonfons (Pierre), 123.
Bonnafé (Edmond), 1662.
Bonnard (Camille), 626, 2149.
Bonnardot (Alf.), 129, 813, 1003.
Bonnardot (François), 2443.
Bonnardot (Hippolyte), 1722, 2156.
Bonnassieux, 1425.

Bonnassieux (Pierre), 499.
Bonneau, 1461.
Bonneau (Alfred et Louis), 86.
Bonnefons (Eugène), 1938.
Bonnefons (Georges), 1406.
Bonnet, 262, 263.
Bonnin (Th.), 118, 1433.
Bonnore (E.), 2861.
Bordeaux (Raymond), 1839, 2583, 2723.
Bordenave d'Abère (de), 1782, 2363.
Bordes (Auguste), 1320.
Bordèse, 2518.
Bordier (Henri), 690, 899, 1216.
Borel d'Hauterive (André), 2506.
Borgia, 271.
Borneman (C.), 1713, 2417.
Bosquet (Amélie), 1839.
Bossebœuf (F.), 832.
Bossebœuf (L.-A.), 256, 850.
Both de Tauzia (Vicomte), 1906.
Bottari, 2419.
Bottée de Toulmon, 1444, 1445.
Bouchard (Louis), 2726.
Boucher de Molandon, 1441, 2263, 2546.
Boucher de Perthes, 107, 1422.
Bouchet (Jules), 1507.
Bouchitté (H.), 2256.
Bouchot (Henri), 1119, 1452, 1453, 1535.
Bouclet, 385.
Boudant, 1285.
Boudon de Saint-Amans, 973.
Boudrot (J.-B.), 1498.
Bouet (Alexandre), 1121.
Bouet (G.), 63, 1362, 2583.
Boufflet, 556.
Bougard (E.), 308.
Boulangé (Georges), 107 a, 1852 a, 2406.
Bouillart (Jacques), 1231.
Bouillet (A.), 486, 745, 883, 1700, 1702, 2531.
Bouillet (Charles), 2008.
Bouillet (J.-B.), 2638, 2659.

Bouillet (N.), 805, 806.
Bouillevaux (R.-A.), 2195.
Bouillon-Landais, 418.
Boullet, 2642.
Bouniceau-Gesmon, 882.
Bouquet (F.), 1912, 2517.
Bourassé (J.-J.), 754, 940, 2378, 2781.
Bourdely (Louis), 1056.
Bourdery (Louis), 910.
Bourdin, 321.
Bourdon (Ch.), 1362.
Bourgeois, 1745.
Bourgerel (G.), 1113.
Bourgnon de Layre, 62, 2327.
Bourgoin (J.), 2682.
Bournaud (François), 1253.
Bournon (Fernand), 288, 1290.
Bourquelot (Félix), 1308, 1605.
Boutell (Charles), 1732.
Boutillier, 2738, 2779.
Boutique (Augustin), 500 a, 512 a.
Boutry (J.), 2791.
Bouvenne (Aglaüs), 2021.
Bouxin (Aug.), 473.
Boyer (François), 2801.
Boyer (Hippolyte), 912.
Boyer de Sainte-Suzanne, 1846.
Bracquemond, 2867.
Braquehaye (Ch.), 236.
Brassart (Félix), 1337.
Brasseur de Bourbourg, 1321, 2405.
Brayer, 1758.
Brécy (H.), 943.
Brès (J.-P.), 134, 2616.
Bretez (Louis), 2220.
Breton (Ernest), 1448.
Breuillaud, 1635 a.
Brice (Germain), 2082.
Briois, 2716.
Brion (Louis, père et fils), 2829.
Brioux (Stanislas), 1207.
Britton (J.), 84.
Broca (Paul), 102.
Brongniart (A.), 731.
Brossard de Ruville, 1281.
Brouillet (père), 1417.

— 309 —

Brouillet (P.-Amédée), 128, 937, 1417, 1857.
Brownlow (W.-R.), 2514.
Bruel (Alexandre), 2425.
Brun, 2764 a.
Brune (P.), 901.
Brunet (Gustave), 1585, 2643.
Brunet (Jacques-Charles), 1584.
Brunet-Debaisne, 2517.
Brunette (N.), 2029.
Brunetto-Latini, 1531.
Brutails, 2764 a.
Bruyerre, 1957.
Bry (Auguste), 2301.

Buhot de Kersers (A.), 970, 1165, 1366, 2199, 2636.
Bullant (J.), 145.
Bullemont (A. de), 1162.
Bulliot (J.-Gabriel), 211, 953.
Bulteau, 671, 1683.
Bultheel (Cyrille), 500 a, 512 a.
Bunsen (Ch.-C.-J.), 283.
Burckhardt, 552.
Bürger (W.), 1322, 2751.
Burnier (Eug.), 523.
Burty (Philippe), 532.
Bussière (E.), 1835.
Buzonnière (Léon de), 1200, 2366.

C

Cadart, 845, 1416.
Cagnat (Charles-Robert), 931.
Cagnat (René), 931, 2688.
Cagny (Paul de), 1249.
Cahen (Ab.), 1559.
Cahier (Charles), 376, 1594, 1681, 2077, 2641.
Caillau (A.-B.), 1204.
Cailleux (Alph. de), 2852.
Callandreau (L.), 968.
Callaud (Virgile), 2057.
Callen, 881.
Calliat (Victor), 1401.
Callot (Jacques), 2394.
Calmet (A.), 1372.
Calonne (Baron Albéric de), 2693.
Cals (G.), 1175.
Calvet (F.-A.), 492, 1013.
Cambry, 421.
Campardon, 585.
Camus, 384.
Canestrini (Giuseppe), 1829.
Caneto (F.), 2536.
Capitaine (Louis), 383.
Caproni, 374.
Capronnier (J.-B.), 1246.
Cardevacque (A. de), 9, 11.
Caresme, 795.
Caresse, 2435.

Caristie (Auguste), 1739, 2045, 2218, 2317.
Caron (Émile), 2331.
Carré (Gustave), 1386.
Carré de Busserolle (J. de), 784.
Cartailhac (Émile), 1118.
Carter (John), 84.
Carteret, 2475.
Cartier (A.), 860.
Cartier (Ét.), 961, 1481.
Cassan (Armand), 119.
Cassien, 42.
Cassini, 383, 384, 388.
Castagnary, 2552.
Castagné (E.), 1649.
Castan (Aug.), 298, 1595.
Castellan (A.-L.), 1091.
Castermans, 2150.
Catenacci (H.), 1239.
Cattaneo (Raphael), 155.
Cattois (F.), 151.
Caucanier, 2639.
Caumont (A. de), 18, 632, 1443, 1866, 2634.
Cavalcaselle (G. B.), 1394, 1395.
Cavalluci (J.), 658.
Cayla (J.-M.), 2710.
Cayon (Jean), 1384.
Cayot-Delandre, 1781.

Cellini (Benvenuto), 296.
Celtibère, 1715.
Cénac-Moncaut, 2824.
Cerf, 2739.
César (Jules), 479.
Cessac (de), 1533.
Chabaille (P.), 1531.
Chabat (Pierre), 770, 1112.
Chabeuf (Henri), 1477.
Chaborg (Léon), 1159.
Chabouillet (A.), 446, 498, 1983.
Chaillou des Barres (Baron), 7, 525.
Chaine, 914.
Chalieu, 1633.
Challamel, 1034.
Challe, 1604.
Chalmel (J.-L.), 1330.
Chambeyron (Victor), 2261.
Chambiges, 145.
Chambure, 808.
Champeaux (Alfred de), 1661, 2204.
Champeaux (J. de), 748.
Champfleury, 2787.
Champollion-Figeac (Aimé), 375, 829, 1723.
Chantelou (De), 1493.
Chantre (E.), 127, 1726, 2347.
Chapuy, 1745, 2862.
Chardon (Er.), 1031.
Chardon (Henri), 237, 2691.
Charles (Léopold), 1242.
Charles (Robert), 1176, 1242.
Charleuf (G.), 1648.
Charmasse (A. de), 396.
Charmes, 1839.
Charnacé (Guy de), 86.
Charpillon, 795.
Charton (Édouard), 1216.
Charvet (E.-L.-G.), 314, 516, 989, 996, 1479, 1512, 2392, 2459, 2572.
Chassant (L.-Alph.), 766, 2147.
Chastang (Théodore), 1950.
Chaudruc de Crazannes (Baron), 612, 630, 815, 819, 960, 1516, 1517, 1527, 1918, 1929, 1930, 2055, 2649.

Chaumelin (Marius), 1322, 2750.
Chauveau, 2134.
Chauvet, 2754.
Chedeau, 1645.
Chédeville (Léon), 1519.
Chenavard (Aimé), 67, 1558, 2426, 2591, 2860.
Chenelière (Gaston de la), 1455.
Chennevières (Ph. de), 19, 54, 179, 1628, 1901, 2395.
Chenu (Jean), 2424.
Chergé (Ch. de), 13, 191, 1024, 1603, 2328.
Cheronnet (D.-J.-F.), 1303.
Chéruel (A.), 764, 1489, 1520.
Chesneau (Ernest), 221, 1826, 2181.
Chevalier (C.), 1101, 2281, 2378.
Chevrier (Jules), 481.
Chifflet (Vicomte), 298.
Chintreuil, 2787.
Chipiez (Charles), 1255, 2670.
Chomton, 2532.
Chorier (Nicolas), 2399.
Cicéri (Eugène), 2842.
Claesen (Ch.), 1793.
Clair (H.), 551.
Clairambault, 1458.
Clarac (Comte de), 1805.
Claretie (Jules), 2639.
Clémandot, 1072.
Clément (Charles), 232, 1511, 2285.
Clément-Janin, 2122.
Clément de Ris (Comte L.), 59, 1816, 1817, 1895.
Clerget, 2518.
Clérisseau (C.), 109.
Clochar (P.), 1760.
Cloquet (Louis), 1012.
Closmadeuc (De), 2571.
Cocheris (Hippolyte), 1289, 1970.
Cochet, 895, 896, 897, 1841, 2462, 2578, 2580, 2692.
Coëtlogon (A. de), 190.
Coincy (Gautier de), 1668.
Coindre (G.), 298.
Collignon (Ed.), 2733.
Collignon (Maxime), 141, 1266, 1824.

Commarmond, 1515.
Contant (Clément), 2151.
Contencin (De), 2001.
Corbinelli (De), 1371.
Corblet (J.), 154.
Cordier (Charles), 2566.
Corlieu (A.), 1210.
Cormenin (De), 842.
Corrèges (Ferdinand), 1567, 2700.
Corroyer (E.), 163, 165, 173, 669, 1115, 1131.
Corrozet (Gilles), 1087.
Cortambert (E.), 261, 267, 1145, 2198.
Cossard (Les), 2402.
Coste (Pascal), 1775.
Cotman (J.-S.), 146.
Couché (fils), 2607.
Coulon (G.), 1944.
Couneau, 2718.
Courajod (Louis), 49, 455, 854, 1225, 1297, 1522, 1676, 2173, 2409, 2579.
Courcy (P. de), 1110.
Courmaceul (V. de), 1286.
Courson (Aurélien de), 391.

Courtalon-Delaistre, 2703.
Courtépée, 710.
Courtet (Jules), 783.
Cousin (Jean), 1019, 2432.
Cousin (Jules), 1115, 2059.
Coussemaker (E. de), 2219 b.
Coussin, 2482.
Coutant, 1098.
Coyecque (E.), 1404.
Cramail (Alf.), 74, 515.
Craon (Princesse de), 2617.
Croisy (A.), 207.
Croizier (Comte de), 246.
Cros (J.-P.), 1635.
Crosnier, 1686.
Crouchandeu, 457.
Crowe (J.-A.), 1394, 1395.
Crozant-Bridier (A. de), 991.
Crozes (Hippolyte), 1689, 1694, 1712, 1933, 2462.
Cucherat (Fr.), 562.
Cunat (Charles), 1734.
Cunisset-Carnot, 1115.
Curie Seimbres (A.), 977.
Curzon (H. de), 1884.

D

Dalibert, 2019.
Dalle (Jean), 1206 a.
Daly (César), 161, 309, 1794, 2504.
Damiand, 48.
Danckerts (Corneille), 2468.
Danton (J.), 34.
Darcel (A.), 41, 198, 565, 1115, 1181, 1894, 1896, 2417, 2745.
Dardel (René), 1724, 2459.
Daremberg (Ch.), 763.
Dargenville, 2845.
Darjon (A.), 368.
Dauban (C.-A.), 1529.
Dauphinot (A.), 2664, 2739.
Dauvergne (Anatole), 2190.
Dauvin (B.), 2784.
Davenne (H.-J.-B.), 2442.

Daviau de Piolant, 1077.
David (Louis), 649, 1551.
David d'Angers, 648, 2102.
Davioud (J.-A.-G.), 222.
Dayot (Armand), 1115, 1840.
Debeacker (Louis), 2383.
Debelle, 42.
Debret, 2036.
Debret (F.), 2114.
Dechelette (J.), 1431.
Dechristé (Louis), 2656.
Deck (Th.), 1079.
Decombe (Lucien), 2747.
Dehaisnes (C.), 1115, 1254, 2788.
Deharme, 2212.
Delaborde (Vicomte Henri), 663, 1015, 1115, 1153, 1322, 1426, 1598.

Delagrive ou de la Grive, 2220.
Delalain, 98.
Delamare (Ad.-H.-Al.), 1046.
Delamare (N.), 262.
Delamont (E.), 1307.
Delange (Carle et Henri), 1713, 2417.
Delangle (Firmin), 2831.
Delaroche (Paul), 1051, 1196.
Delarue (L.-E.), 1232.
Delaunay, 1035, 2107.
Delaunay (Ferd.), 112.
Delauney (A.), 2168.
Delécluze (E.-J.), 649, 1551.
Delessert (Ed.), 259 a.
Delforge (H.), 2725.
Delisle (Léopold), 366, 1338, 1577, 1675.
Della Robia, 658.
Delmas, 1673.
Delobel (L.), 2755.
Deloche (Maximin), 389.
Delorme (Philibert), 145, 1718, 2088, 2266.
Delorme (T.-C.), 702, 2349, 2351, 2352.
Deloye (Aug.), 1903, 1906 a.
Demaison, 2463.
Demay (G.), 623, 1458, 1459.
Demmin (Aug.), 916, 1166, 1167, 1238, 1322.
Demont, 2072, 2727.
Denais (Joseph), 2815.
Denis (Alph.), 2280.
Denis (Cl.-F.), 818, 2137.
Denuelle (Alex.), 1977, 2306, 2309.
Depping (G.-B.), 618.
Deprin (G.), 5.
Derguy (Dieudonné), 560.
Deribier-du-Châtelet, 793.
Derkeims (J.), 1169.
Deroy (A.), 1500 a.
Deschamps (P.), 1585.
Deshayes (C.-A.), 1227.
Desjardins (Abel), 1829, 2789.
Desjardins (Ernest), 2038.
Desjardins (Gustave), 1234, 2201.

Desjardins (Tony), 1709, 2031.
Deslys (Charles), 2517.
Des Méloizes, 981.
Desmoulins (Ch.), 1656.
Desnos, 2212.
Desnoyers, 438, 2053.
Despierres (G.) [Mme], 823, 1658, 2124, 2245.
Desrosiers (L.), 468, 2535.
Destailleur (H.), 409, 1039, 1083, 1513, 2435.
Devals (aîné), 1975.
Devars (G.), 756.
Deveria (Théod.), 413.
Devienne, 1273.
Deville (Achille), 601, 652, 948, 1257, 1334, 1339, 2097, 2698.
Devoulx (Albert), 856, 932.
Devret, 495.
Dezobry (Ch.), 776, 778.
Dheuilland, 2220.
Didelot (Ch.), 472.
Didier (A.), 627.
Didot (Ambroise-Firmin), 1019.
Didot (Firmin), 259 a, 2079.
Didron (aîné), 89, 464, 1409, 1682, 1714.
Didron (Édouard), 89, 150, 1072, 2814.
Dieulafoy, 24.
Dion (A. de), 992.
Dion (H. de), 462.
Dodelier (Ch.), 1698, 2007, 2056, 2367.
Doisnard (Gustave), 1731.
Dollfus (Engel), 439.
Dominique, 1854.
Dommey, 2363 a.
Donnet (Alexis), 388.
Doublet (F.-Jacques), 1223.
Doublet de Boistbibault, 862.
Doudan, 385.
Drake (T.), 48.
Dramard (E.), 305.
Draner, 625.
Dréolle de Nodon (E.), 907.
Drouet (Ch.), 2052.

— 313 —

Drouyn (Léo), 33, 148, 319, 636, 971, 1180, 1423, 1701, 2511, 2770.
Drury (E.-Fortnum), 736.
Duban (F.), 487.
Dubernet de Boscq, 1556.
Dubois, 1219.
Dubois (Ambroise), 1123.
Dubourg (A.), 1029.
Du Breul (Jacques), 2679.
Du Broc de Ségange (L.), 1080, 2063.
Dubuisson-Aubenay, 1488.
Dubut, 2482.
Duc, 2304, 2363 a.
Du Camp (Maxime), 903.
Du Cange, 1142.
Ducarel, 106.
Duchamp de Pas (L.), 1388.
Du Chesne (André et François), 124.
Du Choal (G.), 812.
Du Cleuziou (Henri), 247, 2254.
Ducourneau (Alexandre), 1116, 1179.
Ducrocq (Th.), 633, 1009.
Ducuing (Fr.), 1068.
Dufour, 67.
Dufour (A.), 2123, 2180.
Dufour (Ch.), 2346.
Dufour (Georges), 292.
Dugast-Matifeux, 1825.
Du Goullon (J.), 1193.
Duhamel (L.), 144, 868, 2713.
Duhamel-Decejean, 667.
Dujarric (Faure), 1513.
Dulaure (J.-A.), 1383, 2083, 2084.
Dumas (Alexandre), 1122.
Dumay (Gabriel), 926.
Du Mége (A.), 701.
Dumesnil (J.), 1323, 1324, 1325.
Du Moncel (Ch.), 491, 527.
Dumontet (Jules), 1717.
Dupasquier (Louis), 1714.
Dupiney de Vorepierre (B.), 774.

Duplais-Destouches (A.), 646.
Duplat, 2850.
Duplessis, 712.
Duplessis (Georges), 627, 840, 846, 847, 1115, 1155, 1243, 1450, 1539, 1627, 2136.
Du Plessis (Toussaint), 2085.
Dupont (Henriquel), 1425.
Dupré (A.), 2386.
Dupré (Paul), 2466.
Durand (Alp.), 543.
Durand (Amand), 2110.
Durand (André), 1877, 1878.
Durand (Charles), 685, 2800.
Durand (E.), 563.
Durand (H.), 463.
Durand (Paul), 1682.
Durant (S.), 685.
Duranville (Léon de), 1988.
Dureau de la Malle, 2284.
Durieux (A.), 233.
Durnard (Gustave), 1914.
Durrieu (Paul), 919, 2855.
Dusan (Bruno), 2495.
Du Sartel (O.), 2308.
Du Seigneur (J.), 1265.
Dusevel (H.), 506, 661, 865, 889, 893, 1026, 1270, 1518, 1523, 1932, 2080, 2314, 2319, 2455.
Du Sommerard (A.), 253, 2858.
Du Sommerard (E.), 443, 1067.
Dussieux (L.), 240, 520, 1628, 2408.
Dutailly (A.-J.), 1959.
Dutert (Ferdinand), 1095.
Duthoit (Louis), 661, 2068, 2790.
Dutilleux (A.), 5.
Duval, 2246, 2624, 2627.
Duval (Alexandre), 1121.
Duval (Louis), 835.
Duval (Mathias), 66.
Duvaux (J.), 584.

E

Eck (C.-L.-G.), 2722.
Edmonds, 1397.
Émeric-David (T.-B.), 1264, 1265.
Engalière, 204.
Engel (Carl), 737.
Épernon (Duc d'), 236.
Eschassériaux (Baron), 372.
Espérandieu (Émile), 933, 1434.
Espinay (G. d'), 1744, 1966, 2556.
Esquié, 258, 878, 1860, 1861, 1871, 1874, 2440.

Estaintot (Vicomte R.), 2517.
Estourbeillon (Marquis de l'), 1451.
Estrangin (J.-J.), 1001.
Estrayez Cabassolle, 1927.
Everlange (D'), 1311.
Ewig (Léon), 597.
Expilly, 785.
Eyriès (Gustave), 530, 2590.
Eyssette (Alex.), 1010.

F

Fabre (A.), 149.
Fabvre (Ed.), 2632.
Fage (René), 513, 2696.
Falloux (Comte de), 86, 524.
Fallue (L.), 1385.
Falsan (A.), 127, 1726.
Farcy (C. de), 559.
Farcy (L. de), 85, 323, 1359, 1967 à 1969.
Farcy (P. de), 15.
Fauché (J.), 741.
Fauché (S.), 2002.
Faucheux (L. E.), 458.
Fauconneau-Dufresne (V.-A.), 1214, 1982.
Faure (P.), 2684.
Faure-Dujarric, 1039.
Fauve (L.), 265.
Félibien (André), 1632.
Félibien (Michel), 1230, 1280.
Félix (J.), 2517.
Fer (N. de), 260, 1447, 2678.
Féret (Ed.), 971.
Fergusson (James), 1772.
Fériel (Jules), 1937.
Ferrarius (Oct.), 665, 2100, 2101.
Ferret, 2837.
Fesneau (Yves), 1954.

Fetis, 1433.
Ficatier, 2869.
Fichot (Ch.), 46, 1468, 1703 a, 1756, 2635.
Fichot (Karl), 1981.
Filippi (Joseph de), 2151.
Fillon (Benjamin), 212, 2235.
Fillot (Ch.), 1327.
Finot (J.-P.), 2402.
Firmin-Didot (Ambroise), 2432.
Flachat (E.), 462.
Flamand-Grétry (L.-V.), 1469.
Flameng (L.), 627, 1425, 2110, 2169, 2827.
Flandrin (Hipp.), 1120.
Fléchey, 1991.
Fleureau (Basile), 2521.
Fleury (Édouard), 116, 1452.
Florentin (Dom.), 836.
Florival (A. de), 2808.
Flouest (Édouard), 1879.
Focillon (Ad.), 779.
Fogelberg, 2103.
Foncin (P.), 1175.
Fons (Al. de la) [baron de Mélicocq], 238, 893.
Fontaine (Ch.), 2412, 2414.
Fontaine (P.-F.-L.), 134.

Fontane (Marius), 2842.
Fontenay (Harold de), 273, 638, 925.
Fontenay (L. de), 211.
Fonteuilles (Paul de), 1599.
Fontette (Fevret de), 311.
Forgeais (Arthur), 571, 2094.
Fortia d'Urban (Marquis de), 2429.
Foucault (N.-J.), 1625.
Foucquet (Jehan), 2107.
Fouquet, 2345.
Fourcaud (L. de), 1115.
Fournier, 962.

Fournier (A.), 2777.
Fournier (Édouard), 550, 918, 1349, 2159.
Français, 2281.
France (Anatole), 519.
Franklin (Alfred), 73, 982, 999, 2611.
Franiin, 2325.
Frère (Édouard), 1583.
Fresnel (Fulgence), 1043.
Frœhner (W.), 574, 584, 743, 1438, 1814, 1887.
Fromentin (Eugène), 1574.

G

Gaignare, 1292.
Gaignières (Roger de), 1453.
Gailhabaud (Jules), 153, 206, 368 a, 1738.
Gaillard (Félix), 740, 1103, 1104, 1106, 1773, 2358, 2762.
Gaillard (J.), 2508.
Galard (Comte de), 2865.
Galard (Marquis de), 1721.
Galbrun (Charles), 1553.
Galembert (Comte de), 1650, 2041.
Galimard (Auguste), 2810.
Galinier, 2837.
Galles (René), 1097, 1105.
Galley (J.-B.), 242.
Galy (E.), 428.
Gardère (Joseph), 1506.
Garnier (A.), 1287.
Garnier (Ch.), 268, 2090, 2481, 2677.
Garnier (Édouard), 352, 2244.
Garnier (Joseph), 517, 744, 1405.
Gatteaux (E.), 1123.
Gaubert (H.-C.), 974.
Gaucherel (Léon), 675, 2796.
Gaudon, 1333.
Gaussen (A.), 2247.
Gauthier (Jules), 2465.
Gautier (A.), 2628.
Gautier (H), 1279.

Gautier (Théophile), 293, 1827, 2159, 2820.
Gavarni, 2104.
Gaveau (J.), 136.
Gavoty (De), 2362.
Gay (Victor), 1140.
Gayet (Al.), 197.
Gelis-Didot, 490, 2183.
Génin (F.), 849.
Gentil, 1854.
Geoffroy, 2194.
Gérard (Aug.), 552.
Gérard (Charles), 234.
Gérard-Séguin, 2040.
Gérards (Émile), 404.
Géraud (H.), 2170.
Gerdebat (Louis), 125, 2610.
Gerente (Henri), 2583.
Gérin (Jacques-Albert), 1474.
Germain (Léon), 74, 75, 557, 1761.
Gerspach, 210, 1785, 1786.
Gervais, 1801.
Geslin de Bourgogne (J.), 81, 809, 2348.
Geynet (Jules), 2632.
Ghiberti, 1138.
Gilbert (A.-P.-M.), 717, 718, 720, 723.
Gilès du Guaz, 849.
Gille (Philippe), 1115.

Gillet (Pierre), 1630.
Ginoux (Ch.), 2561.
Girard (Paul), 2182.
Girardet (Karl), 2281.
Girardot (A. de). 463.
Giraud, 1109.
Giraud (Ch.), 2143.
Giraud (Magl.), 1640.
Giraudet (E.), 243.
Girault de Bangey, 1742.
Girault de Saint-Fargeau (A.), 786.
Giron (Ch.), 2016.
Giron (Léon), 1651.
Giry (A.), 1595.
Givelet (Charles), 2463, 2812.
Gluck (J.-B. et Eug.), 43.
Godard, 1367.
Godard-Faultrier (V.), 86, 88, 461, 1108, 1765, 1804, 1875, 2249.
Goddé (Jules), 1051.
Godefroy (Fréd.), 760.
Godefroy-Ménilglaise (Marquis de), 542.
Goiffon, 803.
Golbery (De), 110.
Gomart (Ch.), 1183, 2049, 2585.
Gomboust (Jacques), 2026, 2215.
Gomot (Hippolyte), 1228.
Goncourt (Edm. de), 454, 1129, 1627.
Goncourt (Jules de), 1129, 1627.
Gonnaud (Henry), 1692.
Gonse (Louis), 227, 245, 1115, 2568a.
Gosset (Alph.), 469.
Goujon (Jean), 145, 1149, 2106.
Gourdon (Ed.), 1561.
Gourdon de Genouillac, 228.
Gourlier, 539.
Gout (Paul), 607, 610, 914, 1363, 2113.
Goze (A.), 893, 2048, 2080, 2098.
Grancher, 863.
Grand (Édouard), 1479.
Grandidier (Ernest), 477.
Grandmaison (Charles-L. de), 827, 2717.
Grandmougin (F.), 1287.
Grangent, 685.
Grasilier (P.-Th.), 1000, 2697.

Grasset (aîné), 1391.
Grasset (Eugène), 1327.
Grassoreille, 490.
Grave (E.), 543.
Graves, 1880, 2258.
Gréard (Oct.), 1842.
Grégoire (Louis), 773.
Grégoire (Théophile), 2523.
Gréhen (Albert), 138.
Grellet-Balguerie, 703.
Grenier (E.), 298.
Grignon (L.), 2400.
Grille de Beuzelin (E.), 949, 2315.
Grillon, 539.
Grosson (J.-B.-B.), 2423.
Grouchy (Vicomte de), 1115.
Grüner (L.), 403, 650, 1783.
Gruyer (F.-A.), 2116, 2303.
Gsell, 1034.
Guadet (J.), 2537.
Guay (Jacques), 1985.
Guédy (Théodore), 1815.
Guégan (P.), 2391.
Guégan de Lisle (Paul), 2234.
Guénebault (L. J.), 797, 798.
Guépin (A.), 1304.
Guérard, 393, 394, 397.
Guerber (V.), 1747.
Guettard, 709.
Guibert (Adrien), 782.
Guibert (Louis), 493, 853, 1055, 2120.
Guicciardini (Lud.), 2119.
Guichard (J. M.), 2681.
Guiffrey (Jules), 603, 1115, 1248, 1543, 2121, 2657.
Guigue (Georges), 1115.
Guigue (M.-C.), 1684, 2704, 2818.
Guiguet, 2072, 2798.
Guilbert, 724.
Guilbert (Aristide), 1329.
Guilhermy (Baron F. de), 675, 1181, 1435, 1468, 1703a, 1708.
Guillaume (Eugène), 1414.
Guillaume (Georges), 2250.
Guillaumot (Aug. Alex.), 508.
Guillaumot (fils), 625, 1721.

Guillemot, 1497.
Guillemot (fils aîné), 412.
Guillon (Ad.), 1171.
Guinodie (fils aîné), 1300.
Guizot, 1217.

Guyet (Is.), 132.
Guyon (Symphorien), 1295.
Guyot (Joseph), 546.
Gyss, 1962.

H

Haden (Francis-Seymour), 2112
Hahn (Alex.), 1114.
Hamard, 1772.
Hamdy Bey, 1828.
Hanriot, 274.
Hansy (Denis de), 1943.
Hardy (E.), 2128.
Hastrel (Ad. d'), 2614.
Haton (Claude), 1604.
Haugon, 2342.
Haussoulier (Ch.-Ph.), 2560.
Havard (Henry), 759, 1115, 1659, 2186.
Havet (Julien), 2298.
Hawke (P.), 88, 1304, 2115.
Hazé, 1973.
Hébert, 56.
Heider (Gustave), 1407.
Heiss (Aloïss), 1592.
Heitz (Fr.-Ch.), 58.
Helbig (Jules), 2567.
Hennin (Michel), 1382, 1450, 1581, 1750.
Henriet (F.), 2787.
Henriquel-Dupont, 1196.
Henry (V. B.), 1224.
Henszlmann (Emeric), 2683.
Hérard, 4, 8, 2371, 2548, 2549, 2772.
Hercher (E.), 429.
Héricourt (Comte Achmet d'), 1398.
Herluison (H.), 25.
Hermand (Achille), 1388, 2320.
Héron de Villefosse (Ant.), 1900.

Héron de Villefosse (Étienne), 1225.
Heuzey (Léon), 1730, 2129.
Hibon, 2722, 2729.
Hippeau (C.), 299, 572.
Hirth (Georges), 1152.
Hittorf (J.-J.), 167, 650, 2492.
Hocquart (E.), 1172.
Hoefer, 2079.
Hoffbauer (F.), 2157, 2216.
Hogarth, 64.
Horeau (H.), 2148.
Houdard (Louis).
Houdoy (Jules), 291, 1182, 1201.
Houssaye (Arsène), 231, 1298.
Houssaye (Henry), 1205.
Hoyau (Germain), 2216, 2854.
Hubert (Eugène), 794 a, 2612.
Hubsch (Henri), 1747.
Hucher (Eug.), 200, 226, 369, 908, 1017, 1342, 1427, 1428, 1482, 1483, 1496, 1593, 1762, 1763, 1867, 2052, 2479, 2485, 2588, 2804, 2805, 2806.
Huerta (Jean de la), 1477.
Hugo (A.), 1117.
Hugues (William), 267, 1145.
Humewell (James F.), 1390.
Hungerford (Pollen), 83, 734.
Hura (Lucien d'), 2518.
Hurel (A.), 249.
Hurtaut, 789.
Husson (Georges), 2279.
Hymans, 1580.
Huyot (père et fils), 1481, 2792.

I

Imbard (E. F.), 2695.
Ingres, 1425, 1426.

Irisson d'Hérisson (Comte M. d'), 708.
Isabelle (E.), 855, 2152.

J

Jacob (Le bibliophile), 254, 822, 1087, 1264, 1265, 1672, 2302, 2509, 2792.
Jacob-K. (Girard), 716.
Jacoubet (Th.), 263.
Jacquemart (Albert), 1202, 1239.
Jacquemart (Jules), 1133, 1202, 1239.
Jacquemet (J.), 867.
Jacquemin (L.), 551.
Jacquemin (Raphael), 1378, 1411.
Jacquemond (Baron Joseph de), 714.
Jadart, 2463.
Jaillot, 2372.
Jal (Auguste), 753, 1090.
Jannet (Pierre), 2643.
Jarry (L.), 494.
Jaubert (Comte), 2451.
Jay (L.-J.), 2419.
Jeannez (Édouard), 1094.
Jeanron, 2795.
Jesi (J.), 1122.
Jessaint (Baron de), 2630.
Joanne (Adolphe), 570, 780, 1177, 1471, 2164.

Joanne (Paul), 781.
Jodocus Sincerus, 1473, 1484.
Join-Lambert (A.), 1873.
Jolimont (T. de), 53, 728, 729.
Jollois, 115, 1642, 1643, 1655.
Jones (Owen), 1038.
Jost Amman, 1485.
Jouan, 1770.
Joubert, 2360, 2474.
Joubert (André), 86, 2374, 2469.
Jouffroy (Achille de), 1448.
Jouin (Henri), 86, 219, 648, 1071, 1115, 1193, 1803.
Jourdain, 2246, 2624, 2627.
Jourdan (G.), 2422.
Jousse (Mathurin), 1083.
Jouy de Veye, 2515.
Jubert, 2757.
Jubinal (Ach.), 76.
Julien (R. C.), 2709.
Julien-Laferrière (L.), 217.
Jullien (Amédée), 1653, 1832.
Julliot (G.), 436, 2740.

K

Kaempfen (A.), 1115.
Kellerhoven (F.), 254, 1672, 2792.
King (Edward), 1797.
King (Thomas), 1008.
Klotz (G.), 2411.

Kœnig, 2539.
Kondakoff (V.), 1250.
Krakau (A.), 1688.
Kreutz (G. et L.), 282.

L

Labarte (Jules), 1316, 1460.
Labitte (Alp.), 1588.
La Blanchère (M.-R. de), 1799.
La Boëtie, 1792.
Laborde (Comte A. de), 709, 844, 1745.
Laborde (Marquis Léon de), 604, 1141, 2171.
Labrouste, 2477.
Labutte (A.), 1007.
Lacatte-Joltrois, 965.
Lachèse (E.), 86.
Lacoste (Eug.), 625.
Lacroix (A.), 195.
La Croix (Camille de), 1601.
Lacroix (Paul), 254, 822, 1087, 1264, 1265, 1672, 2302, 2509, 2792.
Lafargue (De), 2632.
Lafaye (Prosper), 1064, 2807.
Lafenestre (Georges), 1050, 1115, 1322, 1540, 1902, 2187.
Laffillée (H.), 2183, 2189, 2192.
Lafforgue (Prosper), 2401.
La Fizelière (Cl. de), 2787.
Lafollye (A.), 510, 1400.
La Fons (Baron de), 865.
La Fortelle (Bernard de), 1357.
Lafosse (A.), 2031 a.
Lagardette (C.-M.), 2524.
Lagier de Vaugelas, 2607.
La Grange (A. de), 1012.
Lagrené (H. de), 2733.
Lagrèze (Bascle de), 511.
La Grive (De), 923.
Laguillermie (F.), 627.
Lahondès (Jules de), 884, 2709 a.
Laincel (Louis de), 278, 2283.
Lalanne, 1212.
Lalanne (Ludovic), 788, 1493.
Lalanne (Maxime), 1162, 2613, 2720.
Lallemand (Marcel), 851.

La Londe, 2435.
Lalore, 478, 666, 841, 891, 986, 1865, 2032, 2488.
Laloux, 164.
Laloux (Victor), 2480.
La Mare (De), 2721.
Lamarre, 680.
Lambert, 542, 1198.
Lambert (B.-S.), 1696.
Lambert (Ch.-Ed.), 1634.
Lambert (F.), 2373.
Lambin (Émile), 1088.
Lameire (Ch.), 1977, 2307.
La Morlière (Adrien de), 2264.
La Mothe (Jean de), 2805.
La Mothe (L. de), 148, 947, 1111, 1151.
Lamotte, 61.
Lampué (Pierre), 1149.
Lance (Adolphe), 26, 765, 1501.
Lançon (A.), 1160.
Lançon (Alfred de), 2741.
Landon (C.-P.), 683.
Langlade (P.), 44.
Langlois (E.-H.), 720, 726, 967, 1987, 2625.
Langlois (Victor), 1439, 2091, 2093, 2095.
Langueneux, 2561.
Lapie, 2429.
Lapie (P.), 2119 a.
Laplane (Ed. de), 1319.
Laplane (H. de), 16, 872, 2460.
La Pointe (F. de), 387.
La Quérière (E. de), 713, 726, 975, 1928, 1930, 2387, 2530, 2534, 2540, 2541.
Larousse (Pierre), 807.
La Rue (de), 963, 2076.
La Saussaye (L. de), 318, 1335.
La Sicotière (L. de), 662, 1788, 1839, 2044.
Lasné (A.), 367.

Lasserre (J.-T.), 2381.
Lassus (J.-B.-A.), 41, 1017, 1682, 1715, 2275.
Lasteyrie (Ferdinand de), 704.
Lasteyrie (Robert de), 304, 401, 828, 993, 1435, 1595, 1872, 2054, 2299, 2646.
Lasvignes (L.), 462.
La Tremblais (De), 944.
La Tremblaye (De), 2570, 2608.
Launay, 1199.
Laurana (Francesco), 2691.
Laurens (J.), 2820.
Laurent, 1037.
Laurière (Jules de), 742, 2533.
Laussedat (A.), 1115.
Lauzun (Philippe), 2, 489, 1022.
Laval (Victorin), 398.
Lavallée, 2863.
La Vallée (J.), 2829.
Lavallée (Théophile), 1318.
Lavalley (Gaston), 367.
Lavergne (Alex. de), 2526.
Lavergne (Claudius), 1065.
La Villegille (De), 944.
Lavoix (H.) [fils], 1822, 1823.
Lazare (Félix et Louis), 749.
Lebas (H.), 2114.
Lebègue (Albert), 1430.
Lebel, 2215.
Leberthais (Casimir), 2690.
Lebeuf, 814, 1288, 1289, 1604.
Leblan (E.), 1680, 2329.
Leblanc (Ad.), 2722.
Leblanc (E.), 890.
Le Blant (Edmond), 1202.
Le Bon (Gustave), 1751.
Le Boucq (Simon), 1352.
Lebreton (Auguste), 2803.
Le Brigand (J.), 1733.
Le Brun (E.), 12, 2247.
Le Brun-Dalbanne, 1157, 2177, 2251, 2252, 2654.
Lecarlatte, 958.
Léchaudé d'Anisy (A.-L.), 106.
Lechevallier-Chevignard (E.), 627, 1340, 2640.

Leclanché (Léopold), 2795.
Leclerc (J.-B.), 136, 1019.
Leclert (Louis), 1808.
Le Cœur (Ch.-C.), 290, 1789.
Le Cointe, 1882.
Lecointre-Dupont, 2323.
Lecomte (Casimir), 2103.
Lecoy de la Marche, 21, 1078, 1587, 2512, 2558, 2734.
Ledain, 2030.
Ledain (Bélisaire), 1128.
Ledouble, 1158.
Lefébure, 324.
Lefebvre (Henri), 1578.
Lefeuve, 1369.
Lefèvre d'Ormesson (Olivier et André), 1489.
Lefèvre-Pontalis (Eug.), 172, 301, 304, 998, 1706, 1883.
Lefort (Paul), 1322, 2184.
Lefuel, 126, 2146.
Legeay (F.), 825.
Le Gentil (C.), 2791.
Le Glay (A.), 62, 2397.
Legoux (Jules), 1240.
Legrand (aîné), 430.
Legrand (F.-G.), 109.
Legrand (H.), 2160, 2221, 2705.
Legrand (J.-G.), 683.
Legrand (Max), 887.
Le Grand d'Aussy, 1268, 2581.
Legrip (Fréd.), 1296,
Le Héricher (Ed.), 279, 1362, 1839.
Lehman (Henri), 2191.
Lejean (Guillaume), 2828.
Lejeune, 1198.
Lejeune (Théodore), 1178.
Le Jeune de Boulencourt, 707.
Le Keux (Henry), 1389.
Le Keux (John), 1389, 2622.
Lélius, 1573.
Lelli (Oronzio), 405 b.
Lelong (Jacques), 311.
Le Maire (François), 1354.
Le Maistre de Sacy, 1538.
Lemaître (Philippe), 1291.
Lemarchand, 86.

Le Men (R.-F.), 1687.
Le Mené (J.-M.), 1341.
Le Métayer-Masselin, 566.
Le Moine, 2134.
Le Moiturier (Antoine), 1477.
Le Monnier, 155.
Lempereur, 693.
Le Nail (E.), 488.
Lenoir (Albert), 170, 1406, 1807, 2633.
Lenoir (Alex.), 49, 162, 166, 727, 1245, 1444, 1755, 1807, 2418.
Lenoir (Philippe), 837.
Lenoir (P.-M.), 2188.
Lenormand (François), 531.
Lenormand (L.), 1956.
Lenormant, 162, 1444.
Lenormant (F.), 1678.
Le Nourichel, 367.
Lenthéric (Charles), 2817.
Leoni (Leone et Pompeo), 1575.
Lepage (Henry), 589, 596, 664, 2145.
Le Pautre, 2435.
Lepic (Comte), 1154.
Lépinois (E. de), 1211.
Le Play (F.), 2141.
Leport (Alexandre), 1923.
Leprévost (A.), 162, 1444.
Le Prévost (Aug.), 1637, 1989.
Le Prince, 954.
Lequeux (J.-F.-M.), 121.
Le Rat (Eug.), 296.
Le Rat (Paul), 1575.
Le Rouge, 643, 668, 2074.
Leroux d'Agincourt (G.-D.-E.), 1262.
Le Roux de Lincy, 1401, 2026, 2163, 2290.
Leroy, 538.
Leroy (Ferdinand), 1909.
Le Sage, 1134.
Le Sage (A.), 264.
L'Escalopier (Comte Ch. de), 2681.
L'Escluse (N. de), 1876.
Lescot (P.), 145.
Lesueur, 2470.
Le Sueur (Eustache), 1034.

Letellier (E.), 1840.
Letronne (A.), 811.
Lettu (G.-G.), 679.
Letureq (J.-F.), 1985.
Le Vaillant de la Fieffe (O.), 2780.
Leveil (J.-A.), 2729.
Levray, 2561.
Lévy (Edmond), 1246.
Leymarie (H.), 1557.
L'Hoste (De), 1291.
Lhuillier (Léon), 1705.
Liabastres (J.), 1209.
Liard (F.), 1215.
Liébaut, 2140.
Liénard (Félix), 137.
Lièvre (A.-F.), 1045, 2754.
Lièvre (Édouard), 255, 312, 576, 847, 1572, 1821, 2867.
Lièvre (J.), 2867.
Ligier-Richier, 1529.
Limiers (de), 90.
Limosin (Léonard), 840.
Linard Gontier, 1532.
Linas (Ch. de), 909.
Lind (Karl), 1669.
Linet, 1672 a.
Lipse (Juste), 639, 1500.
Lister, 2832.
Littré (E.), 758.
Lobineau (Guy-Alexis), 1280.
Loignon (S.), 2241.
Loiseleur (Jules), 1720.
Lombard-Dumas (A.), 411.
Longnon (Auguste), 830, 2167, 2237, 2361.
Longpérier (Adrien de), 1810, 1890, 2117.
Longuemar (De), 834.
Lopes (Hiérosme), 881.
Lorain (P.), 952.
Loriquet (Ch.), 1787, 2448, 2662, 2663, 2694.
Lostalot (A. de), 1115, 2270.
Loth (A), 2517.
Loudier (Sophronyme), 2610.
Louis (Victor), 2785.
Loydreau (Édouard), 2202.

Lucas (Ch.), 26, 156, 1501.
Lucas (Claude), 2220.
Lucas (Félix), 2733.
Luce (Siméon), 1478.
Luchet (Marquis de), 2161.

Lunteschutz (Jules), 2302.
Luynes, 538.
Luynes (H. d'Albert, duc de), 390, 1518, 2835.
Lyen (de), 2177.

M

Mabille (E.).
Magius (Hier.), 1562, 1563, 2689
Magne 1881.
Magne (Lucien), 2111.
Magny, 789.
Mahéo, 1948, 1951.
Mahul, 400.
Maignien (Edm.), 241.
Maihows, 2156.
Maillard, 808.
Maillart de Chambure, 2847.
Maindron, 189.
Malègue (H.), 40.
Malingre (Claude), 94, 122.
Mallet, 1667.
Mallet (J.), 634.
Malpière (D.-B.), 536.
Malte-Brun (V.-A.), 1302, 1729, 2521.
Manceau, 2781.
Mancel (Georges), 371, 1839.
Mandelgren, 1779.
Mandet (Francisque), 70.
Mandin (Jules), 2012.
Manesson-Mallet (Allain), 682, 1136.
Mangin, 816.
Mangon-Delalande, 2313, 2364, 2441.
Mantellier (P.), 1644.
Mantz (Paul), 1322, 1628.
Manuce (Alde), 1791.
Maquart (J.-J.), 2447, 2752.
Marais (H.), 955.
Marc (Eugène), 2102.
Marcel (Étienne), 988.
Marcey (F.-B. de), 2707.
Marchand (J.), 2781.
Marchand (L.-A.), 2619.
Marchandon de la Faye, 1258.
Marchant (Louis), 2744.

Marchegay, 549.
Marcou (P.-Frantz), 455.
Marguery (E. et A.), 2516.
Marguet (A.), 2664, 2739.
Maricourt (R. de), 2292.
Marie (F.-G.), 905.
Mariette, 693.
Mariette (Aug.), 2582.
Mariette (P.-J.), 19.
Mariette-Bey (A.), 659.
Marin de Carranrais (E. de), 2066.
Marion (Jules), 402, 946.
Marionneau (Charles), 689, 2785.
Marlès (J. de), 2155.
Marlot (G.), 1269.
Marmier (X.), 298.
Marmottant (Paul), 1474.
Marnotte (P.), 1636.
Marolles (Michel de), 1539.
Marot (Daniel), 2435.
Marot (Jean), 2434.
Marquessac (Baron H. de), 1396.
Marquis (Léon), 983, 1950.a, 2521.
Marquiset (Armand), 2631.
Marryat (J.), 1326.
Mars (Noël), 1350.
Marsaux, 1697, 2453, 2626, 2811.
Marsy (Comte de), 831.
Martellange (Ét.), 989.
Marteville, 792.
Martha (Jules), 140, 223.
Martial (A.), 2071, 2165.
Martial-Potémont (A.), 78.
Martigny, 762.
Martin (Arthur), 1594, 1681, 2077, 2641.
Martin (Henri), 594.
Martinval (J.-B.), 2015.

Martres (A. de), 2506.
Marville, 1402, 2566.
Marx (Roger), 1256.
Masaccio, 1492.
Maskell (W.), 733.
Maspéro, 139.
Massé (E.), 498.
Massillon-Rouvet, 595.
Massoubre (Eugène), 735, 1040, 1041, 1102, 2197, 2295, 2369, 2449.
Mathieu (B.-Charles), 2137.
Mathon, 1232.
Mauber (Gaston), 2639.
Mauclerc (Julien), 143.
Maucon, 2561.
Maury (Alfred), 1805, 2305.
Mayeux (H.), 599.
Mazarin, 1520.
Maze (Alphonse), 2393.
Mazois (F.), 2525.
Mazon (A.), 2296.
Meaume (Édouard), 2394.
Mechin, 826.
Médicis, 578.
Meindre (A.-J.), 1306.
Meissonnier, 2435.
Melleville, 1277.
Mély (F. de), 303, 2735.
Menant (Joachim), 2205.
Ménard, 1314.
Ménard (Louis), 1802, 2564.
Ménard (René), 215, 920, 1317, 1802, 2564.
Menjoulet, 1935.
Mercey (F.-B. de), 1014.
Mercey (Frédéric), 2756.
Mercier, 2650.
Mercuri (Paul), 626.
Mérimée (P.), 162, 166, 1444, 1847, 1848, 1849, 1850, 2040, 2321, 2322.
Merkes (J.-G.-W.), 974.
Merle, 730.
Merlet (Lucien), 425.
Merlin (R.), 2125.
Mermet (aîné), 1284, 2357.
Métivier (H.), 507.

Metzmacher, 2248.
Meulan (Comtesse de), 2617.
Meyer (Edmond et A.), 1283.
Meyer (Isidore), 944.
Michaud, 315.
Michel (Ad.), 70.
Michel (Edmond), 979, 1436, 2547.
Michel (Francisque), 545, 2396.
Michel (Georges), 1018.
Michel-Ange, 1497.
Michelez, 2551.
Michiels (Alfred), 158, 225, 1322, 2519, 2836.
Michon (J.-H.), 2632.
Midoux (E.), 2808.
Mieusement, 34, 488, 512, 1055, 2568.
Mignard, 1098, 1392, 2415, 2513.
Migne, 917.
Miler (F.), 732.
Milezeau, 145.
Millard (A.), 864.
Millet (Eugène), 1695.
Millet (Germain), 2749.
Millin (Aubin-Louis), 120, 266, 2830.
Miln (James), 1107.
Milsand (Ph.), 2520.
Mirabel (Onésime), 2529.
Moët de la Forte-Maison (C.-A.), 111.
Moithey, 2384.
Molard (F.), 1461.
Molinier (Émile), 325, 658, 767, 1115.
Molzheim (A. de), 942.
Monbail (Comte E. de), 1851.
Monceaux, 1461.
Monceaux (Paul), 2480.
Monfalcon (J.-B.), 1381, 1555.
Mongez (A.), 1408.
Monod, 300.
Monod (E.), 1073.
Montagnac (Élisée de), 185.
Montaiglon (A. de), 19, 619, 1628, 1631, 2271.
Montalembert (Comte de), 2767.
Montaut (H. de), 902.
Monteil (Amans Alexis), 1116.
Montfaucon (Bernard de), 1746.

21.

Montferrand (A. de), 672.
Montgravier (A. de), 1798.
Montigny, 384.
Montjoye (de), 725.
Mont-Rond (M. de), 964.
Moore (C. H.), 747.
Morand (François), 392, 1437, 1947, 1949.
Morand (S. J.), 1263.
Moreau, 1654.
Moreau (Émile, 1855.
Morel (J. P. M.), 951.
Morel (L. B.), 2671.
Morel-Fatio (L.), 1892.
Morellet, 1835.
Morelot (Stephen), 2058.
Morice (Pierre-Hyacinthe), 1353.
Morillot (L.), 1025.

Morin (Guillaume), 1377.
Morize (L.), 992.
Morlent (J.), 1195.
Mortet (V.), 997.
Mortillet (Adrien de), 1084, 1811, 2356.
Mortillet (Gabriel de), 1771, 1811, 2255, 2260, 2347.
Mougenot (Léon), 1570.
Mounié (Eugène), 2282.
Moutié (Auguste), 390, 535, 1952, 2840.
Muller (L.), 31.
Munck (Em. de), 1736.
Müntz (Eug.), 252, 578, 1115, 1859 2661.
Muratet (J.), 1963.

N

Naef (Albert), 1161.
Nanteuil (C.), 1406.
Narjoux (Félix), 1845.
Née de la Rochelle (J. et J.-Fr.), 1630.
Nesbitt, 450.
Nesle (E.), 45.
Nicolay (Nicolas de), 698, 708.
Nicolle (E.), 2517.
Niel (Gabrielle), 848.
Nisard (D.), 1358.
Nobilleau, 581.
Noble La Lauzière (De), 20.

Nodet (Henry), 509 a, 1705.
Nodier (Ch.), 2852.
Noel, 1514.
Noel-Boucart, 1522.
Normand (père), 2616.
Normand (fils), 132, 134, 2616.
Normand (aîné), 2166.
Normand (Ch.), 60, 1115, 2078.
Normand (Charles-Pierre-Joseph), 2439, 2799.
Nouveau, 2050, 2484.

O

Ogel, 792.
Ollier de Marichard (Jules), 1774.
Opoix, 79.
Oppert (Jules), 1043.
Orsel (V.), 2138.
Orsini, 2711.
O'Shea (Henri), 1567, 2700.

Osterwald (J.-F. d'), 2848.
Ottin, 1303.
Ottin (L.), 209.
Ouin-Lacroix (Ch.), 1294, 1296.
Ouradou (Maurice), 2193.
Owen (Jones), 1143.

P

Pagano (Giov.), 1530.
Paillot de Montabert, 230, 2719.
Paléologue, 201.
Palissy (Bernard), 297, 1713, 2673.
Pallary (Paul), 2766.
Palsgrave, 849.
Palustre (Léon), 35, 71, 152, 1115, 1596, 1596 a, 1705, 2456, 2457, 2517.
Pamin, 501.
Panckoucke (C.-L.-F.), 681.
Pannier (Léopold), 985, 1495.
Paradis (Aug.), 900.
Pardiac (J.-B.), 1002, 2035.
Parenteau (F.), 435.
Paris (Louis), 954, 2690.
Paris (P.), 2563.
Paris-Jallobert (Paul), 1494.
Parvillée (Léon), 157.
Pascal (J.-B.-E.), 37, 1994, 2542.
Passavant (J.-D.), 2302.
Paté (L.), 1115.
Patron, 2388.
Patte, 1757.
Palu de Saint-Vincent, 2850.
Paul (Cléobule), 2710.
Paulin (Edmond), 2478.
Paultre, 563.
Pauquet, 1340.
Pavie (V.), 86.
Péan de la Tuillerie, 676.
Pécheur, 93.
Pédegert (J.-F.), 1916.
Peigné-Delacourt, 479, 1220, 1675, 1984, 2651.
Pelet (Auguste), 433, 673, 972, 1942, 1998.
Pellassy de l'Ousle (J.), 1348.
Pellegrin (V.), 2685.
Pelletier (Pierre), 2782.
Penhouet (De), 1652.
Penon (C.-J.), 456.
Pensée (Ch.), 2131, 2546.

Pepin (J.), 1995, 1996, 1997.
Péquégnot, 1508.
Pératé (André), 136 a, 202.
Percerot, 2353.
Percier (C.), 134, 1123, 2472.
Percy (Baron), 2034.
Pereira da Costa (F.-A.), 1737, 1836
Perelle, 657, 2370.
Pérémé (Armand), 2376.
Perger (V.), 1669.
Périé, 730.
Périn (Alph.), 2138.
Perkins (Charles-C.), 1138, 2560.
Pernot (F.-A.), 2005.
Perrault, 2210.
Perrault-Dabot (A.), 216.
Perréal (Jéhan), 1479.
Perrens (F.-T.), 988.
Perret (P.), 530.
Perrin (A.), 374.
Perrin (O. et fils), 1121.
Perrot (A.-M.), 575.
Perrot (Charles), 2670.
Perrot (Georges), 1255.
Perrot (J.-F.-A.), 551, 817, 1526.
Persigny (Duc de), 1646.
Petiaux (Casimir), 1379.
Pétigny (De), 1199.
Petit, 1980.
Petit (Ernest), 276.
Petit (J.), 1580.
Petit (Victor), 522, 695.
Peyré (J.-F.-A.), 654, 1579.
Pfnor (Rodolphe), 519, 1163, 1670, 1718, 1719, 1723, 2133, 2435.
Pharaon (Florian), 368.
Pibrac (Comte de), 482.
Picard (Et.), 514.
Pichon (Ch.), 367.
Piérart (J.-J.), 1312.
Pierotti (Ermete), 1480.
Pierres (Ad. de), 2658.
Pierret (Paul), 407.

Piesse (Louis), 1472, 1767, 1768, 2783.
Pietro (F.-Em. di), 2000.
Piette (Ed.), 936.
Pigalle (Jean-Baptiste), 2786.
Piganeau (Émilien), 1691.
Piganiol de la Force, 715, 2073, 2081.
Pigeon (E.-A.), 1235.
Pigeory (Félix), 2471.
Pignorius (Laur.), 2206.
Pilinski (St.), 2432.
Pille (Henri), 1210.
Pillot (Émile), 2236.
Pilot (J.-J.-A.), 1990.
Pimodan (Marquis de), 497.
Pinard, 1946.
Pinchart (Alexandre), 2759.
Pinchart (Alexis), 181.
Pineau (Les), 2208.
Pingret (Edouard), 1758, 2834.
Piolin (Dom), 86.
Piolin (Paul), 875, 1293.
Piot (Eug.), 23, 363, 574, 1467.
Piringer, 2843.
Pitra (J.-B.), 2623.
Pitre de Lisle, 750.
Place (Victor), 1834.
Planat (P.), 915.
Plancouard, 73 a.
Plon (Eugène), 296, 1575.

Pluquet (Frédéric), 957.
Poitou (Eug.), 86.
Pomel (A.), 2675.
Poquet, 1668, 1941.
Poquet (A.-E.), 1910, 1931.
Port (Célestin), 676, 794.
Potémont (A.), 1525.
Potiche (Vicomte de), 280.
Pottier (André), 1241, 1839, 2106.
Pottier (E.), 852.
Pottier (Émilie), 1241.
Pottier (F.), 2240.
Pougeois (A.), 104.
Poulbrière (J.-B.), 790 a, 869.
Poulet-Malassis (A.), 662.
Poussin, 1680.
Poussin (Le), 2256.
Pouvourville (Albert de) [Matgioi], 229.
Pouyanne (J.), 2674.
Povillon-Piérard, 719, 722.
Prioux (Stanislas), 1693, 2464.
Prisse d'Avennes, 1258.
Privat-Deschanel, 779.
Prou (Maurice), 2403, 2646.
Prud'hon, 2285.
Pugin (A. Webby), 739, 1671, 2622, 2755.
Puisieux (Ph.-Fl. de), 2156.
Pulligny (Vicomte de), 1047.

Q

Quaglia, 47.
Quantin (Max.), 802, 1604, 1940, 2462.
Quartley (F.), 1320.
Quatrebarbes (Comte de), 2115.
Quatrefages (A. de), 1504.
Quatremère de Quincy, 787, 969, 980, 1267, 1524, 2489, 2490, 2491.
Quérard (J.-M.), 2643.
Quernau-Lamerie (E.), 1853.
Queyroy (A.), 2797.
Quicherat (Jules), 1310, 1340, 1595, 2299, 2341.

R

Rabut (F.), 2180.
Rabut (P.), 2123.

Racinet (Aug.), 2135, 2432.
Raffet, 2301.

Raguenet (A.), 2200.
Rambert, 43.
Ramée (Daniel), 283, 1375, 1664, 1703, 1719, 1795, 2569.
Rapine, 763.
Raphaël, 403, 538, 1267, 1783, 2302, 2303.
Ratel (St.), 284.
Rathouis (Édouard), 2806.
Ravaisson-Mollien, 1586.
Ravenez (L.-W.), 2404.
Ravoisié (Amable), 1046.
Rayet (Olivier), 1748.
Raymond (Paul), 239.
Réaux (Émile), 2239.
Rede Fowke (F.), 289.
Regamey, 2792.
Regnault (A.), 2839.
Regnier (Louis), 2456.
Reiber (Ém.), 248.
Reiffenberg (Baron de), 1503.
Reinach (Salomon), 476, 852.
Reinach (Théodore), 1828.
Reinaud, 687.
Reiset (Frédéric), 1870, 1893, 1907.
Rembault (Gabriel), 893.
Rembrandt, 2110, 2112.
Renan (A.), 624.
Renard (F.-A.), 2798.
Renaud (Edmond), 2516.
Rendu (Zacharie), 1915.
René (le roi), 2115, 2512.
Renier (Léon), 1440.
Resanoff (A.), 1688.
Rethoré (G.), 642.
Réveil, 1121, 1802.
Revel, 2106.
Réville, 2863.
Révoil (Henry), 6, 175, 1096.
Revon (Louis), 1190.
Rey, 2733.
Rey (Étienne), 1778.
Rey (G.), 1028.
Reygersbergh, 541.
Reymond (Marcel), 2143.
Reynal (Louis). 1863.
Reynard (O.), 2136.

Reynard-Lespinasse, 2334.
Reynart (Ed.), 426, 1904.
Reynaud (Léon), 2733.
Ribadieu (H.), 526.
Riboud (Th.), 611.
Ricard (Ad.), 1798.
Rich (Antony), 764.
Richard, 1172, 1173.
Richard (Ch.), 2625.
Richard (Jules-Marie), 1030, 1564, 2742.
Richebourg, 2550.
Richelieu (De), 1521.
Richier (Les), 851.
Richstap (J.-B.), 192.
Riester, 2435.
Rigollot (J.), 1315.
Ring (Max. de), 1647.
Rio (A.-F.), 203.
Riocreux (D.), 731, 1326.
Riou, 2842.
Ris-Paquot, 772, 1374.
Ritter (Anton), 1669.
Rittiez (F.), 1403.
Rivaud (Zadig), 2632.
Rivière (Em.), 105.
Rivières (Baron de), 474.
Rivoire (Hector), 2630.
Rivoire (M.), 678.
Robert (Ch.), 1150.
Robert (Léopold), 1511.
Robert (Ulysse), 1725.
Robillard de Beaurepaire (E.), 2761.
Robiou, 531.
Robuchon (Jules), 2174, 2175.
Rochambeau (Achille de), 2267.
Rochambeau (Marquis de), 930.
Rochebrune (O. de), 2235.
Rocher, 1229.
Rochet (J.), 2013.
Rock (Daniel), 2676.
Rœssler (Charles), 1194, 1510, 2648.
Rohault de Fleury (Georges), 1754, 2706.
Roget de Belloguet, 987.
Rolland (J.), 474.
Roller (Th.), 405.

Romain-Mornai, 1820.
Rondonneau de la Motte, 959.
Rondot (Natalis), 2178, 2179, 2559.
Roquefort (J.-B.-B. de), 1268, 2581.
Rosenzweig, 2462.
Roserot (Alp.), 2467.
Rosny (J.), 1272.
Rossi (De), 2514.
Rossignol, 1036, 1206.
Rossignol (Élie-A.), 1727.
Rostaing (De), 2344.
Rostan (L.), 537, 2017, 2023.
Rostan (Ph.), 537.
Rothmann, 1100.
Rouard, 2340.
Rouargue (aîné et jeune), 1320.
Rouet-Lacabane, 10.

Rougé (Vicomte Ém. de), 1899, 1971.
Rousseau (Th.), 2621.
Roussel (P.-D.), 1361.
Rousselet (Pacifique), 1356.
Roux (H.) [aîné], 855.
Rouyer (E.), 126, 198.
Rouyer (Jules), 1342.
Royers de la Valfenière (Les de), 1512.
Royet (Eug.), 1986.
Roze (Jules), 1207.
Rubens, 29, 2519.
Ruelle (Ch.-E.), 302.
Ruffi (Antoine de), 1278.
Rupin (Ernest), 2109.
Ruprich-Robert (V.), 171, 186, 470, 502, 879, 886, 1089, 1424, 2822.
Rutlidge, 2262.

S

Sabine (Henri), 2647.
Sacaze (Julien), 1430.
Sadoux (Eug.), 530, 1119, 1128.
Sageret, 99.
Saglio (André), 1569.
Saglio (Ed.), 763.
Saige (Gustave), 1488.
Saint-Arroman (Raoul de), 1154.
Saint-Edme (B.), 2162.
Saint-Étienne (Ed.-J.), 485.
Saint-Fargeau (A. Girault de), 306.
Saint-Foix (De), 966.
Saint-Germain (St. de), 1936.
Saint-Niemin (De), 2359.
Saint-Paul (Anthyme), 95, 1380, 1856.
Saint-Prix (De), 2805.
Saint-Victor (J.-B. de), 2652.
Saintenoy (Paul), 2278.
Salies (A. de), 1869, 2006.
Salin (Patrice), 870, 1981.
Salmon (F.-R.), 1252.
Salmon (P.-H.), 594, 617, 751, 799, 833, 2869.
Salomon, 694.
Salvetat, 1326.

Sanderus (Anth.), 540 a, 1086, 2775 a.
Sansonetti (V.), 76.
Santeul (Aug. de), 2746.
Santi Bartoli (Pietro), 103.
Sarcus (Baron de), 1645, 2365.
Saulcy (F. de), 1261, 2092, 2826.
Sauvage (H.), 631.
Sauvage (P.-C.-M.), 2732.
Sauvageot (Claude), 248, 1027, 1089, 1679, 1690, 1710, 2142, 2413, 2802.
Sauvageot (Louis), 613, 857, 1690, 2020.
Sauval (Henry), 1365.
Sauzay (A.), 1713, 1888, 1889, 1898.
Savy (C.), 80.
Scalabrino (E.), 2589.
Schayes (A.-G.-B.), 1247 a.
Schlumberger (G.), 2117, 2269.
Schmit (J.-P.), 2069.
Schmoll (Is.), 2731.
Schneegans, 871.
Schweighaeuser (J.-C.), 110.
Sedille (Paul), 168.
Seguin (J.), 108.
Séguin (Joseph), 660.

Sellier (P.), 1340.
Semichon (Ernest), 1272.
Sensier (Alfred), 1018, 2621.
Sergent (Ernest), 2667.
Serlio (Sébastien), 2572.
Silvestre (Israël), 458, 820, 821, 1536, 2274 a.
Silvestre (Théophile), 1322.
Simart, 2590.
Simil (Alphonse), 2724.
Simon (Victor), 1885, 1965, 2398.
Skelton (J.), 518.
Slade (Félix), 450.
Socard (E.), 313.

Soldi (Émile), 224, 2565.
Soleil (Félix), 646.
Sommet, 1171.
Soulié (End.), 1628, 1908.
Soultrait (Comte G. de), 504, 2462.
Spencer Northcote (J.), 2514.
Spitzer, 580.
Springer (A.), 1250.
Spuller (Eugène), 2552.
Stimmer (Tobia), 1830.
Storelli (A.), 528, 1919, 1920.
Stupuy (H.), 1115.
Sutter (David), 2089.
Swagers (Ed.), 482.

T

Taillefer (Comte W. de), 113.
Tainturier (A.), 2673.
Tallon (C.), 1976.
Tarbé (Prosper), 645, 2064, 2447, 2543, 2752, 2786.
Tarbé (Théodore), 2375.
Tardieu (aîné), 385, 539.
Tardieu (Ambroise), 790, 1276, 2801.
Tardif-Desvaux, 87.
Tassin, 2223 à 2231.
Tausin, 766.
Tauzia, 2632.
Taylor (J.), 2852.
Terninck (Aug.), 9, 194, 950.
Texier, 771, 1582.
Texier (Victor), 1805.
Thabaud de Linetière, 981.
Thaumas de la Thaumassière (G.), 1332.
Thédenat (H.), 1021.
Théophile, 2681.
Thevet (André), 622.
Thibaud (E.), 275.
Thienon (C.), 2843.
Thierry (Augustin), 2318, 2430.
Thierry (J.-D.), 133, 1944.
Thiéry, 1168, 2853.
Thiéry (E.), 1282, 1570.
Thiollier (F.), 250, 504, 1092.

Thiroux (Jean), 1198.
Tholin (Georges), 1011, 1506, 2586, 2758.
Thomas (Félix), 1043, 1834.
Thomassy (R.), 69.
Thorigny (Félix), 371.
Thuot (J.-B.), 1093.
Tisserand (L.-M.), 190, 2163, 2705.
Tissot (J.), 2675.
Tocilescu (Gr.-G.), 316.
Tommaseo (N.), 2450.
Tony-Desjardins, 1579.
Topinard (Paul), 102.
Torquat (Em. de), 1081, 1213.
Toublet (E.), 2192.
Touchard-Lafosse (G.), 1545.
Toudouze (G.), 39.
Toulgoët (E. de), 1818.
Tournal, 432, 700, 1743.
Tourneur (V.), 1360.
Tourneux, 1922.
Toussaint (H.), 2517.
Tranchant (Charles), 1972.
Travers, 1203, 1839.
Traversier (H.), 193.
Trawinski, 1250.
Trépier, 2127.
Trévidy, 421.
Trianon (H.), 2138.

Trichaud (J.-M.), 1470.
Tridon, 1600.
Trie (Clément), 1479.
Triger (Robert), 1568, 2312.
Tripon (J.-B.), 1393.
Troche (N.-M.), 2714.
Trouvé (Baron), 711.

Truschet (Olivier), 2216, 2854.
Tudot (Edmond), 569.
Tuetey (Alexandre), 1490, 2443.
Turinaz, 994.
Turner (D.), 146.
Turpin de Crissé, 2617.
Turreau, 2561.

U

Ulaus (Jérôme), 2042.

Umé (Godefroid), 208, 2755.

V

Vacher, 1925.
Vachez (A.), 496.
Vagnonville (Foucques de), 2789.
Vaillant (V.-J.), 927.
Vaïsse (Léon), 193.
Valadeau (P.), 796.
Valadier (Giuseppe), 2300.
Valère-Martin (J.), 2454.
Valério (Théodore), 2242, 2615.
Vallentin (Roger), 2555.
Vallette (René), 143.
Vallier (G.), 1432.
Vallin (Edouard), 2838.
Van de Velde (C.-W.-M.), 2176.
Van Drival, 408, 637, 2748.
Van Dyck, 846.
Vanhende (Ed.), 2096.
Van Lokezen (A.), 1221.
Vapereau (G.), 804.
Varin, 792.
Varin (Adolphe et Amédée), 1210.
Varin (Pierre), 176.
Vasari (Giorgio), 2795.
Vatin (C.), 2034.
Vatout (J.), 518, 2618.
Vatteau, 454.
Vaudin (Eugène), 321, 471.
Véran (Aug.), 188.
Verdier (Aymar), 151.
Verdot (J.-M.), 1399.
Vergez (Eug.), 971.

Vergnaud-Romagnési (C.-F.), 1953.
Verneilh (Baron de), 647, 971.
Verneilh (Jules de), 2796.
Verneilh (F. de), 466.
Verniquet, 2211.
Véron (Th.), 218, 1657.
Veuclin (E.), 2293.
Veuillot (Louis), 1481.
Veyrat (Georges), 2639.
Veyrier, 2561.
Veyries (A.), 852.
Viardot (Louis), 1322, 1812, 1813, 1819.
Vidal (Pierre), 794.
Vien, 573.
Vietty (E.), 1778.
Vignole (Jacques-Barozzi de), 2114, 2729, 2798, 2799.
Villain, 945.
Villain (A.), 2483.
Villard de Honnecourt, 41.
Villeneuve (Comte de), 2629.
Villot (Frédéric), 1906.
Vincent (H.), 924.
Vinci (Léonard de), 256, 1298, 1586.
Vinet (Ernest), 220, 307, 448, 941, 1791.
Vingtrinier (ainé), 1336.
Viollet-le-Duc, 157, 159, 251, 416, 512, 554, 600, 649 a, 699, 705, 706, 800, 801, 921, 1048, 1299,

1346, 1347, 1446, 1638, 1715, 2113, 2193, 2275, 2311, 2647, 2732, 2802.
Viollet-le-Duc (fils), 1131, 1766.
Vionnois (Félix), 2486.
Virey (Jean), 174.
Visconti (E.-Q.), 1408.
Visconti (F.-A.), 2300.
Vitet (L.), 1034, 1313, 1703, 1741, 2316.

Vitruve, 2210.
Vitu (Auguste), 2153.
Vogt, 2243.
Vogüé (Comte Melchior de), 2645, 2669, 2835.
Voillez (Em.), 670, 1004.
Voisin, 2733.
Voragine (Jacques de), 1509.
Voulot (Félix), 2821.
Vuatiné, 1169.

W

Waagen (G.-F.), 1580.
Wacquez, 538.
Wailly (Natalis de), 906.
Walckenaer (Baron de), 1264.
Waldeck (Frédéric de), 2849.
Wauters (Alphonse), 1322, 2185.
Weiss (Karl), 1669.
Wendel-Dietterlin, 1537.
Wesly (L. de), 149.
Wey (Francis), 298.

Wille (J.-G.), 1627.
Willmann (Ed.), 2220.
Wilmans, 1021.
Winkelmann, 1251.
Wismes (Baron de), 1565, 2774.
Woeiriot (Pierre), 1019.
Woillez (Em.), 2462.
Woillez (Eug.-J.), 137 a.
Worsaac (J.-J.-A.), 609, 1838.
Wussow (A. Von), 939.

Y

Yriarte (Charles), 271, 1115, 1492, 2775.

Z

Zanth (L. de), 167, 2866.
Ziégler (J.), 1005.